트랜스내셔널 지구공동체를 향하여

HY COLLECTION 014

트랜스내셔널 지구공동체를 향하여

TRANSNATIONAL

한양대학교 비교역사문화연구소 기획 · 윤해동 편집

오경환 · 김현숙 · 이형섭 · 육영수 ·
홍양희 · 김선호 · 이세연 · 박찬승 ·
심정명 · 윤해동 · 이창남 공저

한양대학교 출판부

트랜스내셔널 지구공동체를 향하여

트랜스내셔널 지구공동체란 무엇을 일컫는 말인가? 독일 철학자 칸트는 국가 내부에 공화주의에 기반을 둔 시민적 정치체제를 확립함으로써 국가 외부적으로도 시민적 공동체와 유사한 상태에 도달할 수 있을 것이라고 보았다(『영구평화론』, 1795년). 칸트는 18세기 후반에 국가보다 상위에 있는 규범적 가치 곧 '영구평화'를 확립하기 위한 여러 조건을 탐색하고 있었다. 세계정부 혹은 세계공화국을 건설하는 것이 바람직하겠으나 그것이 당장 현실적인 목표가 되기는 어렵다. 그렇다면 무엇을 해야 하는가? 국가 내부적으로는 공화주의적인 민주사회를 만들고 이를 바탕으로 공화국 간의 연맹을 건설하면 어떤가? 이런 칸트적 구상 위에 수립된 것이 국제연맹(The League of Nations)이고 국제연합(United Nations)이다.

역사적으로 자유민주주의 국가는 더 이상 전쟁을 하지 않는다는 논의가 있다. 이를 두고 '민주주의 평화론'(democratic democracy)이라고 하는데, 어느 정도는 경험적으로 입증된 이론이라고 해도 좋을 것이다. 제2차 세계대전 이후 서구를 중심으로 한 '핵심적인 평화지대'는 더 이상 전쟁을 하지 않는 평화 상태를 유지하고 있는 것이다. 하지만 전 지구적으로 시야를 확대하면 오히려 더 혼란스러운 상태로 이행하고 있는 것처럼 보이기도 한다. 군사적 폭력이 탈국가화하고 '전쟁 폭력'이 국가 간의 경계를 넘어 많은 지역에서 일상화하고 있는 것 또한 진실이다.

이런 점에서 이제 지구시민사회에 대해 더욱 적극적으로 논의해야 할 시점이 되었는지도 모른다. 이를 위해서는 국민국가 혹은 지역 차원의 정체성을 넘어서 지구인 혹은 세계인이라는 정체성을 갖는 일이 필요할 것이다. 지구시민사회의 시민이라는 자각은 지구인으로서의 정체성을 만들어나가는 데서 반드시 거쳐야 할 과정이 될 것이다. 나아가 이런 자각을 바탕으로 지구인 혹은 세계인으로서 지켜야 할 윤리를 체득해나가는 것도 필요할 것이다. 그럴 때 비로소 새로운 '지구공동체'를 말할 수 있게 될 것이다.

한양대학교 비교역사문화연구소는 모두 10년 동안 "트랜스내셔널 인문학"(Transnational Humanities)를 어젠다로 인문한국지원사업(Humanities Korea)의 수혜를 받았다(2008~2018년). 그 가운데 3단계 마지막 4년 동안은 '트랜스내셔널 자아, 윤리, 공동체'를 어젠다로 설정하고 연구를 진행하고 있다. 트랜스내셔널 문제의식이 개인과 집단의 자아와 윤리에 어떤 방식으로 관철되고 있으며, 어떻게 새로운 공동체를 만들어나갈 수 있을 것인가를 모색해왔다. 이 책은 이런 문제의식에 맞춘 그 동안의 연구성과를 추린 것이다.

이 책에 실린 총 열한 편의 논문은 세 개의 파트로 구성되어 있으며, 각 파트에는 "트랜스내셔널 자아" "트랜스내셔널 윤리" "트랜스내셔널 공동체"라는 주제의식이 담겨 있다. 또 여기에는 궁극적으로 인간의 삶에 기여할 수 있는 '트랜스내셔널 인문학'의 고민이 담겨 있다고 할 것이다. 하지만 각 파트에 실린 논문이 지향하는 바는 매우 다양하고, 문제의식이나 분류 자체가 모호한 측면도 있다. 그럼에도 트랜스내셔널 문제의식이 매우 구성적이라는 점을 인정한다면, 이런 괴리 혹은 다양성을 수용할 수 없는 것도 아니다.

제1부 “트랜스내셔널 자아”에는 3편의 논문이 실려 있다. 오경환은 「로컬, 글로벌, 트랜스내셔널 : 로컬의 트랜스내셔널한 구축을 위하여」라는 논문에서 트랜스내셔널 패러다임의 재구축을 시도한다. 로컬은 한때 세계화와 이에 수반되는 글로벌의 대안으로 상정되기도 하였으나, 시간이 흐름에 따라 로컬에 대한 낭만적인 상상은 글로벌의 심화와 함께 차츰 시의성을 상실하고 있다고 진단한다. ‘글로컬’이라는 변주는 글로벌의 포섭으로부터 결코 자유로울 수 없다는 것이다. 이는 로컬을 중심으로 한 저항의 상상이 유럽중심주의적 근대기획으로부터 벗어날 수 없다는 것을 암시하는 것이 된다. 하지만 오경환은 로컬의 시공간을 글로벌의 시공간과 어긋나게 만들어 새로운 방식으로 이의를 제기할 수 있을 것이라고 기대한다. 그럴 때 유용한 기획이 트랜스내셔널이 된다. 트랜스내셔널을 “다양한 현상을 실천으로 해체하고 비판적으로 접근하는” 인식론적 기획으로 간주할 때, 로컬을 글로벌에 대한 유용한 저항의 기획으로 전환할 수 있게 될 것이라고 강조한다. 로컬을 트랜스내셔널한 차원에서 재구축하려는 시도가 트랜스내셔널 개념 자체의 재구축으로 읽히는 것은, 이 주장이 가진 설득력을 반증하는 것으로 보인다.

김현숙은 「문명 담론과 독립협회의 정치체제, 그리고 러젠드르의 전제론」이라는 글에서, 대한제국기 문명담론과 정치제제(론)를 재검토함으로써 트랜스내셔널 인식론에 새로운 토대를 제공한다. 문명담론이라는 시각에 서서, 독립협회의 정치담론과 입헌정체 그리고 그에 대한 대항담론으로 미국인 고문관이자 고종의 브레인 역할을 담당했던 러젠드르의 절대군주제론을 분석한다. 고종에게 전제군주제는 ‘야만’의 상징이 아니라 문명개화와 발전을 추동할 수 있는 효율적인 정치체제이며, 또 조선의 정치문화에 적합하고 민의 재산과 자유를 더 잘 보장할 수 있는 방식이라고 해석되었다. 이런 논리는 러젠드르가 제공한 것이었는데, 러젠드르는 미국에서의 경험과 일본의 자유민권운동이 미친 파장을 익히 알고 있었다. ‘문명국’ 출신이 말한 ‘문명’의 논리가 조선에서 전제군주의 권력을 강화하는 데 이용되었던 사실은, 트랜스내셔널 문명담론의 전파 상황을 역설적인 방식으로 여실히 보여주고 있다고 할 것이다.

「역사와 역사 기술 사이에서: 브라이언 프리엘의 『역사 만들기』에 나타난 아일랜드의 혼종적 주체와 역사 담론」이라는 논문에서, 이형섭은 아일랜드의 극작가 브라이언 프리엘의 작품을 통하여 아일랜드 역사기술의 복잡성을 분석한다. 프리엘은 역사를 구성하는 개인의 실제 행위와 역사적 글쓰기 사이에, 다시 말해 역사 행위의 주체와 그 주체가 재현되는 방식 사이에 존재하는 이분법을 도마 위에 올려놓는다. 프리엘에게는 아일랜드의 역사가 악몽처럼 느껴지는바, 식민지 경험을 둘러싼 민족주의와 수정주의 사이의 해석의 극단적인 양극화가 그 핵심을 이룬다. 극단적으로 상충하고 대립하는 해석을 제시하는 역사가들이 모두 자신들은 역사적 '사실'을 바탕으로 '객관적'인 기술을 하고 있다고 주장하는바, 프리엘은 그 부조리함을 강조하는 것이다. 이에 이형섭은 아일랜드의 국가담론이 영국의 개신교주의에 맞선 로마가톨릭주의와 영국의 제국적 욕망에 대항한 반식민지투쟁에 동원된 아일랜드 민족주의 사이의 혼합된 형태라는 사실을 강조한다. 아일랜드 역사기술의 허점을 트랜스내셔널한 인식론을 통해 파고드는 방식이 놀라울 따름이다.

제2부 "트랜스내셔널 윤리"에는 '식민지 계몽주의' '식민지교육과 동화주의' '군인의 형성과 규율' '적군 전사자 제사'를 다룬 4편의 글이 실려 있다. 먼저 육영수는 「'식민지 계몽주의'에 관한 트랜스내셔널 시각과 비평 : 근대의 자원병 혹은 징집병」이라는 논문에서 근대 계몽주의를 트랜스내셔널 시각에서 재조명한다. 육영수는 계몽주의의 사상적 기원과 기본 성격에 대한 학계의 근원적인 재성찰에 먼저 주목한다. 그에 따르면 여기에는 두 가지 접근법이 있는바 포스트식민주의적 시각과 트랜스내셔널 관점이 그것이다. 전자 즉 계몽주의에 대한 포스트식민주의 시각은 "계몽=이성·해방·진보"라는 1차방정식을 "계몽=문명화사명+

제국주의 담론"이라는 2차방정식으로 대체시켰다고 본다. 요컨대 문명화사명이라는 위장 아래 제국주의 정복을 정당화하는 담론으로 작동하는 계몽주의의 메커니즘에 주목하는 시각이다. 다음으로 계몽주의에 대한 트랜스내셔널 관점이란, 유럽 사상가들의 지적인 특허품이 아니라 비서구인들이 동참하여 그들의 지방적인 지적 전통과 버무린 "지속적인 재발명의 결과물"이라고 계몽주의를 재해석하는 것이다. 즉 전 지구적인 지적 네트워크가 접선·횡단·충돌하여 각기 다른 시공간에서 특유의 계몽주의 브랜드를 창출했다는 주장이다. 육영수는 계몽주의를 변경(지방)화하는 새로운 시도들을 트랜스내셔널한 시각에서 적극적으로 재해석하고 새로운 의미를 부여한다. 우리는 여기에서 트랜스내셔널 윤리의 핵심을 발견할 수 있을 것이다.

홍양희는 식민지기 일본의 조선에 대한 '동화주의' 논리를 교육 담론을 통해 재검토한다. 「식민지 초기 교육 담론과 동화주의: 차별교육과 '차이'의 정치학」이라는 논문에서 식민지 초기 조선에 대한 대표적인 두 가지 교육방침, 즉 '점진주의'와 '유교주의'를 분석한다. 이 두 가지 방침은 각기 '문명화'의 이름으로 조선인을 '계도'하고 유교의 논리를 통해 조선인의 저항을 무마하려는 의도를 가진 것이라고 해석하고, 이를 일본 제국이 구사한 '차이의 정치학'이라고 호명하였다. 동화주의 교육정책을 차이의 정치학에 입각하여 재해석하는 이런 입장은 '동화정책'을 맥락적이고 과정적인 방식으로 새로 이해할 것을 촉구한다. 그녀는 동화주의에 입각한 일본 제국의 '국민화과정'을 비판적으로 분석하고 있는바, 국민형성 역시 트랜스내셔널한 과정의 일부분일 수 있음을 주장하는 것처럼 보인다.

이어 김선호는 '북한'이라는 사회주의 국가의 창군기에 근대적 '군인'의 규율이 형성되는 과정을 실증적으로 분석한다. 「청년에서 군인으로: 조선인민군의 교육·생활과 규율기제(1945~1950)」라는 글에서, 그는 인민군 군인들의 입대 과정, 내무생활, 표창과 징벌이라는 세 가지의 일관 과정을 근대국가 수립 과정이라는 입장에서 해부한다. 북한의 청년들은 입대를 통해 건강한 몸과 사상을 가진 '순종하는 신체'로 만들어지게 되며, 내무생활을 통해 근대적 시공간 규율을 체득하게 된다. 이어 표창과 징벌이라는 제도를 통해 그들은 애국적이며 전투적인 남성으로 단련되는데, 이는 '이상적 군대'를 조련하는 과정이었다. 이렇게 만들어진 '인민의 군대'는 '인민의 국가'를 만드는 토대가 되었을 것이다. 하지만 이렇게 만들어진 '인민의 국가'가 어찌 그들만의 것이었을까? 근대국가 형성 과정의 복합적이고 탈경계적인 맥락을 드러내주고 있는 것이 아닐까?

이어 「패자 아이즈의 적군 전사자 제사와 그 정치적 맥락들」이라는 글에서, 이세연은 전사자들에 대한 제의의 과정을 분석한다. 이를 통해 역사 주체의 기억이 교차하고 충돌하고 또 타협하는 과정의 맥락을 재해석한다. 일본의 역사 속에는 전쟁에서 승리한 자가 적군 전사자를 제사 지내는 관례가 어느 정도 정착되어 있는데, 이는 전후의 사회질서를 회복하고 원혼을 위로하며 사회통합을 도모하기 위해 필요한 것이었다. 하지만 전쟁에서 패한 패자가 적군의 전사자를 제사 지내는 사례가 발견되는데, 이는 어떻게 해석할 수 있을 것인가? 이세연은 무진전쟁에서 패한 아이즈인들이 적군 전사자들을 제사 지내는 사례를 분석함으로써, 이것이 문명=박애=자비의 정신에 입각한 것이었다는 기존 견해를 반박한다. 오히려 아이즈인들의 적군 전사자 제사는 아이즈 공동체가 변화하는 변곡점에서 이루어지고 있었고, 이는 아이즈인들의 기억과 통합에 크게 기여하고 있었던 것이라고 조심스럽게 진단한다. 적군 전사자 제사가 내부 통합에 기여하고 있었다는 지적은 근대인들의 트랜스내셔널 윤리에 대한 뼈아프고 긴요한 통찰이 될 것이다.

제3부 "트랜스내셔널 공동체"에는 모두 4편의 글이 실려 있다. 첫 번째 「분단, 전쟁, 그리고 완도군 소안면 사람들」이라는 글에서, 박찬승은 분단과 전쟁 과정에서 일어난 소안면 민간인의 희생을 구술 자료를 활용하여 실증적으로 천착한다. 분단과 전쟁 과정에서 전남 지방의 여러 군에서 민간인 희생이 많았는데,

그 가운데에서도 완도군 소안면은 특히 희생이 많았던 지역이라고 한다. 이는 이 지역에서 식민지기에 사회주의 활동이 활발했으며, 해방 후 좌우익 대립이 극심했고, 한국전쟁기 좌익협의자에 대한 '소탕'이 진행되었으며, 인민군이 철수할 때 우익 관련자를 대거 처형하였고, 다시 수복 후 경찰이 부역자들을 많이 처형하는 일련의 과정이 이어졌기 때문이라는 분석이다. 박찬승이 다시 '마을로 간 한국전쟁'을 끌어낸 것은, 새로운 공동체를 위한 간절한 염원 때문일 것이다(박찬승, 『마을로 간 한국전쟁』, 돌베개, 2010 참조).

이어 심정명은 일본의 3·11을 통하여 세계를 '상상'하는 방법을 '상상'한다. 「재난 이후의 세계에 관한 문학적 상상」이라는 논문에서 그녀는, 재해 지역을 관광지로 만들어 3·11 재해복구를 계획하는 제안 및 그와 관련한 소설 작품들을 분석한다. 이를 통하여 일본의 공동성이 어떤 방식으로 재구성되고 있거나 혹은 해체되고 있는지를 살펴보려 한다. 하지만 3·11은 '재난 이후'가 아니라 '다른 재난 이전'에 지나지 않는다는 사실을 아프게 지적한다. '방사성물질'과 원자력발전 그리고 지진 등의 자연재해는 그저 '힘내라 일본'이라는 구호 아래 국민적 정체성을 강화함으로써 해결될 수 있는 문제가 아니다. 그녀는 오히려 현실의 틈을 드러내고 있는 '자명한 공동성'에 균열을 내는 상상력을 통해 이를 해결해나가야 할 것이라고 강조한다. 그녀의 상상력은 트랜스내셔널 윤리와 공동체에 대한 자각을 새삼스레 환기하고 있다.

윤해동은 「일본의 해석개헌, 평화헌법, 동아시아」라는 논문에서 일본의 평화헌법을 매개로 '평화의 동아시아공동체'를 건설할 수 있는 조건을 모색한다. 일본의 평화헌법 제정에는 일본을 전쟁국가로 만들지 않으려는 미국의 의도가 크게 개입해 있었지만, 일본의 민중들과 함께 침략전쟁으로 인해 큰 피해를 입었던 동아시아 민중들의 평화에 대한 희구도 반영되어 있었음을 강조한다. 게다가 평화헌법은 적극적이고 구조적인 평화 개념을 담고 있는, '시대를 선취한 탈근대적 헌법'이었음을 밝힌다. 이런 차원에서 전쟁을 할 수 있는 '정상국가'를 만들기 위해 평화헌법을 바꾸려는 일본 정부의 의도는 명백히 시대착오적인 것이다. 동아시아 역내의 국가들이 평화헌법을 모델로 더욱 평화로운 사회를 건설할 때, '동아시아 시민사회'를 바탕으로 한 새로운 동아시아 평화공동체가 모습을 드러내게 될 것이다.

마지막으로 이창남은 「냉전기의 적과 동지, 그리고 벌거벗은 생명의 파톨로지: 전후 동유럽 독일인과 유럽공동체 문제를 중심으로」라는 글에서, 전후 동유럽에 잔류한 독일인을 대상으로 유럽공동체 문제의 성격을 따진다. 실레지엔(독일과 폴란드)과 수데텐(체코, 폴란드, 독일)은 제2차 세계대전을 전후로 유럽에서 소수민족의 독립과 국민국가 건설 과정에서 가장 첨예한 문제가 노정되었던 지역이다. 이창남은 이 두 지역을 대상으로 독일인 피난민과 잔류민의 정치사회적 정황을 고찰한다. 법적 지위와 인권보호로부터 완전히 배제된 '벌거벗은 생명'이라는 개념을 구사하여, 이 지역에 잔류하거나 피난한 독일인들이 경험한 냉전기의 고통이 근대적 국민국가와는 다른 새로운 공동체적 형상의 가능성을 제공하고 있다고 주장한다. 난민이 양산되고 있는 오늘날, 제2차 세계대전 잔류민이나 피난민의 경험이 제시하는 새로운 공동체의 가능성이 난민들의 행로에 새로운 빛을 던져주기를 기대한다.

이상으로 세 개의 파트로 나뉘어 있는 개별 논문의 문제의식을 간단히 일별해보았다. 트랜스내셔널 자아, 윤리, 공동체라는 문제의식은 너무나 넓고 깊으며, 아직은 지나치게 모호한 상태에 놓여 있는 것처럼 보일지도 모른다. 그럼에도 우리는 길게 그리고 오래 가야 할 길의 첫걸음을 떼었다는 데에서 오히려 커다란 위안을 느낀다.

인문한국사업 첫 번째, 두 번째 단계의 성과를 묶은 두 권의 책(비교역사문화연구소 기획, 김상현 편, 『트랜스내셔널 인문학으로의 초대』, 한양대학교출판부, 2016 / 비교역사문화연구소 기획, 윤해동 편, 『트랜스내셔널 역사학 탐구』, 한양대학교출판부, 2016)에 이어서, 이 책은 참여 연구자들의 작업을 묶은 세 번째 책이다. 앞으로도 이 책에 실린 문제의식이 더욱 발전적으로 이어지기를 기대하는 마음 간절하다. 마지막으로 트랜스내셔널 어젠다 연구에 매진할 수 있도록 지원해준 한국연구재단, 그리고 한양대학교 비교역사문화연구소 관계자 여러분께 심심한 감사의 말씀을 드린다.

2017년 12월 18일

필자들을 대신하여 윤해동 씀

차례

제1부

트랜스내셔널 자아

:: 1 ::

로컬, 글로벌, 트랜스내셔널
: 로컬의 트랜스내셔널한 구축을 위하여

오경환

1. 서론

최근 인류학과 문화연구, 역사학의 연구 경향 중에서 눈길을 끄는 공통된 현상은 글로벌 혹은 '트랜스내셔널'에 대한 관심이다.[1] 다양한 분과 연구가 모두 글

---

1 '글로벌' 범주에 대한 광대한 연구목록을 작성하는 것은 이 논문의 취지에 어긋난다. 다만 저자의 작업에 가장 큰 영향을 미친 '글로벌' 범주 분석은 덜릭(Arif Dirlik)과 옹(Aihwa Ong)에 의거하고 있음을 밝힌다. '트랜스내셔널'의 최초의 사회과학적 용례는 케오헤인과 나이에서 나타난다. 역사학 학제 내부의 트랜스내셔널에 대한 접근으로는 벤더와 텔렌, 정치학의 젤릭과 샬린-앤더슨(Marie-Laure Djelic & Kerstin Sahlin-Andersson), 트랜스내셔널의 인류학과 사회학적 접근을 취한 그루월과 카플란(Inderpal Grewal & Caren Kaplan) 등을 참조. Dirlik, *Global Modernity: Modernity in the age of global capitalism*, Boulder & London: Paradigm, 2007; Ong, *Flexible Citizenship: The cultural logics of transnationality*, Durham: Duke University Press, 1999; Robert Keohane & Joseph Nye, "Transnational Relations and World Politics: An Introduction," *International Organization* 25, 1972; Thomas Bender & David Thelen, "Nation and Beyond: Transnational Approaches on the United States History," *Journal of American History* 86, 1999; Djelic & Sahlin-Andersson, *Transnational Governance: Institutional dynamics of regulation*, Cambridge: Cambridge University Press, 2006; Inderpal Grewal & Caren Kaplan, *Scattered Hege-*

로벌과 트랜스내셔널을 중요한 키워드로 내세우고 있는 현실에서 그 쓰임새의 혼란 역시 가중되고 있다. 무어(Henrietta Moore)의 글로벌의 확장이 "사람들이 새로운 주체성과 사회적 관계를 살아낼 수 있는 문화적 지형을 창출하고 있다"라는 낙관적 견해부터 풀러와 아사야(C. J. Fuller & J. Assayag)의 "글로벌한 연결 자체가 균일하지 못하기" 때문에 새로운 불평등의 원천이 된다는 비관적인 견해가 동시에 존재하기 때문이다.[2] 물론 이런 엇갈린 지적의 근원에는 자본과 노동의 전 지구화(globalization)라는 현실이 엄존하고 있다. 세계화가 가져온 전 지구적 '현실'은 이전의 '국가 경제'와 '국민국가'라는 정치체를 중심으로 한 논의 너머에 존재한다.[3] 따라서 '글로벌'한, 특히 '전 지구적 관계'를 중심으로 한 논의의 시의성은 의심할 여지가 없다. 세계화가 자본과 노동의 끝없는 유동을 추동하고 있는 현실은 전통적인 자본과 노동 혹은 시민과 국가의 관계에 대한 분석을 재고할 것을 요구하기 때문이다.

필자는 이런 노력의 일환으로 '트랜스내셔널'을 '글로벌'과 '내셔널'을 함께 비판하기 위한 개념으로 사용한다. 물론 트랜스내셔널을 키워드로 삼고 있는 가장 주된 학문 영역이 경영학이라는 사실은 현상으로서의 트랜스내셔널이 '심화된 글로벌'에 머물러 이해되고 있다는 점을 극명하게 보여준다. 따라서 '트랜스내셔널'은 '글로벌'의 동의어로 세계화에 대한 세련된 — 혹은 그리 세련되지 못한 — 변명으로 기능하기도 한다. 그럼에도 트랜스내셔널이 (단순한 기술(記述)적 범주가 아니라) 이 세계에 대한 분석적이며 인식론적인 범주로 의미가 있는 이유는 이 세

---

monies: Postmodernity and transnational feminist practice, Minneapolis: University of Minnesota Press, 1994.

2 Henrietta Moore, 'Anthropological Theory at the Turn of the Century,' in Moore ed., *Anthropological Theory Today*, Cambridge: Cambridge University Press, 1998, p. 11; C. J. Fuller & J. Assayag, eds., Globalizing India, New York: Anthem, 2005, p. 1.

3 Patha Chartterjee, 'Beyond the Nation? or Whthin?', *Social Text* 56, 1998, pp. 60~63.

계의 관계성에 대한 새로운 인식이 국가-민족에 근거한 오래된 정치적 상상을 해체하면서 그 오래된 상상이 근대성과 맺고 있는 관계를 비판적으로 이해할 수 있으리라 기대하기 때문이다.

하지만 아직 이런 전 세계적 관계성의 맥락에서 우리의 현실은 어떻게 이해하고 나아가 안으로부터 전복할 수 있는가에 대한 납득할 만한, '트랜스내셔널'한 대답은 도출되지 않고 있다. 더구나 인류학적인 연구에서 '트랜스내셔널'이 어떤 기여를 할 수 있을지 역시 불분명하다. 일반적으로 트랜스내셔널은 '국경을 넘는' 행위 수행의 차원이나 변경과 같은 공간적 범주를 지칭하는 것으로 이해된다. 물론 이런 접근이 인류학이나 역사학의 지평을 넓히는 데 큰 기여를 한 것은 사실이다. 다만 이는 '트랜스내셔널'을 기술적으로 접근함으로써 오히려 그 의미를 축소하는 효과를 가져왔다. 오히려 '트랜스내셔널' 범주가 일종의 인식론적 전환을 수행한다고 가정할 때 그 의미가 생산적일 수 있을 것이다. 또한 이는 공간적인 한계 — 또 따라서 시간적인 한계 — 에 갖히기 쉬운 실천(practice)을 재구성할 수 있는 새로운 틀을 얻을 수 있다.

그렇다면 우리는 어떻게 '글로벌'과 '트랜스내셔널'을 변별하여 이해할 것인가? 이러한 이해는 우리의 현실로서의 '로컬'을 어떻게 재구성할 것인가? '글로컬'(glocal) 담론은 적절한가? 이 일련의 질문에 답하기 위해 필자는 '글로벌'과 '트랜스내셔널'을 혼용함으로써 생기는 인식론적 문제에서 출발하여 '로컬'과 '글로컬' 범주를 비판적으로 검토하고 새로운 인식론적, 나아가 실천적 범주로서의 '트랜스내셔널'을 주장하고자 한다. 또한 필자는 우리의 현실로서의 '로컬'이 '트랜스내셔널'하게 재구성되어야 한다고 주장한다. 이를 위해서는 각각의 개념을 명확하게 정리하고 비판적으로 사유하는 작업이 선행되어야 할 것이다.

이러한 생각에 따라 이 글의 첫 번째 장은 '로컬'을 명확히 규정하고 '로컬'을 공간적 범주 혹은 간단히 '지역 공동체'(community)로 상상하는 입장의 위험성을 지적한다. 두 번째 장은 로컬에 대한 위계적인 이해를 바탕으로 하여 세계화 혹은 전 지구적 자본주의가 로컬을 어떻게 전유하는지에 대해 기술하고 그 결과로 등장한 '글로컬' 개념이 가진 가능성과 한계를 살펴본다. 마지막 장은 결론을 대신하여 '트랜스내셔널'이 '방법론적 민족주의'에 대한 반성이며 궁극적으로는 근대성 자체에 대한 비판으로서 인식론적 기획임을 밝히고, 이를 통해 '로컬'의 개념을 재구축해 보고자 한다. 필자가 '글로벌'의 범주를 인식론적으로 지양(止揚)하는 '트랜스내셔널'은 많은 오해와 오용에도 불구하고 풍부한 학문적 가능성을 가지고 있고 이는 '로컬'의 범주를 재구축하는 데에 중요한 시사점을 던질 수 있을 것으로 기대하기 때문이다.

2. 로컬, 장소성, 실천

어원상 로컬은 공간적인 범주를 구성하는 것으로 이해된다. 류지석의 지적처럼 로컬 혹은 로컬리티가 "공간/장소성과 연결되어 있으며 …… 구체적 공간은 로컬의 기초적 표상"이라고 보는 관점이 지배적인 것이 사실이며, 이 장소성은 다시 '인간의 존재론적 의미'와 연결되기 때문에 로컬이 공간성을 완전히 탈피하는 것은 아마도 불가능할 것이다.[4] 그렇다면 문제는 로컬이 어떤 장소인가 하는 것이 아니라 어떻게 구성되는 장소성을 의미하는가 하는 것이다. 로컬을 절대적인 공간으로 이해하는 것은 먼저 로컬이 상대적 개념이기 때문에 많은 문제점을 노정한다. 예를 들어 어떤 촌락을 공간적으로 '로컬'이라고 규정할 때 그 규정은 그 촌락이 처한, 혹은 처한 것으로 이해되는, 특수한 역사적·정치적·경제적·문화적 맥락에서만 가능하다. 서울을 제외한 대한민국 대도시 전부가 해방 이후에 형

---

4 류지석, 「로컬리톨로지를 위한 시론」, 『로컬리티, 인문학의 새로운 지평』, 부산대학교 한국민족문화연구원 편, 해인, 2009, 26쪽.

성된 것이라는 점을 떠올린다면 이 맥락의 변화가 촌락의 공간적 변화나 특성과 별 관계없이 지역의 위상을 변화시킨다는 것은 명백하다. 더구나 하비가 '근대적 시공간의 압축'이라고 표현한 기제에 의해서 로컬이 생산된다면 로컬을 오롯이 공간적 범주로만 접근하는 데에는 무리가 따를 것이다.[5]

로컬을 공간적으로 이해할 때 '로컬리티'는 지역 공동체(local community)의 개념과 손쉽게 등치되어 사용된다. 로컬의 문제를 지역공동체, 즉 실체적인 '마을'의 문제로 치환하는 것은 공간성에 대한 천착이 로컬의 문제를 오해하게 하는 과정을 함축적으로 보여준다. 물론 이런 사정은 고전적 사회학 전통에서 지역 공동체의 문제가 핵심적인 것이었다는 데에서 출발한다. 퇴니스(Ferdinand Tönnies)와 뒤르껭(Émile Durkheim), 베버(Max Weber)와 같은 초기 사회학자들은 근대성이 사회에 미친 가장 큰 변화를 지역 공동체의 파괴에서 찾은 이래 지역 공동체는 근대성과 근대성이 상정하는 다양한 제도적 장치들에 대한 저항과 대안으로 상상되어 왔다. 뒤르껭이 기계적 연대성(mechanic solidarity)과 유기적 연대성(organic solidarity)에 대한 논의를 통해 지역 공동체에서 산업화된 사회의 새로운 연대를 논할 때조차 기본적인 연대의 모델은 지역 공동체의 유기적 성격을 따르고 있다. 산업화된 도시와 목가적 농촌의 대비는 근대성에 대한 탐구에서 핵심적인 위치를 차지하고 있었을 뿐 아니라, 전자에 대한 대안 모델로서의 지역 공동체는 (의식적이건 무의식적이건) 사회학적 상상력의 기저에 자리잡고 있다.[6]

비슷한 맥락에서 지역 공동체는 전 지구적 자본주의의 대척점에 자리잡은 것으로, 즉 암묵적인 대안으로서의 기능을 할 수 있을 것으로 상상된다. 특히 전

---

5 David Harvey, *The Condition of Postmodernity*, 구동회, 박영민 옮김, 『포스트모더니티의 조건』, 한울, 1994.

6 19세기 말 이런 경향의 의식적인 수용은 르 플레(Frederic Le Play)가 중심이 되었던 보수적인 『사회 개혁La Réform Sociale』 그룹에서 찾아 볼 수 있다.

지구적 자본주의에 맞서는 대안으로 지역 공동체 활동가들은 지역공동체의 연대를 주장한다.

> 모든 로컬의 이야기를 전 지구적인 '큰 그림' 안에서 이해함으로써 우리는 언어와 국적, 성별, 인종, 계급을 넘어 서로 대화와 경험을 교류하는 공간을 열 수 있다. 그리고 이 커뮤니케이션의 과정이 네트워크와 연대를 만드는 방향으로 진행될 때 다국적(multi-national) 연대의 가능성은 현실이 될 것이다.[7]

이처럼 실천적인 차원에서 공간적인 로컬 혹은 로컬리티에 대한 상상은 그 구체성 때문에 중요한 의미를 지닌다. 하지만 이렇게 공간적 차원에서만 사유되는 장소성의 개념은 국소주의(parochialism)에 매몰될 위험을 항상 내포한다. "물리적 배경과의 연계를 설정함으로써 의미를 창출하려는 의도적 장소감은 진정한 장소성에 필요한 뿌리내림의 속성을 결하고 있다"라는 최병두의 지적은 그대로 지역공동체에 관한 많은 논의에 직접 적용할 수 있을 것이다.[8] 즉 이 뿌리내림은 공시적이며 절대적인 공간성의 문제라기보다 장소가 어떻게 역사적으로 구성되는가의 문제와 더 깊은 관련을 맺고 있다. 더 심각한 문제는 덜릭의 지적처럼 더 이상 로컬은 이미 단독적이며 이종적인 공간이 아니라는 점이다.[9] 즉 '로컬의

---

7 Rachel Kemal, *The Global Factory: Analysis and action for a new economic era*, Philadelphia: American Friends service committee, 1990, p. 75. 한국적 맥락에서 비슷한 논의는 마을 사업을 중심으로 전개되고 있다. 하지만 권단 · 김상철 등은 이런 방식의 마을 만들기 사업이 다종적 · 혼종적 장소성을 구성한다기보다 기존 정체성을 확인하는 데 머물고 있다고 지적한다. 천정은 편, 『지역의 재구성』, 알트, 2012; 권단 · 김상철, 『모두를 위한 마을은 없다: 마을 만들기 사업에 던지는 질문』, 삶창, 2014.

8 최병두, 「장소의 역사와 비판적 공간이론」, 『로컬의 문화지형』, 부산대학교 한국민족문화연구원 편, 해인, 2010, 100쪽. 물론 최병두의 지적 역시 '뿌리내림(raciné)/뿌리 뽑힘(deraciné)'이라는 사회학의 전통적 길항에서 자유롭지 못하다는 점을 지적할 수 있다.

9 Arif Dirlik, "Global in the Local," in Rob Williams & Wimal Dissanayake eds., Global/Local: Cultural production and the transnational imaginary, Durham: Duke University Press, 2005, pp. 37~38.

이야기'는 이미 '큰 그림'의 한 부분일 뿐 아니라 '큰 그림'에 의해 상당 부분 결정되는 이야기이다. 따라서 로컬의 이야기, 더구나 구체적이며 실질적인 전 지구적 관계망 안에 포섭된 지역 공동체의 이야기를 통해 큰 그림을 비판하거나 이에 저항하려는 시도는 근원적인 한계를 가질 수밖에 없다.

따라서 실체적인 공간성을 지닌 로컬에서 헤게모니와 권력 관계에 의해 생산/재생산되고 저항하기도 하는 로컬 개념으로의 전환이 필요한 것으로 보인다. 실체적인 의미의 공간성은 로컬을 끊임없이 특수화하며 지역공동체로 환원될 위험을 내포하고 있기 때문이다. 로컬을 이런 실체적 공간성에서 벗어나 바라본다면 로컬은 무수한 정치적·경제적·문화적 실천의 장(field)으로 볼 수 있을 것이다. 각각의 개별적 실천은 복잡한 권력 관계의 자장에서 다시 읽혀야 할 뿐 아니라 로컬에서 재구성되는 것으로 이해되야 한다.[10] 아파라두라이(Arjun Apparadurai)의 로컬(리티)와 지역 공동체(neighborhood)의 구분은 이 맥락에서 특히 시사적이다.

> 나는 로컬리티를 주로 관계적(relational)이고 맥락적이라고 보며 …… 사회적 대면성(immediacy)과 상호 대화의 기술적 체계, 맥락(들)의 상대성 사이의 일련의 연결로 구성되는 복잡한 현상학적 성질을 가진다고 본다 …… 반면 나는 지역 공동체를 차원이나 가치로서의 로컬리티가 다양한 방식으로 실현되는, 실제로 존재하는

10　이는 공간의 생산에 대한 르페브르의 설명에 포함되어 있다. 르페브르의 공간학(spatiology)은 공간에 대한 실체적인 접근을 거부하면서 어떻게 공간이 생산되고 사용되며 유동하는지를 탐구한다. Henri Lefevre, *Production of Space*, trans. Donald Nicholson-Smith, London: Blackwell, 1991, pp. 403~405. 이 부분에 대한 장세룡의 계속적인 작업은 로컬의 구성적 접근의 좋은 예라고 할 수 있다. 다만 행위자-네트워크(Actor-Network) 이론의 도입이 효과적인가에 대한 판단은 유보한다. 장세룡, 「신문화사와 공간적 전환: 로컬리티 연구와 연관시켜」, 『역사와 문화』 23, 문화사학회, 2012, 139~ 170쪽; 「헤테로토피아: (탈)근대공간을 위한 시론」, 『대구사학』 95, 대구사학회, 2009, 285~317쪽.

사회적 형태로 규정한다.[11]

물론 로컬에 대한 공간적인, 혹은 실체적인 접근을 거부한다는 것이 공간과 관련된 구체적 실천에 대한 탐구의 포기를 의미하지는 않는다. 오히려 글릭-쉴러(Nina Glick-Schiller)의 지적처럼 로컬은 복잡하게 연결되어 있는 실천의 장으로서 새로/다시 구축되어야 한다.[12]

이 논의는 자연스럽게 로컬이 가진 특수한 성격과 학문적 의미를 드러낸다. 종류를 불문하고 구체적 실천은 최종적인 심급에서 로컬에서 벌어질 수밖에 없지만 로컬의 외부에서 구성된다. 따라서 로컬은 다양한 층위, 즉 국가·지역·세계라는 다양한 층위와 존재론적 연관을 가지게 되며 로컬은 개념적으로 다른 공간성이나 분석의 수준들과 분리하여 상정할 수 없다. 뒤에서 다시 언급하겠지만 이런 맥락에서 현대의 로컬은 더욱 복잡한 양상을 띠게 된다. 로컬을 구성하는 다양한 맥락들이 근대 이전에 비해서 훨씬 더 복잡해지고 그들 간의 관계 역시 긴밀해졌기 때문이다. 르페브르가 공간의 생산과 재현(representation)이 생산 양식에 필수적이라고 주장한 점을 상기해 본다면 현대의 로컬이 전 지구적 자본주의의 발전으로 인해 얻게 된 중층성과 복잡성은 명백하다.[13] 로컬에서 전개되는 자본주의적 행위만 살펴보더라도 그 생산과 소비 두 영역 모두에서 국가·지역·글

---

11 Arjun Apparadurai, *Modernity at Large: Cultural dimensions of globalization*, Minneapolis: University of Minnesota Press, 1996, pp. 178~179. 다만 아파라두라이는 르페브르에 일반적으로 동의한다고 하면서도 자본주의와 근대성의 긴밀한 관계가 로컬리티를 생산한다는 주장에 회의적이며 그 이유를 명확히 밝히지 않는다. Ibid., p. 204.

12 Nina Glick-Schiller, "Transnationality," in D. Nugent & J. Vicent eds., *A Companion to the Anthropology of Politics*, Malden: Blackwell, 2004, pp. 450~452; Peggy Levitt & Nina Glick Schiller, "Conceptualizing Simultaneity: A transnational social field perspective on society," *International Migration Review* 38, 2004), p. 1005.

13 Emanuela Guano, "Spectacles of Modernity: Transnational imagination and local hegemonies in Neoliberal Bouenos Aires," *Cultural Anthropology* 17, 2002, p. 181.

로벌의 차원이 뒤엉켜 개입한다. 따라서 로컬에 대한 분석은 그 대상을 단독적인 절대적인 '공간'으로 상정하기보다는 이 복잡한 분석 수준을 통해 구성적으로 이루어져야 할 것이다.

3. '안에서 또 그에 대항하여': 로컬, 글로벌, 글로컬

냉전의 해체와 더불어 '글로벌'의 담론은 결정적인 정치적·경제적 유동성을 획득하였다. 국민국가 체제가 지난 두 세기 동안 자본주의의 전 지구적 확장과 유지했던 적대적 공존의 관계가 소멸하고 후자가 전자를 전유하는 양상은 곧 '세계화'(globalization)라는 새로운 이름을 얻게 되었다. 세계화를 '멀리 떨어진 지역들(localities)을 연결하는 전 세계적인 사회적 관계의 확장'으로 보는 기든스의 견해가 중립적이라면 라슨이나 프리드먼과 같은 저널리스트들은 세계화를 "지구가 줄어들고 거리가 짧아지며 사물들 간의 거리가 가까워지는" "평평한 세계(flat world)의 탄생"으로 낙관적으로 묘사한다.[14] 아마도 가장 익숙한 세계화에 대한 정의는 포토풀로스(Fotopoulos 2001)가 정의한 상품과 자본, 노동의 개방과 탈규제를 통한 '경제적 세계화'일 것이다.[15] 이러한 정의는 현상으로서의 '글로벌'을 설명해주기는 하지만 '글로벌'이 어떤 이론적 함의 — 즉 그 위험이나 가능성 — 를 내포하고 있는가를 밝히는 데에는 미흡하다. "글로벌라이제이션은 현재와 과거

---

14 Anthony Giddens, *The Consequences of Modernity*, Cambridge: Polity Press, 1991, p. 64; Thomas Larsson, *The Race to the Top: The Real Story of Globalization*, Washington, D.C.: Cato Institute, 2001, p. 9; Thomas Friedman, "The Dell Theory of Conflict Prevention," in Barclay Barrios ed., *Emerging: A Reader*, Boston: St. Martins, 2008, p. 49.

15 Takis Fotopoulos, "Globalization, the reformist Left and the Anti-Globalization 'Movement,'" *Democracy & Nature: The International Journal of Inclusive Democracy* 7, 2001, pp. 235~236.

의 모든 미스테리를 푸는 만병통치약이 되어 가고 있다"라는 바우만(Bauman)의 지적은 이 미흡함이 전 지구화라는 현상을 이데올로기적으로 정당화하는 효과를 가지고 있음을 의미한다.[16]

그렇다면 로컬과 글로벌이라는 층위는 어떻게 연결될 수 있는가. 세계화에 관한 한 표준적인 주장을 살펴보면 세계화가 표상하는 글로벌과 다양한 다른 공간적이며 이론적 범주들의 관계는 주로 위계적으로 이해되고 있다.

> 세계화는 로컬(the local), 국가(the national), 지역(the regional)의 연속선상에 위치지울 수 있다. 이 연속선상의 한끝에는 로컬이나 국가적인 기초에서 조직되는 사회 경제적 관계가 있으며 다른 한편에는 지역이나 세계적인 차원에서 현현하는 사회 경제적 관계가 있다. 세계화는 인간 행위를 지역과 대륙을 넘어 서로 이어주고 확장하는 시공간적 과정을 의미하는 것으로 받아들여진다. 이 공간적 확장을 배제하고는 이 용어의 명확한 규정은 불가능할 것이다. 세계화에 관한 만족할 만한 설명은 확장성(extensity)과, 밀도, 속도, 효과의 요소를 반드시 포함하고 있어야 한다.[17]

현상으로서의 세계화를 기술하는 데 있어 흠잡을 데 없는 이 헬드의 설명은 중요한 인식론적 전제를 내포하고 있다. 로컬과 국가, 지역과 세계의 층위가 명징하게 구분되는 범주라는 전제가 그것이다. 이를 구분되는 범주로 보지 않는다면 이들 사이의 확장과 결속은 불가능하기 때문이다. 나아가 헬드는 로컬과 국가를 친연성을 가진 하나의 쌍으로 묶고 지역과 세계를 또 다른 쌍으로 보고 있으며

---

16 Zygmunt Bauman, *Globalization: The Human Consequences*, New York: Columbia University Press, 1998, p. 1.

17 David Held, *Global Transformations*, Cambridge: Polity Press, 1999, p. 4.

이 친연성은 범주 간의 암묵적인 위계 관계를 상정할 때만 가능하다. 따라서 세계화가 추동하는 인간 행위의 확장은 철저히 위계적이고 사회경제적 관계나 권력 관계로 결정된 철저히 위계적인 공간적인 범주를 통해서만 가능하다.

아마도 조금 더 유연한 글로벌과 로컬의 관계 설정 즉 '글로컬' 개념의 필요성은 바로 이 괴리에서 출발했을 것이다. 즉 글로컬 개념은 로컬에서 벌어지는 행위가 상위의 혹은 그 하위의 범주와만 친연성을 가지는 것이 아니라 훨씬 복잡한 관계망 속에 존재한다는 점을, 즉 최상위의 범주와 최하위의 범주가 결속될 수 있다는 점을 암시한다. 로버트슨(Ronald Robertson)은 일본의 기업문화에 대한 연구에서 '점점 더 분화되는 로컬 시장에 맞추어 상품과 서비스의 글로벌한 선전 전략'이라는 의미를 지닌 '글로컬' 개념을 수립하였다.[18] 그는 글로컬 개념을 통해 로컬과 글로벌이 서로 대립하지 않는 일상을 창조할 수 있다고 보았다. 사실 이러한 논의는 상식적인 차원에서 충분히 이해할 수 있다. 전 지구적 자본주의가 스스로를 현현하는 가장 대표적이고 빈번한 방식인 소비 행위를 예로 들자면 코카콜라와 맥도날드로 대표되는 전 지구적 소비는 로컬이라는 장에서 소비 행위에서 개인적인 차원과 국가와 지역, 세계의 차원을 모두 동시에 작동시킨다. 결국 개별적인 소비 행위는 전적으로 글로벌하지도 로컬하지도 않으며 양측 모두의 특성을 가진 것으로 이해되어야 한다.

따라서 글로컬의 개념은 글로벌이라는 범주가 로컬과 맞물리며 가질 수 있는 위험성과 가능성을 동시에 보여준다. 먼저 그 가능성은 이전과는 다른 정체성에 의한 연대의 확산이다. 그루월과 카플란의 선구적인 작업이나 아피아의 '뿌리내린 세계시민주의'(rooted cosmopolitanism), 아파라두라이의 '풀뿌리 세계화'(grassroots globalization)는 모두 로컬과 결속된 혹은 결속되어야 하는 글로벌이

---

18 Ronald Robertson, "Time-space and Homogeneity-Heterogeneity," in Scott Lash et al eds., *Global Modernities*, London: Sage, 1995, pp. 25~26.

라는 범주에 대한 탐구이며 그 과정에서 생성될 수 있는 연대의 가능성에 대한 모색이다.[19] 카플란은 유럽 중심주의적인 페미니즘에 대한 대안에 대해 논의하면서 "로컬을 거부하지 않고 '그 안에서 또 그에 대항하여' 작업"할 것을 주장하면서 "이런 비판적 작업이 신화화된 유사성과 다름에 기초하지 않는 연대와 동맹을 거부할 수 있는 기초를 생산"할 수 있을 것이라 기대한다. 이를 자본주의적 세계성의 문제로 확대한다면 유럽중심주의이며 전 지구적 자본주의의 단일성을 거부하면서 로컬을 생산하는 맥락 "안에서 또 그에 대항하"는 작업이 글로벌한 연대의 가능성을 도출할 수 있다.[20] 이를 정치철학적으로 구체화시킨 아피아는 로컬을 "공유할 수 있는 생애 서사들"(shared life narratives)로 급진적으로 재규정하고 이민·이산·이주와 같은 글로벌하며 구체적인 경험이 새로운 세계시민주의를 가능케 할 수 있을 것이라 기대한다.[21]

그렇다면 글로컬의 개념은 '충분'한가? 즉 우리의 '지역'과 '세계'가 연결되어 있다는 자각에서 출발한 분석과 대안의 전망은 '충분'한가? 이 논의들은 여전히 전 지구적 자본주의의 침투와 확산이라는 위험에 노출되어 있다. 로컬을 포섭하고 글로벌에 대항하는 — 혹은 대항할 것으로 기대되는 — '내셔널'은 비록 대량생산과 대량소비의 자본주의의 모델과 긴밀하게 연결되어 있기도 하지만 정치적 해방의 근원이기도 하다. 즉 '내셔널'이 '로컬'을 폭력적인 근대성으로 전유해 왔다 하더라도 '내셔널'은 최소한 자기 '로컬'들 안의 평등과 보편성을 추구해왔

---

19 Grewal & Kaplan, *Scattered Hegemonies*; Kwame Anthony Appiah, *Ethics of Identity*, Princeton: Princeton University Press, 2005; Apparadurai, "Grassroots Globalization and the Research Imagination," in Appradurai ed., *Globalization*, Durham: Duke University Press, 2001; Joe Bandy & Jackie Smith, *Coalitions across Borders: Transnational protest and the neoliberal order*, Oxford: Rowan & Littlefield, 2005; Donatella della Porta et al eds., *Globalization from Below: Transnational activists and protest networks*, Minneapolis: University of Minnesota Press, 2006.

20 Grewal & Kaplan, *Scattered Hegemonies*, pp. 148~149.

21 Appiah, *Ethics of Identity*, pp. 265~272.

기 때문이다. 폴라니(Karl Polanyi)가 지적한대로 민족/국가의 서사가 지난 두 세기 동안 정치적 상상력을 독점할 수 있었던 이유는 일국 시장(national market)의 진흥과 규제의 동시적 기제로서의 역할 덕분이다. '초국가' 시대에서의 민족/국가의 필요성을 꾸준히 개진해 온 고부응의 논의 역시 이런 맥락에서 민족/국가의 상상(imaginary)이 수행해 온 사회·경제적인 역할을 긍정적, 나아가 당위적으로 보고 있다.[22]

하지만 글로벌 시장의 대두는 필연적으로 민족/국가 서사의 해체를 가져오며 글로컬이라는 범주의 탄생은 이러한 글로벌 논의의 해체를 나타내는 징후이다. 즉 '글로컬'은 전 지구화가 위계적이고 공간적으로 이해되어 온 범주들을 해체하고 재구성하면서 민족/국가의 영역과 기능을 축소해 가고 있다는 사실을 단적으로 보여 준다. 하지만 '글로컬'이라는 징후적 담론은 여전히 구체적이며 제한적인 공간성을 상정할 뿐 아니라 전 지구적 자본주의가 추동하는 '글로벌'과 '벌거벗은 로컬'이 민족/국가의 매개 없이 만나게 되는 현재의 상황을 정당화할 위험을 내재하고 있다. 따라서 글로컬이라는 징후적 범주를 넘어서는 새로운 문제화와 이론화가 절실하다.

4. 로컬의 재구축: 트랜스내셔널 패러다임?

아파라두라이는 단독적인 명사형으로서의 '문화' 개념이 더 이상 유의미하지 않다고 보고 형용사형 '문화적'(cultural)을 사용할 것을 주장한다. 이는 명

---

22 Karl Polanyi, *Great Transformations: The political and economic origins of our time*, 홍기빈 옮김, 『거대한 전환: 우리 시대의 정치·경제적 기원』, 길, 2009; 고부응, 『초민족 시대의 민족 정체성: 식민주의, 탈식민 이론, 민족』, 문학과 지성, 2002, 30~33쪽.

사 자체가 갖는 유적 특성과 관계가 있는 것으로 보인다. 즉 명사로서의 문화는 특정한 제도나 가치, 생활양식을 지칭하며 따라서 암묵적으로 고정된 실체로서의 문화를 상정하고 있다. 문화를 '문화적'이라는 범주로 환원함으로써 얻는 효과는 문화적 양식을 비고정적이고 유동적인 실천의 장에서 바라볼 수 있게 해준다는 것이다. 나아가 이 비고정성은 문화적 기제들이 사용되고 배치되는 방식들이 다양한 층위에서 다양한 가능성에 노출되어 있음을 보여준다.[23] '트랜스내셔널'의 개념에서도 비슷한 유비관계가 성립한다. '트랜스내셔널'은 단순히 '국경을 넘는' 다양한 초국적 현상을 다루는 소재적인 접근에서 벗어나 형용사형으로서, 즉 다양한 현상을 실천으로 해체하고 비판적으로 접근하는 인식론적 기획으로 이해되어야 한다. 이런 맥락에서 옹(Aihwa Ong)이 트랜스내셔널의 개념의 의미망은 어간인 '내셔널'이 아니라 접두어인 '트랜스'에서 찾아야 하며 '횡단하는'(transversal), '과정적인'(transactional), '번역의'(translational), '위반하는'(transgressive) 등의 의미를 포괄하는 합성어로 이해해야 한다고 지적한 것은 적절하다고 할 수 있다.[24]

그렇다면 '트랜스'를 그 의미의 핵심으로 하는 '트랜스내셔널'이라는 형용사만으로 로컬을 재구축할 수 있는가. 트랜스내셔널의 개념은 많은 오해에 노출되어 있을 뿐 아니라 현실적으로 적용 가능한, 합의된 정의조차 가지고 있지 못하다. 그 결과로 이 개념은 때로는 정반대의 것을 지칭하는 결과를 가져오기도 하였다. 일반적으로 '트랜스내셔널리즘'(transnationalsim)을 주장하거나 실체적인 '초국적 개체'(transnation)를 개념화하는 경우, 트랜스내셔널은 글로벌과 동의어이

---

23 Apparadurai, *Modernity at Large*, pp. 11~13.

24 Aihwa Ong, *Flexible Citizenship*, pp. 4~7. 비슷한 맥락에서 그루월과 카플란 역시 현재의 이주 양상과 국민국가의 몰락, 디아스포라, 전 지구적 시민단체 등의 다양한 스펙트럼의 현상의 약어로서 '트랜스내셔널'이 사용되는 사정을 비판한다.

거나 정도의 차이로 묘사된다. 예를 들어 미요시(Miyoshi 2005)는 1960년대의 다국적(multi-national) 기업의 확장이 결국 1970~80년대의 초국적 기업(transnational corporations)의 탄생으로 이어졌다고 본다.[25] 이 기술은 자본이 더 유동적이 되었다는 의미를 담기 위해 '트랜스내셔널'이라는 용어를 차용하고 있고 이는 글로벌 범주의 확장·심화가 트랜스내셔널로 이어진다는 현상의 기술로서의 형용사적 용법이다. 하지만 이런 종류의 기술은 인식론적 기획/대안의 차원에서 유의미한 '트랜스내셔널'을 사유하는 데 혼란을 가중시키고 있다.

어쩌면 트랜스내셔널을 인식론적 기획으로 확장하는 데 가장 핵심적인 과제는 접두어 '트랜스'와 어간인 '내셔널'이 결속되는 방식, 아파라두라이의 표현대로라면 하이픈(-)이 우리에게 던지는 의미이다. '트랜스'가 횡단과 번역, 전유와 과정, 위반의 의미를 지니고 있는 것으로 '문제화'(problematized)되어야 한다면 그 대상물인 어간 '내셔널'과 '네이션' 역시 충분히 문제화되어야 한다. 주지하다시피 '내셔널'의 정확한 축자적 번역은 불가능하다. 이는 민족과 국가라는 양가적인 선택의 문제만은 아니다. '내셔널'이 표상하는 바가 '민족'이나 '국가'라는 대답은 동어반복적일 뿐이기 때문이다. 기실 문제는 국가의 다양한 효과가 '네이션'으로 수렴되어 명사화되는 과정 자체가 권력 관계라는 점이다.[26] '국가적' 공간은 첫 번째 장에서 논의한 '로컬'의 공간만큼이나 (혹은 그 이상) 실체성을 결여하고 있기 때문이다.

따라서 '민족/국가'를 다시 문제화하기 위해서는 '민족/국가'를 다양한 효과와 실천으로 다시 치환할 필요가 있다. 푸코는 이미 근대국가 형성에 관한 논의에서 국가를 국가 효과로 치환하자고 주장한 바 있다.

---

25 Masao Miyoshi, "Borderless world?: From colonialism to transnationalism and the decline of the nation-state," in Rob Williams & Wimal Dissanayake eds., *Global/Local*, p. 85.

26 Grewal & Kaplan, *op. cit.*, p. 11.

국가는 통일성이나 단독성(individuality)을, 또 철저한 기능성도 가지고 있지 못하며, 심지어 높은 수준의 중요성을 가지고 있는 것조차 아니다. 어쩌면 국가는 그 중요성이 우리 중 많은 사람들이 생각하는 것보다 훨씬 제한적인, 조합된 현실(composite reality)이거나 신화화된 추상(mythicized abstraction)일지도 모른다. 어쩌면 우리의 근대성을 위해 중요한 사실은 '사회의 국가화'(étatisation de la société)가 아니라 '국가의 통치화'(gouvernmentalisation de l'État)일지도 모른다.[27]

이 푸코의 주장은 민족/국가를 철저하게 해체함으로써 국가로 수렴되고 환원되던 다양한 행위를 다시 로컬의 권력 관계로 되돌린다. 이 경우 권력이 작동하는 지점으로서의 로컬은 폭력이 내재하는 시공간이기도 하지만 안으로부터의 모순과 저항에도 취약한 시공간이다.

이 맥락에서 '내셔널'과 결부된 '트랜스'는 바로 수없이 다양한 권력의 효과가 국가로 수렴되는 과정을 '위반'하고 '횡단'하여 다시 '번역'하는 것이다. 인식론적 기획으로서의 '트랜스내셔널'은 이 지점에서 의미를 획득할 수 있다. 물론 이 '해체' 혹은 '치환'은 결코 간단하지 않다. '민족/국가'의 서사는 훨씬 더 거대한 유럽중심주의적 근대성, 보편적 세계성(globality)의 서사와 긴밀하게 결속되어 있기 때문이다. 이 중요한 공모관계, 혹은 방법론적 민족주의(methodological nationalism)는 '민족/국가'의 해체를 끊임없이 의심하는 한편 근대의 보편적 세계성의 기제로 기능하기도 한다. 즉 '민족/국가'의 서사는 근대성의 핵심적인 기제이지만 전 지구화라는 근대성의 또 다른 표현과 상충될 때 언제든지 폐기될 수 있는 기제이기도 하다. 따라서 방법론적 민족주의를 통해 전 지구화의 현실에 저항하려는 태도는 그 근원에서 실패가 예정되어 있다고 할 수 있다.

---

27 Michel Foucault, "Governmentality," in Colin Gordon et al eds., *Foucault Effects: Governmentality and other essays*, Chicago: University of Chicago Press, 1997, p. 130.

하지만 방법론적 민족주의와 '민족/국가'를 손쉽게 포기하는 것 역시 위험할 수 있다. '민족/국가'가 보편적 세계성의 한 표현에 불과하다고 해서 '민족/국가'를 포기하는 것은 그나마 그 상상이 담보하던 최소한의 보호기제 — 인권, 사법주권, 복지 등 — 마저 보편적 세계성 속에서 용해시킬 수 있기 때문이다.[28] 이런 의심은 충분한 근거를 가지고 있을 뿐 아니라 로컬의 트랜스내셔널한 구성에서 끝없이 다시 질문되어야 한다. 이런 맥락에서 '트랜스로컬리티'의 전망이 더 유용하다는 장세룡의 지적이나 '트랜스내셔널리티는 하나의 규범이라기보다는 트랜스로컬리티의 한 특수한 형태'라는 장희권의 주장 역시 근거가 있다.[29] 하지만 이들의 지적은 현상으로서의 트랜스내셔널 혹은 심화된 글로벌에 집중되어 있다. 현상으로서의 트랜스내셔널에 대한 분석은 로컬을 끊임없이 실체화하며 로컬 내부의 유동과 유입에 집중할 수밖에 없으며 이런 분석은 이미 지적한 명백한 한계를 지닌다. 더구나 '민족/국가' 기제의 한시적 유용성을 인정한다고 해서 이미 벌어지고 있는 현상으로서의 '글로벌'과 '트랜스내셔널'이 무화되거나 부차적인 현상이 되지는 않는다. 결국 '내셔널'을 '횡단'하고 '위반'하는 인식론적 입장은 '내셔널'의 전망과 보편적 세계성, 즉 근대성과 맺고 있는 공모관계에 대한 비판에서 출발해야 한다.

필자는 이렇게 인식론적이며 실천적인 '트랜스내셔널'이 현상의 한계를 넘어 새로운 전망을 제공할 수 있을지 모른다고 기대한다. 이를 위해 글릭-쉴러의 사회적 장(social field)에 관한 논의는 특히 시사적이다. 사회적 실천이 '트랜스내셔널'하다는 언명은 그 실천에 참여하고 있는 개인들의 물리적인 '국경-넘기'(border

---

28 David Held, "The Decline of the nation-state," in Stuart Hall ed., *New Times*, London: Verso, 1989, pp. 191~204.

29 장세룡, 「서양사학계의 로컬리티 연구현황과 과제」『로컬리티: 인문학의 새 지평』, 혜인, 2009, 262쪽; 장희권,「문화연구와 로컬리티: 실천과 소통의 지역인 문학 모색」, 『로컬리티: 인문학의 새 지평』, 혜인, 2009, 169쪽.

crossing)와 연결될 필요가 없다. 실제 대부분의 '트랜스내셔널' 실천은 '국경을 넘지 않는 자'들에 의해 수행된다. 오히려 어떤 실천이 '트랜스내셔널'한 이유는 그 실천이 의미를 획득하는 사회적 장과 문화적 구성이 대부분 '트랜스내셔널'한 맥락에서 이루어지기 때문이다.[30] 하지만 글릭-쉴러의 입장 역시 명확한 한계를 지니고 있다. 대부분의 문화 텍스트가 더 이상 '방법론적 민족주의'로 해석할 수 없는 혼종적인 텍스트가 되었다고 해서 그 텍스트의 자본주의적인 소비 과정이 '방법론적 민족주의'에 대한 자동적인 반성과 효과적인 반성에 이를 것이라고 기대하기는 힘들기 때문이다. 더구나 이 텍스트의 소비 과정은 로컬을 재구성한다기보다는 해체하는 방식으로 기능할 가능성이 크다.

그렇다면 트랜스내셔널의 인식론적 전망은 로컬을 어떻게 재구축할 수 있는가. 먼저 로컬의 다양한 실천을 인식론적 단절 없이 살펴볼 수 있다. 즉 글로벌, 내셔널, 로컬을 연결하는 기제가 모두 근대성의 생산물이며 징후라는 인식을 통해 이들을 통합적으로 조망할 수 있을 것이다. 나아가 이들의 이질성을 다시 분석하기 위해서는 먼저 사회적·문화적 실천들이 공간적인 의미에서 '로컬'할 뿐 아니라 시간적으로도 '로컬'하다는 인식이 선행되어야 한다. 앤더슨이 지적한 것처럼 민족/국가의 상상은 "균질적이고 빈 시간"(homogeneous, empty time)의 상정으로 가능해졌기 때문이다.[31]

이 맥락에서 푸코는 헤테로토피아(Hétérotopies), 즉 다른 장소성에 대한 상상은 헤테로크로니(Hétérochronie), 즉 다른 시간성에 대한 사유와 함께 "복잡한 방식으로 조직되고 배열된다"라고 지적한다. 이는 지금까지 로컬 — 나아가 거의 모

---

30 Nina Glick-Schiller, "Transnationality," in D. Nugent & J. Vicent eds., *A Companion to the Anthropology of Politics*, Malden: Blackwell, 2004.

31 Benedict Anderson, *Imagined Communities: Reflections on the origin and spread of nationalism*, London: Verso, 1983, pp. 24~26.

든 공간 — 의 구성이 근본적으로 암묵적으로 공유되는 시간의 축 위에서 발전과 저항, '선진'과 '후진'의 위계성을 재구축해왔다는 점을 시사한다. 즉 어떤 로컬이 '후진적'이라던가, '마을 공동체'로서의 성격을 유지하고 있다는 상반되어 보이는 언명은 모두 시간성의 암묵적 동일시를 통해 공간 간의 위계로의 복귀를 상장하고 있다. 그 로컬이 '후진적'이라고 판단하던, 낭만적으로 '뿌리내리'고 있다고 기술하던 이들은 세계적인 시간, 즉 근대성의 시간에서 자유롭지 못하다. 로컬을 진정으로 단독적으로 인식하려면, 즉 근대성에 대한 비판과 저항의 공간으로 가능하기 위해서는 다른 시간성의 존재를 인정하는 것이 필요하다. 즉 로컬의 시간성이 글로벌의 시간성과 동일하다는 암묵적 전제를 해체하면 로컬의 단독성을 낭만화하지 않으면서 재구성할 수 있는 가능성이 열릴 수 있다.

이미 언급한대로 하비의 지적처럼 근대와 근대가 추동하는 국민국가, 나아가 자본주의가 시공간의 압축을 그 핵심으로 삼는다면 근대성에 대한 총체적인 비판으로서의 트랜스내셔널은 일종의 압축 해제를 수행해야 한다. 어떤 로컬을 '트랜스내셔널'하게 재구축하는 작업은 따라서 "실제적인 이의 제기를 수행하는 이 다른 공간 …… 을 대상으로 삼게 될 하나의 과학"이 적용될 수 있는 (시)공간을 구성한다는 것을 뜻한다.[32] 물론 로컬 안에서 단독적이며 온전한 다른 시간성을 발견하는 것은 불가능할지도 모른다. 로컬에서 벌어지는 현재의 특정한 실천이 근대 시공간의 맥락에서 독립되어 있을 것이라고 기대하는 것은 비현실적이기 때문이다. 그렇다면 이 다른 시간성은 아마도 "역사의 가속"이 벌어지기 전의 어떤 시간대에서 관찰할 수 있을 것이다.[33] 하지만 이 다른 시간성은 역사의 유

---

32 Michel Foucault, *Les Hétérotopies: Le Corps Utopique*, 이상길 옮김, 『헤테로토피아』, 문학과 지성, 2004, 14쪽.

33 Pierre Nora, "Entre Mémoire et Histoire: la problématique des lieux," in Nora, ed., *Les Lieux de la Mémoire Vol. 1*, Paris: Gallimard, 1984, p. xvii-xix.

물이 아니라 그 시간성을 담보한 실천 안에서 재구성되어야 하는 종류의 것이다. 따라서 동질적인 시간성을 해체하는 '트랜스내셔널'한 로컬의 재구축은 역사적이며 실천적인 차원을 획득해야 한다.

결국 로컬의 (재)구축이 근대성이라는 맥락 생산(context-producing)의 기제에 대한 비판적 성찰에서 출발해야 한다는 점은 명백하다. 즉 로컬을 구성하고 로컬에서 벌어지는 다양한 실천이 각각 근대성의 각 수준 — 로컬, 국가, 지역, 세계, 시간, 공간 — 에 어떻게 연결되어 있는지 살피고 그 연결이 반드시 내포하고 있을 균열을 살피는 것은 로컬의 실천적인 재구성에 핵심적이다. 하지만 이 균열이 어떤 종류의 행위 주체에 의해 수행되는지를 살피는 것은 대단히 복잡한 일이다. 대부분의 '트랜스내셔널' 연구가 이주자들(migrants)을 통해 이루어졌다는 것은 이들이 현상으로서의 '트랜스내셔널'을 담보하고 있다고 인정되기 때문일 것이다.[34] 물론 이 경우 역시 이주자들을 현상적으로 '국경을 넘을' 뿐 아니라 다른 시간성과 공간성을 담보하고 로컬을 교란시키고 재구축하는 행위 주체로 볼 수 있다. 하지만 이 접근은 이주자나 이주의 요소가 없는 로컬을 '내셔널-트랜스내셔널'(혹은 글로벌)의 길항 속에서 내셔널로 다시 환원할 위험을 내포하고 있다.

따라서 로컬에 대한 민족지적 접근이 '트랜스내셔널'하게 수행되려면 두 가지 입장 중 하나를 선택해야 한다. 먼저 이미 되풀이하여 지적한 것처럼 이주자나 이주의 요소들뿐 아니라 다양한 다른 사회적 실천이 이전의 사회와 다른, 새로운 종류의 사회 구성(social formation)이나 사회적 장(social field)을 구성한다는

---

34 대부분의 트랜스내셔널 연구가 이 범주에 들어간다고 볼 수 있다. cf. Nadje Al-Ali & Khalid Koser, *New Approaches to Migration?: Transnational communities and the transformation of Home*, London: Routledge, 2002; Luis Guarnizo, "The Economics of Transnational Living," *International Migration Review 37*(1999); David Kyle, *Transnational Peasants: Migration, networks, and ethnicity in Andean Equador*, Baltimore: Johns Hopkins University Press, 2000.

입장이 있을 수 있다.[35] 이 입장은 아마도 현상적인 범주로 존재하는 '트랜스내셔널'을 포섭하는 동시에 가치중립적인 '트랜스내셔널' 로컬 구축을 표방할 수 있을 것이다. 즉 끝없이 경계가 모호해지는 기존의 공간 범주로 구획화할 수 없는 구체적인 실천을 생산하고 있으며 이에 대한 민속지적 연구는 이미 변화한 '트랜스내셔널'한 현실에 대한 의미화를 꾀하게 된다.

다른 한편으로 인식론적이며 비판적인 '트랜스내셔널'을 강조하는 민족지적 연구 역시 가능하다. 이러한 연구는 로컬에서 일어나는 실천이 '중앙' '국가' '자본주의' '근대성' '세계' 등의 재현에 의해 구속되면서도 균열을 일으키는 모습을 역사적으로 재구성하는 것이 될 것이다. 이러한 민족지적 연구는 현상적으로 존재하는 경계를 모호하게 하는 실천뿐 아니라 지금까지 특수한 공간적 범주로서의 '로컬'에 고유한 것으로 인식되었던 실천 역시 혼종적이며 이질적인 기원을 가지고 있음을 밝히고 이를 통해 구체적인 실천을 고유한 차원으로 환원하는 동학이 근대성이 가진 권력의 핵심임을 밝히고 비판적으로 극복하려는 것이 될 것이다.

아파라두라이가 암시하는 것처럼 이 두 접근은 '로컬'을 구성하는 이미 혼종적인 실체적 '이웃'에 대한 관심과 끊임없이 생산되는 사회적 삶의 양태로서의 '로컬'에 대한 관심으로 치환할 수 있다.[36] 따라서 이 두 가지 접근을 동시적으로 수행하는 것이야말로 로컬을 다시 구성하는 데 중요한 출발점을 이룰 것이다. 이미 변화한 현상적 '트랜스내셔널'한 '로컬'을 추적하면서도 소재주의에 매몰되지 않는, 비판적이고 인식론적인 기획으로서의 '트랜스내셔널'은 로컬을 해체하면서 재구성할 수 있기 때문이다.

---

35 Peggy Levitt & Nina Glick-Schiller, "Conceptualizing Simultaneity," pp. 1009~1010.

36 Apparadurai, *Modernity at Large*, pp. 198~199.

5. 결론

근대성의 가장 중요한 특징 중 하나는 시공간을 철저히 분절화(articulation)하였다는 점이다. 시공간의 분절화는 필연적으로 시간과 공간의 위계를 생산해 낸다. 우리의 공간 범주, 즉 '세계' '지역' '국가' '로컬' 등은 분절화되고 위계화된 근대성의 시간에 의해 조직되어 왔다. '로컬'에 대한 최근의 관심은 이 위계성을 어떻게 극복할 것인지에 대한 문제의식뿐 아니라 전 지구적 자본주의의 현현으로서의 '글로벌'에 대한 대항 범주로서의 가능성에 주목하고 있다. 특히 '로컬'과 '글로벌'의 현상적인 결합으로서의 '글로컬'은 현상을 넘는 이론적인 함의를 지니고 있다. 하지만 기존의 논의는 국소적인 장소성에 매몰되어 위계적 구분을 반복하는 한계를 지니고 있다. 즉 구체적인 장소성에 대한 천착은 이미 '글로벌'이 표상하는 전 지구적 자본주의의 자장 안에서 재구성된 '로컬'을 대안으로 제시하는, 영웅적이지만 비극적인 모순을 피하기 어렵다. 따라서 공간적인 범주가 아닌 인식론적인 범주로서의 '트랜스내셔널'을 통한 구체적인 실천의 장으로서의 '로컬'의 재구성이 요구된다.

'트랜스내셔널'을 근대성에 대한 비판적 인식론 기획으로 구성할 때 만나게 되는 즉각적인 반론은 그런 기획이 포스트모더니즘이나 탈식민주의, 또 그것들의 실패에서 어떻게 변별될 수 있는가에 대한 관련된 냉소적이고 회의적인 반응이다. 물론 인식론으로서의 '트랜스내셔널'은 소위 '포스트모던'한 입장(들)에서 출발한다. 하지만 '트랜스내셔널'의 기획은 분명 더 명확한 방향성을 내포하고 있다. 민족/국가의 서사가 근대성이 추동하는 보편적 세계성과 긴밀하게 연결되어 있다는 통찰 자체는 새로울 것이 없지만 세계화로 인해 긴밀하게 연결된 오늘의 현실이 어떻게 그 현실에 대응하고 극복할 것인가의 문제를 끊임없이 제기하기 때문이다. 이는 결국 '특수한' 민족/국가가 어떻게 '보편적'인 근대성과 연결되어 있는지에 대한 질문으로 연결될 수밖에 없으며 그때 '트랜스내셔널'은 실천적 의미를 획득하게 된다.

이 글에서 반복적으로 지적한 것처럼 '트랜스내셔널'한 기획은 민족/국가의 서사가 그 근원에서 근대성에 긴밀하게 결속되어 있기 때문에 세계화의 대안이 될 수 없다는 인식에서 출발한다. 로컬이라는 범주는 이런 맥락에서 대안으로서의 중요성을 획득한다. 하지만 근대와 국가의 결속을 이룬 근대성의 매커니즘이 로컬의 구성에 동일하게 작동하고 있다는 점이 문제가 된다. 따라서 로컬이 비판적으로 재구성되기 위해서는 단순한 소재적 접근을 떠나 '국경을 넘는' 또 '넘을 수 있는' 행위 주체들이 어떻게 근대와 국가가 발신하는 실천을 재구성하는지를 살펴보아야 할 것이다. 이 재구성은 결국 '로컬' 안에서 '내셔널'과 그것에 의해 수반하는 근대를 해체하고 번역하는 작업일 것이다.

참고문헌

국문 논문

—

류지석, 「로컬리톨로지를 위한 시론」, 『로컬리티, 인문학의 새로운 지평』, 부산대학교 한국민족문화연구원 편, 혜안, 2009.

장세룡, 「신문화사와 공간적 전환: 로컬리티 연구와 연관시켜」, 『역사와 문화』 23,문화사학회, 2012.

———, 「헤테로토피아: (탈)근대공간을 위한 시론」, 『대구사학』 95, 대구사학회, 2009.

———, 「서양사학계의 로컬리티 연구현황과 과제」, 『로컬리티: 인문학의 새로운 지평』, 혜안, 2009.

장희권, 로컬리티: 실천과 소통의 지역인문학 모색」, 『로컬리티: 인문학의 새로운 지평』, 혜안, 2009.

최병두, 「장소의 역사와 비판적 공간이론」, 『로컬의 문화지형』, 부산대학교 한국민족문화연구원 편, 혜안, 2010.

국문 저서

—

고부응, 『초민족 시대의 민족 정체성: 식민주의, 탈식민 이론, 민족』, 문학과 지성, 2002.

권단 · 김상철 등, 『모두를 위한 마을은 없다: 마을 만들기 사업에 던지는 질문』, 삶창, 2014.

천정은 편, 『지역의 재구성』, 알트, 2012.

해외 논문

—

Apparadurai, Arjun, , "Grassroots Globalization and the Research Imagination," in Appradurai ed., *Globalization*, Durham: Duke University Press, 2001.

Bender, Thomas & Thelen, David, "Nation and Beyond: Transnational Approaches on the United States History," *Journal of American History 86*, 1999.

Dirlik, Arif, 'Global in the Local,' in Rob Williams & Wimal Dissanayake eds., *Global/Local: Cultural production and the transnational imaginary*, Durham: Duke University Press, 2005.

Fotopoulos, Takis, "Globalization, the reformist Left and the Anti-Globalization

'Movement,'" *Democracy & Nature: The International Journal of Inclusive Democracy 7*, 2001.

Foucault, Michel, "Governmentality," in Colin Gordon et al eds., *Foucault Effects: Governmentality and other essays*, Chicago: University of Chicago Press, 1997.

Friedman Thomas, "The Dell Theory of Conflict Prevention," in Barclay Barrios ed., *Emerging: A Reader*, Boston: St. Martins, 2008.

Grewal, Inderpal & Kaplan, Caren, "Global Identities: Theorizing transnational studies of sexuality," *GLQ 7*. 2001.

Guano, Emanuela, "Spectacles of Modernity: Transnational imagination and local hegemonies in Neoliberal Bouenos Aires," *Cultural Anthropology 17*, 2002.

Guarnizo, Luis, "The Economics of Transnational Living," *International Migration Review* 37-3, 1999.

Held, David, "The Decline of the nation-state," in Stuart Hall ed., *New Times*, London: Verso, 1989.

Keohane, Robert & Nye, Joseph, "Transnational Relations and World Politics: An Introduction," *International Organization 25*, 1972.

Levitt, Peggy & Glick-Schiller, Nina, "Conceptualizing Simultaneity: A transnational social field perspective on society," *International Migration Review* 38-3, 2004.

Miyoshi, Masao, "Borderless world?: From colonialism to transnationalism and the decline of the nation-state," in Rob Williams & Wimal Dissanayake eds., *Global/Local: Cultural production and the transnational imaginary*, Durham: Duke University Press, 2005.

Moore, Henrietta, "Anthropological Theory at the Turn of the Century," in Moore ed., *Anthropological Theory Today*, Cambridge: Cambridge University Press, 1998.

Nora, Pierre, "Entre Mémoire et histoire: la problématique des lieux," in Nora, ed., *Les Lieux de la Mémoire Vol. 1.*, Paris: Gallimard, 1984.

Patel, Klaus, "'Transnations' among 'transnations'?: The Debate on transnational history in the United States and Germany," *Center for European Studies Working Paper Series #159*, 2008.

Robertson, Ronald, "Time-space and Homogeneity-Heterogeneity," in Scott Lash et al eds., *Global Modernities*, London: Sage, 1995.

Wimmer, Andreas & Glick-Schiller, Nina, "Methodological Nationalism and Beyond: Nation-state building, migration and the social sciences," *Global Networks 2*, 2002.

해외 저서

—

Al-Ali, Nadje & Koser, Khalid, *New Approaches to Migration?: Transnational communities and the transformation of Home*, London: Routledge, 2002.

Anderson, Benedict, *Imagined Communities: Reflections on the origin and spread of nationalism*, London: Verso, 1983.

Appiah, Kwame Anthony, *Ethics of Identity*, Princeton: Princeton University Press, 2005.

Apparadurai, *Arjun, Modernity at Large: Cultural dimensions of globalization*, Minneapolis: University of Minnesota Press, 1996.

Bandy, Joe & Smith, Jackie, *Coalitions across Borders: Transnational protest and the neoliberal order*, Oxford: Rowan & Littlefield, 2005.

Bauman, Zygmunt, *Globalization: The Human Consequences*, New York: Columbia University Press, 1998.

Bhabha, Homie, ed, *Nation and Narration*, London: Routeldge, 1990.

Chartterjee, Patha, "Beyond the Nation? or Whthin?," *Social Text 56*, 1998.

della Porta, Donatella et al, eds, *Globalization from Below: Transnational activists and protest networks*, Minneapolis: University of Minnesota Press, 2006.

Dirlik, Arif, *Global Modernity: Modernity in the age of global capitalism*, Boulder & London: Paradigm, 2007.

Djelic, Marie-Laure & Sahlin-Andersson, Kerstin, *Transnational Governance: Institutional dynamics of regulation*, Cambridge: Cambridge University Press, 2006.

Foucault, Michel, *Les Hétérotopies: Le Corps Utopique*, 이상길 옮김, 『헤테로토피아』, 문학과 지성, 2004.

Fuller, C.J. & Assayag, J., eds, *Globalizing India*, New York: Anthem, 2005.

Giddens, Anthony, *The Consequences of Modernity*, Cambridge: Polity Press, 1991.

Glick-Schiller, Nina, "Transnationality," in D, Nugent & J. Vicent eds., *A Companion to the Anthropology of Politics*, Malden: Blackwell, 2004.

Grewal, Inderpal & Kaplan, Caren, *Scatter Hegemonies: Postmodernity and transnational feminist practice*, Minneapolis: University of Minnesota Press, 1994.

Kyle, David, *Transnational Peasants: Migration, networks, and ethnicity in Andean Equador*, Baltimore: Johns Hopkins University Press, 2000.

Harvey, David, *The Condition of Postmodernity*, 구동회, 박영민 옮김, 『포스트모더니티의 조건』, 한울, 1994. Held, David, *Global Transformations*, Cambridge: Polity

Press, 1999.
Kemal, Rachel, *The Global Factory: Analysis and action for a new economic era*, Philadelphia: American Friends service committee, 1990.
Larsson, Thomas, *The Race to the Top: The Real Story of Globalization*, Washington, D.C.: Cato Institute, 2001.
Lefevre, Henri, *Production of Space, trans*, Donald Nicholson-Smith, London: Blackwell, 1991.
Ong, Aihwa, *Flexible Citizenship: The cultural logics of transnationality*, Durham: Duke University Press, 1999.
Polanyi, Karl, *Great Transformations: The political and economic origins of our time*, 홍기빈 옮김, 『거대한 전환: 우리 시대의 정치·경제적 기원』, 길, 2009.

:: 2 ::

문명 담론과 독립협회의 정치체제, 그리고 러젠드르의 전제론

김현숙

1. 들어가는 말

조선의 정치체제는 군주제이며, 지배이념은 성리학에 기반을 둔 민본(民本)과 덕치(德治)로 요약할 수 있다. 위민(爲民) 정신에 입각하여 백성을 자애로 무육(撫育)하기를 힘써야 하는 인정(仁政)은 왕도정치의 요체였다. 나아가 부국강병을 추구하는 것도 패도(覇道)요, 잡술(雜術)이라는 경향이 팽배하였다. 문명국으로 자위했던 조선이 패도(覇道)이자 잡술(雜術)인 부국강병을 추구하고 서구식 정체(政體) 도입을 고민하게 된 계기는 근대 이후 서구의 충격 때문이었다.[1] 오랑캐로 치부했던 서양이 동양보다 부강하고 자주·독립한 국가일뿐더러 군사력도 월등하다는 인식, 그리고 그들의 논리에 따르면 서양 문명이 인류 역사상 가장 진

1 조선 초기 국가 정책의 목표였던 '부국강병'은 대원군기에 들어오면서 다시 등장하였다. 연갑수, 2001, 『대원군집권기 부국강병정책 연구』, 서울대 출판부, 257~262쪽.

보한 문명이라는 주장은 고종 및 지식인들로 하여금 서양 문명과 발전 동인을 논의·해부하게 하였다. 이는 해외 파견 사신 및 서양 외교관들을 접견할 때 반복되는 서양의 정치체제와 조선의 개혁방안에 대한 고종의 질문들,[2] 그리고 해외 지식 습득을 목적으로 하는 3만여 권의 장서의 수집으로 확인된다.[3] 문명개화론의 세례를 받은 개화파 지식인들은 이른바 '문명국가'의 정치체제를 기획·구축하기 위해 서양의 정체(政體)를 수용하려 노력하였다. 그리고 그 작업은 '부국강병' 기치의 부활과 '문명화'라는 당위성을 갖고 독립협회에서 본격적으로 수행되었다. 조선의 부국강병과 자주독립을 담보할 정치체제와 행정 운영 시스템, 그리고 추동할 군주권과 신권 간의 균형 및 권력 배분, 아울러 권력의 명분과 주체로 새롭게 등장한 민권에 대한 관심과 역할 규정은 19세기 후반기 정치권을 뜨겁게 달구었던 이슈였다.

독립협회의 문명 담론과 서양의 정치체제에 대한 정보는 다양한 통로를 통해 소개·유입되었다. 먼저 서재필이나 윤치호, 유길준, 일본유학생 등 해외 유학파와 해외 사절단 통로, 둘째로는 조선 내의 육영공원이나 배재학당 등 근대 교육기관의 정치학, 지리학, 경제학 등 근대 학문과 해외 신문 및 서적 등을 통한 유입 경로, 셋째로는 국내 거주 서양인을 통한 인적 통로 등이 있다. 서양인 그룹 중에는 서양인 고문관들이 우리의 눈길을 끈다. 그것은 이들이 우리 정부와 지식인들에게 서구의 지식과 표준을 소개하고 나아가 정책을 통해 조선에 접목·이식하는 역할을 담당했기 때문이다. 이에 독립신문은 조선인을 '제자', 서양고문관을 '선생'[4]이라는 언표로 묘사하며 성실히 배울 것을 촉구하였다. 실제로 독립협

---

2 장인성 외 엮음, 2012,「홍영식, 복명서」,「박정양, 주미공사 복명 문답기」,『근대 한국 국제정치관 자료집』, 서울대출판문화원, 87~93쪽, 93~97쪽.

3 이태진, 1996,「규장각 중국본 도서와 집옥제 도서」,『민족문화논총』16, 영남대; 장영숙, 2012,「집옥제 서목 분석을 통해 본 고종의 개화서적 수집 실상과 활용」,『한국근현대사연구』, 61.

4 『독립신문』「고문관」, 1899. 2. 8. "선생이 아무리 유식하여도 제자가 둔하던지 게으르던지 비루하야 선

회는 고문관들을 수차례 초빙하여 연설을 듣거나 자문을 구하였고, 이들의 조언은 독립협회 정치제제 논의에 영향을 끼치기도 하였다.[5]

개화파 지식인과 정동파 관료들이 출범시킨 독립협회는 서구 문명을 우리가 따라가야 할 목표이자 모델로 상정하였다. 문명국의 중요한 요소로 예의(서구식 에티켓)·법률·권리·자유 등이 지적되었고, 그런 기준에 따르면 당시 조선은 문명국과는 거리가 먼 나라였다. 더욱이 오리엔탈리즘이라는 프리즘을 거쳐 서양인들의 눈에 비친 우리의 모습은 낙후되고 정체된 사회, 무능하고 부패가 만연한 관료 사회, 무기력하고 나태한 국민성 등으로 점철되어 있었다. 문제는 이러한 부정적인 이미지가 독립신문을 통해 그대로 대중들에게 전이·내면화·재생산되었고, 우리의 자화상이 되었다는 점에 있다. 또한 여러 통로 및 매체를 통해 전파되는 서구적 삶의 방식, 정치체제, 지식, 종교, 문화 등은 문명인이 추구해야 할 목표이자 가치로 설정되어 설득·적용·강제되기도 하였다. 이것이 이른바 서양의 '문명 담론'이다. 이제 독립협회와 독립신문은 문명국가를 구현해 낼 정치체제를 만들기 위해 치열한 노력을 경주하기 시작하였다.

독립협회의 정치사상과 국가건설론과 관련하여 선학들의 연구가 상당히 축적되었다.[6] 그중에서도 근대국가 건설과 관련하여 입헌군주제와 군민공치, 민권

생의 가르치는 것을 배우지 아니 하면 그 죄가 제자에게 있나니 대한에 고문관이 된 사람들이 학문이 유여하건만은 대한사람들이 둔하고 게을러서 그 선생의 교훈을 잘 듣지 못하야 여러 십만금을 없이하여도 한 가지도 배우지 못하였으니 어찌 부끄럽지 아니 하리오"라는 글에서 고문관을 스승으로, 조선인을 제자로 지칭하는 언표를 사용하고 있다.

5 『독립신문』「잡보」 1896. 9. 8; 「논설」 1897. 10. 30.

6 신용하, 1976, 『독립협회연구』 일조각; 신용하, 2006, 『신판 독립협회연구』 일조각; 이방원, 2010, 『한말 정치변동과 중추원』 혜안; 최덕수, 1978, 「독립협회의 정체론 및 외교론 연구」, 『민족문화연구』 13; 이민원, 1985, 「독립협회에 대한 열국공사의 간섭」, 『청계사학』 2; 하철영, 1987, 「의회 군주제 서설」, 『동의법정』 3; 주진오, 1996, 「한국 근대 국민국가 수립 과정에서 왕권의 역할」, 『역사와 현실』 19; 이태진, 1997, 「서양 근대 정치제도 수용의 역사적 성찰」, 『진단학보』 84; 왕현종, 2002, 「대한제국기 입헌논의와 근대국가론」, 『한국문화』29; 신우철, 2007, 「근대 입헌주의 성립사연구」, 『법학논문집』 31-1, 중앙대; 정상우, 2012, 「개화기 군민동치 제도화 과정 및 입헌군주제 수용 유형 연구」, 『헌법학연구』 18-2; 김성혜, 2013, 「고종시대 군주를 둘러싼

과 주권의 개념, 1898년 정치 상황의 전개 과정, 중추원 및 만민공동회에 대한 실증적인 연구들이 촘촘하게 진행되어, 새로운 자료 발굴이나 방법론의 개발 없이 독립협회와 만민공동회 연구는 다음 단계로 진척되기 쉽지 않은 지점에 이르렀다. 이에 본고는 다음과 같은 문제의식을 가지고 독립협회의 정치체제 문제를 접근하고자 한다.

첫째, 2000년대 이후 역사학계에서 본격적으로 한국사에 접목하기 시작한 이른바 '문명론' 혹은 '문명 담론'을 독립협회의 정치체제 분석틀로 활용하고자 한다.[7] 특히 기존 연구에서는 다루지 않았던 서양인들의 조선 정치체제 개혁안들을 규명하여 이 시대의 정체(政體) 구상안을 다양하게 이해하는 데 일조하고자 한다. 아울러 정부 고용 서양인들과 독립협회 인사들 간의 교류를 추적하여 1898년 여름 의회개설운동에 대한 정부의 대응책을 다각도로 파악하고자 한다.

둘째, 기왕의 연구에서는 1898년 가을 독립협회의 상원 개설 요구에 맞서 고종 및 보수파들이 제안한 중추원의 자문기구로의 개편, 나아가 독립협회의 해체 이유에 대해 고종의 권력욕 내지 황제 측근들의 입헌정체에 대한 반감 등으로 단순하게 처리하고 있다. 그러나 문명국의 개명군주로 자신을 표상하고자 했던

통치체제에 대한 일고찰」, 『정신문화연구』 33-3.

7 담론은 "한 사회에 존재하는 다양한 정치·경제·사회적 행위자들이 자신들이 추구하는 목표를 정당화하기 위해 창출하는 논리성을 갖는 언술 체계 혹은 넓은 의미에서의 지식체계"라 할 수 있다. 일반적으로 담론에는 역사성과 정치성이 내포되어 있다. 특정 담론이 생산되고 유통되는 것은 이들 담론이 특정한 정치적 목적을 위해 필요하기 때문이다. 이에 담론은 지식과 권력의 복합체이며, 담론은 의식적거나 무의식적으로 생산되고 유통되며, 사회적 관계망에 의해 작동되는 특징이 있다고 알려져 있다. 한편 서구의 '문명 담론'은 원래 상류층이 신분질서를 유지·정당화하기 위해 만들어 낸 것으로 제국주의 시대에 이르러서는 유럽인과 식민지인 간의 구별과 차별, 식민 지배의 정당화 논리, 나아가 식민지인들이 스스로 서구의 지배를 내면적으로 용납하게 만드는 논리로 활용되었다. 서구인들은 비서구 인들을 타자이자 야만으로 간주하였고 문명화 과정을 통해 스스로 수치심을 느끼도록 암암리 강제하였다. 이렇게 문명 담론은 서양의 기준과 규칙을 모방하게 만드는 힘이 있어, 비서구인들은 자발적으로 서양 문명에 동화되고 서양식 패러다임을 내면화하는 양상을 보이고 있었다. 노베르트 엘리아스, 박미애 옮김, 1997, 『문명화 과정』 II, 한길사, 311~431쪽; 미셸 푸코, 오생근 옮김, 2003, 『감시와 처벌』, 나남; 셸리 월리아, 김수철·정현주 옮김, 2003, 『에드워드 사이드와 역사쓰기』, 이제이북스.

고종이 과연 아무런 명분이나 합당한 논리도 없이 문명국의 요건으로 여겨졌던 입헌군주정체를 포기하고 독립협회를 탄압할 수 있었는가. 1898년 가을 정국을 강타한 독립협회의 상원 개설안 주장에 대처한 정부 측의 중추원 자문기구화의 주장, 그리고 그 이면에 함축된 절대군주권 논리와 명분을 확인하고자 한다.

2. 외부의 시선으로 본 조선 정치

1899년 독립신문에는 다음과 같은 논설이 실렸다. 세계 각국은 각기 다 등수가 있으니 제1등은 문명국이요, 그 다음은 개화국, 다음에는 반(半)개화국, 그 다음에는 야만국이라 하였다. 문명국의 반열에는 영국, 미국, 프랑스, 독일 등이 있고, 개화국에는 일본과 이태리, 러시아, 덴마크 등이 있다고 하였다. 한편 반개화국에는 대한과 청국, 태국, 터키, 이집트가 있는 반면, 그 외 야만국에는 아프리카 여러 지역이 있다고 하였다.[8] 불과 20여 년 전만 해도 소중화의 문명국 반열에 있던 조선이 제3등 반개화국으로 급 추락하는 것을 조선인들은 경험하고 있다. 이 같은 문명개화론자들의 문명화 기준은 기존의 연구에서 익히 지적하듯이 '서구'였고, 서구식 문명을 의미하였다.[9] 즉 '문명'이라는 동일 언표였지만, 문명의 지향점이 변했음을 의미한다.

이 같은 문명 패러다임의 변화는 이미 1880년대 『한성순보』나 유길준의 『서유견문』의 「개화의 등급」에서 감지된 바 있다. 유길준은 개화 · 반개화 · 미개화한

---

8 『독립신문』, 「논설」, 1899. 2. 23.

9 하영선, 2003, 『근대 한국의 사회과학 개념 형성사』, 창비; 김도형, 2003, 「대한제국 초기 문명개화론의 발전」, 『한국사연구』; 길진숙, 2004, 「독립신문, 매일신문에 수용된 문명/야만 담론의 의미 층위」, 『국어국문학』136; 노대환, 2010, 「1880년대 문명 개념의 수용과 문명론의 전개」, 『한국문화』 49.

나라로 등급을 구분하며, 미개화에서 반개화, 반개화에서 개화, 즉 문명의 단계로 발전하며, 문명화의 단계는 바로 서양 사회라 하였다.[10] 이렇게 문명론은 인류 역사의 진화 법칙이라는 과학으로 제시되었고, 청일전쟁을 통해 입증되는 듯했다.[11] 서구 문명을 차용하여 문명화한 일본이 반개화국인 청국을 이긴 것이었다. 곧이어 조선의 문명화 작업은 갑오개혁을 통해 급물살을 탔다. 문제는 조선이 독자적인 문명에 대한 기준을 갖지 못한 채 서양 문명국의 상태를 문명으로 인식함으로써 문명국의 모든 것들을 취사선택이 아닌 반드시 모방해야 할 대상으로 설정했다는 사실이다.[12] 심지어 "문명은 세계의 대세니, 천하를 온통 삼키자 하는 영웅이나 강국도 막지 못하니", 문명의 "대세를 역행하는 사람이나 나라는 멸망" 할 것이라며 협박성 발언까지 서슴지 않고 있다.[13] 과연 개화파지식인들이 상정하고 있는 문명국의 정치란 어떤 것인가?

① 문명국이라 말함은 그 나라의 법률 장정과 모든 다스리는 일들이 밝고 공평하여 무식한 백성이 없고 사람마다 자유권이 있으며 나라가 개화 세계가 되어 요순 때와 다름이 없는 것을 이름이요.[14]

② 법률과 장정을 경장할세. 형법을 지극히 공평하게 하여 도무지 원억한 백성이 없으며, 빈궁한 인민들을 다 생업이 있게 하여……[15]

③ 문명한 나라에서는 법률이 다 같이 공평하여, 어느 나라에 가던지 제나라 사람과 같이 대접하여 제나라 법률과 같이 다스리는 고로 다 같은 권리를 주

---

10 유길준, 『서유견문』, 「제14편, 개화의 등급」; 『윤치호일기』 1892. 12. 29.

11 『독립신문』, 「논설」, 1897. 6. 22.

12 노대환, 2010, 「1890년대 후반 '문명'개념의 확산과 문명 인식」, 『한국사연구』 149, 256쪽.

13 『독립신문』, 「논설」, 1898. 11. 11.

14 『독립신문』, 「논설」, 1899. 2. 23.

15 『독립신문』, 「논설」, 1899. 9. 18.

되……[16]

④ 법과 규율(法紀)을 부흥시켜 백성과 나라를 안정시키십시오. …… 인(仁)으로서 법을 운영하며 인민의 마음이 안온한 경지에 이르게 하는 것은 문명국의 개명한 정치입니다.[17]

위의 사료에서 공통적으로 나타나는 언표는 '공평'과 '자유'이다. 즉 문명국의 정치란 모든 통치 행위가 공정하고 투명한 절차와 법·장정에 따라 이루어지며, 백성의 자유권, 즉 민권이 보장되는 정치를 의미하는 것으로 이해한 듯하다.

윤치호의 말을 빌리자면 야만과 개화의 구별은 인의와 잔혹의 차이가 있는데 조선 법은 백성을 옭아매고 있다고 한다. 개화한 나라는 형법을 통해 백성의 권리를 보장하는 데 반해 조선은 법으로 백성을 억압하고 있으니 야만국으로 보일 수밖에 없다는 것이다. 아울러 문명국은 모두 독립국들인데, 조선은 완고한 야만국인 청국에 속국으로 종속되어 있기 때문에 외국인들에게 금수나 야만으로 비쳐진다는 점이 매우 수치스럽다고 한다.[18] 이같이 개화지식인들이 이야기하는 문명국 정치의 요체는 바로 공정한 법과 자유로운 민권, 독립국으로 요약된다. 따라서 치국(治國)은 민(民)의 생명과 재산을 보호하는 입법(立法)과 이를 정의롭게 시행하는 것, 그리고 민권을 보장하고 자주독립한 국가를 만드는 것으로 정의할 수 있다. 따라서 독립협회는 바로 이 부분에 초점을 맞추어 국민 계몽을 전개해나가고 있다.

그러면 조선의 정치는 '문명국'의 정치과 비교하여 어떤 상태에 있는가? 이에 답하기 위해 서구인들의 눈에 비친 조선 정치와 독립협회 및 개화지식인들이

---

16 『매일신문』, 「논설」, 1899. 5. 9.

17 김갑천 옮김, 「박영효의 건백서」, 『한국정치연구』 2-1, 1990, 257쪽.

18 『윤치호일기』 1884. 1. 2. 국사편찬위원회 편, 1980, 『윤치호 서한집』, 1885. 6. 5.

파악한 정치를 비교해 보기로 하자. 서양인의 '문명 담론'이 우리 측에 내면화되고 재생산되는 모습을 확인하기 위한 작업이다. 이를 위해 고종의 고문관들이나 상당 기간 조선에 체류했던 외국인들의 서한이나 기행문을 토대로 재구성하기로 한다.[19]

서양인들은 첫째, 조선의 정체(政體)를 절대군주제로 파악하고 있다. 왕의 권력은 세습되고 절대적이며,[20] "짐이 곧 국가다"라고 말했던 프랑스의 루이 14세의 절대 권력과 비견될 수 있다고[21] 지적하고 있다. 절대주의 시대의 경험을 통해 조선을 이해하고 있는 것이다. 나아가 조선을 동일한 유교 국가인 중국의 축소판으로,[22] 그리고 군주의 자의적인 권력 행사와 절대 권력을 야만의 징표로 거론하고 있다.

둘째, 서양의 근대 헌법처럼 조선에도 성문법(경국대전)이 있지만, 법에 의해 통치되지 않고, 오히려 관습법이 위력을 발휘하고 있다고 보았다. 서구의 의회나 범국민적인 회의체가 없었기에 왕의 절대 권력을 제한하지 못했으며, 백성들은 법원이 아닌 반란이나 폭동이라는 수단으로 자신들의 의견을 표출하였다. 이것이 사회 불안정성을 야기하는 구조적인 문제라는 것이다.

---

19 정부에 고용되었던 고문관들은 공식 석상에서 정치·행정상의 문제들이나 군주제를 대체할 정치체제 개혁안 등에 대한 발언을 자제하였다. 그러나 사적인 공간이나 서한을 통해서 비판적인 입장을 견지하고 있었으며, 그들의 논리는 조선 견문기를 집필한 서양인들의 논리와 대동소이하다. 그것은 조선 관련 정보와 해설은 대부분 조선에서 장기 거주한 고문들이나 선교사들, 그리고 해당 국가의 외교관들이 제공하고, 오리엔탈리즘에 굴절된 서양 문명관으로 조선 정치 현상을 관찰하기 때문으로 보인다. 커즌, 라종일 옮김, 1996, 『100년 전의 여행, 100년 후의 교훈』, 비봉출판사, 409쪽, 428쪽; 그리피스, 신복룡 옮김, 『은자의 나라 한국』, 집문당, 610쪽; 러시아대장성, 한국정신문화연구원 옮김, 1984, 『한국지』, 597~663쪽; 서울대 교육사고 편, 1994, 『19世紀 美國務省外交文書』 IV, "Memorandum of State of C. W. LeGendre" 1884.

20 이사벨라 비숍, 이인화 옮김, 1994, 『한국과 그 이웃나라들』, 살림, 25쪽; 샤를르 달레, 안응렬, 최석우 옮김, 2000, 『한국천주교회사』 상, 한국교회사연구소, 55쪽.

21 J.S. 게일, 1986, 『전환기의 조선』, 평민사, 32쪽.

22 서울대 교육사고 편, "Memorandum of State of C. W. LeGendre" 1884.

셋째, 조선의 정치체제는 왕 밑에 삼정승이 있고, 일종의 내각인 육조 체제로 되어 있다고 하였다. 삼사(三司)는 독립된 감시기관으로 미국의 금융감독관(Controller of Currency)이 세입·세출을 감독하듯이 행정 관료들과 왕을 견제·감시하는 기능이 있다. 그러나 관료 부패와 권력 독점으로 삼사는 제 기능을 하지 못하며, 행정의 비효율성, 국가 재원 배분 및 운용에 관련된 전근대성과 낭비도 매우 심각한 수준이라고 지적하였다.[23]

넷째, 조선의 과거제, 인사 제도, 암행어사 제도 등의 우수성은 인정하지만, 19세기 이후 심각해지는 관료들의 부정부패는 조선의 관료 시스템과 기강을 해치는 가장 큰 원인이자, 야만의 상징으로 거론하고 있다. 이 문제는 관리들의 일시적·파행적 현상이 아니라 정치 구조에서 비롯되었다고 진단하였다. 당시에 관직은 일반 상품처럼 매매가 되어 관찰사직은 미화 5만 달러, 수령직은 200달러에 공공연히 거래되고 있었고, 이 돈은 왕실과 고위 관료들의 주 수입원이 되고 있었다. 수입을 증대하기 위해 관직은 1년 단위로 재판매가 되며, 이로 인해 해당 관료는 투자금을 회수하고 이윤을 확보하기 위해 백성을 수탈할 수밖에 없다는 것이다. 이들을 감독·처벌해야 할 중앙정부는 정해진 조세만 납부하면 수령들의 수탈 행위에 관여하지 않는다고 지적하였다. 한편 지방의 하급 관리인 아전들도 구조적으로 백성을 착취하는 자들인데, 그 이유는 그들의 직(職)이 대대로 세습되고 있다는 점과 중앙에서 파견된 수령들은 수시로 교체되기 때문에 지방행정을 제대로 파악·장악할 수 없다는 것이다.[24]

다섯째, 조선의 당쟁을 정치를 낙후하게 만든 주범으로 꼽고 있다.[25] 유능한

---

23 H.B. 헐버트 지음, 신복룡 옮김, 1999, 『대한제국멸망사』, 집문당, 74쪽; 까를로 로제티, 서울학연구서 옮김, 1996, 『꼬레아 꼬레아니』, 숲과 나무, 220~223쪽.

24 길모어, 신복룡 옮김, 1999, 『서울풍물지』, 집문당, 26쪽.

25 길모어, 앞의 책, 28쪽. 러시아 대장성, 『한국지』, 265쪽; 묄렌도르프 부부 지음, 신복룡 옮김, 1987, 『묄렌도르프 문서』, 평민사, 104~106쪽.

정치인들이 비명횡사한 경우도 많으며, 파벌 의식이 심해졌는데, 이들은 국가나 국민에게 충성하는 것이 아니라 당에 충성한다고 한다. 따라서 국가에 대한 애국심 고취가 매우 시급한 일이라고 한다.

여섯째, 조선의 신분제와 신분 차별은 반드시 혁파해야 할 악습으로 보았다. 엄격한 신분제와 문벌로 인해 능력 있는 사람들이 관직에 진출하지 못하며, 양반들은 백성을 수탈하며 무위도식하고 있다. 특히 일반 백성과 여성들은 신분제와 가부장적 질곡하에서 억압을 당하고 있는데, 무자비한 사법제도가 백성을 억압하고 있고, 피해자들을 변호할 변호사 제도가 없다는 것이다. 문명국 같으면 시민 폭동을 야기할 수도 있는 사건들이 거의 매주에 걸쳐 일어나고 있는데, 백성들은 재판을 공정하게 받을 수 없다는 것이다.[26]

이상과 같이 서양인들이 지적한 조선 정치의 여러 문제점을 요약해 본다면, 절대군주체제, 군주권 남용과 견제할 기구의 부재, 헌법·민법·형법·행정법 등 법과 제도의 미비, 관료행정체제의 낙후성과 부패 구조, 신분제의 폐해와 문벌의 권력 독점, 지방 하급 관료직의 세습과 수탈, 인권과 민권의 부재, 민의를 대변할 대의체제의 부재 등이다. 이 같은 문제들은 이른바 '문명국인 서양의 정치', 즉 근대 헌법과 삼권분립 및 국민주권을 기초로 하는 서양의 정치체제, 그리고 합리성·효율성·투명성을 표방하는 서양 관료제를 기준으로 하여 도출·지적한 것이라는 특징을 갖고 있다.

그러면 독립협회와 개화지식인들은 우리의 정치를 어떻게 진단했는가. 이와 관련해서는 선행 연구에서 자세히 다루고 있으므로, 본고에서는 서양인의 것과 비교하기 위해 앞의 내용과 이들의 정치관을 동일한 주제로 정리하고, 지면 관계

---

26 H.B. 헐버트 지음, 신복룡 옮김, 1999, 『대한제국멸망사』, 집문당, 71~94쪽; G.N 커즌, 1996, 『100년 전의 여행, 100년 후의 교훈』, 비봉, 78~124쪽.

□ **표 2.1** 독립협회와 서양인들의 대한제국 정체(政體) 인식 비교표

	서양인	**개화파 지식인(독립협회)**
정치체제	조선은 절대군주제로 군주는 절대 권력을 향유하고 자의적으로 권력을 행사한다.	조선의 정치체제는 동양적 전제정치로 민권을 유린하고 국가를 쇠망케 하는 체제이다.[27]
법과 제도	성문법이 미비하여 법치를 할 수 없다. 민의를 수렴할 기구가 없으므로 민들은 반란과 폭동으로 의사 표현을 하고 있다.	권력의 자의적 수탈과 지배가 심각하다. 문명국의 정치는 "법률 장정과 모든 다스려지는 일들이 밝고 공평하야 무식한 백성이 없고, 사람마다 자유권이 있으며, 나라는 개화 세계가 되어 요순 때와 다름이 없다"라고 규정하고 있다. 법률과 장정에 의한 공정한 통치가 필요하다.[28]
대의정치	의회의 부재로 군주권을 제한·견제하지 못하며, 행정의 낙후성과 비효율성으로 국가 재원의 낭비가 심각하다.	민의 의사를 대변할 수 있는 대의정치체제가 필요하다. 군권을 축소하고 민권을 강화시켜야 한다.[29]
행정시스템	관료들의 부정부패와 지방 하급 관료직의 세습으로 수탈이 심각한 수준이다.	부패한 관료의 강력한 처벌과 백성의 생명과 재산권을 보호해야 한다.[30]
정쟁과 갈등	정치가 후진적이며 당쟁이 심각하다.	벼슬은 사(私)가 아닌 공(公)이므로 당쟁은 엄금해야 한다.[31]
인권과 민권	신분제가 잔존하며 신분 차별이 가혹하다.	사회 악습인 신분제와 차별을 폐지해야 민권이 향상된다.[32]

상 표로 제시하였다.

〈표 2.1〉에서 볼 수 있는 바와 같이 독립협회와 개화파 지식인들이 지적한

27 『독립신문』, 「논설」, 1896. 11. 21; 「논설」, 1897. 11. 26; 「유진률씨 편지」, 1898. 3. 9; 「민권론」 1898. 12. 15.

28 『독립신문』, 「나라등슈」, 1899. 2. 23; 유길준, 『서유견문』 157쪽.

29 「박영효의 건백서」, 『한국정치연구』 2-1, 1990.

30 『독립신문』, 「협회서 할 일」, 1898. 8. 4; 「논설」, 1898. 4. 9.

31 『독립신문』, 「통분한 일」, 1899. 8. 16.

32 신용하, 1976, 『독립협회연구』, 일조각, 243~247쪽.

조선 정치의 문제점과 정치관은 앞서 살펴본 서양인들의 논리 구조와 대동소이하다. 심지어는 이들이 사용하는 키워드도 동일하다. 무능한 군주, 절대군주제, 무법 상태, 관료들의 무능과 부패, 당쟁, 가혹한 신분제 등 핵심 용어들은 조선이 얼마나 야만적인 정치체제를 갖고 있는지 지적하며, 서양을 기준으로, 또한 모델로 한 조속한 정치 개혁을 촉구하고 있다.

서양은 자신의 문명 범주에 들어오지 않는 것들을 모두 야만으로 치부하고 배척하고 있었다. 이러한 문명 서사시는 조선인들에게 그대로 유입되어 재생산되고 있었던 것이다. 그것은 조선을 바라보는 시각이 화이론에서 서양의 문명론으로 바뀌었기 때문이다. 더욱이 서양 '문명국'을 체험한 자들, "문명국의 화륜선·철도·전신·전화와 같은 문물이 발달하고, 정치학·이학·산학·화학 등 새로운 학문과 편한 의복, 유익한 음식, 깨끗한 위생, 정결한 거처" 등을 직접 현지에서 경험한 자들의 눈에 비친 조선은 낙후되고 야만상태에 놓여 있었다. 정부는 무능하고 타락했을 뿐 아니라, 백성들은 도탄에 빠져 있고 타국에 영토를 빼앗겨도 깨닫지 못하는 그런 실망스러운 나라로 보였다.[33] 따라서 우리와 비슷한 야만국인 인도가 영국의 식민지가 된 것은 하등 이상한 일이 아니며 인도로서는 오히려 잘된 일이라고까지 평했다.[34] 바로 문명 담론이 문명개화론자의 의식세계에 깊숙이 내면화되고 있음을 반증하는 것이다.

---

33 『윤치호일기』, 1885. 5. 8.

34 『윤치호일기』, 1889. 4. 26. 노대환, 「1880년대 문명 개념의 수용과 문명론의 전개」, 240쪽.

3. 다양한 정치체제 구상들

1897년 대한제국의 선포와 함께 대한의 국체(國體)는 군주제 국가로 최종 확정되었다.[35] 그러나 어떤 정체(政體)가 대한을 부국강병한 문명국으로 견인할 것인가에 대한 논의, 즉 전제(專制)냐 입헌이냐 하는 논쟁은 1898년도를 정부와 독립협회를 뜨겁게 달구었던 이슈였다. 근대 국가체제는 주권의 소재에 따라 군주제와 공화제로, 주권의 실행 방식에 따라 전제와 입헌으로 나뉘기 때문이다. 본고는 이 당시 설파되었던 다양한 정체론(政體論) 중에서 독립협회와 정부 고용 서양인들이 제안했던 것에 국한시켜 살펴보고자 한다. 독립협회의 입헌군주제론은 이미 학계에서 많이 논의된 관계로 본고에서는 선학들의 연구를 토대로 정리하고자 한다. 반면 필자는 대한제국 정부가 고용하고 있던 서양인들의 정체론(政體論)에 대해 학계에 관심을 촉구하고자 한다. 그 이유는 바로 이들이 정부가 확보하고 있던 유능한 법률 전문가들이기 때문이다. 러젠드르(Charles W. LeGendre)는 고종의 궁내부 고문으로 전직 미국 외교관이자 법률과 외교, 금융 분야에 전문지식이 있으며, 탁지부고문 브라운(J. McLeavy Brown)은 법학박사이며 변호사로 관세, 재무, 금융, 법 분야에 능통한 자이다. 한편 그레이트하우스(C. R. Greathouse)는 법학을 전공한 법부고문으로 사법과 형법에 능하며 조선에 근대 재판제도를 이식한 자로 꼽힌다. 따라서 이들 세 사람은 1897년 법규교정소에서부터 형률조사위원, 관제조사위원, 1898년 중추원 개정문제, 1899년 교전소 임원으로 대한국국제의 제정까지 조선의 법률 개정 및 헌법 기초에 깊숙이 관여한 자들이다. 따라서 이들의 조선 정체에 대한 입장을 확인하는 것은 이 시기 정치체제를 이해하는 데 긴요한 일이라 하겠다.

---

35 김성혜는 갑오개혁기에 전제군주제론, 군신공치제론, 세도통치제론 등의 구상이 있었다고 한다. 김성혜, 2010, 「고종시대 군주를 둘러싼 통치체제 구상에 대한 일고찰」, 『정신문화연구』 33-3.

1) 입헌군주제

입헌군주제에 관련 정보는 1880년대 초반 국내에 유입된 후 1898년부터 독립협회의 공식적인 정체론(政體論)으로 추진되었다. 독립협회는 현실 정치 문제를 해결하고 국가 구성원들로 하여금 국가와 일체감을 형성하여 애국심을 갖게 하는 정체(政體)는 바로 입헌정체라고 하였다. 입헌정치를 실시하는 나라만이 문명개화를 추진하고 세계 경쟁에서 살아남으로 수 있다고 주장하였다. 그럼에도 군주제는 우리의 정체이자 정치 현실에 적합하기 때문에 입헌과 군주제를 합친 입헌군주제, 즉 군민공치를 실현하고자 하였다.

독립협회는 이상적으로 영국식 입헌군주제, 즉 의회와 내각제 실시, 군주권의 제한을 이상으로 삼고 있었다. 입헌군주제는 군주의 권력이 헌법에 의해 일정한 제약을 받는 정치체제이다. 민권을 대표하는 의회에 입법권과 행정부 감시권을 부여하고, 내각은 행정을 담당하고 군주는 형식적 정부 수반으로 제한된 체제이다. 물론 국민의 기본권은 헌법에 의해 보장되어 있다. 그러나 독립협회는 국내 정치 현실을 감안해서 군주가 실질적 권력을 행사하는 프러시아형 혹은 러시아형의 입헌군주제를 수용하려고 하였다. 이 유형의 군주제는 외견상 삼권 분립 체제를 취하고 있으나 군주는 군통수권, 관리임명권을 행사하며, 의회는 통치권의 주체가 아니라 자문의 역할을 할 뿐이다. 민권의 보장도 미약한 것이 특징이다. 여기서 이른바 계몽군주는 모든 사람의 이익을 위해 군주권을 사용한다는 논리로 통치의 정당성을 부여받고 있다.[36]

일반적으로 입헌군주제는 국왕의 권력을 제한하고 민권을 대변하는 의회 설립을 의미하지만, 독립협회의 입헌군주제는 황제권을 강화하고 국민국가를 건설하는 도구적 개념으로 수용되었다. 따라서 독립협회의 입헌군주제 수용은 반

---

36 하철영, 1987,「의회 군주제 서설」,『동의법정』3, 52~54쪽; 신우철,「근대 입헌주의 성립사 연구」,『법학논문집』31-1, 중앙대, 14~18쪽.

드시 군권의 제약으로 귀결되지 않는다. 즉 군주 중심의 독일형 입헌군주제를 지향하였던 것이다.[37] 그러나 1898년 11월 개정 중추원 관제에서는 황제권을 제한하고 민권 중심의 입헌군주제로 지향점이 변화하고 있는 모습도 보이고 있다.[38]

2) 절대군주제

고종의 궁내부 고문으로 장기간 재직하고, 독립협회와 협상 및 연설도 수차례 진행했던 러젠드르는 절대군주제를 주장하였다.[39] 절대군주제란 국정운영에서 전제적 권력을 행사하는 정치체제를 의미하며 고종이 지속적으로 추구했던 정치체제였다. 조선은 기본적으로 중앙집권적인 전제군주제였다. 관료제가 고도로 발달한 조선은 신권이 군권보다 상대적으로 강했고, 19세기 세도정권기에는 군권의 추락을 경험하였다. 전통적으로 전제군주제에 대한 당위성은 '천자'(天子)라는 명분에서 찾았지만, 19세기 말 이후 보다 합리적이고 이성적인 논리가 필요하였다. 그때 서양인 고문관들은 서양의 절대주의 사상에 입각하여 절대군주제[40]는 조선의 전통에 적합하고 효용성·안정성, 그리고 자원의 배분과 경제 진작이라는 측면에서 최선이라는 논법을 제공하였다.

---

37 정상우, 2012, 「개화기 군민동치 제도화 과정 및 입헌군주제 수용 유형 연구」, 『헌법학연구』 18-2, 461~465쪽.

38 이방원, 2010, 『한말 정치변동과 중추원』, 혜안, 70~72쪽.

39 LeGendre, *Progressive Japan*, 1878, pp. 8~18. Caruthers, Charles LeGendre, American Diplomacy and Expansionism in Meji Japan, 1868-1893. Univ. of Colorado, Ph. D. 1966, pp. 284~286.

40 절대군주제는 16~18세기 서구의 절대주의 시대에 유럽에 등장했던 정치체제로, 군주는 어떠한 법률이나 국가기관에도 구속을 받지 않고, 권력이 군주에게로 집중되어 있다. 전제군주제도 절대군주제와 동일한 정치체제이나 근세 이전의 서양과 동양에 나타난 전제적인 군주제를 포함하는 포괄적인 개념이다.

3) 세도정치제

세도정치제는 전직 고문 묄렌도르프(P. G. von Möllendorff)에 의해 제안되었다. 그가 진단한 조선 정치의 문제점은 유약한 왕, 측근 중심의 밀실정치, 무위도식하는 양반과 신분 차별 등으로 요약할 수 있다. 이에 대한 해결책으로 그도 절대군주제를 옹호하지만, 고종의 유약한 심성으로 인해 강력한 정치집단에 의한 세도정치체제가 조선에게 좋은 대안이 된다고 하였다. 노론 중에서 민씨파가 정권을 잡고 내각을 구성하며, 공적인 행정통로를 통해 공무(公務)를 집행하여 행정체계의 정상화를 꾀해야 한다고 보았다. 또한 관리들의 임명도 내각의 승인을 받아야 하는 등, 군주의 관료 임명권과 행정권 등을 제한해야 하며, 민중 수탈의 원인이 되는 신분제와 신분 차별을 반드시 혁파할 것을 주장하고 있다.[41] 이 같은 묄렌도르프의 정치체제 구상은 유럽식 귀족제가 아니라 과거 조선의 정치적 지형에서 나타난 세도정치를 그대로 활용·유지하는 듯이 보인다.

4) 서양인 위임 통치제

앞서 언급한 절대군주제나 세도정치제는 서양 고문관들이 공식 석상에서 발언·제안하는 정치체제이고, 서양인 그룹 내에서 비공식적으로 대화할 때에는 서양인에 의한 위임통치체제를 원했던 것으로 판단된다. 이들은 앞서 살펴본 조선 정치상의 여러 문제들, 즉 유약하고 무능한 국왕, 군주권의 남용과 낙후된 관료체제, 부정부패 구조, 민권의 부재와 낮은 민도, 가난하고 낙후된 산업 등 산재한 문제들을 해결할 역량과 지식이 조선인에게는 없다는 입장을 견지하고 있다. 따라서 이들은 문명화된 서구의 정치와 사회, 문화를 이식시키고 부국강병한 조선을 만들고 근대화시키기 위해서는 최소 20~30년간 서양인의 후견과 지도가

---

41 묄렌도르프 저, 신복룡 옮김, 1987, 『묄렌도르프 문서』, 평민사, 104~106쪽.

필요하다는 것을 이구동성으로 언급하고 있다. 절대군주제를 제안했던 러젠드르는 다음과 같이 미국 공사에게 비밀리 제안하고 있다.

> "조선은 아직 스스로 정치적 자유를 누릴 만한 역량이 없으므로 일정 기간 서양인의 후견하에 있어야 한다. 즉 조선의 왕과 양반들이 서양인의 자문을 받아 개혁되고 개화되어 스스로 자립할 수 있을 때까지 약 20~30년간 서양인 특히 미국인의 후견을 받아야 한다."[42]

러젠드르의 주장은 친한파로 알려졌던 데니(O. N. Denny)나 샌즈(S. F. Sands)에게서 동일하게 반복되고 있다. 외교고문이었던 데니는 1889년 근대화를 추진하기 위한 해외차관 도입을 계획하였는데, 이때 차관금을 관장할 재정위원회를 창설하여 주장하였다. 정부 재무행정의 비효율성과 낭비 · 부정을 빌미로 정부 각 부처의 재정 지출은 서양인으로 구성된 위원회의 재가를 얻어야 한다는 것으로, 결국 조선 정부를 실질적 장악 · 운영한다는 것이다. 궁내부 고문 샌즈 또한 조선의 정치 부패, 인재 부족, 지도력의 미비로 인해 자율적 개혁이 불가능하므로 외부인, 즉 미국인의 감독과 지도가 필요하다는 것이었다.[43]

고문관들의 서양인 위임통치 구상은 제국주의 국가가 주변부 사회를 침투해 들어갈 때 사용했던 수법이었다. 즉 조선이 문명개화를 달성할 수 있는 역량이 부족하므로 일본에게 일임하여 문명개화시킨다는 식민 통치 논리와 맥을 같이 하는 것이다. 그러나 이 논리는 우리 측 문명개화론자에까지 영향을 끼쳤는데, 윤치호가 조선을 청에 맡기느니 차라리 다른 문명국에 맡겨 과중한 세금과

---

42 한림대 아시아문화연구소 편, 『주한미국공사관 · 영사관기록』 권2, LeGendre to Foote, 1883. 12. 23. pp. 365~466.

43 김현숙, 2009, 『근대 한국의 서양인 고문관들』 한국연구원, 263~264쪽.

악한 정치하에 있는 백성들을 구하는 것이 더 낫겠다고 속내를 밝힌 것이 바로 그것이다.[44] 서양인 위임통치안은 일본의 한반도 식민통치, 해방 이후 미국의 신탁통치안으로 그 계보가 이어진다.

4. 1898년 '상원' 對 '자문기구'의 대결

독립협회는 1898년 4월 3일 정치체제의 개편을 위한 의회 설립 운동을 시작하였다. 만민공동회의 첫 번째 성과였던 러시아 절영도 조차 및 고문과 한아은행의 철수를 성공리에 이끌어 낸 직후였다. 독립협회는 "의회원을 설립하는 것이 정치상에 제일 요무로 결정함"을 가지고 독립관에서 대토론회를 가졌으며, 이후 이에 대해 전문가의 강론까지 개최하였다.[45] 민권을 신장시키는 내정개혁과 대의정체(代議政體) 설립을 목표로 하는 것이었다. 바로 문명국으로 향한 첫걸음이었다.

독립신문은 4월 30일부터 의회 설립의 필요성을 거듭 주장하는 논설을 싣기 시작하였다. 여기서의 의회는 민의를 대변할 수 있는 상하원 모두 포괄하는 것으로 보인다. 그러나 불과 수일도 안 되어 독립협회를 이끌던 윤치호는 상하원을 포괄하는 대의기구를 포기하고 차선책으로 상원 중심의 의회원 설립으로 생각을 굳힌 것으로 보인다. 이 안은 1898년도 독립협회의 공식적인 입장이 되어 지속적으로 추진되었다. 그는 일기에서 "친구여! 만약 대의기구인 의회 설립이 가능하다고 생각했다면 (단 한 번도 그런 적이 없지만), 지금부터는 그런 희망을 버릴 것이다. 사회나 공공의 문제에 관념조차 없고, 심지어 이웃이 매일 저녁 도둑

---

44 『윤치호일기』, 1886. 8. 12.

45 『독립신문』「잡보」 1898. 3. 29; 1898. 4. 2; 1898. 4. 9; 신용하, 『갑오개혁과 독립협회운동의 사회사』, 342~345쪽.

을 맞는다 해도 손가락 까딱도 안 하는 인민들이 과연 국가상의 중대 문제를 다룰 수 있겠는가?"라며 인민의 이기심을 질타하고 있다.[46] 윤치호가 의회 설립에 대해 생각을 바꾼 이유는 무엇인가. 아마도 고종의 고문 러젠드르의 설득이 일정 부분 작용한 것으로 판단된다.

1898년 4월 9일 독립협회의 '의회원 설립'과 관련된 강론과 토론회가 끝나자 불과 일주일도 채 안 되어 궁내부 고문 러젠드르가 윤치호를 찾아왔다. 그와의 대화 내용은 윤치호의 일기에 상세하게 기록되어 있다. 이는 윤치호가 러젠드르의 주장에 대해 심사숙고해 볼 가치가 있다고 판단했다는 뜻이며, 실제로 이후 윤치호의 입헌군주제 주장에 변화가 나타났다.[47] 과연 러젠드르는 어떤 논리로 윤치호를 설득했는가?

고종의 입장과 이해관계를 대변하는 궁내부 고문 러젠드르는 1898년 봄의 정국에 대해 주의 깊게 살펴보고 있었다. 3월 27일 그는 자신의 집에 심상훈, 남종철, 그리고 윤치호를 초청하여 3월 '서울의 봄', 시민들의 정치운동에 대해 주의를 기울일 것을 촉구했다. 그가 보기에 당시 상황은 30년 전 일본이 겪었던 상황, 1870년대 자유민권운동의 발발 상황과 비슷한데, 이 상황을 잘 극복하면 조선은 가난에서 번영으로 이행할 것이고 실패하면 프랑스혁명과 같은 '시민혁명'이 도래할 것이라고 진단하였다. 당시 상황을 주의 단계로 파악하고 이를 고종에게 알리고자 하였고, 실제로 보고했던 것으로 보인다. 윤치호의 기록에 따르면 러젠드르는 고종에게 당시 상황과 대책을 보고하기 위해 윤치호에게 자신의 저서 일부분을 번역해 달라고 요청하였다고 한다.[48] 아울러 그는 시민들에게 급진 사상을

---

46 『윤치호일기』 1898. 5. 2.

47 윤치호-남궁억 계열은 안경수-정교 계열의 의회개설운동에 찬성하지 않았다. 오히려 일부 대신들만 교체하고 황제 중심의 개혁을 추진하고자 하였다. 이태진, 「서양 근대 정치제도 수용의 역사적 성찰」, 『진단학보』 84, 121~122쪽.

48 『윤치호일기』 1878. 3. 27.

보급하고 있는 독립신문을 정부가 직접 장악하고 통제하기 위해 심상훈에게 독립신문을 인수하여 정부 산하 기관지로 만들라고 제안하였다.[49]

그리고 4월 14일에 러젠드르는 독립협회의 리더인 윤치호를 단독 방문하여, 작금의 사태에 대한 자신의 입장을 개진하고 설득하였다. 그가 현 상황을 판단하기에 조선은 전통적인 절대군주제로 회귀할 수 없으나 완전한 대의정부(representative government: 입헌정부)도 시기상조라 진단하였다. 그 이유는 윤치호도 인정한 민의 미성숙 때문이며, 이에 개혁은 점진적으로 이루어져야 한다는 것이다. 따라서 절대군주제와 대의정체를 절충한 성격을 갖는 정부, 즉 입헌과 군주제의 절충적인 '과도정부'를 구상하였는데, 여기에 의회 기능을 대신할 자문기구(consultation board)를 정부 내에 상설한다는 것이다. 조선의 개화파 인사들로 위원을 구성할 이 자문기구는 의회의 기능 중 하나인 내각을 감시·감독하는 기능이 부여된다.[50] 이와 같이 정부 조직을 의정부(내각)과 자문기구(의회원)로 나누고 자문기구에 내각의 감독 기능만을 주며, 개화지식인들을 자문기구에 참여시킴으로써 이들을 회유하고자 한 것이다.

그러나 4월 30일 독립협회는 의회원의 법률제정권과 내각의 집행권이라는 이권 분리를 주장함으로써 러젠드르의 안과 차이를 보이고 있다. 물론 독립협회의 권력구조 개편안도 황제권을 제한하는 것이 아니라 황제는 의회원과 행정부의 상위에서 양 기관을 매개하고 집행권을 행사하기 때문에 절대군주제하에서도 의회 설립 가능한 정체 개혁론이었다.[51]

고종과 보수파를 대변하는 러젠드르의 절대군주제 옹호 논리를 더 구체적

---

49 『윤치호일기』, 1878. 3. 27.

50 『윤치호일기』, 1898. 4. 14.

51 왕현종, 「대한제국기 입헌논의와 근대국가론」, 『한국문화』 29, 273쪽.

으로 살펴보기로 하자.[52] 그의 논리는 "입헌군주제가 문명국의 정체(政體)이며, 입헌정치를 하는 나라만이 문명개화를 실현하고 세계 경쟁에서 살아남을 수 있다"라는 독립협회의 주장에 대해 정면으로 반대를 한 것이다. 그것도 문명국의 사람인 미국인이 주장한 것이었다.[53] 그의 논지를 네 가지로 요약하였다.

① **시민들의 자유와 권리가 의회에 의해 가장 잘 대변된다는 주장은 환상이자 오류이다.** 러젠드르는 프랑스가 시민혁명을 겪고 공화제를 도입했지만 과거 77년의 역사가 증명하듯이 격렬한 정치혼란을 겪었고 시민들은 의회나 혁명정부의 독재에 더 시달렸으며 시민의 권리와 자유는 후퇴했다고 보았다. 또한 "이들은 의원이 되자마자 자신들의 영광과 이익만을 위해 일할 것이며 국가의 권익을 수호해야 한다는 것은 잊어버린다"라고 하였다. 반면 군주국가인 영국은 전통을 온존시킨 채 이념보다는 현실에 충실하여 영국 시민들은 프랑스 시민들보다 자유를 구가하고 있다고 한다. 바로 계몽군주에 의해 시민의 자유와 재산이 더 잘 보장된다는 것이다. 러젠드르는 자신에게 독재왕권이나 독재시민정권을 선택하라고 하면 자신은 전자를 선택할 것이라고 하면서 그 이유는 시민독재보다 더 잔인하고 통제하기 어려운 것은 없기 때문이라 하였다. 서양 정치체제의 단점은 이미 1880년대 초반에 일부 파악된 것으로 보인다. 한성순보에 따르면 프랑스의 경우 우매한 인민들이 섣부르게 정치에 참여시켜 사회가 혼

---

52 러젠드르의 절대군주제론과 관련하여 필자의 저서에서 간략하게 언급하였다. 이 글에서는 그의 논리를 더 보강하고 자세하게 분석하였다. 김현숙, 『근대 한국의 서양인 고문관들』 한국연구원, 239쪽.

53 『윤치호일기』, 1897. 7. 2. 러젠드르가 절대군주제를 지지하는 이유는 그가 고종의 정치 고문이라는 직책상의 원인도 있지만, 그는 사상적으로 강력한 군주제를 신봉하는 보수주의자였기 때문이었다. 이에 1897년 교전소 회의에서 서재필이 군주의 부정과 권력 남용을 제한하도록 제의하자, 여기에 맞서 가장 강력히 반대했던 사람이 바로 그였다.

란되었다고 지적하고 있다.[54]

② **개혁은 전통에 기반을 두고 점진적으로 행해져야 한다.**

자기의 전통과는 다른 형태의 이념과 정치 조직 및 체제를 도입하는 것은 별로 바람직하지 않다. 일본도 2천 년의 군주국가로 의회 형태의 입헌정체가 맞지 않는데, 이를 도입하여 명치유신 초기 상당 기간 동안 사회적·정치적 혼란을 겪었다고 한다. 1875년 성립된 일본의 원로원(元老院, 일종의 상원)이 아직까지 그 존재 가치를 입증하지 못했다. 뿐만 아니라 이것이 있음에도 불구하고 하원(중의원)을 또 만든다는 것은 실수라고 주장하였다. 또한 미국도 자유 이념의 미사여구에 빠져 '암의 씨앗'을 도입했고 뉴욕의 슬럼 현상이 증명하듯이 조만간 국가가 위기에 빠질 것이라고 전망하였다. 물론 정치적 상황에 따라 변혁과 개혁은 필요하다. 시간이 지나면 태양 아래 모든 것들이 빛을 바래는 것처럼 개혁은 필요하지만, 이는 매우 신중하게 그리고 점진적으로 진행되어야 한다고 경고하였다.

③ **혹자는 의회제가 군주제나 귀족제보다 나은 정치 형태라고 하지만, 이는 무지에서 비롯된 말이다. 군주제가 부국강병을 신속히 달성하는 데 훨씬 효율적인 정체이다.**

의회의 경우 잘못된 법을 수정한다는 것은 거의 불가능한데 비해, 군주제의 경우 왕의 명령 한마디로 쉽게 정정될 수 있는 효율적인 정치조직이다. 또한 일사 분란한 지휘명령체계로 이루어진 군주제는 위기 상황을 신속하게 극복하는 데 매우 적합하며, 사회·경제 자원을 효율적으로 배분할 수 있다는 것이다. 이와 동일한 주장은 유길준에서도 나타난다. 유길준은 중의원 같이 여러 사람이 협의를 해야 하는 곳에서는 정부 명령이 신속하게 처리되기 힘들다고 지적하고 있다.[55]

---

54 『한성순보』, 「歐洲社會黨」, 1884. 1. 18.

55 유길준, 『서유견문』, 「법률의 공도」

④ **조선에게 적합한 정치체제는 절대군주제이며, 군주제의 단점은 '자문기구'로 보완 가능하다.**

조선(1898년 당시)이나 일본(1879년 당시)은 방금 봉건제로부터 벗어났기 때문에 아직 의회제를 수용할 준비가 되지 않았다. 실제로 일본의 경우 정치권력은 소수에 의해 전유되었고 이들에 대한 견제 장치가 없다. 따라서 이들에 대한 감시나 견제는 반드시 필요한 사항이므로, 천황 하에 원로원(元老院, 귀족원)을 두어 주권자와 민(民)을 매개하게 하고, 추밀원의 귀족들을 각 부서의 대신으로 행정을 담당하게 하며, 내각의 주요 이슈들을 조사·자문하기 위해 '자문기구'(consultation board)를 둘 것을 제안하였다.[56] 반면 조선의 경우 일본의 원로원과 비슷한 중추원을 개편하여, 이를 자문기구로 만들어 의정부를 견제하는 기능을 부여하자는 제안이었다.[57]

이상과 같은 러젠드르의 주장은 당대인들에게 많은 점을 시사하고 있다. "입헌체제는 문명국이요. 전제군주제는 봉건적이며 야만적이다"라는 당대 문명 논리에 대항할 수 있는 논법을 제공한 것이다. 그것도 전직 미국 외교관이자 명치정부의 외교고문으로 법률에 해박하고 관련 저서도 집필한 관록 있는 전문가의 발언이었으므로 신뢰할 수 있었다. 그의 말을 들어 보면, 입헌정체는 실제로 많은 문제점을 배태하고 있다는 것이다. 오히려 절대군주제가 문명국에서도 많이 채택하고 있는 정체이며, 강력한 군주의 리더십하에 일사불란하게 국가 역량을 부국강병에 쏟을 수 있어 신속하게 근대화를 이룰 수 있다는 것이다. 아울러 민의 자유도 더 보호·보장해 줄 수 있는 것으로 조선에 알맞은 적합한 정체라는 설명

---

56 LeGendre, *Progressive Japan*, pp. 24~26. Caruthers, *Ibid.*, pp. 286~289.

57 LeGendre, *Progressive Japan*, pp. 8~18. Presseisen Ernest L., "Roots of Japanese Imperialism: A memorandum of General LeGendre," 1957, pp. 108~111.

은 고종 및 보수파들에게 문명개화론자에 대적할 수 있는 논리를 제공해 준 것이며, 절대군주권을 추구할 명분을 확보해 준 것이다. 여기서 러젠드르는 16~18세기 유럽의 절대주의 시대에 등장했던 절대군주제의 논리와 경험을 동양의 전제 군주제를 이해·유지 논리에 재활용하고 있는 것이다.

이 같은 러젠드르의 주장은 고종 및 관료들에게 전파되었을 것으로 추정된다. 궁내부 고문으로 고종의 브레인 역할을 했던 그는 그해 6월 29일 서양인으로서 최고의 품계인 정2품 의정부 찬무(贊務)로 발탁되었다. 이로서 그는 공식적으로 의정부 회의에 참석할 수 있었고 국가 여러 안건에 대해서도 자문을 할 수 있는 루트가 열리게 되었던 것이다.[58] 따라서 절대군주제에 대한 그의 견해는 대신들에게 전달되었고, 만민공동회 대처 방안을 마련했을 때 참여했다고 보아도 큰 무리 없을 것이다.

아울러 독립신문에서 당대 조선 사회의 과열된 정치 투쟁을 보고 '프랑스 혁명'이 조선에서 재현될 것이라고 진단하는 언설은 러젠드르의 지적과 동일하다.[59] 또한 이 논리는 윤치호에게도 전파되어 의회 설립에 대한 의견 변화에 일조한 것으로 보인다. 앞서 언급했듯이 러젠드르와 만난 후 윤치호는 조선에서 하원 설립이 어렵다는 생각을 굳히고, 점진적인 개혁에 공감하였다.[60] 이에 그해 7월 27일 논설에 따르면 하원의 설립을 급하지 않으니 인민이 계몽된 40~50년 후에 가능할 것이라 하였다. 무식한 백성이 있는 곳에서는 군주제가 도리어 민주제보다 낫다고 하였다. 바로 러젠드르의 표현이 윤치호에게서 그대로 재현되고 있다. 물론 윤치호는 중추원을 상원으로 개편하고자 하는 주장으로 선회하면서 러젠드르의 주장과는 다소 차이를 보인다. 윤치호는 자신의 의견을 고종에게 개진하

---

58 서울대 규장각 편, 『詔勅. 法律』, 1898. 6. 29. 『고종실록』 권 37. (음) 5월 11일.

59 『독립신문』, 「논설」, 1898. 7. 9.

60 『윤치호일기』, 1898. 5. 2.

였는데 "유럽 여러 나라에서는 비록 전제정치라 하더라도 상·하의원을 두어 국시를 자문하고 언로를 열어 놓고 있다"라고 주장하면서, 중추원을 개정하여 상원을 설치하는 것이 고종의 황제권을 제한하는 것이 아니라는 점을 밝혔다.[61]

독립협회 측의 의회(상원) 개설운동이 지속되고 시민들에게 큰 반향을 일으키자, 정부는 이러한 사태를 위험 단계로 파악하고 조치를 취하였다. 먼저 8월 1일 러젠드르로 하여금 독립협회와 협의하여 중추원 조직을 개편하려는 유화책을 사용하였다.[62] 바로 러젠드르가 협상 전면에 나선 것이다. 이때 정부는 독립협회 측과 협상에 임함으로써 정부가 최선을 다하고 있다는 선전 효과를 노린 것으로 판단된다. 아울러 정부 고용 서양인을 파견하여 '적의 침공과 식민지화'라는 위협적인 논리로 독립협회의 과열된 의회개설운동을 진정시키고자 하였다. 그레이트하우스는 국내외 정치 상황의 위태로움을 설파하며, 자칫 잘못하다가 러·일의 식민지가 될지 모른다며 정부 측과의 신속한 타협을 촉구하였다.[63] 또한 그는 고종의 신변을 보호한다는 미명하에 상해에서 서양인 용병 30명을 모집하여 서울로 데리고 오기까지 하였다.[64] 또한 「외국사람의 의견」이라는 투고 글을 통해 독립협회가 점차 무정부당이 되어 가고 있는데, 마치 독일의 민권당보다 더 괴악하고 폭발할 것 같이 보이니 조심하라는 충고까지 곁들이고 있다.[65]

그 사이 김홍륙 독차사건이 발생하여 10월 박정양 내각이 수립되었고, 중추원 개편안은 급물살을 탔다. 연일 종로 가두에서 벌어지는 시위에 대해 정부는 '심각한 단계'로 상황을 인식하였고, 이에 10월 15일 독립협회의 의회 설립 협의

61 『승정원일기』, 「중추원 일등의관 윤치호 상소」, 1898. 5. 21.

62 『독립신문』, 1898. 8. 1; 1898. 8. 11.

63 『독립신문』 「고문관 권면」, 1898. 8. 1.

64 규장각, 『고문서』 「미병시위군 고용계약서」 奎3068; 『독립신문』, 「잡보」, 1898. 9. 16.

65 『독립신문』, 「외국사람의 의견」, 1898. 8. 23.

에 응하였다. 독립협회는 중추원을 재조직하여 상원을 설립할 것으로 주장했고, 이때 정부는 미리 만들어 놓은 '자문기관'으로서의 중추원관제 개정안 카드를 제시하였다.[66] 정부의 이 개정안은 앞서 살펴본 러젠드르의 의회 기능을 대신하는 자문기관 안과 거의 흡사한 것으로 보아 의정부 찬무인 러젠드르가 이 개정안 작성에 관여한 것을 보인다. 정부의 안은 중추원을 입법 기능이 있는 의회(상원)가 아니라 자문기구로 행정부를 감시·감독하는 기능만 주는 것이다. 이뿐만 아니라 10월 17일 보수파 조병식과 윤용선이 재임용시키고, 10월 20일 언론과 집회의 자유 및 난차개회(難次開會)를 금지하는 조치을 내렸다.[67]

보수파들이 전면 재등장하자 독립협회는 연이은 철야 시위와 강경한 상소를 통해 자신들의 의사를 굽히지 않았다. 윤치호는 고종에게 상소하기를 "외국에는 많은 민회가 있는데, 대신들이 정사를 잘못할 때는 전국에 알려 민중을 모아 회의하여 질문하기도 하고 논핵을 하는데 백성들이 동의하지 않으면 대신들도 떠나지 않을 수 없다. 우리나라 협회는 독립을 기초로 하고 있고 임금에게 충성하고 나라를 사랑하는 것을 목적으로 하고 있다"라며, 왕에 대한 충성과 민회의 개설은 하나라는 논리를 설파하고 있다.[68]

정부의 자문기구로의 중추원 개편안을 거부하기로 결정한 독립협회 측은 10월 29일 1만여 명이 군집한 관민공동회를 열었다. 여기서 그 유명한 「헌의 6조」가 공개 결의되었다. 정부 측에서 박정양, 이종건, 서정순, 한규설, 러젠드르 등이 참석하였고,[69] 중추원이 상원으로 개편되었다. 고종은 '자문기구로서의 중추원'에서 '상원으로서의 중추원'으로 양보한 것이다. 이것은 11월 4일 중추원신관제

66 『황성신문』, 1898. 9. 26. 1898. 10. 17.

67 신용하, 『갑오개혁과 독립협회운동의 사회사』, 426쪽; 이방원, 앞의 책, 68~69쪽.

68 『승정원일기』, 「윤치호상소」, 1898. 9. 9.

69 『독립신문』, 1898. 11. 1; 『황성신문』, 「별보」, 1898. 11. 1.

로 반포되었다.[70] 중추원을 상원으로 개편하고 입법권과 의정부(내각)에 대해 심의·자문할 권한을 주되, 의원 50명 중 절반은 독립협회에서 투표로 선출한 민선 의원으로 구성한다는 안이 골자였다.[71] 이제 정부는 중추원과 의정부라는 입법권과 행정권을 나누어 갖는 이원적 구조를 갖게 되며, 그 위에 황제가 있는 정체로 되어 있다. 그렇지만 상원과 내각이 서로 협의한 후에 황제에게 상주하게 되면서 권력구조상 황제권을 제한하는 결과를 초래하였다.[72] 이를 간파한 고종은 '익명서 사건'이 일어나자 독립협회를 탄압하고 만민공동회를 해산하는 쪽으로 기선을 틀었다.

고종은 독립협회와 황제권을 나누고 싶지 않았다. 이웃 나라인 러시아나 청국, 독일 황제도 전권을 행사하고 있었다. 또한 러젠드르의 말대로 절대군주제는 조선을 문명국으로 만드는 데 아주 효율적인 정체(政體)였다. 독립협회는 민권이니 자유니 운운하지만, 백성들은 '덕치'와 '애민'의 마음으로 보살피면 될 것이었다. 또한 독립협회가 초래한 1898년 가을 정국은 그야말로 '프랑스혁명'이 재현될 만큼 혼란스러웠다. 빨리 정국을 장악하지 않으면 국권까지 위태로울 수 있었으며, 하물며 열강 공사들까지 만민공동회 진압에 동의한 상황에서 꺼릴 것이 없었다. 서구 정치사상의 세례를 받았지만, 아직 유교적 지형의 경계에 머물러 있던 고종의 선택이었다. 고종은 군주제를 옹호하는 내각을 보수 수립한 후, 독립협회 지도자들을 체포·구금하고 만민공동회를 무력 진압하였다. 1898년 '제국의 개

---

70 헌의 6조에 나타난 만민공동회의 국가정체 구상은 민권 중심의 입헌군주제 쪽으로 방향을 선회하고 있다. 물론 학자마다 이견은 있지만, 만민공동회의 의회개설, 11월 2일 개정된 중추원 관제에서 보여 지는 법률·칙령의 제정·폐지·개정에 관한 사항, 의정부에서 경의상주(經議上奏) 하는 사항, 칙령을 인(因)하여 의정부에서 자문하는 사항, 의정부에서 임시 건의에 대하여 자문하는 사항, 중추원에서 임시 건의하는 사항, 인민의 헌의하는 사항들을 심사 의정하는 것 등은 국민주권형에 가까운 입헌군주제를 지향하고 있다고 보고 있다.

71 신용하, 앞의 책, 440쪽, 이방원 앞의 책, 70~72쪽.

72 왕현종, 「대한제국기 입헌논의와 근대국가론」, 279~280쪽.

혁'은 그렇게 끝이 났다. 이후 중추원은 황제와 의정부의 지휘명령을 받는 자문기구로 격하되었다. 러젠드르가 처음 제안했던 '자문기구'안이 결국 승리한 것이었다. 그리나 그 승리는 국가의 멸망을 재촉하고 있었다.

4. 나가는 말

한국의 근대 전환기는 전통과 외래 문명이 충돌하고 지식과 문화를 상호 전파하는 접촉의 시대였다. 이때 서구 문물과 정치체제 담론은 일방적 강제와 도입이 아닌 '모방과 반발' '혼종과 변용' 그리고 '전통과 근대'의 역동적인 길항 관계 속에서 다양한 경로를 거치면서 수용되었다. 이는 새로운 빛깔을 지닌 정치 지형을 만들어 내는 과정이었고, 독립협회 인사들과 서양인 고문관들은 그 중심에 있었다. 이 글에서는 '문명 담론'이라는 시각으로 120여 년 독립협회의 정치담론과 입헌정체, 그리고 그에 대한 대항담론으로 고종의 브레인 역할을 담당했던 서양인 고문관의 절대군주제론을 살펴보았다.

독립협회 지식인들은 서양인들이 지적한 조선 정치의 여러 문제점에 공감하였고, 그들과 동일한 문명 담론에 의거하여 정치현실을 분석하였다. 그 결과 서양인들이 조선을 표상하는 다양한 언표들, '무능과 부패의 정부' '전제왕권' '수탈을 일삼는 지배층' '절대 빈곤에 처해 있는 백성들' 등이 그대로 개화파 지식인들에게 전이되어 재생산되었다. 이제 조선을 구하는 길은 '입헌'과 '민권'으로 정리되었다. 서울을 뜨겁게 달구었던 1898년도 '제국의 개혁'은 바로 이 두 가지 가치를 실현하고자 하는 독립협회와 군주권을 옹호하고자 한 집권층 간의 대결이었다. 양자 모두 '부국강병한 독립국가'를 목표로 하고 있었지만, 그것을 실현할 수 있는 정치체제와 담론, 실현 주체와 역량, 속도에서 차이가 있었다.

고종의 정치 고문인 러젠드르는 과거 일본에서 체험했던 자유민권운동의 현실과 파장을 알고 있었다. 이에 그는 미리 선수를 쳐서 윤치호 등 독립협회 회원들이 급진적으로 나가지 못하게 설득하거나 '자문기구'로서의 중추원 개편안 등을 만들어 타협을 유도하였다. 또한 절대군주제의 장점 등을 논리 정연에게 주장하여 고종의 군주권을 수호하는 데 일조하고 있었다. 1898년도 독립협회와 정부 간의 대결은 '상원' 대 '자문기구'로 정리할 수 있으며, 협상이 실패하고 군주권이 훼손당할 처지에 놓이자 고종은 무력 탄압이라는 강수를 두었다.

고종이 입헌과 민권을 주장하는 독립협회를 탄압할 수 있었던 것은 전제군주제가 '야만'의 상징이 아니라 오히려 문명개화와 발전을 추동할 수 있는 효율적인 정치체제이자 우리 정치문화에 적합한 것, 민의 재산과 자유가 더 잘 보장된다는 것이라는 논리를 러젠드르가 제공했기 때문이었다. 그것도 법률에 해박하고 경험에 풍부한 '문명국' 서양인이 이야기한 것이었다. 이렇듯 고종은 서양인들의 견해에 매우 민감하게 반응하고 있었다.

이듬해 고종은 전제군주제의 헌법인 『대한국국제』를 논의하는 법규교정소에 서양인인 러젠드르와 브라운, 그레이트하우스를 임명하였다. 그 이유로 "만국이 서로 관계를 맺는 때인 만큼 (다른 나라의 것을) 널리 묻고 두루 채택해야" 한다는 점을 제시하였다.[73] 그리고 『대한국국제』가 완성되었을 때 고종은 이들 고문관들이 어떻게 생각했는지, 옳다고 했는지 확인한 후,[74] 최종적으로 추인하고 있다. 전통과 근대의 접점에 서 있던 고종은 신구의 가치관과 기준을 모두 함께 활용하며, 자신의 절대군주권을 선포하였다.

---

73 『승정원일기』, 고종 36년 6월 25일.

74 『고종실록』, 광무 3년 8월 17일.

참고문헌

『독립신문』, 『서유견문』, 『윤치호일기』, 『승정원일기』, 『고종실록』, 『황성신문』.

LeGendre, *Progressive Japan*, 1878.

서울대 교육사고 편, 1994, 『19世紀 美國務省外交文書』, IV.

한림대 아시아문화연구소 편, 『주한미국공사관·영사관기록』, 권2.

김현숙, 2009, 『근대 한국의 서양인 고문관들』, 한국연구원.

신용하, 1976, 『독립협회연구』, 일조각.

이방원, 2010, 『한말 정치변동과 중추원』, 혜안.

김성혜, 2013, 「고종시대 군주를 둘러싼 통치체제에 대한 일고찰」, 『정신문화연구』, 33-3.

노대환, 2010, 「1890년대 후반 '문명' 개념의 확산과 문명 인식」, 『한국사연구』, 149.

왕현종, 2002, 「대한제국기 입헌논의와 근대국가론」, 『한국문화』, 29.

이원영, 1997, 「문명사관과 문명사회론」, 『한국정치학회보』, 30-4.

정상우, 2012, 「개화기 군민동치 제도화 과정 및 입헌군주제 수용 유형 연구」, 『헌법학연구』, 18-2.

최덕수, 1978, 「독립협회의 정체론 및 외교론 연구」, 『민족문화연구』, 13.

하철영, 1987, 「의회 군주제 서설」, 『동의법정』, 3.

Caruthers, 1966, Charles LeGendre, American Diplomacy and Expansionism in Meji Japan, 1868-1893. Univ. of Colorado, Ph. D.

:: 3 ::

역사와 역사 기술 사이에서
: 브라이언 프리엘의『역사 만들기』에 나타난 아일랜드의 혼종적 주체와 역사 담론

이형섭

1.

브라이언 프리엘(Brian Friel)은 허구적 서사나 역사 모두 사실을 있는 그대로 보여주지 않는다고 말한다. 과거의 파편들을 종합하고 연결해서 하나의 역사로 만드는 것은 서사 행위이며, 그러므로 누가 이야기 하는가, 왜 이야기 하는가의 문제는 매우 중요한 논의 과제이다. 서사 행위자와 역사는 분리된 국가의 정치적 상황과 매우 밀접하게 연관되어 있기 때문에, 그들의 이야기는 그들이 민족주의자이건 수정주의자이건 간에, 아일랜드 국민 전체의 이야기이자 동시에 국민의 파편화된 표상이기도 하다.

『번역』(*Translations*)에서 프리엘의 과제는 상상의 지역인 밸리벡(Ballybeg)을 배경으로 역사로부터 지워진 인물들을 그려냄으로써 이들을 파편화된 아일랜드 역사 속으로 다시 회복시키는 것이었다. 프리엘 또한 역사적으로 지워진 인물들을 되돌리는 방식으로서의 민족주의적 역사 기록이 일정의 정당성을 담보한다고 믿었다. 프리엘의 작품 세계 속에서는 후회와 풍자, 잃어버린 문화에 대한 뒤늦은 애도와 질병과도 같은 문화적 무기력이 끊임없이 상호작용하며, 이를 통해 그의 극들은 강력하지만 단편적인 민족주의적 정서의 한계를 넘어 더욱 복잡한 국가적 상황을 직시하고 해부한다. 로이 포스터(Roy Foster)가 지적했듯이, 만약 프리엘의 『번역』이 "역사의 홍수 안에 갇혀 있는 인물을 구출하고 소속감을 되찾아 주는 것"("Something of Us" 196)의 일환이었다면, 그가 『역사 만들기』(*Making History*) 를 통해 보여주고자 했던 것 역시 역사의 급류 속에 떠내려 간 인물들을 구조할 가능성을 시험하는 것이라 할 수 있다. 프리엘이 『번역』을 통해 역사적 명령에 저항하려 했던 시도는 『역사 만들기』에 이르러 아일랜드의 역사 서술에 대한 과격한 비판으로 바뀐다.

이 글은 프리엘의 『역사 만들기』를 아일랜드와 북아일랜드를 분리시키고 소외시켜 가며 서로 충돌하는 역사적 견해를 분석하는 과정을 통해 궁극적으로 과거에 접근하려는 역사 기술의 독점적 권리를 거부하려는 시도로 보고자 한다. 프리엘은 아일랜드의 역사 기술은 과거를 기억하고 재현하는 데 있어 극적 서사보다 설득력이 떨어진다고 단언한다. 이는 물론 프리엘이 역사학 자체를 부정한다는 의미는 결코 아니다. 극단적으로 상충하고 대립하는 역사가들이 모두 역사적 '사실'을 바탕으로 '객관적'인 기술을 하고 있다는 주장의 부조리함을 지적하고 있는 것이다. 따라서 『역사 만들기』는 근본적으로 혼종적인 아일랜드 정체성이 국가 담론과 역사 기술에 의해 희석되고 균질화되는 과정에 주목한다. 국가 담론은 결코 순수하지 않으며 자정 능력을 소유하지도 못한다. 『역사 만들기』가 보여주고 있듯이, 아일랜드의 국가 담론은 영국의 개신교주의에 맞선 로마가톨릭주의와, 영국의 제국적 욕망에 대항한 반식민적 투쟁에 동원된 아일랜드 민족주의 간의 혼합된 형태이다.

프리엘은 『역사 만들기』를 통해 민족주의 담론을 비판한다. 1980년 프리엘의 『번역』이 초연된 이래로, 필드데이 극단(Field Day Theatre Company)은 민족주의적 열망이 새롭게 드러난 문화적 징후로서 특히 북아일랜드의 비평가들에 의해 크게 주목받아왔다(Lee 151-59). 그러나 이는 프리엘이 아일랜드 역사학계의 수정주의를 수용한다는 의미는 아니다. 이 양자택일의 상황이야말로 프리엘이 『번역』에서부터 『역사 만들기』까지의 필드데이의 공연활동을 통해 극화시킴과 동시에 극복하고자 시도했던 지점이다. 『역사 만들기』는 민족주의 담론이 아일랜드인의 혼종적 정체성을 파편화시키고, 그 파편들을 취사선택하고 서사화해서 단일한 아일랜드 정체성을 구성해 내는 과정을 극화한다.

2.

『역사 만들기』는 누가 역사를 만드는가에 대한 질문을 던진다. 다시 말해 프리엘은 역사를 구성하는 개인의 실제 행위와 역사적 글쓰기 사이, 다시 말해 역사 행위의 주체와 그 주체가 재현되는 방식 사이에 존재하는 이분법을 주제로 삼는다. 같은 맥락으로 『역사 만들기』는 역사가 어떻게 생겨났는지에 관한 극이다. 프리엘에게 악몽처럼 느껴지는 아일랜드의 역사는 동시에 식민지 경험을 둘러싼 민족주의와 수정주의 담론의 극단적인 양극화의 역사이기도 하다. 단순화시켜 말하자면 아일랜드의 민족주의 담론은 16세기부터 영국의 식민지 억압에 대항하여 4세기에 걸친 연속적인 좌절과 투쟁의 서사로서 근대 아일랜드의 역사를 이해한다. 반면 수정주의 담론은 아일랜드 역사를 일련의 불안정하고 불연속적이지만, 동시에 인접하고 있는 초강대국과의 건설적이고 유리한 협상의 관계이자 공존의 역사로 구성한다. 민족주의와 수정주의 사관이 결정적으로 결별하는 역사적 지점이 바로 휴 오닐(Hugh O'Neill, 1550~1616)이라는 인물이며 『역사 만들기』는 오닐의 삶을 극적으로 재구성한다.

민족주의 역사관에 따르면 1916년 부활절 봉기(Eater Rising, 1916)와 독립전쟁

(War of Independence, 1919~1921)을 통한 영국으로부터 아일랜드의 해방과 독립은 미완의 프로젝트이다. 아일랜드 북부는 여전히 영국 식민 통치하에 속한 채 아일랜드는 사실상 분단된 상태로 남아 있기 때문이다. 그러므로 민족주의 담론은 민족공동체로서의 통일국가의 회복을 위해 식민 통치와 억압에 대한 투쟁은 계속되어야 한다는 입장을 유지한다. 오닐은 아일랜드 최초의 국가지도자이자 아일랜드의 국민서사에 변함없이 등장하는 전설적 영웅으로 기억된다.

아일랜드의 수정주의적 역사관 역시 오닐과 킨세일 전투(Battle of Kinsale, 1601)를 둘러싼 역사적인 순간을 아일랜드 근대사의 분수령으로 간주한다. 하지만 수정주의 역사론에서 오닐은 헌신적인 애국자가 아니고 아일랜드와 엘리자베스 통치하의 영국 사이에서 자신의 정치적 입지를 위해 끊임없이 협상했던 숙련된 정치인이자 군인으로 그려진다. 예를 들어 16세기 후반과 17세기 초반에 "상당수의 아일랜드 지도자들을 포함하여 많은 아일랜드 국민들은 영국의 통치와 왕권을 기꺼이 받아들일 수" 있었고, 이는 차례로 많은 역사가들로 하여금 휴 오닐의 "아일랜드계 민족주의의 명백한 전형"(Daly 100)으로서의 정치적 위치를 의심하게 한다.

이 점에서 『역사 만들기』는 누가 국가와 국가 정체성을 정의하는가에 대한 극이기도 하다. 역사 기술은 국가의 다양한 정의와 국가 정체성에 대한 다양한 형태의 논의의 장이 된다. 프리엘은 오닐의 삶에서 중요한 순간들을 재현함으로써 민족주의와 수정주의의 역사 담론을 직시하는 한편, 과거를 다루는 데에 있어 역사의 배타적이고 독점적인 지위를 반박하고 박탈하려 한다. 한편으로 끊임없이 신화화되고 다른 한편으로 이념적 표상화의 대상으로 종속되는 휴 오닐을 재조명하는 프리엘의 시도에는 프레드릭 제임슨(Fredric Jameson)이 벤야민(Walter Benjamin)의 연구에서 발견했던 "역사적인 상황에 의해 매 순간 산산조각 날 위협에 처하는 정신적 완전함과 경험의 통일성을 이루기 위한 고통스러운 노력"(Jameson 61)이 담겨 있다.

프리엘이 데리(Derry)를 기반으로 한 필드데이 극단에서 썼던 마지막 극인 『역사 만들기』는 16세기 타이론의 백작(Earl of Tyrone)이었던 휴 오닐의 삶을 극적으로 묘사한다. 휴 오닐은 갤릭(Gaelic) 토호 세력의 몰락과 얼스터 플랜테이션(Ulster Plantation)의 가속화 과정의 중심에 선 인물이기도 했다. 『역사 만들기』가 프리엘이 필드데이 극단에서 쓴 마지막 극이었다는 사실은 최근 아일랜드 문화민족주의자들에 의해 아일랜드 학계에서 큰 논란으로 불거진 아일랜드 탈식민주의 비평과의 심오한 긴장 관계를 형성한다. 1986년 영국의 대학에서 최초로 아일랜드 역사 전공교수로 임명된 옥스퍼드 역사가 포스터는 「우리는 모두 수정주의자」(We Are All Revisionists Now)라는 제목의 글을 발표하면서 민족주의적 향수에 작별 인사를 고한다. 포스터의 선언문에 반기를 들고 맹렬한 비판을 가한 사람은 문화민족주의의 대가이자 필드데이 출판사의 편집장인 셰이무스 딘(Seamus Deane)이다. 그는 아일랜드의 식민 경험을 이해하는 방식으로 탈식민주의 모델을 제시한다. 딘은 곧 에드워드 사이드(Edward Said)에게 아일랜드와 탈식민주의에 관련된 강연을 요청하게 되는데, 사이드의 강연은 1988년에 「예이츠와 탈식민지화」(Yeats and Decolonization)라는 제목으로 필드데이 팸플릿으로 출간된다.[1] 이와 같은 기간 프리엘의 『역사 만들기』가 필드데이 극단의 공연 무대에 오르게 된다.

프리엘의 극이 다루고 있는 휴 오닐의 삶은 1942년에 출판된 션 오페일린(Sean O'Faolain)의 오닐 전기인 『위대한 오닐』(*The Great O 'Neill*)에 그 역사적 기반을 두고 있다. 오페일린은 이 책의 서문 끝에 "자기를 빈곤과 망명, 그리고 패배로 몰아넣은 모든 사실 덕분에 스타(star)가 되어 버린 자신을 무기력하게 바라보는 인간을 주제로 재능 있는 극작가가 유익하고, 즐겁고, 아이러니한 극을 쓸 수 있을지도 모른다"(vi)라고 기술한다. 휴 오닐을 다루는 극작품으로 토마스 킬로이

---

1 후에 사이드의 팸플릿은 테리 이글턴(Terry Eagleton)과 프레드릭 제임슨의 글과 함께 『민족주의, 식민주의, 그리고 문학』(*Nationalism, Colonialism, and Literature*)이라는 제목으로 출판되었다.

(Thomas Kilroy)의 『오닐』(*The O'Neill*, 1969)과 같은 연극이 있었지만, 프리엘의 『역사 만들기』야말로 오페일린의 위와 같은 제안을 가장 완벽하게 실현한 극작품이라고 할 수 있다. 역사학자 션 코널리(Sean Connolly)가 지적한 것처럼, 오페일린의 저서는 훗날 영국의 압제에 대항하는 애국 반란군이자 민족해방전쟁의 지도자의 모범적인 전형으로서의 오닐이라는 민족주의적 신화를 파괴하려 시도했던 아일랜드 역사상 첫 번째 역사 서술이었다. 오페일린이 그려낸 오닐은 "자신이 형성해 온 평형상태를 뒤엎기 전까지 영국 정부와 갤릭 전통을 모두 활용한 최고의 실용주의자"였다(Connolly 160). 코널리는 따라서 『위대한 오닐』이 "『역사 만들기』를 위한 생생한 자료뿐 아니라 그 주제에 대한 명확한 개요를 제공한다"라고 평가한다(160).

코널리는 본질적으로 프리엘의 극이 탐구하고 있는 몇 가지 중요한 점을 빠트리고 있다. 프리엘은 오닐에 관한 극단적인 관점과 견해 중 어느 것이 더 유효하고 타당한지에 대한 판단에 관심을 두지 않는다. 극작가는 하나의 역사적 담론이 다른 담론보다 우위를 차지하게 되는 푸코(Foucault)적 문제에 관심을 기울이지 않는다. 오히려 오닐이 오페일린이 주장하는 것처럼 최고의 실용주의자인가 아니면 민족주의 사관에서 단언하는 열렬한 애국지사인가를 판단하는 역사적 논쟁의 표피 밑으로 들어가 논쟁의 기원에 위치한 역사적 공간을 극적으로 회복하는 것이야말로 프리엘의 관심이라고 할 수 있다. 프리엘이 당면한 과제는 "개인들 사이의 의사소통"(interpret[ing] between privacies, 『번역』90)을 진정한 가능성으로 만들고 "개인적 영혼의 어둡고 사적인 장소를 탐구하는"(Friel 77) 문학적 정당성을 획득하는 일이었다. 프리엘은 역사의 삭제 행위에 희생되지 않으면서 동시에 정치적으로 균질화된 정체성을 강요하는 서사에 저항할 수 있는 사회적 주체를 구축하는 작업에서 그 해답을 찾고 있다. 식민주의적 맥락에서 살펴보았을 때, 사적인 것과 공적인 것, 개인과 사회, 그리고 기억과 역사의 이분법의 문제는 사회적 주체성이 구성되는 시점에서 더욱 불거진다.

셰익스피어의 『헨리 5세』(*Henry V*)에 등장하는 아일랜드인 맥모리스(Macmorris)는 영국의 문화 담론에서 정형화된 '스테이지 아이리쉬맨'(Stage Irishman)의 전형이라고 할 수 있다. 웨일즈 출신의 장교 플루얼렌(Fluellen)이 맥모리스의 나라에서 전투에 맞서기 위해 자원한 병사가 별로 없다고 불평하자, 맥모리스는 즉시 "내 나라? 내 나라는 무엇이오? 악당, / 잡종, 깡패, 그리고 불한당이라고 말하는 거요? 내 나라는 무엇이란 말이오? / 누가 내 나라에 대해 이야기한단 말이오?"(3.3.63-65)라고 예민하게 반응하며 민족의 자존심을 건드렸다는 명목으로 웨일즈 수장을 죽일 듯이 위협한다. 데클란 카이버드(Declan Kiberd)는 셰익스피어의 작품 세계에서 유일한 아일랜드 인물인 맥모리스는 "쉽게 흥분하고, 말이 많고 호전적이며 민족적 자존심이 넘치는 스테이지 아이리쉬맨의 전형"(21)을 보여주고 있다고 말한다. 그러나 여기서 주목할 점은, 맥모리스가 영국의 왕에게 목숨을 걸고 열렬히 충성을 맹세하면서 동시에 자신의 나라인 아일랜드에 대해서도 대단히 자랑스럽게 생각한다는 것이다.

1599년 에섹스(Essex) 경의 아일랜드 출신 부관 중 하나가 "영국에 있을 때는 사람들이 나를 아일랜드인으로 대하고, 아일랜드에 있을 때는 나를 영국인으로 취급한다는 사실이 나를 힘들게 한다"(Shakespeare 169: note 63)라고 한 고백이 기록에 남아 있는데, 이는 맥모리스의 분열된 정체성이 예외가 아니었음을 잘 보여준다. 오랫동안 엘리자베스 1세의 총애를 받고 여왕에 의해 아일랜드의 총독으로 임명되었던 에섹스 백작은 아일랜드에서 급속하게 확산되었던 반란을 진압하라는 명을 받는다. 그러나 진압 작전은 휴 오닐이라는 반란군의 지도자가 보여준 숙련된 정치 공작과 전술 앞에서 비참하게 실패한다. 1603년 에섹스의 후임자였던 마운트조이(Mountjoy)가 선두에서 지휘한 킨세일 전투에 이르러서야 영국군은 타이론의 반란군을 격파하는 데에 성공한다(Moody and Martin 149-51). 셰익스피어라는 영국인이 『헨리 5세』에서 거리를 두고 옅은 곁눈질로 아일랜드를 희화화하려 했다면, 프리엘은 『역사 만들기』를 통해 16세기 말 아일랜드 역사의 변곡점에 현미경을 들이대고 날카로운 해부를 진행한다.

프리엘은 『역사 만들기』에서 게일아일랜드의 수장이자 영국 여왕으로부터 작위를 하사받은 타이론의 백작으로서의 오닐의 하이브리드(hybrid) 정체성에 초점을 맞추고 있다. 실제로 오닐이 자신의 정치적 목적을 위해 수년 동안 효과적으로 이용했던 이 양가적인 충성심은 수많은 아일랜드 식민지 주체들이 겪어 왔던 공통된 운명이기도 했다. 또한 어린 시절을 영국의 궁정에서 보내며 영국식 교육을 받고 영국의 문화를 습득했으며 영어와 게일어의 이중언어를 사용했던 오닐이 아일랜드에 주둔한 개신교 영국군사령관의 여동생 마벨 배지널(Mabel Bagenal)과 결혼했다는 사실 역시 그가 성장한 후에도 영국의 영향에서 벗어나지 못했음을 시사한다. 『역사 만들기』는 킨세일에서의 패배, 그리고 아일랜드 민족주의적 역사에서 가장 수치스럽게 그려지는 '백작들의 탈출'(Flight of the Earls)로 일컫는 아일랜드 지도자들의 집단 망명 등 오닐이 처한 정치적 딜레마를 그려내는 한편, 그의 생애를 미래 세대의 계몽과 번영을 위한 민족 신화로 구성해 내려는 롬바드 대주교(Archbishop Lombard)와 오닐 사이에서 벌어지는 논쟁을 극화한다. 프리엘은 『역사 만들기』의 프로그램 노트에서 극적 픽션과 역사 서술의 관계에 대해 다음과 같이 이야기 한다.

> 『역사 만들기』는 휴 오닐의 삶을 실재했던 사건과 상상된 사건을 사용하여 만들어 낸 극적 픽션이다. 나는 — 나의 예술적 방식에 따라 — 객관적이고 경험적 방식에 충실하고자 노력해왔다. 그러나 역사적 '사실'과 허구의 당위성이 충돌하게 될 때, 나는 주저 없이 서사의 내적 요구에 충실했다. 예를 들어, 휴의 아내인 마벨은 실제로 1591년에 세상을 떠났지만, 내 이야기에 맞추기 위해 나는 그녀를 10년 더 살게 했다. 이러한 자유를 누린 것이 조금은 후회스럽기도 하다. 그러나 나는 역사와 픽션은 상호 연결 및 비교 가능한 담론 형식이며 역사적 텍스트는 일종의 문학작품이라고 스스로 상기시킨다. 그래서 이러한 후회들이 결코 나의 작업을 방해

하지 않았다는 것에 감사한다(*Brian Friel* 135).

이는 얼핏 프리엘이 『번역』에서 논란이 되었던 역사적 사실의 인용과 조작에 대한 자기 방어를 위한 발언으로 보인다. 그러나 『번역』에서는 역사적 재현과 극적 연출 사이의 긴장감이 결코 다른 한편을 훼손하지 않은 채 유지되는 반면, 『역사 만들기』는 기술된 역사를 '일종의 문학 작품'으로 소환하고 문학적 서사를 역사적 글쓰기와 문학적 글쓰기를 모두 지배하는 상위 원칙으로 격상시킨다. 결과적으로 『역사 만들기』는 과거의 사건을 근거로 한 역사극을 넘어 "역사 자체에 관한 극"(a play about history itself, Connolly 149)이 된다.

역사와 문학은 "같은 층위에서 비교 가능한 담론 형식"이라는 프리엘의 주장은 단지 나르시시즘에 빠진 한 작가의 억지 주장으로 치부될 일은 아니다. 역사학자 헤이든 화이트(Haydn White)는 그의 저서 『담론의 비유법』(*Tropics of Discourse*)에서 "단순히 표면적인 언어 선택의 수준에서 보면 역사가와 문학 작가가 서로 다르다고 할 수 있지만 그들의 담론을 구성하는 데 사용하는 기술이나 전략은 실질적으로 동일하다"라고 강조한다(121). 또한 그는 『형식의 내용』(*The Content of the Form*)에서도, 역사 서술이 상상적 구성물이라는 점에서 문학적 글쓰기와 다르지 않다는 점에 동의한다. 단지 "역사적인 이야기의 내용은 화자가 발명해 낸 상상의 사건이 아니라, 실제 일어난 사건에 기반한다"(27)는 점에서 문학적 글쓰기와 다를 뿐이다. 그러나 내용과 형태의 서사에 대한 이 극단적 분리 자체 또한 상상의 산물이라 할 수 있다. 이는 '실제 사건'은 역사가가 직접 객관적으로 관찰하고 묘사해 낼 수 있는 대상이 아니라 기록 및 자료를 선별해 문학적으로 읽고 상상력을 통해 연결시켜 복원된 이야기일 뿐이라는 사실이다.

더군다나 이 역사적 자료들은 자료가 기록하는 사건과 인물의 기원으로부터 여러 단계를 거쳐 변질될 수밖에 없으며 따라서 특별한 역사적 권위가 부여되어서는 안 된다. 한 역사가는 다음과 같이 이야기 한다.

어떠한 것도 '스스로 이야기하지' 않는다. 우리[역사가들]에게 가치로부터 자유로운(value-free) 역사가 허상일 수밖에 없다면, 가치로부터 자유로운 자료들 또한 허상에 불과하다. 그 이유는 이 '자료들' 또한 이미 각자 구성된 '역사들'(histories)이며, 개인적·정치적·윤리적 편견으로부터 자유로울 수 없기 때문이다. (Cameron 87)

극작가가 역사적인 정보를 필요로 하듯, 역사가는 문학적 상상력을 필요로 한다. 역사가 문학적 상상력을 필요로 하는 서사라는 것을 인지할 때 진실과 거짓의 이분법은 약화된다. "인간 본성에서 상상력이 작동하는 방식을 어떻게 설정할 것인가에 모든 서사의 진실성이 달려 있다면 실제사건을 상상력으로 재구성하는 서사방식이 더 진실에 가까울 수 있다"(*Content* 57)라는 화이트의 주장은 역사학을 폄하하는 것이라기보다 과거의 개관적이고 충실한 재현이라는 역사학적 확신에 대한 회의의 표현이자 역사학자들이 의식하지 못한 채 사용하는 문학적 서사방식의 중요성을 강조한 것이라고 볼 수 있다.

3.

『역사 만들기』의 2막 1장에서 레드 휴 오도넬(Red Hugh O'Donnell)은 집으로 막 돌아와 고향 땅에서 어떤 일이 벌어지고 있는지를 전한다. 오닐의 영국인 비서인 해리 호비던(Harry Hovedon)에게서 오 섀넌(O'Cianain)이 일종의 역사를 쓰고 있다는 이야기를 듣고 오도넬은 이렇게 말한다. "또 역사라니! 주여, 우리에게 역사가만큼이나 많은 빵이 있다면!"(52) 곧이어 호비던과 오도넬은 오닐의 아내인 마벨과 아이가 모두 출산 중에 죽었다는 소식을 언급하며 애도한다. 연극이 끝날 무렵, 오닐의 전기를 쓰고 있었던 롬바드 대주교는 그가 쓰려는 오닐의 전기에서 마벨은 중요한 존재가 되지 못한다고 말한다.

당신이 교황이나 왕과 왕비와 교류하는 내용이 담긴 민족적 차원의 큰 그림에서, 마벨의 자신도 그만큼 중요한 가치를 지녔다고 생각할까요? 과연 그녀가 스스로를 그렇게 평가했을까요? 물론 그녀만의 가치와 중요성이 있죠. 미래에는 지금 당장 우리가 상상할 수없는 방식으로 그녀의 이야기가 완전히 그리고 동정 어린 방식으로 전해질 것이라 믿어 의심치 않습니다. 하지만 그녀의 이야기는 한 집안의 이야기예요. 물론 당연히 아름다운 이야기일 테지만 결국 사랑이야기일 뿐입니다. 오닐 경, 과연 큰 틀에서 볼 때(In the overall thing) 역사가 얼마나 많은 영웅들을 수용하고 담아낼 수 있을 것 같습니까?(69)

롬바드는 억압받는 아일랜드 민족에게 반식민주의적 저항과 투쟁에 대한 지침을 제공할 수 있는 국민국가의 유형을 창출해 내야 한다는 절대적 필요성으로 그의 프로젝트를 정당화한다. 그러나 롬바드 또한 영국 개신교의 확산과 대항하기 위해 아일랜드의 민족적 감정을 동원해야 할 필요성을 느끼고 있는 로마교황청의 직접적인 명령에 따라 정치적으로 움직이고 있다. 이 점에서 롬바르드의 역사 기술론은 아일랜드의 민족사관에 또 다른 형태의 제국의 욕망이 작동하고 있음을 보여준다.

극의 첫 장면에서 롬바르드는 역사적 글쓰기는 역사가의 글쓰기 과정에 개입되기 쉬운 개인적·정치적·윤리적 의사나 편향성이 철저히 배재되어야 하고 그럼으로써 객관성을 담보할 수 있다고 주장한다. 롬바드에게 역사가의 작업이란 "해석하는 게 아니고, …… 그저 묘사하는 것"일 뿐이다(8). 즉 역사는 역사가의 개인적 의식과 지성을 선행하여 존재하고 있으며, 다시 말해 기술되기 이전에 이미 역사는 존재한다는 것이다. 충분한 사료가 존재하고 또 그 사료들을 엮어서 묘사할 수 있는 언어만 습득한다면 역사가의 작업은 그리 어려운 책무가 아니라고 롬바드는 설파하는 것이다. 역사를 단순히 사료의 수집과 분류를 통해 과거를 묘사하는 기술 행위로 보는 롬바드의 관점은 여러 방면에서 큰 문제점을 안고 있다. 그중에서 프리엘은 언어의 성격을 철학적으로 이해하고 롬바드의 실증주의적 역사관을 비판한다. 프리엘에게 있어서 언어는 본질적으로 진실을 드러내는 순기능뿐 아니라 현상 자체를 숨기고 왜곡하는 역기능을 지니고 있다. 프리엘이 자주 인용하는 조지 스타이너에 따르면 "모든 설명은 단편적이고 부분적이다. 우리는 진실보다 덜 이야기하며, 우리가 원하는 대안들을 재구성하기 위해 정보를 조각낸다. 우리는 선택하고 숨긴다. 우리가 말하는 것들은 '존재하는 것 그대로'가 아니라, 눈과 기억이 구성해 내는 것들을 가져오는 것이다."(231) 프리엘이 자신의 프로그램 노트에서 오스카 와일드가 그의 저서 『예술가로서의 비평가』(*The Critics as Artist*)에서 했던 다음과 같은 신랄한 발언을 인용했다는 점은 주목할 만하다. "일어난 일에 대해 정확한 설명을 제공하는 것은 역사가뿐 아니라 모든 문화예술가가 지닌 양도할 수 없는 특권이다."(*Brian Friel* 135)

프리엘은 역사 서술에 내재된 이데올로기적 성격을 드러냄으로써 롬바드의 모순된 모습을 드러낸다. 오닐의 날카로운 질문과 추궁으로 자신의 실증주의적 역사관이 곤궁에 처하자, 롬바드는 오닐에게 역사는 "이야기의 일종"이기 때문에 역사가의 가장 중요한 의무는 "가능한 최선의 이야기를 말하는 것"이라고 말을 바꾼다(8). 이제 롬바드에게 있어 역사는 "대개 우연적인 사건들에 형태를 입혀서 논리적이고 흥미로운 이야기로 만드는 것"이다(8). 역사는 언제나 이미 만들어져 있고 이해되고 기술되길 기다리고 있는 것이 아니라 인간의 정신과 언어에 의해 선택되고 정렬되는 커다란 무형의 물체일 뿐이다. 역사가들이 그들의 역사를 만들어 내는 데에 의존하는 '사료' 역시 이미 창조적 상상력의 산물인 것이다. 또한 자료를 선택하고 서사 형식으로 정렬하는 것은 지극히 개인적인 행위이며 어떠한 방법으로도 객관적으로 수행될 수 없다. 따라서 역사는 행위자에 의해서가 아니라 쓰는 자에 의해 만들어지는 것이다. 우리는 과거의 경험을 이야기할 때 직접적으로 과거의 경험을 할 수 없으며 "우리가 경험하는 과거의 가장 큰 부분은 언어로 구성된다."(Steiner 30)

역사는 실제로 행위를 말로 바꾸려는 번역의 행위이다. 프리엘에게 큰 영향을 주었던 조지 스타이너(George Steiner)는 그의 저서 『바벨 이후』(*After Babel*)에서 다음과 같이 주장한다.

> 역사는 과거의 시제를 선택적으로 사용하는 언어 행위이다 …… 우리에게 총체적 역사란 있을 수 없다. 왜냐하면 과거 경험을 모두 모아 놓은 의미에서 객관적으로 실재하는 역사란 불가능하기 때문이다. 모든 것을 기억하는 것은 광기의 한 형태이다. 우리는 개인의 경험을 기억할 때와 마찬가지로 강조, 응축 및 누락의 관습에 따라 문화집단적으로 기억한다 …… 공동체 내부에서 느껴진 역사의 실재는 무의식적이라 할지라도 끊임없이 내재적인 번역의 행위에 기반한다(30).

역사는 '전반적인 것'을 내세우기 위해 서로 다른 서사들이 서로 경쟁하는 열린 장이 된다. 즉 역사란 특히 아일랜드의 맥락에서 볼 때 사실상 이데올로기의 전장인 것이다. 롬바드는 진실한 역사만을 이야기하고 싶어 하는 오닐을 비난하며, "나는 역사의 한 시기마다 채굴되기를 기다리고 있는 진실한 해석을 소유하고 있다고 믿지 않습니다. 그러나 역사가 다양한 서사를 내포하고 있다는 것만은 확실히 믿습니다"라고 말한다(15).

그렇다면 롬바드가 끊임없이 언급하는 "무작위한 일련의 사건과 의도적인 성취들에게 응집력"(67)을 부여하며, 이 우연한 사건들을 정렬하고 연결하는 서사를 가능하게 하는 '전반적인 것'(the overall thing)은 무엇인가? 롬바드에게 역사 서술에 응집력을 부여하는 '전반적인 것'이란 바로 민족주의자로서의 책무이다. "지금은 영웅이 필요한 시대입니다. …… 그리고 나는 휴 오닐을 민족의 영웅으로 그려내려고 합니다. …… 영웅이 사람들에게 신처럼 중요할 때가 있습니다."(67) 그는 아일랜드가 "결속력과 결단력을 갖추고 열정적이며 매우 단호한 국가에 의해 인도되는 민족"으로서 "제2의 영국"이 되기를 바란다. 마벨이 얘기하듯이 "덤벼들기만 하는 부족민들의 즉흥적 동맹"(38)이 아일랜드의 정치적 현실이라는 주장이 더 설득력이 있다 할지라도, 롬바드는 영국에 대항하는 오닐의 반란을 "국민국가가 갑자기 현실화되는"(64) "역사 만들기"의 순간으로 묘사하는 것이다.

롬바드와 달리 오닐은 한 사람에 관한 진실은 고정 관념을 통해서가 아니라 그 사람 전체의 경험이 전달되었을 때에만 밝혀질 수 있다고 믿는다. 롬바드의 투쟁과 해방의 국민서사는 모순된 사회적 경험과 그 경험을 통해 형성된 오닐의 혼종적 주체를 허락하지 않는다. 오닐은 자신의 모순되는 정체성에 대해 자각하며, 자신의 삶은 여러 다른 자아들 간의 우발적인 협상의 결과였다는 것을 인지한다. 마벨 또한 오닐의 유동적 주체를 누구보다 먼저 파악한다. "당신은 앞으로 한 발짝 나아가고, 또 뒤로 물러서죠. 당신은 도전하고, 후퇴해요. 당신은 부정하면서도, 받아들여요."(37-38) 오닐은 롬바드에게 자신이 지닌 온갖 모순 덩어리들, 즉 "전략가, 지도자, 거짓말쟁이, 정치가, 호색가, 애국자, 술주정뱅이, 이민자"로서의 자신의 "모든 삶을 기록할 것"과 "모든 것을 넣을 것"을 요구한다(63). 물론 모든 것이 역사에 의해 (또는 문학에 의해서) 기억될 수는 없다. 만일 그것이 가능하다 할지라도, 『번역』에서 소학당(Hedge School)의 교장인 휴 오도넬(Hugh O'Donnell)이 말한 것처럼 "모든 것을 기억하는 일은 광기의 한 형태이다."(88)

그러나 역사에서 생략되고 말해지지 않은 것들은 포함되고 기억된 것만큼이나 중요하다. 오닐은 자신의 역사를 구성하는 많은 이야기 중에서 가장 먼저 마벨의 이야기가 포함되기를 바란다. "당신이 마벨을 내 이야기의 중심에 놓아줄 것이라 믿어도 됩니까?"(63) 그러나 오닐이 영국인 마벨과 결혼한 사실은 단순히 "가정사"일 뿐이므로 롬바드의 정치적 목적에 적합하지 않다. 사랑의 상실과 개인적인 회한은 역사 서술의 주제가 아니며, 대신 "국가적 차원의 큰 사건"에 집중해야하기 때문이다. 롬바드는 이 지점에서 자신의 의도를 숨기고 있다. 개신교이자 영국인, 즉 이교도 식민주의자인 아내를 두었다는 사실은 아일랜드를 영국의 족쇄로부터 해방시키려는 민족의 지도자 상을 훼손하는 삭제되고 침묵되어야 할 역사 밖의 이야기일 뿐인 것이다.

오닐을 정치적 지도자로 봄에 있어서도 롬바드는 오닐의 정치적 욕망의 이중성을 파악하지 못한다. 오닐은 "통제된 열정"으로 마벨에게 다음과 같이 얘기한다.

> 난 평생 두 가지를 하면서 살았소. 난 고통받고 혼란에 빠져 있는 백성들이 그들이 정복되기 전에 알았던 삶의 방식과 접촉함으로써 단결할 수 있도록 노력했소. 그것은 물질적으로 안락을 주는 삶은 아니었지만 신념과 품위를 가지고 있었소. 난 역사 이전부터, 기독교의 하나님에 대해 들어보기 오래전부터 이 백성들이 믿고 지켜온 전통적 관례와 의례 의식과 신앙심을 인정하고 존중함으로써 그렇게 해온 것이오. 동시에 난 이 백성들 이 유럽의 신기하고 새로운 삶의 방식에 마음의 문을 열도록 인도했소. 그들이 사물을 새로운 방식으로 파악하고 그들의 가치와 신념을 바꿀 수 있도록 자극했던 거요(40).

오닐은 자신이 설정한 두 가지 임무, 즉 전통을 지키면서 동시에 아일랜드를 유럽 문명의 근대성에 노출시키는 일은 동시에 달성하기가 불가능하다는 것을 이미 알고 있었으며, 이 임무는 "자기 상쇄적"(self-cancelling)이라고 묘사한다. 그럼에도 "국가와 문명의 형성은 운명의 산물이 아니고, 의지의 산물이기 때문에 시도되어야 한다"라고 주장한다(40). 오닐의 목표는 정치적이며 동시에 문화적이다. 오닐은 아일랜드가 단지 국민국가의 성취에 만족하는 것이 아니라 그와 함께 문명을 창조하거나 창조의 주체가 되지 못하더라도 적어도 근대 문명의 적극적 참여자가 되기를 원한다. 롬바드는 다문화적이고 혼종화된 형태의 아일랜드 정체성을 수용하고 인정하는 문명적 변화의 필요성을 느끼고 있는 오닐의 문화적 차원의 야망을 보지 못하고 있는 것이다.

『역사 만들기』가 극화하는 휴 오닐은 과거로 굴절된 과거로 위장된 현대 아일랜드의 좌표이자, 작가가 종교적 갈등과 정치적 폭력으로 얼룩지고 분열된 아일랜드에 던지는 당면 과제의 은유라고 할 수 있다. 모든 상상력을 배제한 채 갈등을 조장하고 고조시키는 아일랜드 내의 정치적 담론은 경직되어 더 이상 나아갈 길을 찾지 못하고 막다른 길에 놓여 있다. 그러나 문화적으로 다시 상상하기는 아일랜드가 가진 모순을 해결하는 열쇠를 제공할 수 있다. 오닐이라는 인물의 문화적 재구성은 근대성을 성취하기 위한 아일랜드의 정치적 투쟁의 시초부터 아일랜드는 복합적이고 혼종적인 정체성을 담보하고 있었음을 보여준다. 아일랜드의 혼종성을 식민지 근대성의 부정적 산물로 인식하는 민족주의 사관과 달리 프리엘은 그 이전부터 아일랜드는 다양하고 다층적인 주체 형태를 인정하고 허락해 왔음을 주장하는 것이다.

4.

어니스트 르낭(Ernest Renan)은 『민족이란 무엇인가?』(What Is a Nation?)라는 유명한 에세이에서 "역사적인 오류라고 말하는 망각은 국가의 형성에 결정적인 요인이다"라고 단언한다(11). 롬바드가 킨세일 전투를 영국의 식민 통치에 반대하는 아일랜드 민족 투쟁의 시발점이자 전형으로의 기억하려 했던 것처럼, 마벨의 이야기는 롬바드의 민족주의적 역사 속에서 사라질 것이고 실제 후대에서 잊혀져 왔다. 이런 의미에서 프리엘의 『역사 만들기』는 400년이라는 역사의 오랜 망각 속에서 마벨을 구출해 내는 행위가 된다.

『번역』과 『역사 만들기』는 북아일랜드 분쟁(The Troubles)을 다루기 위한 필드데이 극단과 프리엘의 노력의 산물이다. 아일랜드 탈식민지주의 모델의 적절성은 유럽의 지리적 위치와 아일랜드 민족성에 이르기까지 많은 지점에서 열띤 논쟁의 대상이 되어 왔다. 탈식민지주의 문학에 관해 잘 알려진 『제국의 되받아 쓰기』(*The Empire Writes Back*)에서 저자들은 "(아일랜드, 웨일스, 스코틀랜드) 사회가 영국 확장의 첫 번째 희생자였다는 주장은 가능하지만, 영국의 제국주의적 설계 안에서 그들의 실행해 왔던 연이은 정치적 공모는 영국 밖의 식민지 사람들이 식민지 이후(post-colonial)의 정체성을 받아들이는 것을 어렵게 만든다"라고 지적한다(32-33). 이러한 아일랜드의 특징 때문에 아일랜드의 문화 평론가인 루크 기본즈(Luke Gibbons)는 "아일랜드는 제3세계의 기억을 가진 제1세계 국가"라고 한 바 있다(3). 또 다른 문화비평가인 데이비드 로이드(David Lloyd)는 아일랜드의 현 상황을 "변칙적 상태"(anomalous state)라고 정의한다.

북아일랜드의 상황은 아일랜드의 역사가들과 문화이론가들이 아일랜드가 갖는 영국의 정치형태 및 헌법과의 근접성을 논의하며 더욱더 분열을 야기했다. 앤 맥클린톡(Ann McClintock)은 '탈식민지주의'라는 용어의 함정에 대한 논의에서 다양한 국가적 경험을 다루는 데 있어 이 용어의 부적절함의 증거로 북아일랜드의 경험을 지적한다. 그에 따르면 "아일랜드는 일면으로는 '탈식민지'라고 말할 수 있을지도 모르겠으나, 이스라엘 점령 지역의 팔레스타인 거주지는 말할 것도 없고, 영국인이 지배해 온 북아일랜드에 있어서는 '탈'이라고 부를 만한 상황은 아무것도 없다."(87) 프리엘은 북아일랜드에서 소수 공동체인 가톨릭이자 민족주의적 배경에서 자랐으며, 1960년대 후반 국경을 넘어 남쪽으로 이주했다. 그의 개인적인 배경은 의심할 여지없이 그의 극적 배경에 상당한 영향을 미친다.

식민지였던 아일랜드의 분열된 과거는 북아일랜드의 현재까지도 계속 이어지고 있다. 프리엘은 다른 많은 사람들과 마찬가지로 두 곳의 고향을 가지고 있는 동시에, 그러므로 어떠한 곳도 그의 고향이 아닌 망명자(exile)이다. 불행하게도 이러한 모순을 극복하려는 의지를 가진 유일한 정치군사조직인 아일랜드공화군(IRA)은 남과 북의 아일랜드 민족 모두에게 환영받지 못할 만큼 끔찍한 폭력과 보복으로 인해 원래의 정치적 의지와 정통성을 상실했다. 로이드가 말한 바와 같이, 아일랜드를 상징하는 녹색은 평화가 아닌 폭력의 상징일 뿐이다(124). 아일랜드의 분열된 정치적 맥락에서, 프란츠 파농(Frantz Fanon)의 주장은 혁명담론의 구현이 아닌 순수한 폭력으로 번역된다. 따라서 로버트 영(Robert Young)은 다음과 같이 질문한다. "알제리 독립 투쟁에서 폭력이 담보한 핵심적인 역할에 대한 파농의 분석과 상응하는 아일랜드의 정치폭력에 관한 이론은 찾을 수 없는가?"(299) 이 질문에 대해 영은 아일랜드의 빈약한 사회주의 전통에서 답을 찾아야 한다고 답한다. 이어서 영은 1916년 부활절 봉기에서 살해된 제임스 코놀리(James Connolly)의 혁명적 사회주의의 목소리가 파농과 공명하며 회복되어야 한다고 주장한다. 이와 달리 프리엘은 미궁에 빠진 아일랜드의 분리와 폭력의 문제를 해결하기 위해서는 반복되는 갈등의 장으로 전락한 정치와 역사가 아닌 문화적 정체성의 급진적 재구성과 그를 위한 미학적 논의가 필요함을 강조한다(Kearney 83).

프리엘의 극에서 주체의 정체성은 시간과 공간의 근접성에 의해 정의된다. 예를 들어 『역사 만들기』에서 마벨의 정체성은 그녀가 머무는 시간과 공간이 바뀜에 따라 변한다. 1막의 첫 장면이 끝날 때, 마벨은 그녀가 살던 영국의 집에서 겨우 50마일 떨어져 있는 새로운 아일랜드의 가정에 적응하는 데 어려움을 겪는다. 그녀는 오닐에게 자신이 새로운 환경에 곧 익숙해질 것이라고 확신하면서 "나는 괜찮을 거예요. 시간을 좀 주세요. 우리 막 출세한 신흥 귀족들은 원래 강해요"라고 말한다(18). 그러나 얼마 지나지 않아 오닐에게 다시는 울지 않을 것을 약속하는 장면에서 마벨의 정체성은 급변한다. "절대 다시 이러지 않을 거예요. 절대. 우리 오닐 가문은 강해요."(19) '신흥 귀족'에서 '오닐 가문'으로의 마벨의 이동은 권위주의 남성에 대한 젊은 여성의 오이디푸스적 욕망을 충족시키는 것으로 볼 것이 아니라, 게일 민족의 수장이자 타이론의 백작으로서의 오닐의 혼종된 정체성을 반영하고 또 추동하는 기제로 이해되어야 한다. 프리엘은 고착되지 않고 유동적이며 불안정하고 협상 가능한 정체성 사이에서 진정한 상호 주체성의 가능성을 엿볼 수 있다고 제안한다. 고정된 정체성을 끊임없이 강요하거나, "전략가, 지도자, 거짓말쟁이, 정치가, 호색가, 애국자, 술주정뱅이, 이민자"(63)와 같은 정체성의 조각들을 끼워 맞추는 것만으로는 진정한 주체의 확립을 성취할 수 없다는 것이다.

이런 점에서 오닐과 롬바드 사이의 극적 대립과, 더 나아가 롬바드가 쓴 역사가 오닐의 실제 삶보다 더 큰 중요성을 지니게 되는 점은 주목할 만하다. 베네딕트 앤더슨(Benedict Anderson)은 민족주의의 기원과 확산을 추적하는 『상상된 공동체』(*Imagined Communities*)에서 반식민주의적 민족주의는 유럽 국민국가의 정치적·역사적 담론에 의해 형성되고 공인되었다고 주장한다. 가톨릭 민족주의적 관점에서 영국에 대항하는 롬바드의 단선적 담론은 사실상 그가 반대하는 제국의 논리의 거울 이미지에 다름 아니다. 롬바드의 민족주의는 '타자'(Other)로서의 제국을 모방하는 식민주체의 욕망을 드러낸다.

오닐은 단순히 무자비한 역사적 논리의 희생양은 아니었다. 그는 무엇보다도 권력을 가진 정치가였다. 오닐의 정치적 야심과 역사에 기록되고 싶은 욕망이 없었더라면 롬바드의 역사 서술 또한 불가능했을 것이다. 셰이머스 히니(Seamus Heaney)가 지적하듯이, 휴 오닐은 피터 롬바드가 자신의 전기 속에 기록하려는 것들이 진실이 아니라는 것을 알고 있었기 때문에 『역사 만들기』의 마지막에서 통곡하며 죽은 마벨 배지널의 용서를 구하는 것이다."(235) 권력을 향한 의지는 목적에 따라 사실을 왜곡하고 조작하려는 역사적 욕망만큼이나 불순하고 위험하다.

결국 역사는 기억하는 만큼 망각한다. 역사란 선택적 경험에 시간적 선형성을 부여하는 것이고, 그 선택된 경험에 인과적 순서를 부과하는 것이다. 기억하고 망각하는 역사의 특성 때문에, 역사는 서사 예술이며 롬바드의 말처럼 "이야기의 일종"이다. 그러나 인간의 경험이라는 별개의 구슬들을 꿰기 위해서는 이데올로기적 실마리가 필요하다. 롬바드의 역사에서 "전반적인 것"은 마벨 배지널과 휴 오닐의 이야기를 감춘다. 두 사람 모두 '전반적인 것'의 본질은 무엇이며 또 그것이 어떻게 구성되어 있는지에 대해 알지 못한다. 마벨은 오닐에게 "나는 전반적인 것을 이해하지 못해요"라고 말하고, 오닐은 이에 다음과 같이 답한다. "전반적인 것이란, 우리가 그것이 무엇을 의미하는지조차 알려하지 않는 것이오."(39) 그러므로 『역사 만들기』는 역사극이자 동시에 역사에 관한 극이다. 또한 균질적이지 않고 고정되어 있지 않으며 항상 협상 가능한 정체성들을 가진 주체들 간의 연결 가능성을 시험하기 위해 시공간을 탐구한다는 점에서, 『역사 만들기』는 역사를 '해체하는'(unmaking) 작품이라고 할 수 있다.

참고문헌

Ashcroft, Bill, Gareth Griffiths, and Helen Tiffin. *The Empire Writes Back*. 2nd ed. London: Routledge, 2002.

Cameron, Averil, ed. *History as Text: The Writing of Ancient History*. London: Duckworth, 1989.

Connolly, Sean. "Translating History: Brian Friel and the Irish Past." *The Achievement of Brian Friel*. Ed. Alan Peacock. Gerrards Cross: Colin Smythe, 1993. 149-63.

Daly, Mary E. "Forty Shades of Grey?: Irish Historiography and the Challenge of Multidisciplinarity." *Ireland Beyond Boundaries*. Ed. Liam Harte and Yvonne Whelan. London: Pluto, 2007. 92-110.

Foster, R. F. *Modern Ireland: 1600-1972*. London: Penguin, 1989.

———. "'Something of Us Will Remain': Sebastian Barry and Irish History." *Out of History: Essays on the Writings of Sebastian Barry*. Ed. Christina Hunt Mahony. Dublin: Carysfort, 2006. 183-98.

Friel, Brian. *Brian Friel: Essays, Diaries, Interviews 1964-1999*. Ed. Christopher Murray. London: Faber, 1999.

———. *Making History*. London: Faber, 1989.

———. *Translations*. London: Faber, 1981.

Gibbons, Luke. *Transformations in Irish Culture*. Cork: Cork UP, 1996.

Heaney, Seamus. "For Liberation: Brian Friel and the Use of Memory." *The Achievement of Brian Friel*. Ed. Alan J. Peacock. Gerrards Cross: Colin Smythe, 1993. 229-40.

Jameson, Fredric. *Marxism and Form*. Princeton: Princeton UP, 1974.

Kearney, Richard. "Language Play: Brian Friel and Ireland's Verbal Theatre." *Brian Friel: A Casebook*. Ed. William Kerwin. New York: Garland, 1997. 77-116.

Kiberd, Declan. *The Irish Writer and the World*. Cambridge: Cambridge UP, 2005.

Lloyd, David. *Anomalous States: Irish Writing and the Post-Colonial Moment*. Dublin: Lilliput, 1993.

McClintock, Anne. "The Angel of Progress: Pitfalls of the Term 'Post-colonialism.'" *Social Text* 31/32 (1992): 84-98.

Mishra, Vijay, and Bob Hedge. "What is Post(-)colonialism?" *Colonial Discourse and Post-Colonial Theory*. Ed. Patrick Williams and Laura Chrisman. New York: Co-

lumbia UP, 1994. 276-90.
Moody, T. W., and F. X. Martin, eds. *The Course of Irish History*. 4th ed. Lanham: Roberts Rinehart, 2001.
O'Faolain, Sean. *The Great O'Neill*. 1942. Cork: Mercier, 1970.
Renan, Ernest. "What Is a Nation?" *Nation and Narration*. Ed. Homi K. Bhabha. London: Routledge, 1990. 9-22.
Shakespeare, William. *Henry V*. Ed. Gary Taylor. Oxford: Clarendon, 1982.
Shohat, Ella. "Notes on the 'Post-Colonial.'" *Social Text* 31/32 (1992): 99-113.
Steiner, George. *After Babel: Aspects of Language and Translation*. 3rd ed. New York: Oxford UP, 1998.
White, Hayden. *The Content of the Form: Narrative Discourse and Historical Representation*. Baltimore: Johns Hopkins UP, 1990.
———. *Tropics of Discourse: Essays in Cultural Criticism*. Baltimore: Johns Hopkins UP, 1978.
Young, Robert J. C. *Postcolonialism: An Historical Introduction*. Oxford: Blackwell, 2001.

제2부

트랜스내셔널 윤리

:: 4 ::

'식민지 계몽주의'에 관한 트랜스내셔널 시각과 비평
: 근대의 자원병 혹은 징집병

육영수

1. 서구 계몽주의를 변경화하기

계몽주의는 흔히 17세기 후반에 태동하여 18세기에 절정에 달했으며 19세기 전반에 일단락된 유럽 특유의 시대정신으로 정의된다. 그 사상적 씨앗은 경험주의 나라인 영국에서 파종되었지만, 중요한 열매는 백과전서파의 나라인 프랑스에서 수확되었고, 독일과 동유럽에 전파되었던 범유럽적인 현상이었다.[1] 좀 더 구체적으로 언급하자면, "종교적인 불관용과 전제정치에 대항한 운동으로 1680년대에 시작되어" 한 세기 후인 1780년대에는 절대왕정이 대변하는 "궁정,

1 피터 게이 지음, 주명철 옮김, 『계몽주의의 기원』, (민음사, 1998); 이영석 지음, 『지식인과 사회: 스코틀랜드 계몽운동의 역사』(아카넷, 2014); 장세룡 지음, 『프랑스 계몽주의 지성사: 지적 실천운동으로서의 계몽주의 재해석』(길, 2013) 등 참조.

귀족, 세속·교회의 전제 권력을 위협하는 개혁운동으로 발전"[2] 했던 것이 계몽주의의 역사적 경로였다. 뉴턴이 프리즘을 사용하여 빛의 굴절과 파장 등을 수학적으로 측정하고 분석함으로써 자연계의 비밀을 드러냈듯이,[3] 이성적인 지식의 빛으로 장막에 가린 인간-자연계를 새롭게 재발견하려는 의지와 염원이 '계몽주의' — 독일어 '아우프클래룽(aufklärung)', 프랑스어 '에클레르(éclaire)', 영어 '인라이턴(enlighten)' — 라는 이름에 집약되어 있다.

계몽주의라는 깃발 아래 다양하고도 때로는 상호 모순되는 견해들이 공존했기 때문에 그 사상적 성격을 책상 정리하듯이 일목요연하게 단속하기가 어렵다. 사상가별·국가별·시대별로 그 빛깔과 강조점이 변화무쌍하다는 점이 계몽주의의 또 다른 매력이며 생명력이기 때문이다. 계몽주의를 '이성의 시대'와 동격으로 취급하면서 "잘 짜인 이론의 골격"으로 규정하는 일은 "계몽주의로부터 그 재산을 빼앗고 나서 그것이 빈곤하기 짝이 없다고 불평하는 행위"라는 경고가 일찌감치 제기되었다.[4] 그럼에도 우리는 계몽주의를 관통하는 기본정신을 인간 이성의 비판적인 검증과 양립할 수 없는 모든 권위, 믿음, 제도와 전통 등으로부터의 해방과 자유라고 요약할 수 있다. 계몽주의 인간형은 불변하고 보편타당한 이성을 나침판으로 삼고 자연의 운행 법칙을 과학적으로 이해하여 자신의 현실 생활에 유용하려는 노동의 대상으로 지배한다.[5] 사유하는 개인의 탄생, 탈종교

---

2 Margaret C. Jacob, *The Enlightenment: A Brief History with Documents* (Boston: Bedford/St. Marin's, 2001), p. 2.

3 볼테르는 '빛'의 과학자 뉴턴 업적을 다음과 같이 요약했다. "요컨대 뉴턴이 빛에 대해서 발견한 것은 인간의 호기심이 그 모든 새로운 것들 위에 기대할 수 있는 가장 대담한 기대를 충족시켜 주는 것이었다. …… 뉴턴은 프리즘 하나만을 이용하여 빛은 여러 색깔의 총체이며 그 색깔들이 모두 합쳐지면 흰색이 된다는 것을 보여 주었다." 볼테르, 「뉴턴의 광학에 대하여」, 『철학서간』, 박영혜 옮김, (삼성미술문화재단 출판부, 1978), p. 98 & 100.

4 피터 게이 지음, 『계몽주의의 기원』, p. 9.

5 호르스트 슈투케 지음, 남기호 옮김, 『계몽: 코젤렉의 개념사 사전 6』(푸른역사, 2014), pp. 20~21, pp. 25~27 & 30~31 참조.

적인 세계관, 과학적이고 기계론적 자연관, 낙관적인 진보사관 등의 토양에서 성장한 계몽주의 나무는 19세기 유럽에 펴져 프랑스 실증주의와 영국 공리주의 등으로 곁가지 치며 울창한 사회철학적인 숲을 이루었다.

지난 300년 동안 거의 의심의 여지없이 수용되었던 계몽주의의 사상적 기원과 기본 성격에 대한 근원적인 재성찰이 최근에 제기된 것은 매우 주목할 만한 현대 지성사의 큰 사건이었다. 계몽주의를 근대성(modernity)의 철학적인 모태와 동일시하는 전통 해석에 도전하려는 수정주의적인 관점은 크게 두 가지였다. 첫째, 정통 해석이 고정시켰던 "계몽=이성, 해방, 진보"라는 1차방정식을 수정주의자들은 "계몽=문명화 사명+제국주의 담론"이라는 2차방정식으로 대체시켰다. 1940~60년대에 프랑크푸르트학파가 "계몽=야만, 통제, 전체주의"라는 부정(否定)의 변증법으로 계몽주의를 거꾸로 세웠던 문제의식[6]과는 다른 차원의 접근이었다. 아도르노·호르크하이머가 주창한 계몽주의에 대한 비판이 유럽 '내부'에서 발생했던 나치의 유대인 대학살 같은 '근대적인' 야만성에 초점을 맞추었다면, 1980~90년대 포스트-식민주의자들은 계몽주의가 비서구권인 '외부'로 향해 "문명화 사명이라는 위장 아래 제국주의적 정복을 정당화"하는 담론으로 작동하는 메커니즘에 주목한다. 계몽주의의 핵심 요소인 "이성의 찬양은 다른 [문명권의] 믿음체제를 비합리적이거나 미신적인 것으로 실격"시킴으로써 "제국의 야비한 본성을 그 희생자들과 가해자 모두로부터 감추는 이데올로기적인 사탕발림으로 작동"한다는 것이 비판의 요지이다.[7]

계몽주의의 전통 해석에 대항하는 또 다른 시각은 좀 더 급진적이다. 계몽

---

6 T. W. 아도르노·M. 호르크하이머 지음, 김유동 옮김, 『계몽의 변증법: 철학적 단상』(문학과지성사, 2001) 참조. 원서는 1947년에 네덜란드 암스테르담에서 독일어로 출간되었다.

7 Daniel Carey and Lynn Festa eds, *The Postcolonial Enlightenment: Eighteenth-Century Colonialism and Postcolonial Theory* (Oxford, UK: Oxford University Press, 2009), pp. 8~9.

주의의 서구적 기원과 유럽적 성격 그 자체를 근본적으로 의심하기 때문이다. 세바스티안 콘래드는 2012년 『미국역사학보』에 발표한 논문에서 서구중심주의 편견으로 오염된 계몽주의를 "탈(유럽)영토화"하자고 주장하여 논쟁에 불을 지폈다.[8] 계몽주의를 18세기 유럽의 배타적이며 독점적인 지적 발명품으로 보는 것은 당대의 복잡하고도 뒤엉킨 세계적인 지적 네트워크에 대한 무지의 산물이라는 것이다. 다시 말하면 계몽주의는 볼테르와 칸트와 같은 유럽의 천재 사상가들이 창출한 지적 특허품이라기보다는 비서구인들이 동참하여 그들 특유의 '지방적인' 지적 전통과 버물린 "지속적인 재발명의 결과물"이라는 견해이다. 각종 여행기를 통한 낯선 지역과 문명에 대한 정보 교류와 생물학적 채집과 인류학적인 비교 분류 등이 형성한 전 지구적인 지적 네트워크가 접선·횡단·충돌하여 각기 다른 시공간에서 특유의 '다른 계몽주의' 브랜드를 창출했다는 사실에서 '글로벌 계몽주의'의 역동성을 재발견해야 한다고 콘래드는 강조했다.[9]

계몽주의의 역사적 기원과 유산에 대한 두 가지 다른 접근법 — 포스트식민주의 시각과 글로벌·트랜스내셔널 관점 — 은 독창적이라기보다는 선행했던 수정주의 해석의 업그레이드 버전으로 이해할 수 있다. 계몽주의를 고정되고 보편적인 시대정신으로 암기하는 대신에 18세기라는 새로운 세계가 동반하는 일련의 문제들을 비추어 보려는 사상적인 '인화점'(flash-points)으로 관찰해야 한다는 주장의 연장선상에 있다.[10] 서구 계몽주의 얼굴에 비친 제국주의의 야망에 대한 포스트식민주의 비판도 딜릭(Arif Dirilik)과 트루요(Michel-Rolph Trouilot) 등이 이미 지적했던 근대성을 식민주의의 산물로 파악하려는 작업의 반복이라고 볼

---

8 Sebastian Conrad, "Enlightenment in Global History: A Historiographical Critique," *American Historical Review* 117-4 (October 2012).

9 Conrad, "Enlightenment in Global History," p. 2002.

10 Dorinda Outram, *The Enlightenment* (Cambridge, UK: Cambridge University Press, 1995), p. 3 & p. 12.

수도 있다.[11] 일본 근대사 전공자 콘래드가 내세운 '글로벌 계몽주의'가 뜨거운 반응을 얻은 것은 그가 지구사(global history)의 연구 지평을 일본·중국·한국을 포함한 동아시아로 확장했기 때문일 것이다.[12] 영국 제국 식민지였던 인도 사례에 치중되었던 사례연구가 21세기를 전환점 삼아 스페인·포르투갈 식민지였던 라틴아메리카로 이동했었는데, 이제는 글로벌 계몽주의의 세계사적 네트워크가 동아시아까지 확장되었다는 의의가 있는 것이다.

그렇다면 최근에 새삼스럽게 다시 제기된 '서구 계몽주의를 변경(지방)화하기' 프로젝트가 겨냥하는 새로운 문제의식과 목표는 과연 무엇인가? 첫째, 근대성, 계몽주의, 제국·식민주의 등을 별개의 이데올로기적 현상으로 파악하지 않고 상호 분리할 수 없는 연계된 뭉치 개념으로 인식하여 글로벌 계몽주의의 특징과 역사적 유산을 재조명하려고 노력한다. 계몽주의는 제국주의적 팽창의 인식론적 도구이며, 근대성은 식민주의가 없다면 생존할 수 없는 샴쌍둥이라는 확신이 강화된 문제의식이다. 둘째, 제국주의의 도구였던 계몽주의를 자본주의의 세계체제론이나 정치경제적인 결정주의로 파악하는 대신, 트랜스내셔널 시각은 계몽주의의 복잡성과 뒤엉킴을 문화사·사상사의 관점에서 새롭게 접근하려고 시도한다. 왜 어떤 국가들은 근대화에 성공(실패)했는지를 따지는 대신에, 반드시 민족국가 단위로는 분류되지 않는 세계 각지의 다른 많은 사람들이 무역, 종교, 정치, 문화 등을 세계화하는데 각각 다르게 기여했는지 질문함으로써 작고 개별적이며 특질적인 일화에 집중했던 '새로운 문화사'의 한계를 넘어 전 지구적인 상

---

11 아리프 딜릭 지음, 황동연 옮김, 『포스트모더니티의 역사들: 유산과 프로젝트로서의 과거』(창비, 2005); M-R 트루요 지음, 김명혜 옮김, 『과거 침묵시키기: 권력과 역사의 생산』(그린비, 2011).

12 계몽주의를 서구에서 탈영토화하여 18~19세기에 걸친 장기 지속적인 세계사의 공유물로 재해석한 것은 최근에 부상하는 중화주의와 아시아의 급성장에 아부하려는 삼류학자의 근거 없는 궤변에 불과하다는 신랄한 '뉴 라이트' 비난도 있다. Domitius Corbulio, "Enlightenment & Global History," http://www.countercurrents.com/2013/04/enlightenment-and-global-history/. 2016년 9월 28일 접속.

호 의존성을 재조명하자는 (때늦은(?)) 반성도 트랜스내셔널 시각의 장점이다.[13]

이 글은 (1) 서구 계몽주의가 어떤 방식과 경로로 제국주의 팽창과 식민주의 지배의 인식론적 도구로 승격되었고, (2) 지방(변경)으로 이주한 계몽주의가 소위 '식민지 계몽주의'라는 명칭으로 전파 · 동화 · 전유되는 메커니즘과 그 역사적 특징을 추적하여, (3) 글로벌-식민지 계몽주의의 트랜스내셔널 지형학을 스케치하는 것을 기본목표로 한다. 라틴 아메리카와 카리브 해에 초점을 맞추어 분석한 (4) 식민지 계몽주의의 성격과 역사적 과제와 유산 등을 동아시아 시각에서 다시 되새겨 봄으로써 '트랜스내셔널 관점에서 근현대 지성사 다시쓰기'[14]의 이론적 · 방법론적 가능성을 탐색하려는 것이 이 글의 또 다른 의도이다.

2. '식민지 계몽주의'와 문명화 사명

18세기 서구 계몽주의가 "백인 부르주아 남성이 주도했던 유럽중심주의 담론"이라는 비판은 더 이상 논쟁거리가 아닌 표준 해석으로 정착되었다. 계몽주의가 남성 철학자들의 독점물이었음은 1200명에 달하는 『백과전서』 필자 중에서 이름이 밝혀진 여성 필자는 단 2명에 불과했다는 사실로도 뒷받침된다. 살롱마담 조프랭(Geoffrin)의 후원으로 작성된 『백과전서』의 항목에서 '여성'은 "물리적인 약함, 감정적 예민함, 어머니로서의 역할"이라는 가부장적인 편견으로 묘사되었다.[15] 계몽주의 철학자들이 견지한 인종주의도 비판의 도마 위에 오르는 단

---

13 Lynn Hunt, *Writing History in the Global Era* (New York: W. W. Norton & Company, 2014), 특히 pp. 69~70 & p. 77 참조.

14 육영수, 「트랜스내셔널 지성사 지금 (다시) 쓰기: 중심의 이동 혹은 물구나무서기」, 『역사와 문화』 23(2012. 5) 참조.

15 Outram, *The Enlightenment*, p. 129.

골메뉴이다. '관용'을 자신의 전매특허처럼 자랑했던 볼테르는 '18세기 프랑스에서 가장 심한 반유대주의자'였고 그는 자신의 반이슬람주의를 『광신 혹은 예언가 마호메트』(1742)에서 숨기지 않았다.[16] 코즈모폴리턴 지식인을 자임했던 칸트도 예외가 아니었다. 그는 "아프리카 니그로들은 천성적으로 경박한 수준 이상의 감정을 소유하지 못하고" "동아시아의 영국인으로 간주될 수도 있는 일본인들은 용맹과 죽음에 대한 멸시 등과 같은 극단의 완고함으로 퇴락하는 결연함 이상의 성품을 소유하지 못한다"라고 흑인과 황인종을 싸잡아 폄훼했다.[17]

인종주의와 악수한 계몽주의가 지향하는 서구우월주의는 당대의 진보적인 페미니스트이며 흑인 노예제도 철폐의 옹호자였던 콩도르세의 다음과 같은 발언에서도 잘 묻어난다.

> 아시아와 아프리카에서 이룩한 우리 사업의 역사를 살펴보면, 유색인과 다른 종교인들에 대한 우리의 상업 독점과 배신과 잔인한 멸시를 보게 될 것이고, 계몽의 우월성과 상업상의 우위 덕분에 우리가 처음에 무례한 횡령과 우리 종교인들의 개종 권유와 음모를 목격하게 될 것이다. 그러나 우리가 그들에게 타락시키는 자나 압제자로서만 보이는 것이 아니라 **그들을 위한 유용한 도구나 고귀한 해방자가 될 날**이 틀림없이 다가오고 있다.[18]

유럽인과 유색인 만남의 초창기에는 기독교 개종 강요와 노동 착취 및 상업

---

16 Peter Gay, *The Party of Humanity: Essays in the French Enlightenment* (New York: W. W. Norton & Company, 1971), 제3장 "Voltaire's Anti-Semitism," pp. 97~108 참조.

17 Immanuel Kant, "The Difference Between the Races,"(1764) in Isaac Kramnick ed. *The Portable Enlightenment Reader* (New York: Penguin Books, 1995), pp. 637~638.

18 마르퀴 드 콩도르세 지음, 장세룡 옮김, 『인간 정신의 진보에 관한 역사적 개요』(책세상, 2002), p. 74. 인용자 강조.

적인 수탈이 유감스럽게도 진행되겠지만, 먼저 계몽된 유럽인들이 야만상태에 정체되어 있는 유색인들을 교육시키고 해방시키는 긍정적인 역할을 할 것이라고 콩도르세는 확신했다. 유럽의 계몽주의가 '문명화 사명'이라는 이데올로기로 승화(?)하는 역사적인 장면이다. 위 인용문을 "식민지 계몽주의(colonial Enlightenment)의 가능성과 약속에 관한 가장 위대한 18세기 발언들 중의 하나"라고 회고적으로 평가[19] 한 것은 단순한 수사학적인 과장이 아니었다.

개념사적으로 추적하면, '문명'이라는 용어는 프랑스 귀족 미라보 1세(Marquis de Mirabeau)가 1756년에 처음으로 사용했다. 아메리카 신대륙의 원주민들을 기독교인으로 개종하기 위해 "종교는 인류 문명의 최초의 동력이다"라고 말하면서 '문명'이라는 단어를 유럽 지식계에 데뷔시켰다. 미라보가 만든 신조어의 특징은 인종이나 국가와 같은 집단성을 전제하면서 그것의 운동, 변화, 과정 등을 역동적으로 지칭한다는 점이다.[20] 위 콩도르세의 용례에서 보듯이, '문명'이라는 단어에 스며 있는 운동적인 성격과 진보적인 성향은 '서구 계몽주의=비서구 야만인에 대한 문명화 사명'이라는 등식으로 번역되어 19세기 후반에 발효하는 유럽 제국주의 팽창의 사상적 도구가 되었다.

18세기 후반부터 형성되는 역사주의도 문명화 사명의 한 축을 담당했다. "유럽을 자본주의, 근대성, 계몽사상이 처음 일어난 곳으로 묘사하는 전적으로 내재론적인 유럽사를 가능하게" 하고, 비서구인들에게는 문명의 도래는 식민지 계몽주의 열차의 도착을 "기다리라고 권유하는 것"으로 정당화했다.[21] 그 결

---

19 Lynn Festa and Daniel Carey, "Some Answers to the Question: 'What is Postcolonial Enlightenment?' in *The Postcolonial Enlightenment: Eighteenth-century Colonialism and Postcolonial Theory*, p. 1.

20 라인하르트 코젤렉 지음, 안삼환 옮김, 『코젤렉의 개념사 사전 1: 문명과 문화』(푸른역사, 2010), pp. 103~105 & pp. 138~139.

21 디페시 차크라바르티 지음, 김택현·안준범 옮김, 『유럽을 지방화하기: 포스트식민 사상과 역사적 차

과, 18세기 계몽주의는 문명-역사-진보라는 세 개념들과 유기적으로 결합하여 19세기에 이르면 보편적인 "현대적 역사 과정의 일부"이며 "유럽적인 (근대) 자의식의 상징"으로 정착했다.[22] 유럽이 앞장서고 다른 지역은 나중에 뒤따라가는 계몽주의의 질서 정연한 행진이 전 지구적으로 시차를 두고 — 동시적이 아닌 통시적인 시간차원에서 — 시작된 것이다.

문명화 사명을 등에 업은 '식민지 계몽주의'는 인종적·종교적·언어적 타자들을 제국의 관리들이 운행하는 진보·근대성이라는 이름의 기차에 승차시켜 종착역으로 수송한다. 약탈·점유·착취로 구성되는 식민주의를 악마와 미신으로부터의 구원과 야만과 더러움으로부터 진보라고 위장·분칠한 것이 식민지 계몽주의의 본질이다. 그러므로 "계몽주의의 핵심적인 실패는 그것이 차이를 다루는 방식에 있다"라는 진술[23]은 반쪽은 맞고 반쪽은 틀렸다. 백인남성부르주아 담론인 계몽주의는 여성과 유색인과 같은 타자에 대한 무지와 편견을 노출하지만, 다른 한편으로 이들을 잘 지배하고 길들이기 위한 '권력의 식민적인 매트릭스'(colonial matrix of power)를 구축하며 진화했기 때문이다. 그러므로 식민지 계몽주의의 경이로운 통치술은 식민지 피지배자들에 대한 무지와 폭력적인 불관용에서 연유하는 것이 아니라, 오히려 그들을 '위한' 인권, 민주주의, 다문화주의 등과 같은 세련된 헤게모니적 전략에 있다. 라틴아메리카 사례를 통해 식민지 계몽주의가 디자인하고 실천한 '식민성'(coloniality) — 식민 지배의 논리 구조와 식민적인 제국이 형성되는 원리와 믿음체제 — 담론의 제조 과정과 그 '권력 효과'를 간략히 관찰해 보자.

월터 미뇰로에 따르면, 프랑스 제국은 '라틴'아메리카라는 개념을 19세기에

이』(그린비, 2014), pp. 53~55.

22 라인하르트 코젤렉 지음,『코젤렉의 개념사 사전 1: 문명과 문화』, pp. 13~14.

23 Outram, *The Enlightenment*, p. 79.

발명함으로써 (콩도르세가 첫 발을 내디딘) 식민지 계몽주의를 신대륙에 성공적으로 이식했다. 나폴레옹전쟁에서 패배한 스페인·포르투갈이 남아메리카에서 퇴각한 틈새를 노려 진격한 프랑스는 이 지역을 '프랑스식으로' 문명화하려는 명분으로 '라틴'아메리카를 호명했다. '아메리카'라는 이름이 콜럼버스가 그곳을 '발견'하기 오래전부터 그 땅에 거주하던 원주민들의 존재를 박탈하려는 서구의 제1차 발명품이었다면, '라틴'아메리카라는 개념은 프랑스가 주도했던 계몽주의를 신대륙으로 공간 이동시켜 이식하려는 서구의 제2차 발명품이었다. 카리브 해 커피와 설탕 생산의 노다지 식민지였던 생도맹고(독립 후에는 아이티공화국)를 흑인 노예의 독립운동으로 잃어버린 프랑스가 또 다른 엘도라도 '라틴'아메리카를 재정복하여 그 상실감을 벌충하려는 의도였다. 영국 제국이 지배하는 위쪽의 '앵글로'아메리카와 경쟁하면서 '제국적인 차이'(imperial difference)를 과시하려는 프랑스 제국의 의도도 '라틴'아메리카라는 명칭에 묻어 있다.[24]

한편 독립된 나라들의 지배 세력으로 등장했던 크리올·메스티소도 "스페인과 포르투갈과 연결된 탯줄을 끊어 버리고 새롭게 등장한 제국(프랑스)의 일원이 되기를 열망"했다. 17세기 스페인 식민 시대를 지배했던 신학과 정신주의적 우월성을 데카르트적 사유하는 개인과 세속적 물질주의로 교체하여 자신들의 탈식민적인 국민 정체성으로 삼았다. 남부-가톨릭-라틴 유럽문명의 적자(適者)임을 대외적으로 천명하여 정치적 합법성을 강화하기 위해 크리올·메스티소는 식민지 계몽주의의 머슴이며 문명화 사명의 대리인 역할을 자임하면서 '라틴'아메리카라는 완장을 기꺼이 착용했다.[25] 로크와 명예혁명이 상징하는 영국적인 자유주의가 새로운 파워엘리트의 눈길을 한때 끌기도 했지만 이들은 몽테스키외

---

24 월터 미뇰로 지음, 김은중 옮김, 『라틴아메리카, 만들어진 제국: 식민적 상처와 탈식민적 전환』(그린비, 2010), p. 159.

25 월터 미뇰로 지음, 『라틴아메리카, 만들어진 제국』, pp. 114~116.

를 가장 추앙했고 1789년 혁명으로 공화정체제의 근대민족국가를 우뚝 세운 프랑스 모델을 선호했다.[26] 그러므로 계몽주의의 지적 계보를 잇는 — 자신을 콩도르세의 '정신적인 아들'이라고 자부했던 — 콩트(August Comte)의 실증주의가 1850~1920년대 사이에 '라틴'아메리카에서 큰 사상적 영향을 끼친 것은 놀라운 현상이 아니다.[27] '국민적 크리올 라틴아메리카 에토스'로 세례받은 파워엘리트는 스페인-포르투갈 제국이 강요했던 가톨릭적인 세계관에서 벗어나 더 세련되고 계몽된 근대 문명권에 합류하기 위해 실증주의를 건국이념으로 환영했던 것이다.

'라틴'아메리카라는 프랑스 제국이 이름붙인 '지식의 지정학'(geo-politics of knowledge)에 각인된 식민지 계몽주의의 역사적 성격과 그 유산은 무엇인가. 이 질문에 대답하기 전에 우선 서구(원조) 계몽주의 발생의 역사적 배경이었던 명예혁명과 그 열매였던 프랑스혁명은 카리브 해와 신대륙에서의 노예노동과 중상주의 약탈 무역이 보장해주는 부의 축적과 중산층의 성장이 없었다면 지연되거나 불가능했던 사건이었다는 가설을 무시할 수 없다. 영국에서의 산업혁명 이전

26 월터 미뇰로 지음, 『라틴아메리카, 만들어진 제국』, pp. 124~126.

27 프랑스 실증주의가 라틴아메리카에 끼친 정치사회 사상적 파급력에 대해서는 Ronald Hilton, "Positivism in Latin America," Philip Wiener ed. *Dictionary of the History of Ideas: Studies of Selected Pivotal Ideas*, Vol. III (New York: Charles Scribner's Sons, 1973), pp. 539~545 참조. 덧붙이자면, 콩트의 다음과 같은 진술은 그가 존경하는 콩도르세가 내비친 '식민지 계몽주의' 세계관의 메아리처럼 들린다. "48명의 위원으로 구성될 실증주의 위원회는 아직 발전이 지체된 다양한 국민들을 대표하는 서구의 테두리 밖에서 온 12명의 대표자들을 차츰차츰 합류시킴으로써 정상적 구성을 완성할 것이다. **이들은 모두 프랑스의 주도 아래 서구만이 그 주도권을 장악하게 될 최종적 쇄신을 경험할 것이다. …… 오로지 서구성만이 진정한 인류에 대한 마지막 준비를 구축하게 된다는 사실을 도처에서 지적할 것이다.** …… 최종적 체제의 철학적 토대를 제기하는, 인간의 발전을 주도하는 기본 법칙들은 속도상의 차이는 있겠지만, 모든 풍토와 모든 인종에 다 적용될 수 있다. …… 실증주의 위원회는 얼마 지나지 않아 각각 한 명씩의 타타르 사람, 중국 사람, 일본 사람, 말레이시아 사람을 거의 동시에 자신에게 합류시킬 정도로 황인종들 사이에서 충분한 지지를 받은 것이다. 마지막으로, 실증주의 위원회는 두 명의 흑인 대표자를 합류시킴으로써 기본적 조직화를 완성할 것이다." 콩트는 '라틴'아메리카의 크리올·메스티소를 그의 명예로운 실증주의 위원회 멤버로 초대하지 않았다. 오귀스트 콩트 지음, 김점석 옮김, 『실증주의 서설』(한길사, 2001), pp. 438~439 & p. 441. 인용자 강조.

에 카리브 해 식민지에서 이미 원초적인 '공장'(factory) 시스템이 운영되었고 설탕·커피의 플랜테이션은 "자본주의적인 것은 아니었다고 할지라도, 자본주의를 향한 중요한 단계임에 틀림없는" 근대적 벤처 산업이었기 때문이다.[28] 17세기 카리브 해와 신대륙에서의 식민지 계몽주의가 근대화의 길을 선도적이며 희생적으로 개척했기 때문에 18세기 서구 계몽주의의 요란한 백가쟁명이 뒤따라 올 수 있었다는 역설이 성립하는 것이다.

그런데 근대성의 마차를 마소처럼 어깨에 걸고 행진했던 사탕수수 농장의 흑인 노예, 원주민, 물라토 등은 그에 합당한 대접을 받았는가. 긴 이야기를 짧게 하면, 처음에는 포스트식민 시대 국민 만들기 재료로 활용되고 나중에는 남아메리카로 이주하는 유럽인들의 정체성의 양념으로 첨가되었던 '라틴성'이라는 에토스는 "원주민들과 아프리카 혈통의 후손들을 투명인간으로 만들었다."[29] '라틴'아메리카라는 그럴듯한 이름에 반영된 프랑스 제국의 식민지 계몽주의는 '내적인 식민적인 차이'(internal colonial difference)로 재생산되어 피부색깔 농도의 스펙트럼(백인→크리올→물라토→원주민→흑인)에 '깔 맞춤'한 식민적인 존재의 위계적인 연쇄 사슬을 형성했다. 18세기 서구 계몽주의가 선전하는 전매특허 중의 하나인 코즈모폴리턴주의가 19세기 '라틴'아메리카에서는 인종적·언어적·문화적 타자들을 배제하여 그들만의 '서벌턴 코즈모폴리턴주의'의 용광로 혹은 해방구를 예비하도록 오작동(?) 했던 것이다.

---

28 시드니 민츠 지음, 김문호 옮김, 『설탕과 권력』(지호, 1998), pp. 131~132 & pp. 137~138.

29 월터 미뇰로 지음, 『라틴아메리카, 만들어진 제국』, p. 160.

3. 식민지 계몽주의의 패러독스: '징집된 근대'

지난 10~20년에 걸쳐 동시다발적으로 진행된 '대안적인' 근대의 모색은 계몽주의가 서구의 독점물이 아니라 전 지구적인 지적 네트워크의 합작품이라는 명제를 지지한다. '우리 근대'(Our Modernity), '멀티플 근대'(Multiple Modernity), '토속적 근대'(Vernacular Modernity) 등 다양한 개념들은 '그들의 유일-보편적인 서구 중심' 근대의 철옹성을 해체하려는 집단 노력의 산물이다. 글로벌 계몽주의의 서자(庶子)인 식민지 계몽주의의 주변적인 종속성과 그 한계에 근접하려는 우회로로서 이들 신개념들을 간략히 살펴보자.

'우리 근대'는 포스트식민주의 대표이론가 중 한 명인 짯떼르지(Partha Chatterjee)가 1990년대 중반에 주창한 개념이다. 지난 3세기 동안 슈퍼마켓에 진열된 멋지고 입맛에 맞는 모더니티를 구매·소비하는 데 만족했던 비서구인들은 "모더니티라는 세계 경연장에서 추방자 혹은 불촉가인(Untouchable)"이었다는 사실을 기억해야 한다고 그는 역설했다.[30] 왜냐하면 "우리에게 모더니티의 가치를 가르쳤던 동일한 역사적 프로세스가 또한 우리를 근대성의 희생자로 만들었다"라는 모순을 이해하지 못하는 바보들이었기 때문이다. 짯떼르지는 '우리 근대성'의 단초를 찾기 위해 칸트의 『계몽이란 무엇인가』(1784)를 다시 꺼내 읽는다. '과거로부터의 탈주'라는 부정적인 방식으로 계몽주의를 규정했던 칸트와는 정반대 방향인 '현재에서 과거로' 거슬러 올라가면서 '우리 근대성'의 밑천을 발굴해야 한다고 그는 역발상한다.[31] 서구 계몽주의에 압도·전염·전멸되기 이전의 탯줄로 거

---

30 Partha Chatterrjee, *Our Modernity* (Kuala Lumpur, Malaysia: Vinlin Press, 1997), p. 20. 이 소책자는 짯떼르지가 1994년 9월 3일 인도 캘커타에서 벵골어로 한 강연을 후에 영어로 옮긴 것이다. 강연 원본에 수정 보완한 개정판이 "Talking about our Modernity in Two Languages"라는 제목으로 *The Partha Chatterjee Omnibus* (Oxford: Oxford University Press, 1999)에 실렸다.

31 *The Partha Chatterjee Omnibus*, p. 281.

꾸로 올라가려는 '과거에 대한 애착'이야말로 '그들'과는 다른 '우리' 근대성 근원이 된다는 신념이다. 짯떼르지의 이런 시각은 영국 제국이 인도 통치를 진보사관으로 정당화하기 위해서 '이띠하사'라는 전통적인 서사 구조를 '역사(세계사)'라는 서구적(헤겔적) 산문 구조로 잠식시켰다는 서벌턴 연구 집단의 창시자 구하의 사유방식[32]과 맞닿아 있다.

'우리 근대'에서 파생된 유사 개념이 '멀티플 모더니티'이다. 멀티플 모더니티는 "모더니티의 서구적 패턴들이 — 비록 역사적 전례가 있고 다른 유형의 근대성의 기본 참조 사항으로는 계속 남아 있겠지만 — 유일하고도 진정한 모더니티가 아니라는" 점을 강조한다.[33] 대안적인·토속적인 근대라는 개념도 멀티플 모더니티의 유사 상표이다. 이들은 모두 문화다원주의에 호소하면서 식민지 계몽주의가 강요하는 '그들'의 획일적인 근대성에 저항하지만, 결국은 세속적·이성적·합리적·과학기술적·진보적 요소들의 집합체인 서구(원조) 계몽주의의 품으로 되돌아간다는 측면에서 공동운명체이다.[34] 몽테뉴 닮은꼴 아랍 근대 사상가 찾기, 데카르트적 사유 양식과 유사한 중국 사상가 발굴하기, 프랑스 계몽주의에 버금가는 18세기 조선 실학사상가 만들기 등의 '연결 게임'에 골몰함으로써 대안적·토속적·멀티플 근대는 식민지 계몽주의 세계관을 재생산한다는 치명적인 함정에 빠진다. '우리' 근대의 위대하고 선구적인 조상 철학자들의 발자취를 더듬는 '오리엔탈 계몽주의' 사상사[35]는 서구 계몽주의 거울에 비추어 만들어 낸 열등적인 모사품이다. 계몽주의 발생지 엄격히 다시 따지기, 근대의 안팎의 정확

---

32 리나지트 구하 지음, 이광수 옮김, 『역사 없는 사람들: 헤겔 역사철학비판』(삼천리, 2011), pp. 107~111.

33 N. Eisenstadt, "Multiple Modernities," *Daedalus* 129 (Winter, 2000), pp. 2~3.

34 Conrad, "Enlightenment in Global History," p. 1008.

35 대표적으로 J. J. Clarke, *Oriental Enlightenment: The Encounter Between Asia and Western Thought* (London: Routledge, 1977) 참조. 국내에는 장세룡 옮김, 『동양은 어떻게 서양을 계몽했는가』(우물이 있는 집, 2004)라는 제목으로 번역 소개되었다.

한 경계 나누기, 식민지 계몽주의 국가들의 선후발 등수 매기기 등 원판에 주조된 사상적 프레임에 감금되었기 때문이다.

국내 학계에는 아직 본격적으로 소개되지 않은 자메이카 태생의 인류학자 데이비드 스캇(David Scott)는 식민지 계몽주의의 일그러진 모습을 대안적·토속적·멀티플 근대주의자들과는 다른 각도에서 대면한다. 그는 18세기 말에 발생했던 아이티혁명과 그 주인공인 흑인 노예 출신 투생 루베르튀르(Tousaint Louverture)의 역사에 대한 제임스(C. L. R. James)의 고전인 『블랙자코뱅』(*The Black Jacobins*)[36]의 초판(1938)과 개정판(1963)에 노출된 미묘한 차이의 틈새를 통해 식민지 계몽주의의 안팎과 명암을 재조명한다. 루베르튀르의 혁명적인 삶에 투영된 서구 계몽주의의 모호성과 식민지 계몽주의의 역사적 교훈을 되새김질함으로써 "손쉽게 정상화된 현재" — 무기력과 파산 위기에 처한 포스트식민 시대의 오늘 — 의 돌파구를 찾으려는 것이 스캇의 궁극적인 목표이다.[37]

주지하듯이 1789년 프랑스대혁명이 계몽주의 정치혁명의 원판(原板)이었다면 식민지 흑인 노예들이 주도했던 아이티혁명은 그 복사판이며 식민지 계몽주의의 (부)산물이었다.[38] 아이티혁명의 영웅 루베르튀르는 "계몽된 감수성의 인물"로서 '인간과 시민의 인권선언'이 구현한 모범 인간이다. 프랑스 계몽주의 철학자들의 저서를 '원어'로 읽으며 성장한 그는 백인과 크레올 주인 나리와 동료 흑인들이 충돌하는 긴박한 역사적 순간에도 폭력과 격정에 휘말리지 않고 이성적·합리적·실용적으로 사유하고 행동했다. 자신의 원래 성(Bréda)을 프랑스어로

---

36 시 엘 아르 제임스 지음, 우태정 옮김, 『블랙 자코뱅: 투생 루베르튀르와 아이티혁명』(필맥, 2007).

37 David Scott, *Conscripts of Modernity: The Tragedy of Colonial Enlightenment* (Durham: Duke University Press, 2004), p. 2 & pp. 8~9.

38 이 주제에 대해서는 육영수, 『혁명의 배반 저항의 기억: 프랑스혁명의 문화사』(돌베개, 2013) 1부 3장 "유색인을 위한 프랑스혁명은 없다: '흰 제국'과 '검은 인권'"; 로런트 듀보이스 지음, 박윤덕 옮김, 『아이티혁명사: 식민지 독립전쟁과 노예해방』(삼천리, 2014) 등 참조.

'열린'이란 뜻의 '루베르튀르'(Louverture-the Opening)로 개명할 만큼, 그는 자신이 소유한 계몽주의 지식과 세계관으로 고통과 억압의 어두운 장막을 '열고' 자유와 해방의 빛으로 식민지를 구원하고자 헌신했다.[39]

유감스럽게도 루베르튀르는 프랑스가 생도맹고 섬에 수출한 계몽주의의 '자원병'(volunteer)이나 저항하는 '대리인'(agent)이 아니라 '징집병'(conscript)이었다.[40] 그가 설계하고 실행하려는 계몽주의 프로젝트는 서구 계몽주의에 이중적으로 포획되었기 때문이다. 무엇보다도 루베르튀르는 문명화 사명이 제공하는 유모의 젖을 먹고 자란 식민지 계몽주의의 애비 없는 자식이었다. 카리브 해에 강제 동원된 흑인 노예들이 이미 '근대적(서구적) 노동자' — 생산과 제조 공정이 분리된 공장에서 감독자-십장-하층노동자라는 위계질서 속에서 근대적 노동시간표를 준수하는 인간 — 인 것과 마찬가지로, 루베르튀르도 자기가 선택할 수 없었지만 구속당할 수밖에 없는 근대의 시공간으로 던져진 흑인 지식인이었다. 그의 사고방식과 역사관도 제국-식민주의 세계질서라는 사회경제적 구조에 의해 조련되고 제한되었다. 노예 반란에 동참할지 여부를 망설이고 (혹은 합리적으로 손익을 계산해 보고) 전 백인 주인 아내의 목숨을 (휴머니즘 차원에서(?)) 폭도로부터 보호해 준 그는 제국의 충직한 식민이었다. 빼앗은 농지를 흑인 노예들에게 재분배하고 흑인과 물레토가 연대하여 프랑스와 싸우자는 대중적인 요구를 대변했던 조카를 처형한 루베르튀르의 행위는 식민지 계몽주의의 패러독스를 상징한다.[41]

루베르튀르의 성공과 실패의 어긋남에서 식민지 계몽주의 비극이 잉태된다. 동료 흑인 노예들의 비합리적이며 급진적인 요구 사항을 '이성의 외곬'으로 거부하고 프랑스 공화국의 우애로운 동맹자로 남으려는 그의 '계몽적인 용기'는 빛

---

39 Scott, *Conscripts of Modernity*, pp. 98~99 & p. 195.

40 Scott, *Conscripts of Modernity*, p. 106 & p. 129.

41 Scott, *Conscripts of Modernity*, p. 170.

났다. 그러나 나폴레옹 등장이라는 역사적인 우연에 배반당해 머나먼 프랑스 산속 감옥에서 외롭게 사망했다. 반쪽 성공(실패)한 루베르튀르의 생애는 지식과 무지, 환상과 현실, 해방과 지배, 이성과 폭력, 당위와 우연 사이에서 불안하게 흔들리는 식민지 계몽주의의 딜레마이다.[42] 한편으로는 폭정에 대한 항거와 자유와 진보를 향한 행진을 선도하지만, 다른 한편으로는 '후견인 없이 자기 스스로' 독립국가를 수립하려는 흑인 노예들에게 등을 돌리고 그는 군사독재자로 변신했다. '근대의 징집병'으로서 루베르튀르가 맡은 임무는 프랑스 공화주의 모델에 맞추어 생도맹고를 문명화시키는 데 앞장서는 향도(嚮導)의 나팔수 역할이었다. 그리고 그가 싸우면서 건설하려던 '서벌턴 근대'(subaltern modernity)는 "식민주의는 더 나은 미래를 위해 필요 불가결한 역사적 선택"이라는 군가를 복창하는 작업이었다.

식민지 계몽주의 안티-영웅의 비극적인 삶에서 우리는 포스트식민 시대의 황량한 사막을 건너는 교훈을 획득할 수 있는가. 스캇은 푸코의 『계몽이란 무엇인가』(1984)를 다시 읽으며 그 대답을 탐색한다. 푸코가 '계몽주의의 협박' — 계몽주의를 수용하여 이성과 과학의 근대성을 포옹하거나 그것을 거부하고 합리성의 철의 감옥'에서 도망가든지 하는 양자택일의 강요 — 에 맞선 것처럼, 스캇도 '(포스트)식민주의의 협박' — 식민지 계몽주의의 불가피성을 이해하거나 그 종속성에 반대해야 한다는 흑백논리의 강요 — 을 거부한다. 한 걸음 더 나아가, 대안적·멀티플 근대주의자들의 협박 — "서구적 근대이냐 비서구적 근대이냐?" 혹은 "유일하고도 보편적인 근대인가 다양하고 이질적인 근대인가?" 사이의 선택 강요 — 에서도 벗어나야 한다고 스캇은 확신했다. 특히 계몽주의를 '역사상의 한 시대'가 아니라 '일종의 철학적 에토스'로 재성찰해야 한다는 푸코의 제안

---

42 Scott, *Conscripts of Modernity*, pp. 113~115.

에서 착상한 스캇은 계몽주의를 '질문의 에토스'를 단련할 '문제-공간'(Problem-Space)으로 파악할 것을 권유한다.[43] 루베르튀르의 비극적인 생애가 여전히 해결되지 않은 "우리 시대의 근본적인 이야기"임을 깨닫는 것이 '문제-공간' 재설정의 시작이다. 제국이 설계·제작·공급한 '권력의 식민적인 매트릭스'에 침입하여 단순히 게임의 법칙을 협상하는 데 만족하지 않고 운영 시스템 그 자체를 초기화(re-setting)하는 위험한 지적 모험으로 우리를 초대한 것이다.

4. '식민지 근대성' 횡단하기: 동아시아 시각

서구 계몽주의는 (동)아시아라는 지정학적 공간에 이식되어 어떤 대안적·토속적·멀티플 근대를 추동했는가? 메이지 일본은 서구 계몽주의의 자원병이며 동아시아 근대화의 대리인인가? 일본 제국이 조선, 대만, 만주 등지에서 실험했던 식민지 계몽주의는 유럽 열강이 카리브 해와 라틴아메리카에서 선보였던 그것과 다른 역사적 특징을 갖는가? 식민 시대 조선의 지식인들도 루베르튀르처럼 근대의 징집병으로서 식민지 계몽주의의 모순과 비극을 대변했던 희생자들인가? 이런 일련의 질문들에 대한 다소 거칠고 잠정적인 견해와 비평을 나누는 것으로 이 글을 갈무리하고자 한다. 식민지 계몽주의가 던지는 역사적 과제와 교훈을 동아시아적 시각으로 전망해 보려는 시도이다.

동아시아 지역에서의 식민지 계몽주의의 성격과 전파 과정을 이해하기 위해서는 무엇보다도 그 전진기지였던 일본 제국의 역할에 대한 재평가가 선행되어

---

43 '문제-공간'은 진술과 가설, 질의응답, 논쟁과 개입의 콘텍스트 등으로 구성된다. 노예제도와 제국주의 등과 같은 특정한 문제를 '움직일 수 없는 과거'와 '숙명적으로 정해진 미래'처럼 수용하기를 거부한다는 측면에서 문제-공간은 '시간적인'(temporal) 지식·권력이다. Scott, *Conscripts of Modernity*, p. 4 & pp. 118~119.

야 한다. 어떤 결정적인 명분과 계기로 메이지유신 때는 '탈아입구'(脫亞入歐)를 부르짖으며 서구 계몽주의의 열렬한 자원병이었던 일본이 20세기 초반 이후에는 '탈 서구와 동아연대'를 선언하고 유럽 열강과의 식민지 쟁탈전에 합류하였는가? 왜 일본 제국은 계몽주의의 '오리엔탈 특급열차'에서 탈영하여 탈서구적인 대항근대성(contra-modernity)의 동아시아 센터임을 자부했는가? 서구 계몽주의 테두리 바깥에서 다른 종류의 근대성의 씨앗을 파종하려는 비서구 국가들의 강박관념이 "전통의 근대적인 (재)발명이라는 낭떠러지로 달음박질"하도록 이들을 유인한다는 분석[44]은 일본 제국의 이중성을 밝히는 중요한 급소이다. 서구 근대의 외부 모델과 전통의 근대적 창안이라는 내부 모델 사이의 팽팽한 긴장감이 일본 제국을 '특수한 길'로 유도했던 것이다.

홉스봄의 연구로 잘 알려진 것처럼, 서유럽 국민국가 전성기이며 대중정치의 출현기인 1870~1914년은 관제 전통들이 "대량으로 생산되는" 기간이다.[45] 이 시기 영국, 독일, 프랑스 등지에서 왕성했던 전통의 발명이 민족국가 정체성 형성과 강화를 위해 추진되었다면, 메이지 일본에서는 천황제의 근대적 재발명이라는 독특한 양상으로 전개되었다. 옛 궁정 의복을 입은 청년 메이지 천황의 나약한 초기 사진이 1873년에는 '독일 황제처럼' 위엄 있는 콧수염과 군복차림의 사진으로 대체되었고, 1888년에는 이탈리아 화가가 그린 권세의 아우라를 풍기는 공식 초상이 전국에 보급되었다.[46] 그리고 영국 제국 빅토리아 여왕의 화려한 대

---

44 하루트니어언, 「유령 같은 비교들」, 토마스 라마르·강내희 편, 『근대성의 충격들』(문화과학사, 2008), pp. 59~60.

45 에릭 홉스봄 외 지음, 박지향·장문석 옮김, 『만들어진 전통』(휴머니스트, 2004), 특히 6장, 에릭 홉스봄, 「대량 생산되는 전통들: 유럽, 1870-1914」 참조.

46 다카시 후지타니 지음, 한석정 옮김, 『화려한 군주: 근대 일본의 권력과 국가 의례』(이산, 2003), pp. 221~224.

관식과 황실 의전[47]을 모방한 일본 역사상 최초의 천황 숭배 국가 의례와 퍼레이드가 도쿄의 황궁에서 1889년에 개최되었다. 교토에서 옮겨 온 황궁에서 천황이 거주하는 사적인 공간은 "순 일본식으로 디자인"되었고 외국사절 접견과 같은 공적인 업무 공간은 유럽풍 고급 인테리어로 장식되었다.[48] 서양-일본식 절충양식으로 건축된 황궁은 '천황 입헌민주주의'라는 모순적인 정치체제를 상징하는 동시에 '우리·토착 근대'에 대한 일본 지배 계층의 고집스러운 애착을 드러냈다.

일본의 근대적 전통 만들기는 정치 영역에서만 한정되지 않았다. 일본 국사의 발명도 근대적 학문 전통 만들기의 일종이었다. 서양사-일본사-동양사라는 3층 구조로 구성된 근대 일본 역사학은 근대화된 서양→계몽 단계인 일본→낙후된 동양이라는 순서로 세계사를 정렬시킴으로써 문명화 사명의 단절 없는 행진을 독려하는 서구 역사주의에 부응했다.[49] 대항해시대 유럽 제국이 인도와 동남아시아 지역을 '동인도', 카리브 해 지역을 '서인도'로 각각 호명하여 자기 양쪽 방향에 지리적으로 위치시킴으로써 자신(구대륙)을 세계 문명의 중심지로 재배치했던 것처럼, 일본은 자신의 역사적 위상을 동서양 중간 단계에 위치시킴으로써 세계 근대 문명의 매개자(에이전트)로서의 사명을 자임했다. 흔히 '번역근대'라고 불리는 일본의 근대 서양 수용사도 전통 만들기라는 시각으로 해석할 수 있다. 일본 지식인들이 영국의 자유주의적 사회학자 스펜서(Herbert Spencer)의 『사회정학』(*Social Statics*)을 『사회 평권론(平權論)』이라는 엉뚱한 제목으로 번역하여 사회 다윈주의의 복음서로 선전한 것은 서구 근대사상을 일본 전통사상과 버물려 각

---

47 데이비드 캐너다인, 「영국 군주정과 전통의 발명, 1820-1977」 참조, 홉스봄 외, 『만들어진 전통』 제3장.

48 다카시 후지타니, 『화려한 군주』, pp. 113~115.

49 김기봉, 「글로벌 시대 한국 역사학의 해체와 재구성—한국사·동양사·서양사 3분과 체제의 역사화를 위하여—」, 『한국사학사학보』 32(2015. 12) 참조.

색하려는 흥미로운 사례이다.[50]

한편, 식민지 계몽주의의 동아시아 버전 제작·공급자인 일본 제국에 대한 재검토는 '식민지 근대성'(colonial modernity)에 대한 비판적 재인식을 요구한다. 1990년대 초반에 등장한 '식민지 근대성'이란 개념은 '근대'와 '식민주의'라는 개념이 서구에서 기원·창출되어 비서구 사회에 수출된 것이라는 시각에서 탈피하여 서구 바깥에서 독특한 양상과 콘텐츠로 전유·모방·진화된 근대성(들)을 지칭한다.[51] 일본 제국의 식민지 한국과 대만 사례에 주로 적용된 이 개념은 두 가지 약점을 갖는다. 우선, 식민지 근대성은 일국적 관점에서 식민지 근대화 과정의 장단점(수탈과 발전)을 따지는 잣대로는 유용하지만 제국주의의 지구적·트랜스내셔널 차원을 과소평가했다는 약점이 있다. 식민지를 자율적인 정치-경제-사회 단위로 취급함으로써 그것이 근대 세계체제의 일부이며 하위 단위라는 점을 간과했다.[52] 또 다른 치명적인 약점은 식민지의 경제성장과 피식민지인의 생활수준 향상 여부에 집착함으로써 제국 권력이 식민지 피지배인들에게 끼친 인식론적인 '식민성'의 장기 지속적인 영향력에 무지했다는 점이다. 식민지 근대성에 대한 정치경제적인 논쟁을 일단락하고, 제국이 인식론적인 '식민성'을 구축하여 신민들을 때로는 근대의 자원병으로 때로는 징집병으로 옭아매었던 전략과 그 권력 효과를 트랜스내셔널 지성사 맥락으로 서술하는 것이 시급한 과제이다.

식민지 근대성이 갖는 위와 같은 이중적인 맹점을 극복하기 위한 해결책 중의 하나가 '접촉 지대'(contact zone)에서 혼성되는 '경계 사유'(border thinking)를 추

---

50 우남숙, 「사회진화론의 동아시아 수용에 관한 연구: 역사적 경로와 이론적 원형을 중심으로」, 『동양정치사상사』 Vol.10 No.2(2011) 참조.

51 Tonie Barlow ed. *Formation of Colonial Modernity in East Asia* (Durham: Duke University Press, 1997), Introduction, "On Colonial Modernity," pp. 19~20. 이 저서는 *Positions: east asia cultures critiques* 창간호(1993 Fall)에 'Colonial Modernity'라는 제목의 특집으로 게재되었던 논문들을 모은 것이다.

52 윤해동, 『근대역사학의 황혼』(책과함께, 2010), pp. 89~90.

수하는 작업이다. 접촉 지대는 복종-지배라는 억압적인 권력이 발생하는 일방적인 장소가 아니라, 정복(침략)자와 피지배자들이 "만나고 부딪히고 서로 맞붙어 싸우는 사회적 공간"이며 "예상치 못한 제국(들)의 만남이 이루어지는 공간"이다.[53] 예를 들자면, 19세기 중반에 등장하여 20세기 전반까지 전성기를 구가했던 세계박람회야말로 대표적인 접촉 지대이며 문화횡단(Transculturation)의 교차로였다. 파리 세계박람회에 전시된 일본 전통 공예품에 매료당한 유럽의 모더니스트 예술가들이 '자포니슴'(japonisme)의 포로가 되었다면, 메이지 일본은 세계박람회를 움직이는 소프트웨어인 만국공법과 문명화 사명 등을 내면화했다. 19세기 말 세계박람회에 전시된 인종시장이 문명화 사명의 인류학적인 중간보고였다면, 근대화의 예외적인 모범생 일본은 서구가 강요했던 불평등 외교 조약의 수정과 폐기의 당위성을 증명하기 위해 자신들이 재발명한 근대 전통의 우수성을 세계박람회 무대에서 과시적으로 연출했다.[54]

다른 한편, 일본 제국은 '내국(흥업)박람회'를 조직하여 식민지 근대성의 교실이며 홍보 공간으로 활용했다. 제국 내부에 존재하는 또 다른 접촉 지대인 식민지 내국박람회는 식민지 하인들이 주인의 세계관과 기대감에 맞춰서 스스로를 재현하려는 '자기서술적인 민족지학'(auto-ethnography)을 생성하는 문화정치 공간이었다.[55] 1929년 조선박람회와 1935년 대만박람회를 통해 일본 제국이 선전·훈육하려는 동아시아 연대주의와 세계관을 조선과 대만의 지배층·보통사람들이 각각 어떻게 다르게 전유·동화·저항·복종했는지를 추적한다면, 식민지

---

53 메리 루이스 프랫 지음, 김남혁 옮김, 『제국의 시선: 여행기와 문화횡단』(현실문화, 2015), pp. 32~35. 개정판. 초판은 *Imperial Eyes: Travel Writing and Transculturation*이라는 같은 제목으로 1992년에 선보였다.

54 육영수, 「'은자(隱者) 나라' 조선 사대부의 미국문명 견문록 - 출품사무대원 정경원과 1893년 시카고 콜롬비아 세계박람회 -」, 『역사민속학』 48 (2015. 7), p. 329.

55 프랫, 『제국의 시선』, pp. 32~33 & p. 36.

근대성의 다양한 얼굴과 접속할 수 있을 것으로 기대된다. 한 걸음 더 나아가 일본 제국은 세계박람회에 각인된 '제국의 시선'을 흉내 내어 대만과 조선의 식민지 경영과 통치에 투사했다. 1931년 파리국제식민박람회에서 프랑스가 인도차이나 식민지를 재현하는 방식과 일본이 조선과 대만 식민지를 재현하는 방식을 비교분석함으로써, 두 제국이 연출·감독한 식민지 근대성의 만화경을 트랜스내셔널 관점에서 입체적으로 감상할 수 있을 것이다.

오늘날 동아시아 시각으로 서구 근대의 모순적인 양면성과 식민지 계몽주의의 역설을 비판하는 작업은 어떤 현재적인 의의를 갖는가? 제2차 세계대전 후에 식민 지배에서 해방된 많은 아시아 국가들이 아직도 '식민지 계몽주의'가 요청한 '근대의 징집병' 역할에서 벗어나지 못했음을 심각히 반성해야 한다. 제국 권력의 명령에 건방지게 질문하지 않는 '동방예의지국', 기독교 문명으로 개방하여 계몽시켜야 할 '은자의 나라', 식민 시대의 어둠을 밝히는 지혜로운 '동방의 등불' 등과 같은 외부 후견인들이 붙여준 이런 호사스럽고 자의적인 정체성을 부정하고 계몽주의-제국-식민주의-근대라는 종합선물세트를 거부해야 할 결정적인 순간이다. '근대성은 하나가 아닌 복수'라고 말하는 것으로는 충분하지 않고 '근대성은 하나이자 복수'라는 양가적인 태도로 무장하여 근대성 그 자체를 초극하려는 횡단로에 지금 우리는 서 있다.[56]

결론적으로 서구중심주의·근대중심주의·민족(국가)중심주의·정치경제중심주의 프레임에 감금되어 있는 계몽주의의 '문제-공간' 그 자체를 문제시해야 한다. 포스트식민 시대에 새로 태어나야 할 현대인은 "그 자리에서 그대로 있으라"는 명령을 냉소(冷笑)하고 "자유를 향한 견딜 수 없는 갈망"으로 "그 자신을 발

---

56 토마스 라마르(Thomas Lamare), 「서장: 근대성의 충격들」, 토마스 라마르·강내희 편, 『근대성의 충격들』, p. 50.

명하려고 애쓰는 사람"이다.[57] 과거로부터 상속받은 자신을 체념적으로 사랑하기보다는 '영원한 현재'와 치열하게 투쟁하며 오지 않는 미래를 꿈꾸는 일종의 박탈(剝奪)당한 영웅인 것이다.

---

57 미셸 푸코 · 장은수 옮김, 「계몽이란 무엇인가」, 김성기 외, 『모더니티란 무엇인가』(민음사, 1994), p. 355 & p. 365.

참고문헌

김기봉, 「글로벌 시대 한국 역사학의 해체와 재구성—한국사 · 동양사 · 서양사 3분과 체제의 역사화를 위하여—」, 『한국사학사학보』 32, 2015. 12.

김성기 외, 『모더니티란 무엇인가』, 민음사, 1994.

다카시 후지타니, 『화려한 군주: 근대 일본의 권력과 국가 의례』, 한석정 옮김, 이산, 2003.

디페시 차크라바르티, 『유럽을 지방화하기: 포스트식민 사상과 역사적 차이』, 김택현 · 안준범 옮김, 그린비, 2014.

T. W. 아도르노 · M. 호르크하이머, 『계몽의 변증법: 철학적 단상』, 김유동 옮김, 문학과지성사, 2001.

아리프 딜릭, 『포스트모더니티의 역사들: 유산과 프로젝트로서의 과거』, 황동연 옮김, 창비, 2005.

에릭 홉스봄, 『만들어진 전통』, 박지향 · 장문석 옮김, 휴머니스트, 2004.

월터 미뇰로, 『라틴아메리카, 만들어진 제국: 식민적 상처와 탈식민적 전환』, 김은중 옮김, 그린비, 2010.

토마스 라마르 · 강내희 편, 『근대성의 충격들』, 문화과학사, 2008

마르퀴 드 콩도르세, 『인간 정신의 진보에 관한 역사적 개요』, 장세룡 옮김, 책세상, 2002.

메리 루이스 프랫, 『제국의 시선: 여행기와 문화횡단』, 김남혁 옮김, 현실문화, 2015.

볼테르, 『철학서간』, 박영혜 옮김, 삼성미술문화재단 출판부, 1978.

라인하르트 코젤렉, 『코젤렉의 개념사 사전 1: 문명과 문화』, 안삼환 옮김, 푸른역사, 2010.

로런트 듀보이스, 『아이티혁명사: 식민지 독립전쟁과 노예해방』, 박윤덕 옮김, 삼천리, 2014.

리나지트 구하, 『역사 없는 사람들: 헤겔 역사철학비판』, 이광수 옮김, 삼천리, 2011.

시드니 민츠, 『설탕과 권력』, 김문호 옮김, 지호, 1998.

시 엘 아르 제임스, 『블랙 자코뱅: 투생 루베르튀르와 아이티혁명』, 우태정 옮김, 필맥, 2007.

오귀스트 콩트, 『실증주의 서설』, 김점석 옮김, 한길사, 2001.

육영수, 「트랜스내셔널 지성사 지금 (다시) 쓰기: 중심의 이동 혹은 물구나무서기」, 『역사와 문화』 23, 2012. 5.

———, 『혁명의 배반 저항의 기억: 프랑스혁명의 문화사』, 돌베개, 2013.

———, 「'은자(隱者) 나라' 조선 사대부의 미국문명 견문록 – 출품사무대원 정경원과 1893년 시카고 콜롬비아 세계박람회 –」, 『역사민속학』 48, 2015. 7.

윤해동, 『근대역사학의 황혼』, 책과함께, 2010.

이영석, 『지식인과 사회: 스코틀랜드 계몽운동의 역사』, 아카넷, 2014.

장세룡, 『프랑스 계몽주의 지성사: 지적 실천운동으로서의 계몽주의 재해석』, 길, 2013.

호르스트 슈투케, 『계몽: 코젤렉의 개념사 사전 6』, 남기호 옮김, 푸른역사, 2014.

J.J. 클라크, 『동양은 어떻게 서양을 계몽했는가』, 장세룡 옮김, 우물이 있는 집, 2004.
M-R 트루요, 『과거 침묵시키기: 권력과 역사의 생산』, 김명혜 옮김, 그린비, 2011.
피터 게이, 『계몽주의의 기원』, 주명철 옮김, 민음사, 1998.

Barlow, Tonie ed. *Formation of Colonial Modernity in East Asia*, Durham: Duke University Press, 1997.

Carey, Daniel & Festa, Lynn eds, *The Postcolonial Enlightenment: Eighteenth-Century Colonialism and Postcolonial Theory*, Oxford, UK: Oxford University Press, 2009.

Chatterrjee, Partha, *Our Modernity*, Kuala Lumpur, Malaysia: Vinlin Press, 1997.

Conrad, Sebastian, "Enlightenment in Global History: A Historiographical Critique," *American Historical Review* 117-4, October, 2012.

Eisenstadt, N, "Multiple Modernities," *Daedalus* 129, Winter, 2000.

Gay, Peter, *The Party of Humanity: Essays in the French Enlightenment*, New York: W. W. Norton & Company, 1971.

Hunt, Lynn, *Writing History in the Global Era*, New York: W. W. Norton & Company, 2014.

Jacob, Margaret C, *The Enlightenment: A Brief History with Documents*, Boston: Bedford/St. Marin's, 2001.

Kramnick, Isaac, ed. *The Portable Enlightenment Reader*, New York: Penguin Books, 1995.

Outram, Dorinda, *The Enlightenment*, Cambridge, UK: Cambridge University Press, 1995.

Scott, David, *Conscripts of Modernity: The Tragedy of Colonial Enlightenment*, Durham: Duke University Press, 2004.

:: 5 ::

식민지 초기 교육 담론과 동화주의
: 차별 교육과 '차이'의 정치학

홍양희

1. 서론

1910년 8월 22일 한일 양국 사이에 조인된 소위 '한일병합조약'이 29일 발효됨에 따라 한국은 일본의 영토로 편입되었다. 일본 제국에게 조선 병합은 조선이 일본의 지리상의 관문이어야 한다는 오랜 목표를 이룬 것이었다.[1] 제국 건설을 꿈꾸며 오키나와(沖繩)를 '제국의 남문'으로, 홋카이도(北海道)를 '제국의 북문'으로 칭하는[2] 그들에게 한국 점령은 또 다른 팽창 관문의 획득을 의미했다. 이들 지역은 일본이 제국주의적 팽창을 하는 데 매우 중요한 거점이 될 수 있기 때문이다. 더욱이 한국은 일찍이 일본의 정치가들이 결코 다른 국가에 빼앗길 수 없는, 그리하여 먼저 선점해야 될 곳으로 여기고 있던 지역이었다. 타 국가의 영향권에

---

1 山田三良,「植民地法ト內地法トノ關係ニ就テ」,『法學協會雜誌』 제30권 제2호, 1912, 110쪽.

2 小熊英二,『〈日本人〉の境界』, 新曜社, 1998, 50쪽.

들어갈 경우, 일본의 안보가 위험에 빠질 수 있는 핵심적 지점이라는[3] 인식은 그들로 하여금 이를 먼저 획득하기 위해 절치부심토록 하였다.[4]

그러나 선점이 모든 문제를 해결하지는 않았다. 조선이 '관문'으로서의 역할을 할 수 있기 위해서는 무엇보다도 조선의 물적·인적 자원을 최대로 활용할 수 있는 일대 개조 작업이 뒤따라야 했다. 여기에서 일본이 조선 지배의 방침으로 채택한 것이 이른바 '동화주의'였다. "일한 관계는 고래부터 밀접한 이해관계를 가지고 있을 뿐만 아니라 동종동문(同種同文)으로서 풍속풍교(風俗風敎)도 또한 큰 차이가 없어 서로 융합동화(融合同化)해야만 한다."[5] "당면의 급무는 조선인을 유도 계발하여 문명의 역(域)에 나아가고 그럼으로써 충량한 제국 신민이 되도록 하는 데 있다. 이것이 한국 병합의 본지이고 타국과 다른 바"라는 것이다.[6]

지금까지 동화주의 정책론에 대한 시각은 크게 두 가지 경향으로 대별될 수 있다. 하나는 동화주의 정책이 민족 말살을 획책하였다는 점에 초점이 있는 연구들이다. 이러한 연구들은 그 연장선에서 조선인에 대한 차별적이고 억압적인 정책에 주목한다. 민족주의적인 시각에 입각한 연구들로서, 초기 연구의 대부분이 이러한 경향성을 가지고 있다. 다른 하나는 동화주의 정책과 식민지 정치 현실 사이에 존재하는 '차이'에 주목하는 연구들이다. 식민지 정치가 '차이'에 기반해 이루어졌다는 논의는 서구의 많은 연구에서도 지적되고 있는 주지의 사실이다. 이 같은 연구들은 총독부 정책이 표방하는 이념과 현실의 괴리라는 측면에 초점을 맞추기도 하고, 동화주의 정책의 허구성을 입증하는 데 주력하기도 했다.[7]

---

3 김동노, 「일본제국주의의 조선 지배의 독특성」, 『동방학지』 133, 2006, 229~230쪽.

4 야마가타 아리토모는 주권선 이익선 개념을 통해 조선이 일본의 이익선으로 타국의 영향권에 들어갈 경우 일본이 심각한 위기에 처할 것이라하는 외교정략론을 상주하기도 하였다.

5 「總督府施設歷史調査書類」, 1915, 山本四郎 編, 『寺內正毅關係文書』, 京都女子大學, 1984.

6 「總督府施設歷史調査書類」, 1915, 山本四郎 編, 『寺內正毅關係文書』, 京都女子大學, 1984.

7 권태억, 「동화정책론」, 『역사학보』 제172집, 2001; 保坂祐二, 『일본제국주의의 민족동화정책연구-조

위에서 논의한 두 가지 연구 경향은 각각 일면 타당하다. 동화주의는 조선 민족을 말살하여 일본 국민으로 통합을 지향하는 것이고, 그리고 그럼에도 조선인이 사실상 일본 국민으로서의 권리나 의무의 수혜자, 의무자는 아니었다는 점에서 일본 본국과는 차별적인 정책을 편 것도 사실이기 때문이다. 그리하여 이 두 측면을 동시에 보면서, 이러한 방침이 가진 정책적 모순성 비판으로 나아가, 결국 식민지 초기는 동화주의가 아니라는 결론을 내리기도 한다. 3·1독립운동을 기점으로 비로소 동화주의가 실시되었다거나,[8] 식민지 지배 정책을 이화정책 대 동화정책으로 분리하여, 1930년 이전에는 이화정책이, 그 이후에는 동화정책이 실시되었다는 견해이다.[9] 야마모토의 "이념과 현실의 이중성"[10] 개념에 기초하여 권태억은 이의 해소는 1937년 이후라고 평가한다. 중일전쟁 이후 비로소 동화정책이 시행된 것으로 보아야 한다는 주장이다.[11] 이 같은 논의는 법적 구조, 즉 법역 분리와 헌법 비적용, 참정권을 부여하지 않은 점, 의무교육을 실시하지 않은 점, 그리고 내지와 차별되는 교육 방침 등이 주요한 근거였다. 이러한 연구들은 식민주의의 모순성과 식민지 정치 현실에 대한 비판적 통찰력을 제공해준다는 점에 연구사적 의미를 가진다.

그렇다면 과연 동화주의에 입각한 일본 국민화라는 것은 기만적 수사학에 불과한 것인가. 식민지 초기 혹은 중기의 정책을 동화주의가 아니라는 평가에는 선뜻 수긍하기 어려운 점도 있다. 일본 제국의 당국자들은 처음부터 끝까지 동화정책을 지속적으로 천명하여 이를 포기한 적이 한 번도 없을 뿐 아니라, 하물며

선과 만주, 대만을 중심으로』, J&C, 2002; 고마고메 다카시, 오성철 외 옮김, 『식민지 제국 일본의 문화통합』, 역사비평사, 2008.

8 保坂祐二, 『일본제국주의의 민족동화정책연구-조선과 만주, 대만을 중심으로』, J&C, 2002.

9 최석영, 『일제의 동화이데올로기의 창출』, 서경문화사, 1997.

10 山本有造, 『日本植民地經濟史硏究』, 名古屋大學出版會, 1992, 61쪽.

11 권태억, 「동화정책론」, 『역사학보』 제172집.

식민지 말기까지 동화의 완결적 형태는 한 번도 성취된 바가 없다. 그런데 동화의 완결적 형태, 즉 내외지 법역 및 행정 일원화, 국민으로서의 권리와 의무 부여, 의무교육의 실시 등을 전제로, 이로부터의 거리의 원근에 따라, 동화정책과 이화/비동화정책을 판가름하는 것은 다소 자의적이기도 하다. 조선총독부의 정책은 식민지 초기부터 말기에 이르기까지 이 거리를 지속적으로 좁혀 왔기 때문이다. 따라서 이 글에서는 식민지 시기 정책으로서 '동화'를 하나의 완결적 형태로 전제하기보다는 '과정'으로서 이해하고자 한다.

이러한 문제의식하에 이 연구는 다음의 문제들에 천착하여 연구를 진행할 것이다. 식민지 시기 차별적인 정책은 식민지 조선의 통치에서 어떠한 의미를 가지는가. 차별 교육이 식민지 동화주의, 국민화 교육과 어떤 측면에서 상관관계를 가지는 것인가. 즉 차별정책과 동화정책은 어떠한 논리적 연관성도 없는 것인가. 이러한 문제들을 병합 초기 교육 정책 및 방침과 관련된 담론 분석을 통해 고찰할 것이다. 특히 식민지 교육 방침에 대한 일본인 교육가 혹은 정치가들의 교육 논리를 차례로 살펴봄으로써 일본 내지와 차별적인 교육이 식민지 조선에 대한 동화주의 정책에서 가지는 정치적 의미가 무엇인지를 확인하고자 한다.

이를 위해 1장에서는 식민지 조선에 대한 통치 방침으로서 동화주의, 이를 위한 수단으로서 교육 담론이 논의되는 방식을 검토할 것이다. 이어서 조선 교육령 공포 이전 일본 내지와 차별적인 교육을 표방하는 대표적인 방침으로 논의된 '점진주의'와 '유교주의'를 각각 3장과 4장에서 분석할 것이다. 이를 통해 이들 차별적인 교육이 구사하는 '차이'의 정치학을 고찰함으로써, 식민지 조선의 동화주의에 대한 이해의 틀을 확장하고자 한다. 아울러 이러한 논의를 통해 동화주의 정책을 '완결적'인 그 무엇이 아닌, '맥락적'으로 이해할 것을 제안하고자 한다.

2. 동화주의와 식민지 교육 담론

한국을 병합한 이후 일제가 조선에서 당면한 시급한 문제는 그곳에서의 경영이었다. 이를 위해 조선에 대한 통치 정책으로 천명한 '동화주의'는 조선 사회와 조선인을 각각 일본 사회, 일본인으로 통합하겠다는 것에 다름 아니었다. 제반의 사회제도를 일본식으로 변혁해 나가는 것과 동시에, 조선인을 일본인으로 정신을 개조하겠다는 것이다. 후자의 수단은 바로 '교육'이었다. 초대 총독인 데라우치 또한 "조선 통치의 근저는 교육에 있다"고 하여, '교육'이 동화의 가장 주요한 수단임을 피력하였다. 이러한 교육의 중요성을 반증하듯, 병합과 동시에 일본에서는 조선의 교육문제에 관한 의론이 홍수를 이루었다. 이들 의론의 거의 대부분은 동화주의에 입각한 교육이었다.

> 한국 병합으로 일한(日韓) 종래의 국제문제는 결료되고, 이제 그 결과로서, 신(新) 문제가 제기되니, 즉 신영토 조선의 경영 문제이다. 특히 신신민(新臣民)을 유도하여 동일하게 폐하의 충량한 신민이 되게 하는 길 여하(如何), 환언하면 그들을 유도하여 구신민(舊臣民)에 동화시키는 길 여하는 가장 식자(識者)의 두뇌를 고민케 하는 문제이다. 이들을 동화하는 길, 본디 하나둘로 족하지 않을지라도 그 주된 것은 바로 교육이다. 여기에서 가장 먼저 제창되어야 하는 것은 즉 신신민에 대한 교육주의 여하라고 할 수 있다. …… 감히 주장하건대, 일본주의로써 교육을 해야만 한다. 상언하면, 현재 내지(內地)에서 시행되고 있는, 우리 국민을 교육하는 주의로써, 신신민을 교육하는 주의로 삼지 않으면 안 된다. 그들 신신민을 구신민에 동화시키는 것은 만인이 이견이 없는 바이다. 동화를 도모하는 것으로 더욱이 내지 신민의 교육과 그 주의(主義)를 달리하여 교육하는 것, 이것은 원(轅)을 배신하여, 장차 초(楚)를 따르려 하는 류(類)가 되지 않겠는가. 이런 고로 교육의 주의는 내지(內地) 교육주의와 하나이지 둘이 아니기 때문이다. 단 그 방법에서는 본디 동일할 수

없다. 왜냐하면 그들은 본방어(本邦語)를 알지 못하고, 풍속 습관 역시 달라, 이것에 교육상 참작을 요하는 바이다. 즉 그 방법은내지에 있어서의 교육방법과 세(勢)를 달리하지 않을 수 없다.[12] (밑줄은 인용자 강조. 이하 동일)

병합 후 얼마 지나지 않아 『교육시론』에 실린 위의 글을 통해, 교육은 조선인을 일본인으로 동화하는 것이 목적이며, 그 내용은 조선인의 일본 '국민화'에 있다는 것을 확인할 수 있다. 그럼으로써 일본 국가와 천황에게 충성을 다하는 일본 '신민' 혹은 '국민'으로 만든다는 것이다. 이를 위해서는 교육의 내용 역시 일본 내지와 같은 주의로, 내지와 동일한 교육을 해야만 했다. 다만 가장 문제가 되는 것은 '방법론'이었다. 일본인과 동일한 방식과 내용을 가지고 곧바로 조선인을 교육할 수 없다는 것이 정책 당국자의 고민이었다. 그 경우 자칫하면 조선인의 반발만을 불러일으켜 역효과를 유발할 수 있었다. 급진적인 개혁과 노골적으로 천황에 대한 충성을 강요하는 것은 오히려 반감을 불러일으킬 것이기 때문이다.

더욱이 조선은 일본이 병합한 다른 식민지와는 다른 특수한 부분이 있었으니, 일본의 정책자들은 이를 인지하고 있었다. 즉 수백 년에 걸쳐 중앙집권적인 왕조 국가를 형성 유지시켜 온 식민지 조선의 역사에 비추어, 어느 정도 문화적 통합력을 가지고 있다고 보았기 때문이다.[13] 이 때문에 '동화불가론'을 주 내용으로 하는 '교화의견서'가 집필되기도 하였다.[14] 이뿐 아니라 내지와 같이 의무교육

---

12 「新領土の教育」, 『教育時論』, 1910년 9월 15일, 185~186쪽.

13 김동노, 「일본제국주의의 조선 지배의 독특성」, 『동방학지』 133, 2006, 236쪽.

14 병합 직후인 1910년 9월 '교화의견서'라는 문건이 작성되었다. 표지에 비(秘)라고 표시된 이 자료는 구마모토 문서에 수록되었는데 작성자는 확실치 않다. 이 문건의 작성자는 동화정책의 부정 이유로, 첫째 일본 민족의 충성심은 황실이 대종가라는 사실에 기인하는데 조선인은 황실과 어떤 특별한 관계가 없다는 점, 둘째 조선인이 가지고 있는 자신의 문물 제도에 대한 상당한 자존심, 셋째 조선 민족이라는 분명한 자각심, 넷째 조선 인구는 다수여서 소수의 일본인 식민자가 미치는 영향이 크지 않을 것이라는 점 등이다(고마고메 다카시, 오성철 외 옮김, 『식민지 제국 일본의 문화통합』, 역사비평사, 2008, 120~121쪽 재인용).

을 실시할 경우, 당장 거기에 들어가는 재정적 부담을 감당하기 어려운 측면도 간과할 수는 없었을 것이다.

반면, 만일 조선에 일본 내지와 다른 교육주의를 채택한다면, 그것은 조선인만의 동일성을 강화하는 방향으로 나갈 수가 있다. 조선인의 고유하고 독자적인 정체성이 강하게 되면, 일본 제국을 해체시키는 원심력으로 작용할 수 있기 때문이다. 이 경우 조선인을 일본의 국민으로 통합하는 데 오히려 역방향의 결과가 초래될 수 있었던 것이다. 따라서 교육의 근본적인 원칙은 내지와 같은 교육주의에 입각해야 하지만, 그 방법에 있어서는 일본과 차이가 있을 수밖에 없다는 것이 주요한 논지였다.

그렇다면 조선인 교육을 위한 방법론으로 어떤 것들이 논의되었는가. 우선 초대 총독으로 취임한 데라우치(寺內正毅)의 교육 방침을 통해 그 일단을 엿볼 수 있다. 마침 데라우치 총독이 일본 교육 전문가들과 한 대화는 식민지 초기 조선 총독부의 교육 방침을 알려준다. 일본 제국교육회를 대표하여 쓰지 신지(辻新次), 사와야나기 마사타로(澤柳政太郎), 미쓰치 츄우조(三土忠造) 등 총 5명이 1911년 3월 11일 관저로 총독을 방문하였다.[15] 이 자리에서 총독은 그들과 조선 교육에 관한 의견을 교환하였다. 그는 식민지 조선 통치의 성패가 조선인의 교육 여하에 달려 있다는 것을 분명히 하는 동시에 조선인 교육에 대한 자신의 방침을 제시하

15　일본 내에서 식민지 조선의 교육 방안에 대한 본격적인 논의는 일본 '제국교육회'에서 시데하라 히로시(幣原坦)의 발의로 1910년 8월 23일 '조선교육위원회'가 구성되면서 시작되었다. 조선교육조사회는 사와야나기 마사타로(澤柳政太郎), 미쓰치 츄우조(三土忠造), 쓰지 신지(辻新次) 등이 참석한 가운데 1910년 9월 15일 2차 회의를 열었다. 이 자리에서 ① 일본어 보급 ② 종래의 유교사상을 파괴하지 말 것 ③ 교육칙어의 정신을 철저히 할 것 ④ 의식주의 정도를 정할 것 등의 의견이 개진되었다. 이러한 의견에 기초해 교육위원회는 조선 교육에 대한 가결안을 만들어 마침내 1911년 2월 6일 최종적인 결정안이 가결되었다. 결의된 당일 위의 3인은 당시 동경에 머물고 있던 데라우치 총독을 방문하여 결의 내용을 전달하였다. 그리고 이들의 방문은 1911년 3월 11일 한 차례 더 이루어졌던 것이다(『教育界』 제9권 12호, 1910. 10. ; 井上薫, 「日本帝國主義の朝鮮に對する教育政策-第1次朝鮮教育令の成立過程における帝國教育會の關與」, 『北海道大學教育學部紀要』 62호, 1994, 195쪽. 강명숙, 「일제시대 제1차 조선 교육령 제정 과정 연구」, 『한국교육사학』 29권 1호, 2007, 6~8쪽 재인용).

였다. 교육 방침의 대요는 다음과 같았다.[16]

> ▲ 조선 교육에 대한 나의 방침은 점진주의로 칭할 수 있다. 교육과 같이 문명의 정도, 인민의 생활 정도와 밀접한 관계를 가지는 사업에 대해서는, 급격한 개혁은 도리어 민심을 동요시켜 의외의 악결과(惡結果)를 생기게 하는 일이다.
>
> ▲ 일본어의 보급에 대해서는 물론 찬성하고 총독부 내에도 극단의 일본어론자가 있을 지언정 일인(一人)도 반대하는 자가 없다. 요(要)는 정도문제(程度問題)일 뿐, 이리하여 여하한 정도, 여하한 범위에서 일본어를 교수해야만 하는지에 대해서는 목하 연구 중이다.
>
> ▲ 유교주의는 조선 교육에 대해 간과할 수 없는 필요조건이다. 주종, 부자, 남녀의 관계를 보아도 유교는 그 본국 지나보다도 오히려 조선에서 원만하게 발달하였음을 보고, 나는 동주의(同主義)에 대해 충분한 보호를 가하려고 생각하고 있다.
>
> ▲ 기타 교원의 양성 보통교육의 보급 등에 관해서는 전력을 들여 취조 중이다. 요컨대, 나는 조선 통치의 근저는 교육에 있다는 것을 확신하고, 여기에 다액의 비용을 투자하고 있다.

데라우치가 일본 제국교육회 대표들에게 조선인 교육에 대한 방침으로 제시한 것은 크게 네 가지였다. 첫째 점진주의, 둘째 일본어 보급, 셋째 유교주의, 넷째 보통교육의 보급이다. 이 중 보통교육은 고등교육을 배제하겠다는 것으로, 그 이전에 언명한 바 있는 실업주의와 일맥상통하는 교육이다. 그는 1911년 초 조선의 교육에 대해 "학과는 실업 과목을 많이 하고, 공리공론에 빠질 여지가 있는 학과는 부과하지 않는다"는 방침을 분명히 하였다.[17] 실업주의 교육을 실시하겠

16 「朝鮮教育と總督」, 『教育時論』, 1911년 3월 25일, 238쪽.

17 「朝鮮の新教育制度」, 『教育實驗界』, 1911년 1월 5일, 99쪽.

다는 것이었다. 이 네 가지 방침 중 일본어 보급을 제외한 점진주의, 유교주의, 그리고 고등교육의 배제, 즉 보통교육과 실업주의 등의 방침은 일견 동화주의와는 배치되는 듯하다. 왜냐하면 이러한 방침들은 일본 내지와는 차별적인 교육을 조선에 실시하겠다는 것에 다름 아니기 때문이다.

이뿐 아니라 데라우치의 교육 방침은 "조선을 내지(內地)의 연장으로서 마치 시코쿠(四國)·큐슈(九州)에서와 같이 순연한 제국의 일부로서 …… 조선병합 이래 조선인을 동화 융합시켜 혼연한 제국의 일부로서 통치하는 데 시종일관 힘을 다하여 금일에 미쳤다"[18]는 사법부 장관의 상주서와 일면 배치되는 듯도 하다. 왜냐하면 조선을 마치 일본의 시코쿠나 큐슈 등의 지방과 같이 되도록, 즉 완전한 통합을 지향하는 정책을 줄곧 추구해왔다는 것을 표명하고 있기 때문이다. 그렇다면 식민지 초기의 교육 방침, 특히 동화주의와 배치되는 것으로 여겨지는 형식적 측면에서의 '점진주의'와 내용적 차원의 '유교주의' 교육 방침이 조선 통치에서 가지는 의미는 무엇인가. 이를 다음의 장에서 각각 논의하고자 한다.

3. 교육 방침으로서의 점진주의

동화주의가 통치 방침으로 천명되자, 문제는 조선인을 '어떻게' 동화할 것인가였다. 즉 동화의 '수단'과 '방법'이 또 다른 문제로 대두되었다. 그리고 주지하듯이 '교육'은 동화주의의 가장 첨병의 역할을 부여받았다. 그러면 어떻게 교육할 것인가. 이것이 또다시 화두로 제기되었다. 여기에서 제시된 방침 중의 하나가 '점진주의'였다. 이는 데라우치 총독뿐 아니라 당시 총독부의 교육 전문가들이 주창

---

18 國分三亥, 「總督施政方針ニ관スル意見書」, 1919, 『齋藤實文書』 제13권.

하는 바였다. 당시 점진주의가 가진 정치적 성격은 다음의 논의를 통해 추론해 볼 수 있다.

> 그들을 어느 정도까지 신문명인으로 화(化)하는 것은 결코 곤란한 업(業)은 아니다. 다만 그들 고유의 벽성(癖性)과 미개의 악속(惡俗)을 근본부터 교정하여 일본인과 동일한 정도까지 나아가게 하는 것은 대체로 용이한 업(業)은 아니다. 소위 점진주의로써 임하는 것밖에 없다. 무엇이냐 하면 그 벽성과 악속은 학교 교육만으로 교정되는 것이 아니고, 가정과 사회를 개조하지 않으면 학교 교육의 목적은 달성되기 어렵다. …… 그들을 포옹하는 가정과 사회에 깊은 관계를 가지기 때문에, 단지 학교 교육만으로는 용이하게 논단하기를 허(許)하지 않는다. 요컨대 조선인에게 신교육을 하여 그들로 하여금 지식성격 모두 문명인과 줄서 부끄럽지 않게 하는 것은 불가능하지는 않아도 용이한 업도 아니다. 또한 그들 조선인을 일본 국민화한다는 것은 불가능하지는 않을지라도, 실로 곤란하다는 것은 본디 누구라도 분명히 하지 않으면 안 되는 바이다. 요(要)는 그 방법과 시간의 문제이다.[19]

위에서 보듯이 점진주의의 채택은 동화의 '어려움'에서 비롯되었다고 할 수 있다. 다시 말해 그들이 보기에 조선인을 일본 제국의 '국민'으로 만드는 것은 '지난한 과정'이었다. 그들에게 그것은 불가능한 것은 아니지만, 그렇다고 쉬운 것도, 하물며 당장에 이루어질 수 있는 것도 아니었다. 교육만을 급격히 일본식으로 바꾼다고 해서 동화주의가 관철되는 것은 아니기 때문이다. 거기에는 오히려 오랜 '시간'과 '노력'이라는 요소, 즉 '과정'이 필요하다는 것이다. 더욱이 국가의 가장 기초 토대이자 인간의 일상적 삶의 공간인 가정과 사회에 대한 전반적인 변

---

19 「朝鮮人を如何に教育すべきか」, 『朝鮮』, 1910년 11월 1일, 400~403쪽.

화가 있지 않고는 그들이 원하는 교육의 효과는 반감될 수밖에 없기 때문이다. 타 민족을 하나의 국가로 통합하는 것이 제도적인 개혁이나 단순한 강요만으로는 될 수 없다. 따라서 그 시간의 과정 속에서 사회 개조와 보조를 맞추어 교육하는 방법론이 모색되어야만 했다. 여기에서 고안된 것이 바로 '점진주의' 방침이라는 것이었다.

특히 '문명화'의 논리는 식민주의가 차별적인 정책의 시행을 정당화하는 지점이었다. 미개한 악습이 실천되는 후진적인 조선을 일본과 비슷한 수준으로 끌어올리기 위해서는 차별적인 지배가 필요하다는 것이다.[20] 그리고 동화주의와 차별적인 교육 사이의 간격을 메우는 역할은 조선 사회를 비문명적이고 후진적인 사회로 정체화(identification)하는 작업을 통해 확보되었다. 거의 대부분의 식민주의가 식민지 정치에서 표방하는 바인, 이른바 '문명화의 사명'이라는 것이다.

이와 같은 방법론으로서의 점진주의가 확보한 시간 안에서 그들은 조선 사회를 서서히 일본화 해가고, 동화를 위한 토대 작업을 구축하겠다는 구상이었다. 우선, 그 사이에 가장 힘을 기울인 것은 바로 일본어 보급이었다.

> 조선인의 교육도 일본인의 교육도 우리들은 같다고 생각한다. …… 국어의 문제는 가장 긴요하다. …… 그러나 조선인이 모두 일본어를 말하고 일본어로부터 진실한 일본인이 되기까지는 다소 시일을 요한다. 아무리 해도 일조일석(一朝一夕)에 완성되지는 못한다. 그러므로 교육문제 같은 것도 조선 종래의 교육법 및 행정 등 이것을 비교하여 연구할 필요가 있음과 동시에 급격한 변경을 가하는 일은 고려하지 않으면 안 된다. 필요가 있기까지 강요하는 이상은 반드시 그 효과가 완전하지 않다는 것은 명확한 것이기 때문에 지금은 단지 점진주의를 취해 조선인을 일

20 권태억, 『일제의 한국 식민지화와 문명화』, 서울대출판원, 2014, 96~104쪽.

본화하는 일에 힘쓰면 좋고, 조선인의 사립학교나 서당 등에는 그다지 일본 정부가 간섭하지 않는 것이 득책(得策)이라고 생각하며, 아울러 이러한 것들에도 일본어를 교수(教授)하는 것은 확실히 필요하다.[21]

위의 글은 점진주의의 방침하에서 가장 힘쓸 것으로 일본어 교육을 꼽고 있다. 특히 조선인 학교에 간섭은 하지 않더라도, 일본어만은 확실히 교육시킬 것을 요구하였다. 언어는 식민지 국민통합의 필요충분조건은 아닐지언정, 하나의 필요조건이기 때문이다. 공통의 언어는 동일한 경제권이나 제국적 질서의 건설을 위해 우선적으로 확보되어야 했다. 따라서 조선인에게 일본어를 보급하는 일은 양보할 수 없는 부분이자 시급한 일이었다. 어느 교육 잡지에 실린 논설에서 한 필자는 조선인에게 일본어를 교육하는 목적을 다음의 네 가지로 정리하였다. 첫째, 조선인의 일본화, 이것이 제일의 목적이다. 둘째, 일본 전국을 같은 정신에 의해 통일해 가기 위해 필요하다. 셋째, 실익을 위해서이다. 일본인이 빠르고 편하게 조선인과 거래나 상담을 할 수 있다. 조선인이 일본어를 하는 것은 일본인에게 매우 편리하다는 것이다. 넷째, 세력 발전을 위해서이다. 일본어의 확대 시행은 일본 민족이 세력을 확장해 가는 단서이다. 그리하여 이것이 20년, 30년을 경과하면 그들이 완전히 일본화가 되고, 거기에서 국민 교육의 통일이라는 결과가 올 수도 있다는 것이다.[22]

다음으로, 보통교육과 실업교육의 보급이다. 이 역시 점진주의라는 틀 속에서 나온 방침으로, 우선적으로 실생활에 필요한 보통지식과 실업 위주로 교육하겠다는 것이다. 이러한 교육을 통해 일제가 식민지 조선인에게 노리는 효과는 다음의 글을 통해 확인할 수 있다.

---

21 「朝鮮人を如何に教育すべきか」, 『朝鮮』, 1911년 1월 1일, 406~410쪽.

22 井上哲次郎, 「日韓併合と今後の教育」, 『教育界』, 1910년 10월 3일, 258~265쪽.

조선인 교육을 어떻게 해야만 하는가 하는 문제에 대해서는, 우리들은 먼저 실과 교육을 주로 해야만 한다. 조선인도 이미 일본인이기 때문에 모국인과 똑같이 교육하고 이를 동화해야 한다고 하지만, 여하튼 조선은 모국과 문화의 정도가 적어도 반세기 지연되어 있다. (중략) 고로 당연한 결론으로서 모국인과 똑같이 조선인을 교육한다는 의미는 아니다. 자신이 믿는 바로는 조선인 교육은 차이를 두어 덕육(德育)을 주로 하고 지육(智育)은 오로지 실과적 즉 농업교육·공업교육 등을 가르치고, 법률 정치 같은 것은 절대로 배척해야만 한다고 생각한다. 왜냐하면 이들의 학문은 크게 참정사상을 야기할 뿐만 아니라, 나아가면 혁명사상 또는 사회주의를 유발할 위험을 수반하기 때문이다. …… 금일의 현상에 있어서는 전문교육이라면 전에 서술했던 실과적·수예적 학문을 주입하는 것이 필요하다. 그리고 이들 학문을 닦는 것은 금후 모국 혹은 외국의 자본이 유입되어 각종 사업이 부흥됨에 따라 …… 이들이 각 공장 회사의 하급 사무원·하급 기술원으로 채용하고, 모국으로부터 온 감독자·고급기술원·고급 사무원 등의 보조원으로 사용해야만 하는 것이다. 앞에서도 말했지만, 조선도 지금 농업 본위의 상태에 있을지라도 장래 크게 공업이 발달할 것이고, 또 발달하지 않으면 안 된다.[23]

위의 글에 나타나듯이, 실업 위주의 교육과 보통교육을 통해 조선총독부는 다음의 두 가지 효과를 동시에 얻을 수 있었다. 조선인에게 근대적 직업교육을 시키겠다는 실용주의적인 측면이 그 하나이다. 일본 제국주의는 조선을 일본 내지와 거의 비슷한 사회로 변혁시키려 하였다. 정치기구뿐 아니라 사회제도 및 경제제도 역시 일본 내지로 통합될 수 있는 방향으로 점차 바꾸어 나가야 했다. 이러한 조직을 운영할 인적자원이 필요했음은 두말할 나위도 없다. 사회 및 경제 조

23 岡崎遠光, 「朝鮮人の實科教育」, 『朝鮮』, 1911년 12월 1일, 456~457쪽.

직의 상층은 일본인으로 채우더라도 하부 기구까지는 무리였다. 나아가 장차 일본 제국이 대륙 진출을 하기 위해서는 조선의 공업화 역시 필요 불가결하였다. 이것이 산업예비군으로서의 조선인 양성이 필요한 이유이다. 더욱이 그들이 파악한 조선인은 "근로를 싫어하고 생업을 천시하는 폐풍"을 가지고 있기 때문에, 이를 "교정하여 근로와 산업의 방면으로" 이끌어야 한다는 것이다.[24] 그들에게는 이 역시 문명화의 사명이었다. 총독부 국가권력이 필요로 하는 하급 노동자로서의 인적자원을 빠른 시일 내에 확보하겠다는 의지의 표명이었다.

다른 하나는 조선인에게 정치의식이 성장하는 것을 방지해야만 했다. 조선을 병합한 후, 조선인을 일본의 국민으로 통합하려는 일제에게 교육은 정치적 권리를 각성시킬 위험성을 내포한 것이었다. 그 위험은 두 가지의 정반대 방향에서 올 수 있었다. 첫 번째로는 조선인의 독립의식 고취이다. 항일의병투쟁을 무력으로 진압하고 한국을 병합한 일제가 가장 우려한 것은 조선인의 민족독립운동이었다. 더욱이 반제국주의 투쟁을 선도하고 있는 사회주의 사상이 조선의 독립운동과 결합하여 전개될 수도 있었다. 교육이 조선인에게 내지로부터의 이탈이라는 원심력을 부여할 수 있었던 것이다.

두 번째로는 조선인들이 정치 참여를 요구할 수 있다는 점이다. 조선총독부는 조선인을 일본 국민이라고 천명하였을 뿐만 아니라 동화를 주창하였다. 조선인이 일본 국민이라면 당연히 내지인과 마찬가지로 참정권이 있어야만 하였다. 그렇지만 그들은 조선인이 일본 국민으로 완전히 동화되지 않은 상태에서는 참정권을 부여할 수 없고, 조선인이 일본 천황과 국가에 충성을 바치리라는 확신이 서지 않는 이상 일본의 국가 정책 결정에 참여시킬 수가 없었다. 그것은 적에게 총을 쥐어 주는 꼴이 될 수도 있다고 여겼기 때문이다. 즉 고등 학문을 조선인에

24 「朝鮮人を如何に教育すべきか」, 『朝鮮』, 1911년 1월 1일, 406~410쪽.

게 교육할 경우, 이는 그들이 교육을 통해 의도하는 것과는 완전히 다른 방향으로 나아가 식민지 지배 정책의 파탄을 초래할 수도 있었다.

실제로 영국이나 프랑스 등의 식민지 교육 경험을 연구한 그들에게 이러한 위험성은 입증된 사실이기도 했다. 식민지 동화주의의 대표적인 국가인 프랑스의 경우, 인도지나에서 대학 교육을 실시코자 하였으나, 학생은 움직이면 독립을 주창하는 경향이 있다고 판단하여, 이를 중단시킨 예가 있다. 인도에서 대학 교육을 실시하였던 영국조차도 이러한 불평을 우려하여 이집트에서는 주로 실업교육에 힘쓰고 있다는 것이다.[25] "세상에는 각국 신영토민의 교육으로부터 얻은 경험에 기반하여, 조선인에게 고등 교육을 가르치는 것은 위험 분자를 양성할 우려가 있고 도리어 그들을 적이 되게 한다. 따라서 그들은 소학교 정도로 충분하고 전문적 학교로는 오직 간이 실업학교만이 가하다"라고 하여,[26] 보통교육이 일단락 된 후에나 중등교육, 고등교육 기관은 생각해 볼 수 있다는 논리이다. 다시 말해 교육을 통해 조선인의 독립사상이나 참정권사상 등의 정치적 각성은 일본의 제국주의 행보에 커다란 장애로 작용할 수 있다는 것이다.

이렇듯 교육 방침으로서 점진주의에는 일종의 식민지 정치학이 작동되고 있었다. 일제의 조선인 교육은 이들을 일본 국민으로 동화한다는 대원칙에 입각하여, 조선인의 정치적인 저항을 초래하지 않을, 하나의 방법론으로서 모색된 것이 바로 점진주의이기 때문이다. 그리고 이것은 변화가 감지되지 않는 사이에 '변화'를 도모하겠다는 정책이기도 하였다.

어떻게 이 신부(新附) 일천만민으로 하여금 우리나라에 동화시킬 것인가에 대해

---

25 弊原坦, 1919, 『朝鮮教育論』, 六盟館.

26 「朝鮮人を如何に教育すべきか(先づ彼等の非文明的風習性情の改善に重き置け)」, 『朝鮮』, 1911년 2월 1일, 419~422쪽.

> 고심하고 있다. 이미 이 민(民)을 근세의 문명에 접촉시켜 우리에게 동화시킨다는 방침을 취한 이상은 이 조선인 교육의 근본 방침은 확립되었다고 할 수 있다. …… 고로 그들로 하여금 마음으로부터 일본 신민이라는 것을 자각시키고, 일본 천황의 적자라는 것을 자각시키는 것은 결코 용이한 업이 아니며 오직 이 일대 방침과 일대 이상으로써 나아가면 가하고, 급격하게 이것을 강요하면 도리어 반감을 도발할 우려가 없을 수 없다. 오직 무의식 간에 이것을 침윤하고, 무의식 간에 우리에게 동화시키는 것이 최상의 책(策)이며, 헛되이 충군애국을 고취하는 것은 가장 위험할 우려가 있다. 교육의 임(任)을 담당하는 자가 깊이 이것에 의(意)를 두지 않으면 안 된다.[27]

> 조선인 교육의 주안은 본디부터 그들로 하여금 훌륭한 일본인이 되게 하고, 훌륭한 일본 제국민이 되게 하는 데 있다는 것은 의론이 없는 바이어도 완급을 잘하지 못하면 수습하지 못할 실패에 빠질 우려가 없지 않다. 그러므로 교육의 임무를 담당한 자는 크게 신중한 고려를 요하는 것이고, 부지불식간에 그들을 일본화하지 않으면 안 된다고 생각한다.[28]

결국 일시적 방침으로서 '동화'라는 근본적인 방침에 방해가 되지 않는 선에서, 당면의 급무가 되는 것[29]을 중심으로 조선인 교육을 실시하겠다는 것이었다. "일본 제국이라는 관념을 깊이 새겨 넣는 것은 가장 긴요한 것일지라도 짐짓

---

27 「朝鮮人を如何に教育すべきか(先づ彼等の非文明的風習性情の改善に重き置け)」, 『朝鮮』, 1911년 2월 1일, 419~422쪽.

28 「朝鮮人を如何に教育すべきか」, 『朝鮮』, 1911년 1월 1일, "朝鮮人の教育に就て" 朝鮮總督府 學務局長 關屋貞三郞., 406~410쪽.

29 「朝鮮教育は日本語普及に全力を傾注すべし」, 『帝國教育』, 1910년 10월, 375~376쪽.

이것을 노골적으로 말하면 도리어 반감을 초래할 우려가 있다"[30]는 조선인 교육에 대한 의견은 이러한 맥락에서 이해할 수 있다. 그리고 "부지불식간(不知不識間)에 그들을 일본화" 해야 된다는 조선총독부 학무국장 세키야(關屋貞三郎)의 조선인 교육관은 그 핵심이었다. 외양은 조선인의 기존의 삶의 양식을 그대로 인정하는 듯한 모습을 띠지만, 그들이 의식하지 않는 사이에 일본인과 동일한 방향으로 조금씩 변화시키겠다는 것이다. 그것은 한마디로 '정중동'(靜中動) 정책이라는 얘기였다.

4. 유교와 교육 방침

조선의 문화적 특수성으로 인식되는 '유교'의 인정 여부는 병합 후 조선의 교육 방침과 관련하여 교육 정책 당국자 및 전문가들 사이에서 논란의 중심이었다. 일본 국내 특히 '제국교육회'가 일본주의를 강하게 주장하는 데 비해, 데라우치 총독이나 조선총독부의 교육 전문가들이 조선인 교육에 유교주의를 주장하였기 때문이다.[31] 당시 일본주의 교육인 '교육칙어' 대 조선 특유의 문화로 인식된 '유교주의'라는 양자를 둘러싸고 논란이 있었던 것도 사실이다.[32] 그럼에도 조

30 「朝鮮人を如何に教育すべきか」, 『朝鮮』, 1911년 1월 1일, 406~410쪽.

31 고마고메는 1911년 3월 제국교육회가 데라우치 총독에게 제출한 「조선 교육에 관한 건의서」가 "교육칙어의 성지를 보급"할 것과 조선어 교육의 완전 폐지를 주장한 것에 대해, 데라우치가 유교주의만을 얘기하고 교육칙어를 말하지 않은 것은 일본 잡지의 논조나 제국교육회 건의에 대한 간접적인 반론이라고 평가한다.(駒込武, 『植民地帝國日本の文化統合』, 岩波書店, 1996 ; 고마고메 다카시, 오성철 외 옮김, 『식민지 제국 일본의 문화통합』, 역사비평사, 2008, 129~130쪽).

32 강명숙은 조선총독부가 1911년 3월경까지 유교를 조선 교육의 목적으로 제시하였지만, 일본 국내의 반대에 부딪혀 변화되었다고 한다(강명숙, 2007, 13쪽). 그러나 데라우치가 유교가 조선 통치에서 가지는 유용성을 언급한 것이지 유교를 교육의 목적으로 삼았다고 하기는 어렵지 않나 한다.

선총독부나 데라우치가 교육의 목적 자체를 유교로 보았다고 하기는 어렵다. 데라우치는 유교를 조선인 교육에 "간과할 수 없는 필요조건"이라고 하였기 때문이다. 필요충분조건이 아니다.

그렇다면 식민지 조선인 교육에, 그리고 나아가 식민지 동화주의 정책에서 '유교'가 이들 사이에 논란이 되었던 것은 무슨 이유이며, 교육 방침에서 '유교주의'의 인정이 식민지 동화주의와 어떤 연관성을 가질 수 있는가. 그것은 다음의 두 가지 측면에서 그 효용성을 추론할 수 있다. 하나는 두말할 것도 없이, 조선인의 저항을 의식하였다고 할 수 있다. 『요미우리신문』의 논설 역시 이러한 우려를 표명하고 있었다.

> 유교는 조선의 국교라고 할 정도의 것이므로, 이것으로 조선인을 감화함은 물을 낮은 곳으로 끄는 것처럼 매우 용이한 것 같아, 조선에서의 교육 방침도 금후에는 오직 유교에 기초를 둔다는 취지로 듣고 있다. 요컨대 조선인의 신교는 병합의 결과 한층 더 그 자유가 확실하게 되었음은 물론이므로, 이에 대하여 너무 간섭처럼 보이는 것은 결단코 해서는 안 될 것이다.[33]

일본인들이 볼 때 조선 사회에서 유교는 국교라 이를 만큼 강한 영향력이 있어, 이것은 조선인의 생활양식이자 삶 그 자체이기도 했다. 특히 양반층에게 그것은 일종의 종교적인 신념과도 같았다. 신념은 침해를 당하면 강한 반발을 동반하기 마련이다. 이러한 종류의 반감은 조선인을 일본 국민으로 동화하기는커녕, 일본의 조선 통치 그 자체를 위험에 빠뜨릴 수 있는 소지가 있었다. 그러므로 교육 방침 역시 교육의 효과를 극대화할 수 있는 방안을 마련해야만 했다. 이것이 바

33 「朝鮮의 宗教」, 『讀賣新聞』 1910. 9. 3.

로 조선인 교육에 유교의 언어가 필요한 이유였다.

다른 하나는 유교가 조선인을 일본 국민으로 교육하는 수단으로 이용될 수 있다는 것이다. 조선인의 저항을 우려해 인정한다는 차원이 아니라, 유교가 일본의 조선 통치 나아가 조선인의 국민화 교육에 적극적으로 활용될 수 있다고 판단되었기 때문이다. 일본 국민교육의 길라잡이인 교육칙어를 설명하는 데 유교가 유용성을 가지고 있다는 것이다.

> 조선 교육의 방침도 유고되었다. …… 그 유고의 일절(一節)을 말하면, "제국교육의 대본은 일찍이 교육에 관한 칙어에 명시된 바, 이것을 국체(國體)에서 원(原)하고, 이것을 역사에 징(徵)하여, 확호하게 하여야 한다. 교육의 본의는 역시 여기에 있다. 생각건대 조선은 아직 내지와 사정이 같지 않다. 이 때문에 그 교육은 특히 덕성(德性)의 함양과 국어의 보급에 힘쓰고, 그럼으로써 제국신민인 자질과 품성을 갖추기를 요한다. …… 교육에 관한 칙어는 중외에 실시하여 어그러짐이 없고, 인륜덕의의 실천요항(實踐要項)을 명시한 것으로, 어떤 민족교육에 있어서도 그 적합하지 않은 바가 없는 것은 물론이다. 하물며 우리 민족과 그 원류를 같이 하는 조선 민족을 교육하는데 당해서랴. 고로 조선 국민의 도덕교육은 이 칙어의 성지(聖旨)로 본의(本義)를 삼아야 한다는 점, 다시 말할 것도 없지만, 동국(同國)에는 수천년래, 유교도덕이 행해졌기 때문에, 칙어의 성지를 부연하고, 실천도덕을 설명하는 데는 유교에 의하는 것, 또한 가장 편익(便益)이다.[34]

유교가 표방하는 '인간에 대한 관계'는 일본 국민교육의 대방침인 '교육칙어'(教育勅語), 나아가 국민통합의 논리와 일맥상통하는 측면을 가진다. 교육칙어

---

34 「朝鮮教育に就て」, 『教育時論』, 1911년 11월 25일, 254쪽.

에 유교적인 도덕을 차용하고 있는 것도 그 때문이었다.[35] 그것은 유교적 인간주의, 즉 인간적인 신뢰와 인간적인 됨됨이에 대한 기본적인 자각, 타인을 위한 충직한 행동 등을 하나의 자양분으로 이용하고 있었던 것이다.[36] 더욱이 유교적 인간관의 핵심인 '군신' '장유' '부부' 사이의 구별과 위계는 일본의 핵심적 정치이데올로기인 '가족국가관'의 논리에 토대가 되었다. '가장'과 '가족' 사이의 위계를 국가로 환원시킨 가족국가 관념은 국민적 일체감을 강화하는 이데올로기적 기능을 가지고 있었다.[37] 그러므로 조선인을 일본의 국민도덕으로 무장시키기 위한 한 방편으로, 조선의 언어인 유교적 도덕의 강조는 교육의 효과를 극대화할 수 있는 이점이 있었던 것이다. 한편으로는 저항감을 일으키지 않으면서, 다른 한편으로는 일본 국민화 교육을 하는, 일거양득의 효과를 거둘 수 있는 것이 바로 유교적인 도덕을 조선인 교육에 이용하는 것이었다. "병합 후의 조선 통치문제 담"이라는 제목의 담화[38]에서 행한 일본 외무대신 하야시 다다스(林董)의 발언에서도 그것을 확인할 수 있다. "다행히도 조선은 유교의 나라이다. 그런데다가 일본은 유교의 정신에 서양의 새문명의 의복을 입힌 나라이다. 그러므로 일본이 조선을 동화하는 것은 서양 나라들이 이교(異教)의 영토를 통치하고 동화하는 곤란에 비한다면 참으로 쉬운 일이라고 하지 않을 수 없다"[39]는 발언은 유교가 일본의 조선 통치에 일정한 역할을 할 수 있다는 것을 확인하고 있다.

---

35 박균섭, 「교육칙어와 일본근대교육」, 『일본학보』 43집, 1999.

36 Tetsuo Najita, *JAPAN: The Intellectual Foundations of Modern Japanese Politics*, The University of Chicago Press, 1974(박영재 옮김, 『근대 일본사-정치항쟁과 지적긴장』, 역민사, 1992), 131~132쪽.

37 Peter Duus, *The Rise of Modern Japan*, Boston: Houghton Mifflin Co., 1976(金容德 譯, 『日本近代史』, 지식산업사, 1983), 132쪽.

38 伯爵 林董, 竹越與三郎, 目賀田種太郎, 松田正久 등이 참석했으며, 이들은 한국의 併合에 직간접적으로 관련된 인물들이다. 담화의 주제는 同化政策의 강행 여부였다.(「併合後の朝鮮統治問題談」, 『太陽』, 1910. 10. 1. ; 姜東鎭, 『日帝言論界의 韓國觀』, 一志社, 1982, 83쪽 재인용).

39 「併合後の朝鮮統治問題談」『太陽』, 1910. 10. 1.

그러나 유교에 의한 조선인 교육은 영구적인 것도, 조선 '고유'의 유교도 아니었다. 다시 말해 유교주의는 조선의 유교 그 자체를 교육한다는 의미가 아니었다. 왜냐하면 그들의 입장에서 조선의 유교는 중대한 결점을 가지고 있었다. 이는 일본 제국의 조선 통치 전략, 즉 장기적으로 조선을 '내지'로 편입한다는 지향성에 일대 장벽이 될 수도 있기 때문이다. 다음의 글들은 조선인 교육에서 유교의 유용성은 인정하되 그 자체가 교육의 목적이 되어서는 곤란하다는 점과 그 이유를 피력하고 있다.

> 유교는 종래 조선에서 행해져 왔던 것이다. 그러므로 장래 교육에도 깊은 관계가 있다는 것은 물론이다. 그럴지라도 이것으로써 교육의 주의를 삼는 것은 의문이며, 만일 조선에 채용하여 좋다면 이것을 일본에 채용해도 좋을 터이지만 금일 우리 교육은 유교주의라고 한다는 것은 문제가 되는 이상, 조선 교육주의로서도 적어도 의문이다. 그럴지라도 종래의 유교주의와 충돌하는 형태의 졸렬한 교육정책을 집행해서는 안 된다. 요컨대 교육의 대방침을 세우고 문명의 사상으로 가능한 이것을 세련하여, 그럼으로써 이것을 이용하는 방책을 세우지 않으면 안 된다.[40]

> 조선의 교육은 유교교육에 따르고 있고, 거기에서 유교교육이라고 한다면 조선인은 반정(反情)을 품지 않는, 오백 년의 습관이다. 그래서 유교교육이라는 것은 결코 나쁜 것이 아니기 때문에, 유교교육으로 조선인을 교육한다는 것은 정책으로서 가장 마땅한 것이라고 생각한다. …… 또 가장 책(策)을 얻는 것이다. 그럴지라도 그것도 당분이다. 언제까지 유교교육을 행한다는 것은 아니다. 왜냐하면 유교교육이라는 것은 금일의 교육으로는 불충분하고 또 몹시 폐해도 있다. 폐해는 형식

40 木場貞長「朝鮮教育の要旨(附, 儒教主義를 採用해야만 할까)」, 『教育時論』, 1910년 9월 15일, 194~195쪽.

으로 흐르기 쉬운 포멀리즘이 있다. …… 금일의 유교와 달랐던 과학연구에 취미를 가지지 못하고, 연구적 정신이라는 것이 결여되어서는 곤란하다. 또 덕육으로서 유교는 불충분하다. 인격의 관념이 명료하지 않는 것도 있다. 권리사상이 없고, 권리사상이 없기 때문에 입헌정체(立憲政體)라는 것은 유교에서는 나오지 않는다. 또 법률의 관념이 결핍되어, 입법의 정신에 이르러서는 유교에서 구할 수 없다. 유교는 단지 덕육으로 행한다는 것이기 때문에 도덕의 측에서는 극히 좋을지라도, 역시 부족한 바가 있다.[41]

궁극적으로 유교는 일본의 근대 국민국가 시스템에 적합하지 않다는 것이다. 당시 위의 필자는 유교가 '국민'을 만들 수 없는 이유를 다음 세 가지로 정리하였다. 첫째, 실용주의적인 면이 부족하다. 조선에서 유교는 형식주의적이고 관념적인 형태로 발달해 왔다. 이 때문에 서구의 실용주의적인 과학 정신과 거리가 멀다. 부국강병과 제국주의적 팽창이 국가의 목표이기도 한 제국 일본에게 이는 용납되기 어려운 것이었다. 바야흐로 일본은 서양 제국을 모델로 하여 산업화를 급속히 추진하고 있었다. 이뿐 아니라 뒤늦은 제국주의 대열에 합류는 그들을 더욱 조급하게 하였다. 따라서 일본의 국민은 산업화의 일꾼이자 병사가 되지 않으면 안 되었다. 그리고 이것은 앞으로 제국주의 대열에 동참하기를 바라는 조선인에게도 요구될 것이었다.

둘째, 덕육(德育)으로도 충분치 않다. 일본의 정체(正體)에 적합한 인간을 만들기 어렵다는 것이다. 주지하듯이 일본의 정치체제는 천황을 정점으로 하는 입헌군주제였다. 비록 민주주의가 제한적으로 실행되었을지라도, 그것은 헌법에 의해 통치되는 국민주권국가였다.[42] '교육칙어'에 헌법의 준수나 국가에 대한 헌

41 井上哲次郎, 「日韓併合と今後の教育」, 『教育界』, 1910년 10월 3일, 258~265쪽.

42 西川長夫, 「日本型國民國家の形成-比較史的觀點から」, 西川長夫 · 松宮秀治編, 『國民國家形成と文

신 등 근대적인 이념을 강조하는 것도 그러한 이유에서이다.[43] 반면 유교의 통치 원리는 기본적으로 '인치'였다. 왕이 곧 법이고, 가장이 곧 법이었던 것이다.[44] 따라서 일반 민에게는 개인의 정치적 권리나 의무 관념이 발생하기 어렵다. 더욱이 농업에 기반을 둔 자급자족적 소농 생활 방식에서는 민사상의 권리나 의무와 같은 계약 관념이 발달하기 어렵고, 이것이 바로 유교교육이 근대 교육의 목표가 되기 어려운 이유라는 것이다.[45]

셋째, 가장 심각한 결함이 있었으니, 그것은 다름 아닌 국가에 대한 '충성심'이 없다는 것이다. 중국의 유교에는 충 관념이 부족하기 때문에, 그것을 수입한 조선 역시 충이 부족할 수밖에 없다는 분석이다. 유교에서 국가 관념이 나오기 힘들다는 것이다.

> 유교주의(儒教主義)는 지나(支那)의 주의이고, 금일 실제 일본에서 행하는 유교주의는 공맹의 교(教)와는 매우 다르다. 제일의 예로 일본에서는 충효인의(忠孝仁義)를 유교주의의 중대한 덕목으로 삼고 있지만, 지나에서는 소위 유교 중에 충이라는 문자를 제일 많이 볼 수 없다. 어쩌다 언충신(言忠信), 행독경(行篤敬)이라는 풍(風)의 말이 있을지라도, 그 충은 소위 성(誠)을 이르는 의미이고, 우리가 황실에 대하여 생각하는 도념(道念)을 표하는 충과 같은 의미는 유교의 어느 책을 보아도 그다지 많지 않다. …… 조선인에게 가장 부족한 덕성에 비중을 두어 도덕교육을 하는 것이 최급무 중의 급무라고 생각한다.[46]

化變容』, 新曜社, 1995.

43 Peter Duus, *The Rise of Modern Japan*, Boston: Houghton Mifflin Co., 1976(金容德 譯, 『日本近代史』, 지식산업사, 1983), 131쪽.

44 范忠信 외, 李仁哲 옮김, 『中國法律文化探究』, 일조각, 1996, 201~203쪽.

45 范忠信 외, 李仁哲 옮김, 『中國法律文化探究』, 일조각, 1996, 4~5쪽.

46 三土忠造 論說「朝鮮人の教育」, 『教育界』, 1910년 10월 3일, 254~257쪽.

사실상 중국에서 유교는 농업사회를 기반으로 성립·운용된 통치 원리였다. 이 때문에 근대 산업사회에서 필요로 하는 조직 원리나 사회적 관념이라는 측면에서 부합되지 않는 면이 있었다. 농업 생산과정에서는 존비장유(尊卑長幼)나 귀천친소(貴賤親疎)와 같은 관념이 발달했다. 개인의 충성 역시 자신이 속한 가문이나 종족 집단을 향한 것이지, 국가에 대한 것이라고 보기에는 어려웠다. 존장에 대한 충절이나 조상 및 부모에 대한 '효'의 관념이었다.[47] 이것은 중국이나 조선에 한정된 것만은 아니었다. 일본에서도 군주와 신하의 계약적 개념인 '충'과 부모 자식 사이의 '효'는 국가라는 법인격에 대한 '애'와는 다른 것이었다. 일본이 근대 교육을 실시하면서 충군과 애국을 연결시키기 위해 노력을 기울인 것도 이 때문이었다. 일본은 국가 관념을 만들기 위해, '국민 고유의 도덕'으로 '충효주의'를 강화하면서, 충효일치·충군애국을 일본 고유의 도덕으로 규정하고 교육하였던 것이다.[48]

실제로 근대 일본인들이 보기에 조선인에게는 국가 관념이나 국민의식이 없었다고 한다. 병합 전 일본인들의 조선 방문기는 조선인들에게 애국심이나 공공심이 결여되어 있다는 점을 지적하고 있다.[49] 그것은 상민에게 공공 생활이나 정치적인 관계가 전혀 없었다는 데에서 그 원인을 찾고 있다. 행정부는 양반에게 독점되어 있었기 때문에, 상민은 정치가 어떻게 되고 있는지를 전혀 알지 못했다. 따라서 국가 관념도 없고, 충군사상도 없다. 상민은 기본적인 필요를 채우고 평

---

47 范忠信 외, 李仁哲 옮김, 『中國法律文化探究』, 일조각, 1996.

48 1910년 4월부터 개정된 국정Ⅱ기 수신교과서의 이념은 '국민도덕'으로 규정된다. 국민도덕론으로 불린 Ⅱ기 개정의 요점은 "교육에 관한 칙어에 기반하여 충효의 대의를 밝히고 국민 고유의 특성을 발휘하게 하는 데 특히 주의를 기울인 수정"(1910년 3월 문부성 훈령 제2호)이라 평가되었다. 모리카와 데루미치, 「입신출세와 근대교육」, 辻本雅史 外 編, 『教育社會史』, 山川出版社, 2002, 이기원·오성철 옮김, 『일본교육의 사회사』, 경인문화사, 2011, 393~394쪽.

49 ピーター·ドウス, 「朝鮮観の形成-明治期の支配イメージ」, ピーター·ドウス/小林英夫 編, 『帝國という幻想』, 青木書店, 1998, 53~54쪽.

화로운 생활을 할 수 있는 한, 자신들은 누가 어떻게 통치하는가에 대해서는 깊은 의문을 품지 않았다. 정치와 관련된 의식이 없다면 국가에 대한 헌신이 있을 수 없고, 국가에 대한 헌신이 없다면 애국심도 있을 수 없다. 상민은 자신의 나라를 자신의 국가로 부르지도 않았다는 것이다. 충은 정계에 진출한 관료나 관료가 될 수 있는 계층인 양반이 왕과 왕조에 대해 바치는 관념으로, 그것은 일반 민과는 거의 무관하였다는 것이다.[50]

이러한 측면에서 보면, 유교적인 도덕과 의식에 머물 경우 조선에 제국적 질서를 관철시키기 위한 일본 제국의 구상은 치명적인 타격을 받을 수 있었다. 왜냐하면 동화주의는 조선인을 일본의 국민으로 통합하여, 제국주의 침략의 동반자적인 역할을 부여하려 했기 때문이다. 교육을 통해 조선인에게 '충'의 관념을 만들어 내야만 하는 이유가 바로 여기에 있었던 것이다. 더욱이 충은 과거의 조선 왕조에 바치는 것이 아닌, 미래의 일본 제국에 바치는 것이어야만 했다. 그리고 그것은 조선 민족의 동일성이 아닌, 일본 제국의 국민으로서의 자각을 통해 나와야만 했다.

> 우리 국(國)의 군신 관계는 지나(支那)나 조선 등과 다르고, 우리 국의 군신 관계는 가장과 가족과의 관계를 겸유하는 것으로 인정되고 있기 때문에, 유교의 윤리설을 응용할 때에는 충효의 두 가지를 병용하지 않으면 안 된다는 의미인 것이다. 부자 관계에 혁명이 있어야만 하는 의미가 없는 것과 마찬가지로 우리 국체에 있어서는 혁명을 허락하지 않는 것은 유교의 윤리설에서도 성립될 수 있는 것이다.[51]

조선인에게 충을 주입하는 하나의 방식은 충효를 동시에 강조하는 것이었

---

50 ピーター·ドウス, 「朝鮮觀の形成-明治期の支配イメージ」, ピーター·ドウス/小林英夫 編, 『帝國という幻想』, 青木書店, 1998, 53~54쪽.

51 文學博士 市村瓚次郎 論說 「日韓併合と精神統一」, 『教育界』, 1910년 10월 3일, 266~271쪽.

다. 그들이 강조하는 충효는 합일된 개념으로 효, 즉 충이었다. 일본에서는 유교를 비롯한 민간 종교가 천황제 국가와의 복잡한 대항 갈등을 통해 국민국가적인 공영권 안으로 통합되어 갔다.[52] 이와 마찬가지로 조선에서도 집안의 가장에게 효를 하듯이, 국가의 가장인 천황에게도 충을 해야만 한다는 가족국가 관념을 만들고자 하였다. "유교의 나라"로 인식된 조선에서 '효'가 최고의 가치관이라는 점은 가족국가 관념을 창출하려는 일본 제국의 입장에서는 다행스러운 일이기도 했다. 따라서 그들이 인정한 유교의 초점은 효보다는 충이었고, 효는 충을 위한 하나의 수단이기도 했다.

요컨대 유교의 언어로 말을 하지만, 그것은 일본식으로 변형된 국가의식 만들기에 다름 아니었다. 더불어 말하면 당시 일본 지식인들이 가진 유교에 대한 이해는 서구적 근대성, 서구의 국민국가 패러다임을 모범으로 삼은 그들의 인식론으로부터 나온 것이었다. 탈아입구(脫亞入歐)를 주창했던 후쿠자와 유키치(福澤諭吉)가 일본의 문명화, 즉 서구화에 유교를 최대의 장애물로 인식하고 공격한 것도 여기에서 기인한다고 할 수 있다.[53] 근대 일본의 정치인이나 지식인들에게 유교는 시대에 뒤떨어지고 나라를 망하게 하는 것인 한편, 다른 한편에서는 그것이 가진 도덕과 언어를 이용해야만 하는 '양가성'을 가지고 있었던 것이다.

---

52 安丸良夫,『文明化の經驗-近代轉換期の日本』, 岩波書店, 2007.

53 이에 대해 미야지마는 후쿠자와가 유교를 잘못 이해하였다고 비판을 한다. 이는 유교적 근대성을 주장하는 미야지마의 인식론과 관련이 있는 유교 이해이기도 하다(미야지마 히로시(宮嶋博史),「후쿠자와 유키치(福澤諭吉)의 유교인식」,『한국실학연구』 23, 2012). 그러나 이 논문의 관심은 그들의 유교 인식이 옳다 그르다에 있지 않다. 오히려 그들이 표상하고 의미화한 유교 인식에 관심이 있다.

5. 결론

이 글은 병합 초기 식민지 교육 담론 분석을 통해, 일본 제국주의가 식민지 조선에서 행한 동화정책에 대한 이해의 폭을 확장하는 것을 목표로 하였다. 특히 동화주의의 부정으로 비춰지고, 차별적인 교육의 표상이기도 한 '점진주의'와 '유교주의' 교육에 대한 담론 분석을 통해 이들 교육 방침이 동화주의 정책에서 가지는 의미를 고찰하고자 하였다. 이를 통해 본고는 다음의 몇 가지 사실을 확인할 수 있었다.

우선 점진주의 방침하에 조선총독부는 소위 '문화적 격차', 즉 '차이'를 줄이는 작업을 서서히 진행하겠다는 구상을 하였다. 이 시기에 우선적으로 일본어 보급에 힘을 쓰겠다는 것이다. 그들에게 있어 일본어는 '일본 정신'이 머무는 것으로, 조선인 동화 나아가 국민으로 통합하기 위해 필수 불가결한 요소로 생각되었다. 이뿐 아니라 언어의 공통성은 동일한 경제권에서 생활하기 위해서도 필요하였다. 보통교육 및 실업교육 또한 두 가지 측면에서 유용했다. 고등교육 배제를 통해 조선인의 정치의식이 성장하는 것을 차단하는 한편, 실용적인 교육을 통해 그들이 필요로 하는 하급 노동자로서의 인적 자원을 빠른 시일 내에 확보하겠다는 것이다. 이를 통해 조선인과 일본인이 가진 격차를 서서히 줄여 나가겠다는 발상이다. 이것은 조선인 자신이 일본화되고 있다는 사실을 알아차리지 못하는 사이에 일본화 하겠다는 논리였다. 그러한 논리는 '문명화'의 이름으로 조선인의 계도라는 방식으로 담론화되었다.

다음으로 유교주의는 두 가지 측면에서 조선 통치에 유용성을 가지고 있었다. 하나는 유교의 언어를 이용하여 통치정책을 펼 경우 조선인의 저항을 무마할 수 있다는 점이다. 일본의 당국자들은 유교를 조선인의 삶을 규정하는 핵심적인 삶의 원칙이라고 파악하였기 때문이다. 다른 하나는 유교가 가지고 있는 덕목들이 조선인을 일본 제국의 국민으로 통합하는 데 일정하게 기여할 수 있다고 보았다. 특히 '교육칙어'가 유교 도덕을 차용하고 있을 뿐 아니라 유교적 인간관의 핵심을 이루는 군신, 장유, 부부 사이의 구별과 위계가 일본의 강력한 국민 통합의 장치이자 이데올로기인 가족국가관 성립의 토대가 된다는 점에서 더욱 그러하였다. 따라서 조선인 교육에 유교의 언어를 이용하는 것은 교육의 효과를 극대화할 수 있다는 장점을 가지고 있었다.

그러나 이것은 어디까지나 국가 통합의 차원에서 유교적 언어의 차용을 의미하였지 유교 그 자체가 교육의 목적이나 대상이 되는 것은 아니었다. 왜냐하면 유교는 근대 국민국가의 정치이데올로기로 상당한 결함을 가진다고 인식되었기 때문이다. 유교는 근본적으로 농업사회를 기본으로 만들어진 사상으로 거기에서는 '국가' 및 '충'의 관념, 권리 의무 관계를 표현하는 법률사상, 실용주의적 과학 정신 등이 약하다는 것이다. 일본 근대화의 아버지로 불리는 후쿠자와 유키치가 문명화의 최대 장애물로 유교를 평생 공격한 것도 그러한 인식론에서 기인하며, 병합 초기 일본의 교육 전문가들이 유교주의 교육 방침이 가진 문제점을 지적하여 다소 논란이 있었던 것도 마찬가지 맥락에서 기인된다고 할 수 있다.

결국 병합 초기 교육 담론을 분석하건대, 교육 방침으로서 '점진주의'와 '유교주의'는 일본 제국이 구사한 '차이'의 정치학이라 할 수 있다. 이러한 정치는 세 가지 측면을 내포하였다. 첫째, 조선인의 특수성을 인정하는 듯한 포즈를 취함으로써 반발을 무마하고, 둘째, 문화적 차이를 문명적 차이, 즉 차별로 전환시켜 식민지 지배와 피지배라는 위계적 관계를 관철시키고, 그로부터 식민 지배의 합리화/정당화를 도모할 수 있었다. 셋째, 그 과정에서 조선인을 일본 국민으로 통합하기 위한 '과정으로서의 시간'을 확보한다는 것이었다.

이러한 교육 방침을 둘러싼 구상은 1911년 8월 23일 칙령 229호 제1차 '조선교육령'의 공포로 가시화되었다. 동화주의의 큰 원칙은 "제2조 교육은 교육에 관한 칙어의 취지에 바탕하여 충량한 국민을 육성하는 것을 본의로 한다"로, 점진주의와 유교주의와 같은 방침은 "제3조 교육은 시세와 민도에 적합하게 한다"로 표현되었다. 동화주의라는 정책적 '당위'와 식민지 정치 '현실' 사이에 존재하는 모순성을 그대로 품은 이 교육령은 개정 이전까지 조선 교육의 지침으로 기능하게 되었다.

참고문헌

山本四郎 編, 1984,『寺內正毅關係文書』, 京都女子大學.
弊原坦, 1919,『朝鮮教育論』, 동경; 六盟館.
崎遠光,「朝鮮人の實科教育」,『朝鮮』, 1911년 12월 1일.
井上哲次郎,「日韓併合と今後の教育」,『教育界』, 1910년 10월 3일.
「朝鮮人を如何に教育すべきか」,『朝鮮』, 1911년 2월 1일.
「朝鮮人を如何に教育すべきか」,『朝鮮』, 1911년 1월 1일.
「朝鮮人を如何に教育すべきか」,『朝鮮』, 1910년 11월 1일.
「朝鮮の新教育制度」,『教育實驗界』, 1911년 1월 5일.
「朝鮮教育と總督」,『教育時論』, 1911년 3월 25일.
「新領土の教育」,『教育時論』, 1910년 9월 15일.
國分三亥, 1919,「總督施政方針ニ關スル意見書」,『齋藤實文書』 제13권.
關屋貞, "朝鮮人の教育に就て", 406~410쪽.
「朝鮮教育は日本語普及に全力を傾注すべし」,『帝國教育』, 1910년 10월, 375~376쪽.
「朝鮮의 宗教」,『讀賣新聞』 1910. 9. 3.
木場貞長「朝鮮教育の要旨(附, 儒教主義를 採用해야만 할까)」,『教育時論』, 1910년 9월.
「朝鮮教育に就て」,『教育時論』, 1911년 11월 25일.
井上哲次郎 論說「日韓併合と今後の教育」,『教育界』, 1910년 10월 3일.
三土忠造 論說「朝鮮人の教育」,『教育界』, 1910년 10월 3일.
市村瓚次郎 論說「日韓併合と精神統一」,『教育界』, 1910년 10월 3일.

김동노, 2006,「일본제국주의의 조선 지배의 독특성」,『동방학지』 133.
권태억, 2001,「동화정책론」,『역사학보』 172.
권태억, 2014,『일제의 한국 식민지화와 문명화』, 서울대학교 출판원.
강명숙, 2007,「일제시대 제1차 조선 교육령 제정 과정 연구」,『한국교육사학』 29-1.
이명화, 2011,「일제 강제합병 이데올로기와 식민지교육정책」,『한국독립운동사연구』 39.
박균섭, 1999,「교육칙어와 일본근대교육」,『일본학보』 43집.
姜東鎭, 1982,『日帝言論界의 韓國觀』, 一志社.
鄭泰畯, 2000,「植民地朝鮮における「教育勅語」の普及論理」,『일본어교육』 17-1.
미야지마 히로시(宮嶋博史), 2012,「후쿠자와 유키치(福澤諭吉)의 유교인식」,『한국실학연구』 23.
ピーター・ドウス/小林英夫 編, 1998,『帝國という幻想』, 青木書店.
范忠信 外篇,『中國法律文化探究』, 李仁哲 譯, 1996,『中國法律文化探究』, 일조각.

Peter Duus, 1976, *The Rise of Modern Japan*, Boston: Houghton Mifflin Co., 金容德 譯, 1983, 『日本近代史』, 지식산업사.

小熊英二, 1998, 『〈日本人〉の境界』, 新曜社.

Tetsuo Najita, 1974, *JAPAN: The Intellectual Foundations of Modern Japanese Politics*, Univ. of Chicago, 박영재 譯, 1992, 『근대 일본-정치항쟁과 지적긴장』, 역민사.

西川長夫, 1995, 「日本型國民國家の形成-比較史的觀點から」, 西川長夫·松宮秀治 編, 『國民國家形成と文化變容』, 新曜社.

安丸良夫, 2007, 『文明化の經驗-近代轉換期の日本』, 岩波書店.

駒込武, 『植民地帝國日本の文化統合』, 岩波書店, 1996; 고마고메 다카시, 오성철 외 옮김, 2008, 『식민지 제국 일본의 문화통합』, 역사비평사.

辻本雅史 外 編, 『教育社會史』, 山川出版社, 2002; 쓰지모토 외, 이기원·오성철 옮김, 『일본 교육의 사회사』, 경인문화사, 2011.

:: 6 ::

청년에서 군인으로
: 조선인민군의 교육·생활과 규율기제(1945~1950)

김선호

1. 머리말

"1945년 2월에 면 주재소에서 오라구 하기에 주재소에 가본 즉, 해군으로 지원하라고 하기에 나는 여기서 집에 사정관계상 지원하지 못한다고 거부하였읍니다. 본 주재소 순사는 일주일이 멀다하고 와서 지원하라고 독촉하였읍니다. 1945년 8월 2일에 할 수 없이 진해로 가게 되었읍니다. 진해서 15일간 훌련을 밧다가 8월 15일 해방을 맞이하여 8월 29일 집에 도라왔읍니다. 그리고 1946년 부락에 조직된 자위대 일원으로서 근무하며, 부락에 성인학교가 건립되여 여기서 문맹퇴치사업과 부락 민청 조직부을 책임을 맞고 사업을 하였습니다. 1946년 5월 29일에 공산당 후보당원으로 있다가 정당원으로 되었읍니다. 1946년 9월에 보안간부훌련소에 드러가기 위하여 본 면당부에 가서 심사한 결과, 심사에 통과하여 9월 24일에 신이주당부에 가서 심사을 하였읍니다. 그리고 신체검사에 합격하였읍니다."[1]

이것은 한 인민군 군인의 자서전이다. 이 자서전을 쓴 리동춘은 1927년 평북 정주에서 소작농의 장남으로 태어났다. 그는 보통학교를 졸업하고 오산중학교에 입학원서를 냈으나 입학금이 없어 시험도 치루지 못했다. 그는 부모님과 함께 고향에서 강을 막아 논을 개간하고 그 땅에서 농사를 지었다. 1945년 2월부터 면 주재소 순사가 일본 해군에 입대하라며 계속 집을 찾아왔다. 그는 결국 8월 2일 해군에 입대해 진해훈련소로 들어간다. 그는 진해에서 해방을 맞이했다. 해방은 리동춘의 삶을 근본적으로 변화시켰다. 공산주의자들이 정치 질서를 주도하기 시작한 북한에서 빈농의 아들이자 농민인 리동춘은 건국의 적자(嫡子)였다. 그는 해방이 되자 자발적으로 부락 자위대에 들어간다. 그리고 민주청년동맹 조직부 책임자를 맡았고 조선공산당에도 입당했다. 리동춘은 1947년 2월에 포병부대에 전사로 입대하였다. 이때 그의 나이는 21세였다.[2]

인민군에는 리동춘과 같은 청년[3]들이 많았다. 해방 당시 청년들은 대부분 농민이거나 노동자였다. 겨우 소학교를 졸업했고 중학교를 다닌 사람도 드물었다. 해방이 되자 청년들은 고향과 직장에 생긴 인민위원회와 자위대에 참여한다.

---

1 포병지휘국 포병간부과, 『민족보위성 리력서(리동춘)』, 1949. 7. 27, NARA, RG 242, SA 2009, Box 10, Item 22.13(이하 출처 생략).

2 포병지휘국 포병간부과, 『민족보위성 리력서(리동춘)』, 1949. 7. 27.

3 한국의 근대 시기에 '청년'이라는 개념은 새롭고 역동적인 근대적 주체를 표현하는 말로 사용되었다. 청년은 한국의 근대를 이끌어 나가는 주체로서 가장 이상적인 집단이었으며, 계급이나 민족보다 더 역동적인 표상이었다. 한국 근대의 청년 담론에 대한 대표적인 저작과 청년 담론에 대한 논의는 다음을 참조할 것. 이기훈, 『청년아 청년아 우리 청년아』, 돌베개, 2014; 장신·박찬승·오제연·허병식, 「20세기 한국에서 '청년'은 무엇이었나」, 『역사문제연구』 33, 역사문제연구소, 2015. 4. 인민군에서도 청년들은 군대를 이끌어 가는 선봉적 주체로 규정되었다. 인민군에는 당단체가 조직되지 않았던 데 비해, 청년들로 구성된 민주청년동맹이 조직되어 있었다. 인민군에서 민청조직은 "민청원들의 정치사상적 리론수준과 군사적 리론수준을 제고시키며, 그들의 군사기술을 습득함에 있어서나 군사정치훈련에 있어서 선봉적 역할을 하도록" 규정되었다. 『조선인민군대내 민청사업 지도세측』, 민족보위성, 1950, 1쪽, 국립중앙도서관 소장 노획 문서.

농사를 짓던 청년들은 농민조합에 가입했고, 공장에 있던 청년들은 노동조합에 가입했다. 얼마 후 청년들은 자원하거나 직장과 단체의 추천을 받고 인민군에 입대했고, 그곳에서 군인으로 길러졌다. 그렇다면 북한의 청년들은 어떻게 인민군 군인이 되었을까.

이 글은 1945년 해방부터 1950년 6·25전쟁 이전까지 북한의 청년들이 인민군 군인으로 변화하는 과정을 연구한 것이다. 그중에서도 북한 정치세력이 군대의 교육·내무생활·기율규정을 통해 평범한 청년들을 군대가 필요로 하는 인간형으로 만들어 가는 측면에 주목하였다. 이 과정은 북한 정치세력이 주민을 체제가 요구하는 '인민'으로 만들어 가는 과정의 일환이다. 시기를 창군 시점으로 한정한 것은 이때에 군사체계의 원형이 형성되었기 때문이다. 이 문제를 직접 분석한 연구는 찾기 어렵다. 이 주제를 직접 다루지는 않았지만, 6·25전쟁 이후 인민군의 징병제와 군사규율을 통해 군인들이 국가가 요구하는 이상적인 인민상으로 변해 가는 과정을 해명한 선행연구가 있다.[4] 그리고 이 주제의 상위 차원으로 해방 후 북한의 '인민' 형성 과정을 해명한 연구 성과가 다수 제출되었다.[5] 그러나 북한 정부의 수립 과정에서 인민군 군인의 형성에 대한 문제는 아직 연구되지 않았다.

이 글은 인민군 군인의 형성 과정을 근대적 규율[6]과 관련해 분석하고자 한다. 먼저 청년들이 입대한 과정과, 그들이 군사·정치 교육 통해 군인으로 변화하

---

4 한성훈, 「조선인민군의 당-국가 인식과 인민형성-동원, 징병, 규율을 중심으로」, 『사회와역사』 89, 한국사회사학회, 2011. 3.

5 김성보, 「남북국가 수립기 인민과 국민 개념의 분화」, 『한국사연구』 144, 한국사연구회, 2009; 김하영, 「북한 체제의 초기 집단정체성 형성에 관한 연구」, 『북한연구학회보』 9권 1호, 북한연구학회, 2005; 조영주, 「북한의 '인민만들기'와 젠더 정치: 배급과 '성분-당원'제도를 중심으로」, 『한국여성학』 29권 2호, 2013; 한성훈, 『전쟁과 인민: 북한 사회주의 체제의 성립과 인민의 탄생』, 돌베개, 2012, 1~67쪽.

6 근대적 규율에 대해서는 주로 푸코의 규율 개념을 활용하였다. 미셸 푸코 지음, 오생근 옮김, 『감시와 처벌』, 나남, 2003.

는 과정을 살펴볼 것이다. 다음으로 군인들이 내무생활을 통해 새로운 시간과 공간에 편입되고 근대적 규율 체계를 체화하는 과정을 살펴볼 것이다. 마지막으로 인민군이 표창과 징벌이라는 규율기제를 통해 청년들을 모범 군인으로 창출하는 과정을 살펴볼 것이다. 이 글은 해방 후 북한의 평범한 청년들이 군대 생활을 통해 "군사적 임무를 수행하는 과정에서 만일 요구되는 때는 생명까지도 조국과 인민을 보위하는 데 바치겠다는"[7] 인민군의 군인로 변화하는 과정을 사료에 입각해 해명하고자 한다. 주요 자료는 노획 문서와 주한미군 정보보고서이다.

2. 입대와 교육: '건강한' 몸과 사상의 훈육

1945년 8월 15일 해방이 찾아왔다. 북한 지역의 해방은 8월 24일 소련군 선발대가 평양에 도착하면서 일단락되었다. 당시 평양에는 3만 명의 일본군과 헌병대가 배치되어 있었다.[8] 평양에 도착한 소련군 제25군사령부가 가장 먼저 취한 조치는 일본군의 무장해제였다. 제25군 군사회의는 일본군 평양수비대장에게 「평양수비대 무장해제 절차」 11개항을 전달한다.[9] 이 명령에 따라 북한 지역 일본군의 군사 행위는 모두 중지되었고, 일본군과 일본 경찰은 무장해제되었다. 그리고 민족주의자와 공산주의자들은 치안 유지를 위해 각지에 자위대·치안대·적위대를 조직했다.[10]

---

7 이상칠(直大文化部 分隊長), 「94번: 군인선서란 무엇인가」, 『軍官·下士官·戰士試驗問題 問答集』, 1948. 5. 9, NARA, RG 242, SA 2009, Box 5, Item 113.

8 김국후, 『평양의 소련군정』, 한울, 2008, 13; 31쪽.

9 김국후, 앞의 책, 17~19쪽.

10 장준익, 『북한인민군대사』, 서문당, 1991, 34~35쪽.

제25군 사령관 치스차코프는 1945년 10월 12일 북한 지역의 무장 세력에게 모든 무장대를 해산하고 무기와 탄약을 넘기라고 명령한다. 그리고 소련군사령부와 협의해 새롭게 보안대를 창설하라고 지시했다.[11] 이와 함께 해방 직후 각 지방마다 인민위원회가 설립되었고, 인민위원회 산하에는 도(道) 보안대가 설치되었다.[12] 북한의 청년들은 해방의 환희와 건국의 열정에 휩싸였다. 그들은 고향과 직장을 지키기 위해 스스로 보안대와 자위대에 가입했다. 예를 들어 신영일은 소작농의 아들로 태어나 해방 당시 성진제강소에서 노동자로 일하고 있었다. 그는 해방이 되자 자진해서 성진시 보안대에 가입한다.[13] 문택용은 16살 때부터 흥남비료공장 공작과 견습공으로 일했다. 그는 "1945년 8월 15일 해방을 마지한 후, 공장에서 일본놈들을 모조리 내쪼춘후 비료공장 건물을 사수하기 위하여 자위대로 전근하여 약 삼게월간 정치교양과 훈련을 밧았"다.[14] 해방 당시 조선 전체 인구 중 70퍼센트가 농민이었다. 게다가 대부분의 농민은 소작농이었고, 자작농은 17.3퍼센트에 불과했다.[15] 보안대에 가입한 청년 10명 중 7명은 농민의 자녀였고, 일부는 노동자의 자녀였다.

북한 정치세력이 처음으로 대규모 무력을 창설한 것은 1946년 6월이다. 북조선임시인민위원회는 6월 평남 개천에 '보안간부훈련소'를 설치한다. 이 훈련소는 보안대원들을 훈련하고 군대 창설요원을 양성하기 위해 만들어졌다.[16] 훈련소에서는 보안대원과 철도경비대원을 양성하기 위해 인근 지역의 청년들을 모집하

---

11 『조선중앙연감(1949년판)』, 조선중앙통신사, 1949, 58쪽.

12 장준익, 앞의 책, 36~37쪽.

13 제17포병련대, 『민족보위성 리력서(신영일)』, 1950. 1. 4., NARA, RG 242, SA 2009, Box 10, Item 21. 13.

14 『자서전(문택용)』, 1949. 8. 9, NARA, RG 242, SA 2009, Box 4, Item 111. 4.

15 『전국농민조합총연맹결성대회회의록』, 조선정판사, 1946, 80쪽.

16 佐佐木春隆 著, 姜昶求 譯, 『韓國戰秘史』中卷, 兵學社, 1977, 24쪽; 국방부 전사편찬위원회, 『한국전쟁사』 1, 전사편찬위원회, 1967, 680쪽.

기 시작했다.[17] 모집대상은 18세 이상 25세 이하의 청년이었다. 청년들을 교육하기 위해 북조선민주청년동맹 맹원과 북조선로동당 당원들이 먼저 입소했다. 이들은 각 훈련소에서 신입대원들을 훈련시켰다.[18] 보안간부훈련소는 1946년 하순부터 조직을 통합해 내부적으로 보병사단으로 개편되었다. 보안간부훈련소 제1소는 제1경보병사단, 제2소는 제2경보병사단, 제3소는 제3독립혼성여단으로 개편되었다.[19] 인민군은 이 3개 보병부대를 주축으로 창설되었다.

이와 함께 북조선임시인민위원회는 당·정권기관·군대에 필요한 군사정치간부를 양성하기 위해 1946년 1월 3일 평양학원을 개교한다.[20] 평양학원의 학생들은 주로 "혁명가유자녀들과 로동자, 농민을 비롯한 근로인민의 자녀들과 청년학교 학생들"이었다.[21] 또한 북조선임시인민위원회는 정규군에 필요한 각 병종 군관을 양성하기 위해 1946년 7월 20일 북조선중앙보안간부학교를 개교했다.[22] 학생들은 북조선로동당이 지방의 보안대나 인민위원회에서 활동하는 우수한 인물 중에서 엄선하였다.[23] 임시인민위원회는 학생심사위원회에 "국내에 민주주의를 실천할 만한 진정한 조선애국자를 선발하여 입학"시키라고 지시했다. "입학년한은 30세 이하로 하되, 신체 건강한 자로 하며, 지식 정도는 7학년 졸업(중등학교 1학년 수료) 이상"으로 제한했다.[24]

주목해야 할 점은 대원들의 모집 방식이 징병제가 아니라 지원제였다는 사

---

17 국방부 전사편찬위원회, 앞의 책, 680쪽.

18 국방부 전사편찬위원회, 앞의 책, 681쪽.

19 국방부 전사편찬위원회, 앞의 책, 682쪽; 佐佐木春隆, 앞의 책, 30~31쪽.

20 「해방 후 4년간의 국내외중요일지」, 『북한관계사료집』 7, 국사편찬위원회, 1989, 588쪽.

21 태병렬·오찬복, 『태양을 모시고 60년』, 금성청년출판사, 1997, 65쪽.

22 「보안간부학교 설립에 관한 건」, 『북한관계사료집』 5, 국사편찬위원회, 1987, 665쪽.

23 佐佐木春隆, 앞의 책, 27쪽.

24 「보안간부학교 설립에 관한 건」, 앞의 책, 665~666쪽.

실이다. 보안간부훈련소 시기에 많은 청년들이 군대에 지원한 이유는 입대하면 그들의 가족에게 쌀이 배급되었기 때문이다.[25] 이와 함께 해방 후 청년단체와 공산당에서 활동하며 정치적으로 각성된 청년들이 자발적으로 입대하였다. 윤증철은 1946년 2월에 북조선민주청년동맹에 가입했고, 노농정치학교에 입학해 공산주의 사상을 배웠다. 그는 7월에 북조선공산당에 입당했고, "무산게급의 선두에서 무산게급의 리익을 위하여 싸"웠다. 그는 "북조선의 민주개혁의 실현을 위하여 주야를 불구하고 싸우다가" 1947년 1월에 입대하였다.[26] 앞에서 살펴본 리동춘도 해방 후 부락에서 민청 조직부 책임자로 활동하였고, 입대 전에 북조선공산당에 입당했던 인물이다.[27]

물론 북조선로동당은 1946년 8월 29일 창립대회에서 당강령에 "의무적 군사징병제를 실시할 것"을 명시했다.[28] 그러나 북한은 공식적으로 6·25전쟁 때까지 징병제를 실시하지 않았다. 북한에서 징병제에 해당하는 군사동원령이 법령으로 처음 선포된 것은 1950년 7월 4일이다.[29] 인민군이 지원제를 유지한 이유는 미국과 소련이 한반도를 분할 점령하고 있었고, 무력 통일을 위해 군대를 확편하는 사실을 은폐하기 위한 조치였다. 실제로 미군은 인민군의 모병 방식을 중요한 군사정보로 취급해 면밀히 파악하였다. 그리고 1947년 4월 시점에 인민군이 징

---

25 USAFIK, G-2, *ISNK*, No.35(1947.4.15~30), 한림대 아시아문화연구소 편, 『주한미군북한정보요약(이하 북한정보요약)』2, 한림대 아시아문화연구소, 1989, 31쪽.

26 보위성 간부처 후방간부과, 「자서전」(1949.7), 『민족보위성 리력서(윤증철)』, 1949. 7. 27, NARA, RG 242, SA 2009, Box 10, Item 22. 14(이하 출처 생략).

27 포병지휘국 포병간부과, 『민족보위성 리력서(리동춘)』, 1949. 7. 27.

28 『북조선로동당 창립대회 회의록』, 북조선로동당 중앙위원회, 1947, 70쪽.

29 이날 최고인민위원회 상임위원회는 정령 「조선민주주의인민공화국 전 지역에 동원을 선포함에 있어서」를 채택해 1914~32년 출생자를 동원할 수 있도록 규정했다. 『문헌집』, 조선인민군전선사령부 문화훈련국, 1950. 8, 5~6쪽, NARA, RG 242, SA 2008, Box 8, Item 43. 박명림은 인민군이 1949년 초에 자원입대에서 징병제로 전환했다고 주장하지만 사실이 아니다. 인민군의 모병 방식에 대해서는 해명해야 할 과제가 많다. 박명림, 『한국전쟁의 발발과 기원』 2, 나남, 1997, 755~756쪽.

병제가 아닌 모병제를 유지하고 있다고 결론 내렸다.[30]

보안간부훈련소가 지원제를 통해 병력을 모집했던 것과 달리, 평양학원과 중앙보안간부학교는 북조선임시인민위원회와 북조선로동당의 추천을 통해 학생들을 충원하는 선발제를 채택했다. 평양학원은 혁명가의 자녀, 노동자·농민 계급의 자녀, 공산당이 설립한 청년학교 학생들을 선발하였고, 중앙보안간부학교는 '진정한 조선애국자', 즉 노동당의 노선을 지지하는 청년들을 선발했다. 예를 들어 옥병환은 해방 후 황해제철소 작업과에서 노동자로 일하던 중 "작업과 과장과 내무분주소 소장으로부터 조선보안간부학교에 가라고 추천하여 주기에 추천을 바다 1946년 12월 11일에 입대"했다.[31]

간부후보생들에게는 건강한 신체와 군사학을 습득할 수 있는 학력이 요구되었다. 노동자·농민의 자녀들과 보안대·인민위원회의 활동가들은 활동 성과와 사상적 입장에 따라 간부후보생으로 선발될 수 있었고, 북한 정치세력은 이들을 적극 영입해 군사간부로 양성하고자 했다. 해방은 전근대부터 지속되어 온 계급구조에 균열을 가져왔다. '해방조선'에서 기존의 지배계급인 자본가와 지주는 환영받지 못했고, 피지배계급인 노동자와 농민은 당·정·군 건설의 주역으로 새롭게 등장했다.

북조선임시인민위원회는 처음에 신병들을 각 지역의 보안서와 보안대를 통해 모집했다. 그러다 1946년 초가을부터 구일본군 출신 병사들을 선발하기 시작했다. 그러나 군대 경력이 있는 병사가 적었기 때문에 새로운 모병 방식이 필요했다. 1946년 9월부터 북조선로동당은 당조직을 통해 집중적으로 모병하기 시작했다. 보안간부훈련소를 위한 모병은 1947년 6월까지 9개월 동안 진행되었다. 이 기간 동안 평균적으로 1개 군당 한 달에 300명씩 모집되었다. 모병은 북한 전역

---

30 USAFIK, G-2, *ISNK*, No.35(1947.4.15~30), 『북한정보요약』 2, 31쪽.

31 『자서전(옥병환)』, 1950. 2. 25, NARA, RG 242, SA 2009, Box 4, Item 111. 4.

의 약 80개 군에서 진행되었다. 인구가 많은 일부 군단위에서는 노동당의 집중적인 노력으로 1947년 2월부터 3월까지 4000~5000명을 모병했다.[32]

그런데 모집된 청년들이 모두 군인이 된 것은 아니다. 청년들은 훈련소에서 두 번의 신체검사를 받아야 했는데, 이 과정에서 불합격하는 청년들이 많았다. 예를 들어 남신의주에 주둔한 제1보병사단 제1연대(보안간부훈련소 제1소 제1분소)의 작전장교는 1946년 11~12월의 모병 통계를 다음과 같이 기록하고 있다.

□ **표 6.1** 제1보병사단 제1연대의 모병 통계(1946년 11~12월)(단위: 명)

모병 집단	병력 접수 날짜	접수 병력	불합격 병력	합격 병력	모병 지역
집단1	1946.11.5.	1,800	1,000	800	함경남도, 함경북도
집단2	1946.11.12.	2,500	700	1,800	강원도, 함경도
집단3	1946.11.20.	400	0	400	강원도, 함경도
집단4	1946.11.25.	900	0	900	강원도, 함경도
집단5	1946.12.12.	400~500	0	400~500	강원도, 함경도
집단6	1946.12.15.	500~600	0	500~600	강원도, 함경도
합계		6,500~6,700	1,700	4,800~6,000	

출전 USAFIK, G-2, *ISNK*, No.41(1947.7.15~7.31), 『북한정보요약』 2, 276쪽.

---

32 USAFIK, G-2, ISNK, No.39(1947.6.15~6.30), 『북한정보요약』 2, 223~224쪽. 미군은 이 정보보고서에서 9개월 동안 모집된 병력을 약 21만 6000명, 보안간부훈련소의 총병력을 30만 6000명으로 추정하였다. 그러나 1946년 12월 25일 현재 국경수비보병사단(보안간부훈련소 제1소)의 총병력은 4536명, 경보병사단(보안간부훈련소 제2소)의 총병력은 4443명이었다. 파악이 안 된 제3소의 병력을 4500명으로 추정하더라도 보안간부훈련소의 총병력은 1만 4000명 미만이었다. 미군 측의 정보는 20배 이상 과장되어 있다. 미군은 과장된 북한의 병력 규모를 국방경비대 확편의 근거로 활용했다. 「1946년 12월 22~23일 25군 사령관 및 그 참모부가 실시한 경보병사단 검열결과 총결자료」, 러시아연방 국방성문서보관소 소장 자료, 문서번호 불명, 김광운, 『북한정치사연구』 1, 선인, 2003, 579~580쪽에서 재인용.

불합격자 통계를 살펴 보면, 11월 5일에는 접수 병력의 절반 이상, 11월 12일에는 접수 병력의 약 30퍼센트가 불합격되었다. 특히 11월 12일자 접수 병력 중 700명은 "질병" 때문에 불합격되었다. 이에 따라 제1사단 1연대장은 불합격 문제를 해결하기 위해 각 대대에서 각각 상급 참모, 2명의 문화장교, 1명의 군의장교를 선발해 모병 지역으로 파견했다.[33] 1사단은 현지에 군의장교를 보내서 미리 신체검사를 실시해 불합격자를 줄였다. 이 자료에 불합격 이유는 "질병"밖에 기록되어 있지 않다. 그러나 제1사단에서 군의장교와 함께 문화장교를 파견한 것은 현지에서 청년들의 정치사상을 심사해 부적격자의 입대를 차단하기 위한 조치였다.

신체검사와 정치사상 심사는 입대의 필수 과정이었다. 앞에서 살펴본 리동춘의 경우도 보안간부훈련소에 들어가기 위해 두 차례에 걸쳐 정치사상 심사와 신체검사를 받았다. 그는 먼저 북조선로동당 신의주시 고덕면당부에서 정치사상을 심사받았고, 심사에 통과하자 다시 신의주당부에서 2차 심사를 받았다. 그러고 나서 신체검사를 받고 최종 합격해 보안간부훈련소에 입대하였다.[34] 따라서 제1사단 제1연대의 11월 상반기의 불합격자 가운데는 정치사상 면에서 군대에 부적합 인물들이 포함되어 있을 것이다. 제1사단의 조치는 효과를 발휘해 11월 20일부터는 불합격자가 없었다. 여기에는 모병 인원을 절반 이하로 대폭 축소한 것도 영향을 미쳤다. 신체검사에서 불합격한 청년들은 귀향 조치되었다. 군부대는 고향으로 돌아가는 청년들에게 「여행증명서」를 발급했다. 「여행증명서」에는 "상기 동무는 조선인민군 제8900군부대 특입생(特入生)으로 입대하였든 바, 신체 불합격으로 인하여 상기 주소 귀환함"이라고 적혀 있었다.[35]

---

33 USAFIK, G-2, ISNK, No.41(1947. 7. 15.~7. 31.), 『북한정보요약』 2, 276쪽.

34 포병지휘국 포병간부과, 『민족보위성 리력서(리동춘)』, 1949. 7. 27.

35 王連, 「旅行證明書」(1949.5.24), 대열과, 『제반신청서철』, 1949, NARA, RG 242, SA 2009, Box 2, Item

제1사단의 모병 사례를 보면, 군인의 필수 요건은 건강한 몸과 친노동당적 정치사상이었다. 군인들에게 몸과 정신은 불가분의 관계였다. 아무리 노동자·농민의 자녀이며 노동당을 지지한다고 해도 건강하지 않은 청년들은 입대가 거부되었다. 반대로 누구보다 건강한 몸을 가진 노동자·농민의 자녀라도 '반동적 사상'을 가진 인물은 입대할 수 없었다. 건강한 신체와 친노동당적 사상은 무엇보다 중요한 군인의 자격이었다.

보안간부훈련소와 군사학교에 입학한 청년들은 대부분 입대 전까지 학교 문턱을 겨우 넘은 무지랭이였다. 해방 당시 북한 성인 인구의 약 90퍼센트인 230만 명이 글자를 모르는 문맹자였다. 임시인민위원회는 1946년 12월 1일부터 1947년 3월 31일까지 겨울 농한기에 농촌문맹퇴치운동을 광범히 전개할 것을 결정했다. 이 결정에 따라 만 12세 이상 50세 미만의 남녀 문맹자들은 의무적으로 취학하여 매일 2시간 이상 교육을 받아야 했다.[36] 보안간부훈련소의 청년들은 입대 전에는 고향과 직장의 성인학교에서, 입대 후에는 부대에서 한글을 배웠다.

교육을 담당한 교관의 교육 수준도 병사들과 다르지 않았다. 보안간부훈련소에 배치된 교관들의 90퍼센트 이상이 농민 출신으로 대부분 소학교 졸업자였다. 특히 공병과 같은 기술병종에 배속된 군관들은 '제곱근'과 '삼각함수' 등 기본적인 수학 개념조차 몰랐다. 이처럼 초창기 군관들은 정치이론 수준에 비해 수학·자연과학·지리 등의 수준이 매우 낮았다.[37] 이에 따라 보안간부훈련소는 기술병종의 군관들에게 '제곱근'과 '삼각함수' 등 기본적인 수학 개념과 자연과

157(이하 출처 생략).

36 이주환, 「1945~1949년 북한에서의 문맹퇴치운동 연구」, 『한국독립운동사연구』 25, 한국독립운동연구소, 2005, 340; 353~354쪽.

37 주영복, 『내가 겪은 조선전쟁』 1, 고려원, 1990, 99쪽.

학·지리를 가르쳤다.[38]

보안간부훈련소에 입대한 청년들은 먼저 군사교육을 받았다. 보안간부훈련소는 청년들에게 2주 동안 일본식 군사교육을 실시하였다. 교육 내용은 일본군이 사용하던 38식 소총을 가지고 진행하는 보병훈련이었다.[39] 또한 보안간부훈련소는 1946년 10월부터 소속 군관들에게 경례법과 제식훈련을 실시하였다.[40] 병사와 군관들이 받은 기본적인 군사교육은 무기 적응훈련과 제식훈련이다. 근대사회에서 군인은 만들어지는 존재이다. 군인은 훈련을 통해 틀이 덜 잡힌 체격과 부적격한 신체를 군대에서 요구하는 '순종하는 신체'로 만들어 갔다. 즉 군대는 입대한 청년들에게 "농민의 몸가짐을 추방해 버리고, 대신에 군인의 몸가짐을 심어"주었다.[41]

청년들에 대한 군사교육의 결과는 놀라웠다. 1948년 10월, 항공연대 조종사 한세창의 학습노트인 『비행리론』제1편을 보면, 그는 문맹을 퇴치하는 수준을 넘어서 유려한 필체로 '황공역학'에 관한 내용을 러시아어로 필기해 놓았다. 한세창은 이뿐 아니라 노트 안에 삼각함수와 제곱근 등의 수학 수식을 이용해 "공기항력의 기본법즉"을 계산한 결과를 상세히 기록하였다.[42]

또한 보안간부훈련소는 설립 당시부터 정치학습을 중시했다. 매일 첫 일과의 1~2시간은 반드시 정치학습을 진행했다.[43] 훈련소의 정치 강의 주제는 공산주의 노선이었다. 교관은 주로 소련에서 온 고려인이었는데, 이들은 훈련소에서

---

38 주영복, 앞의 책, 99쪽.

39 국방부 전사편찬위원회, 앞의 책, 680~681쪽.

40 주영복, 앞의 책, 77~79쪽.

41 미셸 푸코, 앞의 책, 214~215쪽.

42 한세창, 『비행리론』(제1편), NARA, RG 242, SA 2009, Box 5, Item 108. 1.

43 주영복, 앞의 책, 100쪽.

강사·번역원·정치교관으로 활동했다.[44] 1946년 8월 15일 창설된 군사지휘기관인 보안간부훈련대대부의 군관들도 정기적으로 정치교육을 받았다. 정치교육은 1주일에 3회씩 진행되었고, 문화부에서 나온 지도원이 진행했다. 학습 내용은 소련공산당사 등이었다. 일반 병사들은 문화 부중대장으로부터 항일유격대투쟁사를 배웠다.[45] 북한 정치세력은 병사들과 군관들에게 공산주의 사상과 항일무장투쟁사를 가르쳐 신국가 건설에 걸맞은 새로운 인간형으로 양성하고자 했다.

청년들이 교육받았던 정치학습의 구체적인 내용은 보안간부훈련소에서 발행한 교재를 통해 확인할 수 있다. 『1947年度 政治敎材』는 소련군 교본을 보안간부훈련소 제2소에서 재편집해 발행한 교재이다. 교재에서는 군관들에게 필요한 자세·사상, 군관들의 역할을 레닌과 소련 장군들의 발언을 통해 강조하고 있다. 군관들에게 요구된 것은 높은 정치적 각성, 부하들과의 긴밀한 유대, 규율 방면에서 모범적 태도, 정직성, 엄격한 군사규율이었다.[46]

청년들이 배운 군사·정치 교육의 내용을 분석해 보면, 교육 내용의 역사적 기원은 두 가지이다. 첫째, 군사교육은 소련군의 군사 교리를 기원으로 하고 있다. 둘째, 정치교육은 소련공산당사·레닌 저작 등 소련의 정치사상과 항일유격대투쟁사·조선해방투쟁사 등 조선의 혁명투쟁역사를 기원으로 하고 있다. 군대의 규정·규율·전술·운용은 소련식이며, 군대의 정치·사상·정신은 소련식과 조선식이 결합되어 있었다. 북한 정치세력은 소비에트식 모델에 조선의 혁명운동 경험, 그중에서도 항일무장투쟁 경험을 결합해 새로운 유형의 군대를 창설하고자 했다. 그리고 청년들은 군사·정치 교육을 통해 군대가 요구하는 '순종하는 신체'

---

44 USAFIK, G-2, *ISNK*, No.30(1947.2.1.~15.), 『북한정보요약』 1, 499쪽.

45 한상구, 「팔로군 출신 방호산 사단 정치보위부 최태환의 증언」, 『역사비평』 1988년 가을호, 역사비평사, 1988, 376쪽.

46 保安幹部訓練所 第二所 文化部, 『1947年度 政治敎材』(第八部), NARA, RG 242, SA 2009, Box 2, Item 178.

로 만들어졌고, 공산주의 사상과 항일무장투쟁사에 기초한 정치사상으로 무장하게 되었다.

3. 내무생활: 근대적 시간·공간 규율의 체화

지금까지 북한의 청년들이 모병되는 과정과 입대 후 군사·정치 교육을 통해 군인으로 육성되는 과정을 살펴보았다. 이제부터는 입대한 청년들이 군대에서 어떻게 생활했고, 내무생활을 통해 어떻게 당과 국가가 요구하는 군인으로 변화했는지 알아보자.

입대한 청년들은 일반적으로 부대 막사에서 생활했다. 인민군의 막사는 주로 일본군이 주둔하던 건물을 사용했다.[47] 인민군은 계급사회였으므로 입대한 청년들은 전사, 하사, 군관으로 구별되었다. 전사와 하사는 병실(兵室)이라 불리는 내무반에서 생활했다. 하지만 군관들은 관사나 사택에서 살았다. 항공사단 군관들에게는 사택이 지급되었고, 이곳에서 가족과 함께 생활했다. 결혼하지 않은 군관들에게는 따로 "독신 군관사택"이 지급되었다. 예를 들어 교도연대 정치지리교원 김택봉은 "기술대대 독신 군관숙사"에 거주했다. 모든 군관들에게는 1명씩 연락병이 배치되었고, 개인별로 전화도 지급되었다.[48] 군관과 달리 전사와 하사는 병실에서 생활했다. 하사관은 가족이 있으면 병영(兵營) 밖에서 거주하고, 독신은 병실에 설치된 독방에서 거주했다.[49] 인민군은 군관에게 하전사에 비해 독립적이며 사적인 생활공간을 제공했고, 군인들의 생활공간은 계급별로 구

47 최태환·박혜강, 『젊은 혁명가의 초상』, 공동체, 1989, 100~101쪽.

48 『렬락병명단』, 항공사단 교도연대, NARA, RG 242, SA 2009, Box 2, Item 133.

49 박찬목, 『內務規定』, 1949. 5. 20, NARA, RG 242, SA 2009, Box 2, Item 150(이하 출처 생략).

획화되어 있었다.

인민군의 내무반은 중대 단위로 설치되었다. 각 중대마다 "1인용병영, 학과실, 중대사무실, 무기조제실, 중대물품 및 하사 · 병사들의 사물보관실, 선면 · 마화실,[50] 권연실, 피복건조실"이 설치되었다. 군인들은 훈련이 끝나면 별도로 설치된 장소에서 무기 · 피복 · 군화를 소제했다. 빨래는 세탁실에서만 할 수 있었고, 담배는 특별히 지정된 권연실(卷煙室)에서만 피울 수 있었다. 군인들은 바닥이 아니라 침대에서 생활했다. 1인당 1개의 침대가 제공되었다. 병사 1인당 4제곱미터의 면적이 할당되었다. 각 침대 머리맡에는 관등급, 성명, 직무, 근무연한, 군패번호가 써 있는 이름표가 부착되었다.[51] 군인들의 생활공간은 그 용도에 따라 여러 개의 공간으로 세밀히 구획화되어 있었다. 이들의 생활공간은 농촌의 전통적 공간과는 다른 근대적 공간이었다. 근대적 공간은 그 공간을 다른 공간과 구별해주는 구획화를 통해 성립되었고, 이것은 사람들의 활동과 행위를 통제 가능한 것으로 만들었다.[52] 인민군은 계급별 · 용도별로 구획화된 생활공간을 통해 군인들의 모든 활동과 행위를 통제했다.

군인들의 내무생활은 조선의 전통적인 생활 방식과 완전히 달랐다. 군인들은 입대 전 온돌방에서 좌식생활을 했으나 군대에서는 침대에서 입식생활을 했다. 빨래와 청소는 전통적으로 여성의 노동 영역이었으나, 군대에서는 모두 군인 스스로 해결해야 했다. 이것은 근대국가의 성(性)에 따른 노동 분업의 결과였다. 근대에 들어오면서 "남성에게는 국가가, 여성에게는 가정이" 맡겨졌다. 보편적인 병역은 여성과 남성의 차이를 더 분명하게 표시하였고, 남성들에게 새로운 성 정체성을 부여하였다. 그것은 "국민과 조국과 민족 공동체에 충성하고 그것을 구현

---

50 선면 · 마화실은 세면실(洗面室)을 뜻하는 인민군 용어이다.

51 박찬목, 『內務規定』, 1949. 5. 20.

52 이진경, 『근대적 시 · 공간의 탄생』, 그린비, 2010, 260~262쪽.

하는 국민과 국민으로서의 남성"이었다.[53]

병사와 군관은 군대에서 복장으로 뚜렷히 구별되었다. 군관들의 화려한 제복은 병사들에게 권위의 상징이자 열망의 대상이었다. 군복은 단순한 옷이 아니라 군인들을 서열과 등급에 따라 분류한 상징이었다. 군대는 여러 가지 군복 형태를 통해 명예에 관한 분류를 누구나 알아볼 수 있게 만들었다. 예를 들어 사관학교에서는 군복의 견장을 다르게 부여함으로써 생도들의 명예와 명예 박탈을 표시했다.[54] 군대는 군복을 통해 군인들을 서열화하고 위계질서에 따라 구분하였다.

무엇보다 달라진 점은 공동체의 생활 방식과 개인에 대한 호명 방식이다. 가족공동체에서 성장한 청년들은 대가족 중심의 공동체 생활을 했으나, 내무생활은 어른과 아이가 없는 비슷한 또래집단의 공동체 생활이었다. 농촌의 가옥은 크게 숙식 공간과 보관 공간으로 구분되었으나 병영은 숙박 공간과 식사 공간이 분리되었고, 학습 공간, 사무 공간, 보관 공간, 청소 공간, 휴식 공간으로 세밀하게 구획화되었다. 또한 가족공동체에서 청년들은 이름과 가족 관계(아들·조카)로 호명되었으나, 군대에서 군인들은 성명, 관등급, 직무, 군번으로 호명되었다. 이에 따라 군인들은 점차 전통적인 사적 관계에서 벗어나 근대적인 공적 관계로 편입되었다. 아울러 가족 관계에 따라 결정되던 가족공동체의 상하 관계보다 관등급과 직무에 따라 결정되는 군대의 상하 관계에 익숙해졌다. 국가는 내무생활을 통해 군인들을 가족적이고 사회적인 연관에서 떼어내 완전히 추상적이고 새로운 관계 속에 집어넣었다. 군인들은 '조국·민족·국가'에 대한 의무감을 느껴야 했고, 그것을 위해 자신의 생명과 육체를 희생해야 했다.[55]

---

53 우테 프레베르트, 「병사, 국민으로서 남성성」, 토마스 퀴네 외, 『남성의 역사』, 솔, 2001, 128~130쪽.

54 미셸 푸코, 앞의 책, 285~286쪽.

55 우테 프레베르트, 「병사, 국민으로서 남성성」, 앞의 책, 126~127쪽.

인민군 군인들의 하루 일과도 입대 전과 완전히 달라졌다. 군인들의 하루 일과는 부대장이 정한 일과표에 따라 진행되었다. 부대장은 병종과 훈련 기간, 비장(備藏) 조건에 따라 일과표를 작성했다. 다음은 인민군 「내무규정」에 정해진 일과와 민청훈련소, 후방 병원의 하루 생활을 종합해 정리한 것이다. 인민군 군인의 평균적인 일과는 다음과 같다.

☐ **표 6.2** 조선인민군 군인의 일과표

시간	일과	일과 내용	담당
07:00	기상	기상신호에 따라 먼저 하사관과 실내 청소 당번 기상, 이후 전원 기상	중대 직일관
07:15~07:30	아침운동	기상 후 아침운동 실시	중대 직일관
07:30~08:00	아침검사	아침운동 후 침구 정돈, 세면, 아침식사 준비. 부대별로 지정된 장소에 집합, 특무장의 명령으로 부소대장과 분대장이 검사 실시.	중대 직일관
08:00~09:00	아침식사	아침검사가 끝나면 부소대장이 부대를 이끌고 식사장으로 이동	부소대장
09:00~14:00	학과·연습	전체 연대 인원이 참가. 당번은 제외. 일과표에 정해진 시간에 신호에 따라 시작.	해당 간부
14:00~15:00	점심식사		부소대장
15:00~16:00	오침	매일 1시간씩 오침 시간 제공	
16:00~17:30	휴식 시간	매일 오후 1시간 30분씩 휴식 시간 제공	
17:30~19:30	학과·연습	오전과 동일	해당 간부
19:30~20:30	저녁식사		부소대장
20:30~21:00	저녁검사	집합 신호가 떨어지면 부대별로 정렬. 중대 현원 확인(휴가자·사망자). 총직일관 지시 전달.	중대 직일관
21:00~22:00	자유 시간·산보	학과 완료 후 최소한 1시간씩 자유 시간 보장. 저녁 검사가 끝나면 15분 후 저녁 산보시간이 있음.	연대 직일관
22:00~	취침	산보가 끝나면 취침신호가 하달됨	연대 직일관

출전 박찬목, 『內務規定』, 1949.5.20; 조영택, 「敎育副工作進行日課表」, 『제三지소 5월분 전투훈련계획표』, 제1민청훈련소 제3지소, 1950.5.23, NARA, RG 242, SA 2009, Box 6, Item 15; 李基薰(19호 후방 병원), 『Note Book』, 1950.9.4, NARA, RG 242, SA 2009, Box 4, Item 141.

군인들은 보통 아침 7시에 일어나 밤 10시에 잠자리에 들었다. 식사 시간은 각각 1시간이었는데, 부대나 병종에 따라 시간이 달랐다. 군인들에게는 매일 1시간의 오침 시간이 제공되었고, 오후에는 1시간 30분의 휴식 시간이 제공되었다. 군사훈련과 정치학습은 하루에 7시간 정도 실시되었다. 학과 수업이 완료되면 최소한 1시간의 자유 시간이 보장되었다. 군인들은 기상 때부터 취침 때까지 모두 정해진 일과 계획표에 따라 생활하였다. 군인들은 하루 종일 지휘관의 명령에 따라 집단적으로 행동해야 했다. 그러나 인민군은 집단행동에 익숙하지 않은 군인들을 위해 1시간의 자유 시간을 허락했고, 강도 높은 교육과 훈련에 지치지 않도록 1시간의 낮잠 시간을 제공했다.

군인들의 일과는 전통적인 농촌의 일과와 달랐다. 농촌의 일과는 천문학적 시간 개념인 태양력 중심으로 자연적 시간에 따라 구성된다. 일반적으로 농민들은 해 뜰 녘에 일과를 시작해 해가 지면 일과를 마쳤다. 농민들은 자신의 의지와 리듬에 따라 일했고, 그들의 활동은 불규칙적이고 자의적이었다.[56]

그러나 군인들은 일과표에 따라 시계를 중심으로 계획된 근대적 시간 속에서 생활했다. 이들의 하루 생활은 오전·오후가 아니라 분(分) 단위로 세밀하게 구분되어 있었다. 군인들은 천문학적 시간과 달리 7일을 기준으로 한 새로운 주(週)의 개념에 따라 생활했다. 이들의 일과표에는 시간에 따라 미세한 동작까지 통제하려는 동작 관리와 시간 관리가 내포되어 있다.[57] 일과표는 하루의 시간을 선분화해 군인들에게 필요한 책무와 규율적 행동을 관철시키는 통제기제였다. 그리고 일과표는 군인들에게 복종의 정신을 향상시키고 훈육의 규율에 군대적 효율성을 제공했다. 이처럼 군인들은 일과표와 내무반이라는 근대적 시간 규율과 공간 규율 속에서 생활했다. 이를 통해 군인들의 활동과 행위는 엄격히 통제되었

---

56 이진경, 앞의 책, 175; 224쪽.

57 이진경, 앞의 책, 175; 225쪽.

고, 군인들은 근대적 규율 체계에 편입되었다.[58]

푸코는 규율을 "신체의 활동에 대한 면밀한 통제를 가능케 하고, 체력의 지속적인 복종을 확보하며, 체력에 순종-효용의 관계를 강제하는" 방법으로 보았다. 또한 "군대는 이미 군중을 모아놓은 집단으로서가 아니라, 그 집단적 단위에서 증폭된 힘을 추출해 낼 수 있는 단위체로서 존재"해야 하며, 이를 위한 기본 기술이 규율이었다.[59] 이런 점에서 인민군의 일과표와 구획화된 공간은 군인들의 신체에 대한 면밀한 통제와 순종-효용의 관계를 강제하는 최적의 규율기제였다. 인민군은 근대적 규율을 통해 군인들로부터 증폭된 힘을 추출하고자 했다.

군인들에게 하루 일과의 중심은 '학과'와 '연습'이었다. 군인들은 이 시간을 통해 군사훈련과 정치학습을 받았다. 군인들이 받은 교육 내용은 "정치상학"과 "군사상학"으로 구분된다.[60] 군사훈련은 소속 부대의 훈련계획표에 입각해 진행되었다. 예를 들어 보병사단의 포병부대는 1946년부터 1947년까지 290일에 걸친 훈련계획표를 작성했고, 부대원들은 이 계획표에 따라 매일 군사훈련을 진행했다.

☐ **표 6.3** 보병사단 포병부대의 군사훈련계획표(1946~1947년)

훈련 주기	제1기	제2기	제3기	제4기	제5기	제6기	합계
훈련 종류	기초훈련	전술훈련	포병 부문 전술	중대전술	대대전술	연대전술 또는 여단전술	
훈련 기간(일)	45	45	60(겨울)	60	45	35(여름)	290

출전 USAFIK, G-2, *ISNK*, No.49(1947.11.15~11.30), 『북한정보요약』 2, 504쪽.

---

58 이진경, 앞의 책, 227; 262쪽. 이 책에서는 공장·학교의 시간표가 노동자·학생들에게 갖는 의미를 분석하고 있다. 필자가 이 분석에 일과표와 군인을 대입한 것이다. 공장·학교뿐 아니라 근대적 시간과 공간은 근대를 사는 우리의 삶의 방식을 구성하고 조직하는 하나의 공통된 형식이다. 이진경, 앞의 책, 275쪽.

59 미셸 푸코, 앞의 책, 216; 324~325쪽.

60 항공사단, 『월말보고서』, 1950.1, NARA, RG 242, SA 2007, Box 10, Item 20(이하 출처 생략).

포병부대의 훈련 일정은 1946년 10월부터 1947년 6월 후순까지 총 9개월 20일로 계획되었다. 군인들이 받은 군사훈련의 종류를 보면, 3개월 동안은 기초훈련과 군대 공통의 전술훈련을 받았다. 그 후 2개월 동안은 포병 부문 전술훈련을 받았고, 이후 4개월 20일 동안은 부대전술훈련을 받았다. 군사훈련의 최종 과정은 여단전술훈련이었다. 군인들은 먼저 기초훈련을 통해 군대의 제식과 무기에 익숙해졌고, 군인으로서 필요한 신체를 단련했다. 그리고 부대단위별 전술훈련을 통해 소대원에서 시작해 점차 중대원·대대원·연대원으로 성장해 갔다.

인민군 군인들은 군사훈련과 더불어 "정치상학"이라 불리는 정치학습을 받았다. 정치상학은 주로 '정치보도'와 '군중문화사업'의 형태로 실시되었다. 인민군은 각 부대마다 정치상학을 위해 정치상학조를 편성했다. 정치상학조는 군사계급에 따라 군관정치상학조, 하사정치상학조, 전사정치상학조로 편성되었다. 전사는 소대장이 교육하고 하사관은 문화부중대장이 교육했다. 인민군은 '정치보도' 시간을 통해 군인들에게 당 중앙정치위원회의 결정, 국내외 정세, 부대의 당면 과업, 민족보위상의 명령을 전달했다. 그리고 강연과 담화 형식으로 진행하는 군중문화사업을 통해 군인들에게 이 같은 결정과 명령을 군인들에게 인식시켰다. 아울러 인민군은 정기적으로 '군무자회의'를 소집해 군인들에게 경각성을 제고시키고, 무기취급에 대한 문제와 부대의 전투임무를 수행하기 위한 과업을 각인시켰다.[61]

청년들은 군대에서 학습한 내용을 정기적인 시험을 통해 검증받았다. 예를 들어 평양지구철도보안대대는 대원들에게 각종 법령·지시문을 1개월에 20시간 이상 학습시켰다. 학습 결과를 확인하기 위해 한 달에 한 번 이상 시험을 치렀

---

61 항공사단, 『월말보고서』, 1950.1; 「문화부의 조직과 그의 임무」, 『軍衆工作』, 1950.8.5, NARA, RG 242, SA 2009, Box 4, Item 149.

다.[62] 평양학원은 1946년 8월 15일 해방 1주년을 앞두고 전체 학생들을 대상으로 총결시험을 치뤘다. 시험은 정치 과목과 군사 과목으로 나누어 치뤘고, 성적이 우수한 학생은 병사에서 상등병으로 승급시켰다. 2기생 정정환은 총결시험에서 정치과 5점, 군사과 4점을 받아 병사 직위에서 상등병으로 진급했다.[63] 병사들에게는 시험이라는 공식적 절차를 통해 상위 계급으로 상승할 수 있는 동등한 기회가 주어졌다. 이에 따라 병사들은 북조선로동당이 지향하는 정치적 노선을 자발적으로 습득해 계급 상승을 추구했다.

창설 초기에는 부대마다 시험문제가 달랐으나, 1948년 2월 8일 조선인민군이 창설된 이후에는 공식적으로 『군관·하사관·전사시험문제 문답집』이 간행되었다. 문답집에는 대표적인 기출문제와 정답이 적혀 있다. 1948년 5월 9일 간행된 직속대대 문화부의 문답집은 "각종 정치제강, 조선근대사연구집, 공화국헌법초안, 스다노프보고연설집, 위신스키연설집, 쓰딸린헌법"을 참고 서적으로 하여 출제되었다. 시험문제는 "제2차 세계대전 후 사회주의와 제국주의, 쏘베트국가의 우수성, 조선해방사(이조 말엽의 폐정, 갑오농민운동, 일본 제국주의의 정책, 조선공산당의 역사, 김일성 위원장의 인민유격운동), 북조선의 민주개혁, 1947~48년 인민경제계획, 쓰딸린헌법과 공화국헌법, 북조선로동당 건설, 조선인민군의 사명" 등이었다.[64] 정규군이 창설된 이후에도 인민군은 군인들에게 소련의 헌법과 정치연설을 교육하였다. 그러나 창설 이전에 비해 조선역사의 비중이 확대되었다. 무엇보다 창설 이후에는 모든 군인들에게 북한의 건국사, 조선공산당과 북조선로동당의 역사, 김일성의 항일무장투쟁을 정규 과목으로 편성해 시험을 치뤘다.

---

62 내무국 보안처 감찰부, 「제2회 각도 및 특별시·철도·수상 감찰과장회의록」(1947. 12. 21.), 『북한관계사료집』 9, 국사편찬위원회, 1990, 290쪽.

63 정정환, 『자서전』, 1950. 2. 11, NARA, RG 242, SA 2009, Box 10, Item 21. 14.

64 이상칠(直大文化部 分隊長), 『軍官·下士官·戰士試驗問題 問答集』, 1948. 5. 9, NARA, RG 242, SA 2009, Box 5, Item 113.

시험의 내용보다 중요한 것은 시험이 가지는 의미였다. 시험은 "규격화하는 시선이고, 자격을 부여하고 분류하고 처벌할 수 있는 감시"이다. 즉 시험은 "개개인을 분류할 수 있고 제재를 가할 수 있는 가시성의 대상"으로 만든다. 이에 따라 근대사회는 시험을 통해 성적을 측정하고 동시에 상벌을 부여할 수 있게 되었다.[65] 인민군은 시험제도를 통해 군인들에게 군인으로서의 자격을 부여하고 시험 성적으로 이들을 분류했다. 그리고 평가 결과에 따라 이들에게 진급이라는 상을 수여함으로써 규율 권력을 행사했다. 근대국가에서 군대는 "전쟁을 위한 전 국민의 중심교육학교"이며, 동시에 "정치학교"이다. 군인들은 기존의 작고 제한된 생활환경에서 벗어나 군대에서 "거대한 조국"을 목격한다.[66] 인민군 군인들은 군대라는 학교에서 군사훈련과 정치학습을 통해 '조국의 인민'으로 재탄생하였다.

입대한 청년들이 부딪힌 가장 큰 변화는 시간(일과표)과 공간(부대)의 변화였다. 시간과 공간은 절대적인 것이 아니라 상대적이며 역사적인 성격을 갖는다. 근대의 인간에게 시간과 공간은 사회적으로 습득되고 강제되는 개념이다. 즉 시간과 공간은 경험되는 것이고 학습이나 강제를 통해 획득되는 것이다. 또한 근대적 시간과 공간의 핵심은 사람들의 활동과 행위를 통제가 가능하도록 만드는 것이었다. 근대의 시간은 시간표로 대표되는 근대적 규율 체계와 연관해 만들어졌고, 근대의 공간은 사람들에게 특정한 행위를 강제하기 위한 것이었다.[67]

북한의 청년들은 군대에서 일과라는 근대적 시간과 구획화된 근대적 공간에서 생활하였다. 인민군은 내무생활을 통해 군인들을 서열화하고, 이들의 모든 활동과 행위를 통제하였으며, 군인들에게 필요한 의무와 규율적 행동을 관철시켰다. 청년들은 내무생활을 통해 '순종하는 신체'와 애국적 남성성을 체득했다.

---

65 미셸 푸코, 앞의 책, 289; 291쪽.

66 우테 프레베르트, 「병사, 국민으로서 남성성」, 앞의 책, 2001, 123~124쪽.

67 이진경, 앞의 책, 188~191; 262쪽.

그리고 청년들은 가족적이며 제한된 생활환경에서 벗어나 '조국·민족·국가'라는 새로운 관계와 근대적 규율 체계에 편입되었다.

4. 표창과 징벌: 규율을 내면화한 모범 군인의 창출

입대한 청년들은 근대적 시간과 공간으로 둘러싸인 내무생활을 통해 점차 군인으로 변해 갔다. 그러나 농민과 노동자로 살아온 청년들을 단기간에 '조국과 인민을 수호하는' 군인으로 육성하는 것은 쉽지 않았다. 인민군은 군사·정치 교육, 일과표, 내무반, 시험 등의 규율기제 이외에 또 다른 규율기제를 도입해 청년들을 군인으로 변화시켰다. 청년들이 도달해야 할 신체적·정신적 목표는 인민군이 설정한 모범 군인이었다. 인민군은 모범 군인을 설정한 후 표창과 징벌을 통해 청년들을 군대에서 요구하는 새로운 인간형으로 육성하였다. 모범 군인의 요건은 청년들이 입대 후 반드시 서약하는 「군인선서」를 통해 확인할 수 있다.

1. 나는 조선민주주의인민공화국 공민으로서 조국 앞에 신성한 의무를 리행하여 조선국경경비대 및 조선인민보안대에 입대하면서 나의 조국과 인민과 민주주의인민정부에 나의 생명의 마지막 순간까지 충실할 것을 영예롭고 위대한 선조들의 이름으로 엄숙히 맹서한다.
2. 나는 인민의 뜻으로 창건된 민주제도를 헌신적으로 충실히 수호하며, 나의 힘과 생명을 아끼지 않고 모든 적을 반대하여 손에 무기를 잡고 나의 조국과 민족의 자유와 독립을 방위하기 위하여 항상 준비되어 있을 것을 맹서한다.
3. 나는 정직하고 용감하고 규률 있는 군인이 되며 군사 비밀과 국가 비밀을 엄

수하며, 모든 군사규정과 지휘원과 장관[68] 들의 명령을 절대적으로 수행하며, 군사학을 성실히 연구하며, 인민의 재산과 군대재산을 백방으로 애호보위할 것을 맹서한다.[69]

모범 군인의 요건은 정신적 자세와 군사적 의무로 구분할 수 있다. 모범 군인의 정신적 자세는 조국·인민·정부에 대한 자발적 충성, 헌신성·정직성·용감성·규율성 등이다. 모범 군인의 군사적 의무는 민주제도의 수호, 조국·민족의 자유·독립 방위, 인민재산·군대재산의 애호보위, 군사·국가비밀의 엄수, 군사규정·명령의 절대적 수행, 군사학 연구 등이다. "명예, 경건성(엄숙), 군기, 용기, 명성, 충성, 애국심"과 같은 개념들은 애국적인 군대식 남성성의 핵심 개념들이다. 이 같은 개념은 국가가 국민개병주의를 정신적·이데올로기적으로 보증하기 위해 남성성에 관한 사고를 군국주의화한 것이다.[70] 북한 정부는 비록 징병제를 핵심으로 하는 국민개병주의를 도입하지 않았지만, 군인들에게 애국적이며 전투적인 남성성을 요구했다.

이같은 정신적 자세는 군인들에게만 요구된 것이 아니다. 북한 정부는 인민군 창군 2주년을 맞이해 '인민'들에게 "북반부 민주기지를 일층 튼튼히 다지기 위하여 2개년인민경제계획 완수를 위한 증산투쟁에 애국적 창발성과 헌신성을 고도로 발휘하며, 긴장성과 경각성을 일층 제고하며, 원쑤들의 악랄한 도발을 일격에 분쇄할 수 있도록 항상 준비"해야 한다고 강조했다.[71] 인민들에게 요구된 창발

---

68 인민군에서 "장관"은 '상관'(上官)과 '장성'(將星)이라는 두 가지 의미로 사용되었다. 여기서 장관은 자기 계급보다 상급자에 대한 통칭인 상관을 뜻한다. 『북괴군사술어집』, 군사정보부대, 1965, 178쪽.

69 최윤규, 『병사수첩』, NARA, RG 242, SA 2009, Box 1, Item 69.

70 카렌 하게만, 「애국적이고 전투적인 남성성」, 토마스 퀴네 외, 『남성의 역사』, 솔, 2001, 83쪽.

71 문화선전성, 『조선인민군 창립 二주년에 제하여: 조선인민군의 강력한 무장력은 남반부인민들의 구국무장유격투쟁을 고무격려하며 승리에 대한 굳은 자신심을 북돋아주고 있다』, 문화선전성, 1950, 18쪽,

성·헌신성·긴장성·경각성은 군인들에게 요구된 충성심·헌신성·규율성·비밀 엄수와 같은 정신이다.

모범 군인의 요건은 북조선로동당이 당원들에게 요구한 의무와도 유사하다. 노동당원의 의무는 "북조선에서 이미 얻은 민주개혁의 성과를 튼튼히 하도록 부단히 투쟁할 것"이며, 이를 위해 각 당원은 "헌신적으로 사업하도록 항상 준비되여야 하며 국가법령을 준수하며 국가 및 사회재산을 애호절약하며 인민경제 건설의 모범적 일꾼이 되도록 노력"할 것을 요구받았다. 당원들에게 요구된 정신적 자세는 "조직성"과 "규률성"이었다.[72] 당원들에게 요구된 민주개혁 성과 구축, 헌신성, 법령의 준수, 국가·사회재산의 애호절약, 모범 일꾼은 군인들에게 요구된 민주제도의 수호, 헌신성, 군사·국가비밀의 엄수, 인민·군대재산의 애호보위, 모범 군인과 같은 맥락이다. 인민군은 군인들에게 애국적이며 전투적인 남성성 이외에 국가의 주체인 인민과 정치의 주체인 당원의 자세를 요구했다.

인민군의 군인은 군대에서 '인민'이나 '노동당원'과 유사한 정신적 자세와 규율을 요구받았다. 군인들에게 요구된 자세와 규율은 인민들에게 요구된 자세와 규율보다 엄격했으나 노동당원에게 요구된 자세와 규율에 비해서는 약했다. 노동당원들에게는 이상의 의무 외에도 "대중을 지도할 만한 정치적 령도자의 역할"과 "선진적 과학사상인 맑스-레닌주의로 무장"할 의무가 부여되었다.[73] 물론 군인에게 '선진투사'인 당원과 같은 자세와 규율을 요구할 수는 없다. 또한 인민군은 정당문제에서 정권기관이나 사회단체와 결정적 차이점을 가지고 있었다.

북조선로동당은 보안간부훈련소시절인 1946년 10월 21일 "군대의 당군화를 방지하고 군대의 통일적 통솔권을 보장"하기 위해 "군대 내에 로동당 조직을

NARA, RG 242, SA 2009, Box 3, Item 151.

72 『학습재료-당건설』 3부, 조선인민군 528군부대, 1950. 3, 31~33쪽.

73 『학습재료-당건설』 3부, 32~33쪽.

두지 않기로 결정"했다.[74] 이 결정은 전쟁 이전까지 계속 유지되어 인민군에는 당 조직이 결성되지 않았다. 일반 부대와 달리 평양학원과 북조선중앙보안간부학교 등 군사학교에는 당조직이 결성되었다.[75] 노동당은 군대 내에 여러 정치세력과 사회계급이 존재하는 상황을 고려해 일반 부대에 당조직을 결성하지 않았고, 군관 양성을 중시해 군사학교에는 당조직을 결성했다. 이처럼 인민군은 당에 의해 만들어진 것이라기보다 당과 동시에 성장하였다.[76] 정확히 말하면 인민군은 당의 외부에서 성장했다. 반면에 당조직의 부재는 군대 내에서 모범 군인들의 존재를 더욱 중요하게 부각시켰다.

인민군은 군인들에게 표창을 수여하고 징벌을 가함으로써 이들을 모범 군인으로 양성하고자 했다. 인민군의 표창과 징벌은 『기율규정(紀律規程)』에 규정되어 있다. 표창과 징벌은 군기(軍紀)의 준수 여부에 따라 결정되었다. 군기란 "전체 군인이 엄정하게 준수하여야 할 법령과 군사귀정(규정)으로 귀정된 귀측(규칙)과 질서"이다. 인민군은 "근무상 우수한 성적을 발휘한 자와 훈공을 세운자 및 열성분자에게는 표창"했다. 반면에 "조국보위의 리익을 위하여 상관으로 하여금 하부의 사소한 과오라도 묵과하지 않으며, 직무상 태만분자는 엄중히 처벌"했다.[77]

규율은 보상과 제재라는 이중적 체계를 가지고 있다. 규율중심적 형벌제도의 특징은 모든 행위를 좋은 평가와 나쁜 평가, 좋은 점수와 나쁜 점수의 영역으로 나눈다는 점이다. 규율 담당기구는 성적이 좋은 자와 성적이 나쁜 자를 서로 비교하면서 학교·군대·공장을 위계질서화한다.[78] 마찬가지로 인민군은 표창과

---

74 「군대내 당조직에 대하여」(1946. 10. 21.), 『북한관계사료집』 30, 국사편찬위원회, 1998, 37쪽.

75 「평양학원 및 보안간부학교내 당조직에 대하여」(1946. 10. 8.), 『북한관계사료집』 30, 13쪽.

76 서동만, 『북조선사회주의체제성립사』, 선인, 2005, 275쪽.

77 민족보위성 총참모부, 『紀律規程』, 민족보위성 군사출판부, 1949, NARA, RG 242, SA 2009, Box 5, Item 20(이하 출처 생략).

78 미셸 푸코, 앞의 책, 284~285쪽.

징벌을 통해 군인들을 모범 군인과 문제 군인으로 구분하고 이들을 서로 비교하면서 위계질서화하였다. 이런 점에서 인민군의 기율(紀律)은 보상(표창)과 제재(징벌)라는 푸코의 규율 개념과 본질적으로 같다.

인민군의 표창 종류는 다음과 같다. 표창은 감사선포, 징벌취소, 외출 · 휴가, 상장 · 금전 · 귀중품 · 기념장 · 개인사진 · 도검 · 사격무기 수여, 표창통지, 특별 진급, 명예게시판 기록, 근위대 전임 등이 있었다. 표창의 내용은 대부분 군대에서 군인들의 명예를 높이는 내용이다. 감사선포, 상장 · 금전 · 귀중품 · 기념장 · 개인사진 · 도검 · 사격무기 수여, 명예게시판 기록이 이에 해당한다. 그리고 외출 · 휴가와 같이 개인적인 휴식을 주는 경우도 있었다. 군인에게 주어진 표창 중에서 가장 큰 혜택은 특별 진급이다. 우수한 군인는 정기 승진 시기가 되기 전에 특별 진급을 할 수 있었다. 그리고 하급 군관은 가장 우수하고 명예로운 근위(近衛)부대로 배치되기도 했다. 인민군은 군인들의 가족과 입대 전 직장의 평판에 대해서도 세심히 신경썼다. 우수한 군인은 가족과 전 직장에 수상자의 모범적 행위와 받은 표창 내용을 별도로 통지했다. 우수한 군인을 배출한 가족은 고향에서 우대받았고, 우수한 군인을 배출한 직장은 다른 직장의 모범으로 평가되었다.[79]

일반적으로 훈육과 교정의 과정이 효력을 발휘하기 위해서는 벌을 주기보다는 상을 자주 주는 것이 중요하다. 왜냐하면 "게으른 자는 징벌의 두려움보다 포상을 받고 싶다는 생각에 의해 더 고무되기 때문"이다. 특히 규율에 있어서 군사계급과 명예를 활용한 서열화와 등급화는 중요한 역할을 한다. 규율은 서열과 지위를 분명히 하고, 승진 · 진급을 통해 포상하거나 서열을 떨어뜨림으로써 징벌한다. 서열은 그 자체가 보상과 처벌을 뜻했다.[80] 군대에서 진급과 근위부대 배치는 그 군인이 군사적 능력과 정치적 자질에서 높은 서열에 위치하며 모범 군인이

79 민족보위성 총참모부, 『紀律規程』, 민족보위성 군사출판부, 1949.

80 미셸 푸코, 앞의 책, 283~285쪽.

라는 사실을 뜻했다. 인민군은 모범 군인에게 높은 군사계급과 명예를 수여함으로써 군인들을 서열화했다. 그리고 군대 내부뿐 아니라 군인들의 고향과 직장에서 명예를 높이는 방식으로 모범 군인을 창출하고자 했다.

그렇다면 군인들은 실제로 어떤 경우에 표창을 받았을까. 병사 임기수는 1949년 8월부터 1950년 5월까지 8차에 걸쳐 표창을 받았다. 표창 이유는 "야영지에서 공작에 열성적임으로, 규정연구에 우수하기에, 명예근무에 충실하기에, 꾸준히 맹원들을 선동선전하며 모든 공작에 자발적이고 충실하기에, 중기 각종 사격에서 특(特) 5점(占)을 쟁취, 위병근무에서 경각성이 높고 위병소 내 질서를 모범적으로 준수하기에" 등이었다. 표창은 모두 "구두감사"와 "구두"였다.[81] 특별히 우수한 경우에는 휴가가 주어졌다. 병사 김순복은 1948년 10월에 실시된 "연대검열 참가 시 사격에 우수함으로" 표창을 받았다. 표창은 민족보위상의 명령으로 연대장이 수여했으며 표창 종류는 "휴가"였다.[82]

인민군에서 표창은 "식당근무, 직일근무, 위병근무" 등 부대생활에서 모범을 보이거나, 훈련과 사격에서 우수한 성적을 나타냈을 때 수여되었다. 부대장이 표창할 때는 대부분 구두감사가 내려졌고, 민족보위상의 명의로 표창할 때는 휴가가 주어졌다. 인민군은 부대생활·군사훈련·정치학습을 훌륭히 수행한 군인들에게 표창을 수여함으로써 군인들의 능동적 참여와 변화를 유도하였다. 군인들은 군인으로서의 명예, 휴식, 특별 진급을 얻기 위해 자발적으로 인민군이 추구하는 규율을 내면화했다. 즉 군인들은 "군사학과 전투기능에 능통"하고 "인민에게 복무하는 정신과 조국을 위하여 헌신하는 애국사상"[83]으로 무장하기 시작

81 林技洙, 「下士官·兵士 表彰登錄表」, 『상벌부』, NARA, RG 242, SA 2009, Box 미상, Item 117, 국립중앙도서관 소장 노획 문서. 이하에 Box번호가 미상인 자료는 모두 국립중앙도서관 소장 노획 문서이다.

82 金順福, 「表彰者登錄카드」, 『표창자등록카드』, NARA, RG 242, SA 2009, Box 미상, Item 113.

83 김일성, 「조선인민군열병식에서 진술한 연설」(1948. 2. 8.), 『조국의 통일독립과 민주화를 위하여』 제二권, 국립인민출판사, 1949. 8. 5, 83쪽.

했다.

이와 반대로 군인이 군기를 위반한 경우에는 징벌이 부과되었다. 인민군의 징벌권은 계급별로 다르게 적용되었다. 계급별 징벌과 징벌 종류는 다음과 같다.

☐ **표 6.4** 조선인민군의 계급별 징벌과 징벌 종류

계급별 징벌	**징벌 종류**
병사에게 적용되는 징벌	1. 경고. 2. 1개월 이하의 병영(兵營)에서 외출 금지 혹은 함상에서 외출 금지. 3. 5차 이하의 순번(順番)근무(위병과 함상 당직을 제외). 4. 로동 5차. 20일 이하의 경영창 구류. 15일 이하의 경영창 구류. 5. 상등병 관등급 박탈.
정기 근무 하사관에게 적용되는 징벌	1. 경고. 2. 1개월 이하의 병영에서 외출 금지. 3. 3차 이하의 순번(順番)근무. 4. 20일 이하의 경영창 구류. 10일 이하의 중영창 구류. 5. 직무 감하(減下). 관등급 감하(병사까지 감하). 단, 특무장·해군하사관은 제외.
초기 근무 하사관에게 적용되는 징벌	1. 경고. 2. 20일 이하의 경영창 구류. 3. 직무감하. 4. 근무기한 만료전에 후방에 조동.
군관에게 적용되는 징벌	1. 회의석상에서 경고. 명령서로서 처벌. 2. 근무를 완수하며 20일 이하의 옥내 근신. 3. 20일 이하의 영창 구류. 4. 직무태만에 대한 처벌. 5. 직위 감하. 관등급 감하 이상의 처벌. 6. 군관 동지들에게 심판. 군사재판.
장관·해군장관[84]에게 적용되는 징벌	1. 구두지령·명령으로써 경고 처벌. 2. 직무태만에 대한 직무감하(근위부대의 장관 혹은 부대장은 칭호까지 떼고 이동).

출전 『규정규율(개인수기학습장)』, NARA, RG 242, SA 2009, Box 미상, Item 17.

비고 표에 서술된 용어는 모두 원문을 그대로 인용한 것이다.

---

84 인민군은 소장부터 원수에 해당하는 장성 계급을 '장관'이라 칭했고, 해군의 장성 계급을 별도로 '해군장관'이라고 칭했다. 민족보위성 총참모부, 『紀律規程』, 민족보위성 군사출판부, 1949.

인민군이 징벌제도를 『기율규정』으로 공식화한 것은 범죄의 본질적 속성 때문이다. 근대사회에서 아무리 사소한 범죄라도 그것은 사회 전체에 대한 공격으로 인식되었다. 이에 따라 처벌권은 사회를 수호한다는 의미로 방향 전환되었다.[85] 군인들의 범죄는 군대 전체에 대한 공격으로 인식되었고, 이에 따라 징벌은 군대를 수호하기 위해 도입되었다.

인민군의 징벌권은 병사, 정기 근무 하사관, 초기 근무 하사관, 군관, 장관에 따라 다르게 적용되었다. 병사와 정기 근무 하사관에게 적용된 징벌은 종류가 같았고 기간만 달랐다. 초기 근무 하사관은 정기 근무 하사관과 달리 중영창 구류형과 관등급 감하형이 없었다. 군관에게는 병사·하사관과 달리 외출 금지형과 순번근무형이 없었다. 징벌의 강도는 장관을 제외하고 계급이 높아질수록 강화되었다. 군관들은 가장 무거운 징벌로 군사재판에 회부될 수 있었다. 장관은 징벌의 강도가 가장 약했으나, 군사적 징벌 외에 정치적 숙청이라는 대외적 징벌이 있었다. 일반적으로 동일한 징벌이 모든 사람에게 똑같은 영향력을 갖는 것은 아니다.[86] 인민군은 같은 경고라도 군관들의 경우 공식적인 회의석상에서 경고 처벌을 내림으로써 보다 높은 책임감을 요구하였다.

징벌을 유형별로 정리하면 경고, 이동의 제한, 신체의 구속, 연장 근무·의무 노동, 철직(撤職), 재판으로 구분할 수 있다. 병사와 하사관에게는 연장 근무와 의무 노동이 추가되었고, 군관과 장관에게는 공식 명령에 의한 경고와 군사재판이 추가되었다. 병사와 하사관에게는 신체적 징벌이 강화되었고, 군관과 장관에게는 명예의 훼손과 법적 징벌이 강화되었다. 병사·하사관·군관에게 공통된 처벌은 경고, 이동의 제한, 신체의 구속, 직위·직무의 강등이었다. 인민군은 주로 명예를 훼손하거나, 신체와 이동의 자유를 제한하거나, 계급을 강등하는 방법으로

---

85 미셸 푸코, 앞의 책, 147~148쪽.

86 미셸 푸코, 앞의 책, 160쪽.

군인들을 통제했다.

징벌의 종류로 본다면, 병사에게는 신체형이 중심이었고 군관에게는 명예형이 중심이었다. 징벌이 효과를 발휘하기 위해서는 징벌받는 사람에게는 최소한의 양이 되고, 그것을 상상하는 사람에게는 최대한의 양이 되어야 한다. 그리고 징벌은 수형자에게 자기의 재산·명예·시간·신체를 자유롭게 행사할 수 없는 것의 의미를 직접 체험할 수 있도록 해야 한다. 징벌의 목적은 다른 사람들에게 재산·명예·시간·신체를 자유롭게 행사하는 것을 존중하도록 만드는 데 있기 때문이다.[87] 인민군은 군인들에게 명예형과 신체형의 징벌을 가함으로써 다른 군인들이 군대의 규율을 존중하도록 만들었다. 또한 상위 계급인 군관에게 명예형을 가함으로써 최소한의 징벌로 최대한의 효과를 얻고자 하였다.

그렇다면 군인들은 어떤 경우에 처벌을 받았을까? 하사 심의섭은 1947년 6월 8일 대대장으로부터 징벌을 받았다. 징벌 이유는 "열차 발차(發車)하야 판결받은 죄인을 도주시켰기" 때문이었다. 그는 "경영창(輕營倉) 3일"의 처벌을 받았다. 「처벌자등록카드」에는 처벌소멸 연월일도 기록되어 있다. 심의섭은 처벌소멸 시기는 1948년 2월 8일이었다.[88] 병사 한상봉은 1949년 9월 21일 중대장 박지철로부터 처벌을 받았다. 처벌 이유는 "무단외출 24시간"이었다. 그는 "경영창(輕營倉) 3일"을 처벌받았고, 처벌소멸 시기는 11월 7일이었다.[89] 항공사단 습격기연대 군관 홍찬걸은 1950년 2월 13일 권총을 오발해 부위병장이었던 김계순이 부상당했다. 3월 2일 김계순은 결국 사망했다. 홍찬걸은 부대장 명령에 따라 중영창 처벌을 받았다.[90] 처벌은 무단외출을 하거나 총기사고 등 규율을 위반했을 때 내려

87 미셸 푸코, 앞의 책, 146~148쪽.

88 沈義燮, 「處罰者登錄카드」, 『표창자등록카드』, NARA, RG 242, SA 2009, Box 미상, Item 113.

89 韓相奉, 「處罰者登錄카드」, 『표창자등록카드』, NARA, RG 242, SA 2009, Box 미상, Item 113.

90 항공사단, 『월말보고서』, 1950.1.

졌다. 근무태만의 경우 대외근무(순번근무) 처벌이 내려졌고, 무단외출과 죄인 도피의 경우 경영창 처벌이 내려졌다. 총기사고의 경우에는 엄중한 중영창 처벌을 내렸다.

그런데 군인들에게 내려진 표창과 징벌은 1회로 끝나지 않았다. 군인들이 표창이나 징벌을 받으면 직속상관은 징벌·표창 내용을 반드시 상부에 보고할 의무가 있었다. 병사·하사관의 징벌·표창은 중대장, 군관의 징벌·표창은 부대장, 부대장·장관의 징벌·표창은 상급연합부대 참모부에 보고되었다. 한 번 내려진 징벌과 표창은 부대에 비치된 「상벌등록부」에 기록되었고, 군복무 내내 군인들을 따라다녔다. 군인이 전임을 갈 때는 그의 상벌등록부가 새 근무지로 송부되었다.[91] 인민군은 표창·징벌 기록을 지속적으로 관리함으로써 군인들의 군대 복무 태도와 군사정치적 능력을 파악해 부대배치와 진급심사에 활용하였다. 인민군이 징벌 기록을 관리한 것은 근대사회에서 형벌제도가 위법행위를 근절하기 위해서가 아니라, 위법행위를 그 차이에 따라 나누어 관리하기 위한 장치로서 만들어졌기 때문이다.[92]

그러나 군인들의 징벌 기록이 영원한 것은 아니었다. 인민군은 표창을 통해 징벌을 취소하는 제도를 가지고 있었다. 예를 들어 신영일은 "일상 자기 공작에 태만함으로" 1948년 1월 24일에 대대장 김익현으로부터 "엄중경고" 징벌을 받았다. 그런데 1948년 4월 30일 대대장 김익현은 그에게 표창을 수여한다. 그 이유는 "5·1절 기념대회석상에서 군정학습과 내부질서에 있어서 우수하며 자기 맡은 바 공작에 충실"했기 때문이다. 신영일은 표창으로 "전 증벌취소" 처분을 받았다.[93] 인민군은 표창으로 징벌 기록을 취소하는 제도를 도입해 문제 군인의 완전

---

91 민족보위성 총참모부, 『紀律規程』, 민족보위성 군사출판부, 1949.

92 미셸 푸코, 앞의 책, 146쪽.

93 조선인민군총사령부 간부부, 『조선인민군대간부 개인요항(신영일)』, NARA, RG 242, SA 2009, Box

한 배제 대신 모범 군인이 되기 위한 동기를 부여하였다. 이것은 징벌의 본질을 정확히 포착한 것이다. 징벌의 목적은 범죄자가 다시 범행을 저지를 생각을 못 하게 하고, 범행을 모방하는 자가 나올 가능성을 없애는 것이기 때문이다.[94]

이상에서 살펴본 표창과 징벌의 보다 본질적 기능은 군인들에게 규율을 내면화한다는 점이다. 표창과 징벌이 없더라고 『기율규정』은 외면의 규칙으로 항상 존재한다. 그러나 이 두 가지 규율기제는 군인들로 하여금 『기율규정』을 준수하고, 자기의 공작에 충실하며, 군정학습 · 내무생활에서 모범을 보이도록 만든다. 이 과정에서 군인들은 서열화 · 위계질서화된 규율을 내면화하게 되고, 애국적이며 용감하고 규율 있는 모범 군인으로 변화하게 된다.

청년들이 군대 생활을 거치면서 군인으로 변화한 결과는 병사들이 쓴 「자서전」에 잘 드러난다. 윤증철은 1947년 1월에 제2사단 직속 정찰중대에 입대해 처음으로 전사가 된 청년이다. 그는 자신의 군대 생활에 대해 「자서전」에 다음과 같이 썼다. "북조선의 민주개혁의 실현을 위하여 주야를 불구하고 싸우다가, 1947년 1월에 조국과 인민을 보위하는 조선인민군대에 입대하여 선진적 붉은 군대의 전술을 습득함에 오늘까지 노력하는 바이다. 나는 이 자서전을 쓰면서 오날까지 거려온(걸어온) 모던(모든) 사업의 결점과 우점을 회상하면서 앞으로 조국과 인민을 위하여 싸우는 마당에서 우점을 살리고 결점을 일소하며 더 발전덴(발전된) 투쟁 속으로 나갈 것을 맹서한다."[95]

윤증철의 「자서전」은 군대에서 새로 학습한 정치교육의 용어들로 가득 차 있다. 그는 자신이 몸담고 있는 군대의 본질을 "조국과 인민을 보위하는 조선인민

10, Item 22. 3.

94 미셸 푸코, 앞의 책, 152쪽.

95 괄호안은 필자가 표준어로 고친 것이다. 보위성 간부처 후방간부과, 「자서전」(1949.7), 『민족보위성 리력서(윤증철)』, 1949.7.27, NARA, RG 242, SA 2009, Box 10, Item 22. 14.

군대"라고 명확히 인식하고 있다. 또한 자신이 습득한 군사교육 내용을 "선진적 붉은 군대의 전술"이라고 받아들이고 있다. 윤증철은 인민군이 추구했던 바대로 군대 생활을 통해 자신의 장단점을 비판적으로 인식하였다. 나아가 그는 자아비판을 통해 스스로를 개조함으로서 "조국과 인민을 위하여 싸우는" 전사로 발전하겠다고 맹세했다. 이처럼 해방 후 입대한 청년들은 군대 생활을 통해 인민군이 추구한 근대적 규율을 신체와 정신에 체화했다.

5. 맺음말

북한의 청년들이 군인으로 변화하는 과정은 북한 지역에 근대국가가 수립되는 과정의 일환이었다. 노동자와 농민으로 생활하던 청년들은 자발적 의지나 정치세력의 추천에 따라 신체적·정치사상적 심사를 거쳐 군대와 군사학교에 입대했다. 청년들에게 요구된 군인의 필수 요건은 건강한 신체와 친노동당적 정치사상이었다. 청년들은 군대에서 군사·정치 교육을 통해 '순종하는 신체'로 만들어지기 시작했고, 공산주의 사상과 항일무장투쟁사에 기초한 정치사상으로 무장하게 되었다.

청년들은 입대 후 전통적인 생활 방식과 완연히 다른 내무생활 속에서 새로운 근대적 규율을 체득하기 시작한다. 이들은 군대에서 일과라는 근대적 시간 규율과 구획화된 근대적 공간 규율 속에서 생활했다. 인민군은 이 같은 내무생활을 통해 군인들을 서열화하고, 이들의 모든 활동과 행위를 통제했으며, 군인의 의무와 규율적 행동을 관철시켰다. 그리고 청년들은 내무생활을 통해 가족적이며 제한된 생활환경에서 벗어나 '조국·민족·국가'라는 새로운 관계와 근대적 규율 체계에 편입되었다.

이와 함께 인민군은 표창과 징벌을 통해 군인들을 모범 군인과 문제 군인으로 구분하고 위계질서화하였다. 모범 군인은 충성, 명예, 경건, 군기, 용기와 같은 애국적이며 전투적인 남성성으로 설정되었다. 인민군은 모범 군인에게 높은 군사계급과 명예를 수여함으로써 군인들을 서열화하고 등급화했다. 이 과정에서 청년들은 명예, 휴식, 특별 진급을 얻기 위해 인민군이 추구하는 규율을 체화해 나갔다. 또한 인민군은 징벌을 통해 군인들이 규율을 존중하도록 만들었다. 그리고 표창·징벌 기록을 유지해 위법행위를 지속적으로 관리했고, 징벌취소제도를 활용해 모범 군인을 창출했다.

북한 정치세력이 궁극적으로 추구한 이상적 군대는 "로동자·농민 근로인민의 아들·딸로서 조직된 군대이며 인민을 위하여 복무하는 인민의 군대"[96] 였다. 인민군에서 청년들이 "근로인민의 아들·딸"로서 군대를 구성하는 존재였다면, 군인은 "인민을 위하여 복무하는 인민의 군대"를 목표로 만들어진 새로운 존재였다. 군인은 인민을 위해 복무하는 군무자(軍務者)이자 동시에 군대에 있는 인민이었다. 청년들은 군대 생활을 통해 "조국과 인민을 위하여 싸우는" 전사(戰士)이자 북한의 인민으로 변화했다. 청년들이 군대에서 인민으로 변화하는 과정은 군인 형성의 또 다른 과정이다. 이는 향후 연구과제로 남긴다.

---

96 김일성, 「조선인민군열병식에서 진술한 연설」(1948. 2. 8.), 앞의 책, 79~80쪽.

참고문헌

단행본

『문헌집』, 조선인민군전선사령부 문화훈련국, 1950. 8.
『북조선로동당 창립대회 회의록』, 북조선로동당 중앙위원회, 1947.
『전국농민조합총연맹결성대회회의록』, 조선정판사, 1946.
『조선중앙연감(1949년판)』, 조선중앙통신사, 1949.
『학습재료-당건설』 3부, 조선인민군 528군부대, 1950. 3.
국방부 전사편찬위원회, 『한국전쟁사』 1, 전사편찬위원회, 1967.
국사편찬위원회 편, 『북한관계사료집』 5·7·9·30, 국사편찬위원회, 1987·1989·1990·1998.
김광운, 『북한정치사연구』 1, 선인, 2003.
김국후, 『평양의 소련군정』, 한울, 2008.
김일성, 『조국의 통일독립과 민주화를 위하여』 二권, 국립인민출판사, 1949. 8. 5.
문화선전성, 『조선인민군 창립 二주년에 제하여』, 문화선전성, 1950.
민족보위성 총참모부, 『紀律規程』, 민족보위성 군사출판부, 1949.
미셸 푸코 저, 오생근 옮김, 『감시와 처벌』, 나남, 2003.
서동만, 『북조선사회주의체제성립사』, 선인, 2005.
이진경, 『근대적 시·공간의 탄생』, 그린비, 2010.
장준익, 『북한인민군대사』, 서문당, 1991.
佐佐木春隆 著, 姜昶求 譯, 『韓國戰秘史』中卷, 兵學社, 1977.
주영복, 『내가 겪은 조선전쟁』 1, 고려원, 1990.
최태환·박혜강, 『젊은 혁명가의 초상』, 공동체, 1989.
태병렬·오찬복, 『태양을 모시고 60년』, 금성청년출판사, 1997.
토마스 퀴네 외, 『남성의 역사』, 솔, 2001.
한림대 아시아문화연구소 편, 『주한미군북한정보요약』 1~3, 한림대 아시아문화연구소, 1989.

논문

이주환, 「1945~1949년 북한에서의 문맹퇴치운동 연구」, 『한국독립운동사연구』 25, 한국독립운동연구소, 2005.
한상구, 「팔로군 출신 방호산 사단 정치보위부 최태환의 증언」, 『역사비평』 1988년 가을호, 역사비평사, 1988.

자료

—

『軍衆工作』, 1950. 8. 5, NARA, RG 242, SA 2009, Box 4, Item 149.
『규정규율(개인수기학습장)』, NARA, RG 242, SA 2009, Box 미상, Item 17.
『렬락병명단』, 항공사단 교도연대, NARA, RG 242, SA 2009, Box 2, Item 133.
『자서전(문택용)』, 1949. 8. 9, NARA, RG 242, SA 2009, Box 4, Item 111. 4.
『표창자등록카드』, NARA, RG 242, SA 2009, Box 미상, Item 113.
대열과, 『제반신청서철』, 1949, NARA, RG 242, SA 2009, Box 2, Item 157.
박찬목, 『內務規定』, 1949. 5. 20, NARA, RG 242, SA 2009, Box 2, Item 150.
保安幹部訓練所 第二所 文化部, 『1947年度 政治教材』(第八部), NARA, RG 242, SA 2009, Box 2, Item 178.
보위성 간부처 후방간부과, 『민족보위성 리력서(윤증철)』, 1949. 7. 27, NARA, RG 242, SA 2009, Box 10, Item 22. 14.
李基薰(19호 후방 병원), 『Note Book』, 1950. 9. 4, NARA, RG 242, SA 2009, Box 4, Item 141.
이상칠(直大文化部 分隊長), 『軍官·下士官·戰士試驗問題 問答集』, 1948. 5. 9, NARA, RG 242, SA 2009, Box 5, Item 113.
林技洙, 「下士官·兵士 表彰登錄表」, 『상벌부』, NARA, RG 242, SA 2009, Box 미상, Item 117.
정정환, 『자서전』, 1950. 2. 11, NARA, RG 242, SA 2009, Box 10, Item 21.14.
제17포병련대, 『민족보위성 리력서(신영일)』, 1950. 1. 4, NARA, RG 242, SA 2009, Box 10, Item 21. 13.
조선인민군총사령부 간부부, 『조선인민군대간부 개인요항(신영일)』, NARA, RG 242, SA 2009, Box 10, Item 22.3.
조영택, 「教育副工作進行日課表」, 『제三지소 5월분 전투훈련계획표』, 제1민청훈련소 제3지소, 1950. 5. 23, NARA, RG 242, SA 2009, Box 6, Item 15.
포병지휘국 포병간부과, 『민족보위성 리력서(리동춘)』, 1949. 7. 27, NARA, RG 242, SA 2009, Box 10, Item 22. 13.
한세창, 『비행리론』(제1편), NARA, RG 242, SA 2009, Box 5, Item 108. 1.
항공사단, 『월말보고서』, 1950. 1, NARA, RG 242, SA 2007, Box 10, Item 20.

:: 7 ::

패자 아이즈의 적군 전사자 제사와 그 정치적 맥락들

이세연

1. 머리말

일본의 역사를 돌아보면, 전쟁에서 승리한 자가 아군 전사자와 더불어 적군 전사자를 제사 지낸 사례를 심심찮게 발견할 수 있다. 승자의 입장에서 보자면, 전후의 사회질서 회복을 위해서라도 적군 전사자 제사는 결코 간과할 수 없는 사안이었다. 그것은 제명에 죽지 못한 자들의 원혼을 잠재우기 위한 의례이기도 했고, 또 때로는 살아남은 적군과 그 주변 인물들을 위무하기 위한 사회통합의 기제이기도 했다. 예컨대, 1637~38년의 시마바라(島原)의 난 직후에 아마쿠사(天草)의 대관으로 임명된 스즈키 시게나리(鈴木重成)는 산 자들의 일상을 어지럽히는 기독교인들의 원령을 잠재우기 위해 거대한 공양비를 세우고 제사 지냈으며,[1]

1 田口孝雄ほか編, 『天草代官鈴木重成鈴木重辰關係史料集』, 本渡, 鈴木神社社務所, 2003, 205~206쪽, 221~222쪽 참조.

1930~40년대에 중국 대륙 내부로 전선을 확대한 일본군은 점령지의 중국 인민들을 선무하고자 불교계와 제휴하여 마치 통과의례처럼 중국군 전사자를 제사 지내기도 했다.[2]

이처럼 전쟁의 승자가 펼치기 마련인 적군 전사자 제사를 만약 패자가 거행했다면, 그것은 어떤 맥락에서 이해될 수 있을까? 복잡다단한 심리적 갈등을 극복한 패자의 종교적 자비심도 떠오르지만, 그것은 온전한 설명되지는 못한다. 종교적 요인을 전면 부정할 필요는 없을 테지만, 전사자 제사는 지역과 시대를 불문하고 기본적으로 지극히 정치적인 사안이기 때문이다. 일본의 역사상 전쟁에서 패한 자가 적군 전사자를 제사 지낸 대표적인 사례로는 다음의 두 가지를 들 수 있다.

첫째, 1945년 일본의 패전 직후에 일본 불교계는 돌연 연합군 전사자를 제사 지내기 시작했다. 총력전체제하에서 '귀축미영'(鬼畜米英)을 항복시키기 위한 '열도'(熱禱)에 여념이 없던 자들이 갑작스레 불교적 자비심을 주창하며 적군 전사자의 명복을 빌었던 것이다.[3] 전쟁 협력에 대한 반성을 둘러싼 전후 일본 불교계의 미온적인 태도[4]를 아울러 감안할 때 흥미로운 현상이다.

둘째, 근대 일본의 성립 과정에서 적군(賊軍)으로 낙인찍힌 아이즈(會津)인들이 '전후'에 메이지 신정부군=서군(西軍)=관군(官軍)의 전사자를 제사 지냈다. 더군다나 아이즈인들의 적군 전사자 제사는 일회성에 그치지 않았다. 현재도 서군

---

2 이세연, 『사무라이의 정신세계와 불교: 일본 사회의 전사자공양과 怨親平等』, 서울, 혜안, 2014, 제5장 참조.

3 「怨恨なき平和」, 『六大新報』 2127, 1945. 9. 15., 1쪽; 「怨親平等管長願文(於高野山法要)」, 『六大新報』 2129, 1945. 10. 5., 2쪽; 「告知第六号」, 『眞宗』 1946.5; 「告知第六号」, 『眞宗』 1947.4; 「怨親平等のお盆まつり」, 『讀賣新聞』, 1946. 7. 9. 참조.

4 市川白弦, 『仏教者の戰争責任』, 東京, 春秋社, 1970; 브라이언 다이젠 빅토리아 지음, 정혁현 옮김, 『전쟁과 선』, 서울, 인간사랑, 2009; 브라이언 다이젠 빅토리아 지음, 박광순 옮김, 『불교 파시즘』, 서울, 교양인, 2013 참조.

분묘사적보존회(西軍墳墓史跡保存會)가 도묘사(東明寺)의 묘역을 중심으로 적군 전사자의 제사를 지내고 있는 실정이다. 이에 대해서는 근대 일본의 내셔널리즘, 지역사회의 집단심성, 역사적 기억의 형성과 변형 등 다양한 각도에서 문제제기가 가능할 것이다.

이 글에서는 위의 두 가지 사례 가운데, 아이즈인들의 적군 전사자 제사를 살펴보고자 한다. 구체적으로는 무진전쟁 50주년(1917년), 70주년(1937년), 90주년(1957년) 때 성대히 펼쳐진 적군 전사자 제사에 초점을 맞춰 논의를 진행하고자 한다. 이 세 행사에 주목하는 이유는, 그것들이 아이즈 지역사회 내지 '아이즈 공동체'[5]에서 주요 변곡점을 형성했기 때문이다.

무진전쟁 50년제는 아이즈인들이 1915년의 특별합사(후술)를 통해 실로 수십 년 만에 천황의 '은혜'와 '자애로움'을 체감하고 이를 만끽하는 가운데 거행되었으며, 70년제는 세대교체를 배경으로 '그날'의 기억을 되새기고 이를 후대에 전해야 한다는 절박함 속에서 진행되었다.[6] 또 90년제는 근대의 비극적인 역사 유산을 적극 활용한 관광산업 프로젝트의 일환으로 거행되어 이후 관련 행사의 전범이 되었다.[7]

한편 위에서 든 세 시기는 일본의 근대국가체제 안정기, 총력전체제 돌입기, 전후 부흥기라는 시대적 맥락에 걸쳐 있다. 이 글에서는 이러한 시대적 맥락에 충분히 주의를 기울임으로써, 자칫 한 지역사회에서 벌어진 기묘한 해프닝으

---

5 다나카 사토루(田中悪)가 사용했던 '아이즈 무사 공동체'(『會津という神話: 〈二つの戦後〉をめぐる〈死者の政治學〉』, 京都, ミネルヴァ書房, 2010, 第3章)를 참조한 개념이다. 이 글에서는 자신의 정체성을 아이즈에서 구하던 자들로 구성된 추상적 사회집단이라는 의미로 사용한다. 잘 알려진 바와 같이, 아이즈 지역은 메이지 신정부에 의해 철저히 파괴되었으며, 아이즈인들은 — 현지에 머문 자들도 있었지만 — 무진전쟁, 폐번치현을 거치며 다양한 지역으로 이산했다. 전국으로 흩어진 아이즈 출신자들은 각종 향우회를 조직하는데, 이들 단체는 지역 단위든 전국 단위든 아이즈 관련 행사를 치르는 데 구심점 역할을 했다.

6 『會津會雜誌』 51, 1937, 56쪽 참조.

7 田中悪, 앞의 책, 第5章 참조.

로 치부될 수 있는 아이즈인들의 적군 전사자 제사의 의미를 거시적으로도 조망해 보고자 한다. 지역사회에서의 미세한 움직임들은 분절적으로 파악되기 십상이지만, 그것들은 종종 전체상을 비추는 거울이 된다. 거울로서의 아이즈를 자각적으로 의식한다면, 각 시기의 시대 상황을 한층 입체적으로 드러낼 수 있으리라 생각한다.

아이즈인들의 적군 전사자 제사는 이미 많은 선행연구에서 언급되어 왔지만, 충분한 분석이 이루어졌다고 보기는 어렵다. 다나카 사토루(田中悪)와 시모다 히라쿠(下田啓)의 분석[8]을 제외하면, 대부분 그런 일이 있었다는 정도의 표면적인 서술에 그치고 있는 실정이다. 또 다나카, 시모다의 분석도 논자들의 궁극적인 문제관심[9]에 한정된 방식으로 이루어지고 있는데다 1917~57년을 관통하는 방식의 것은 아니어서, 여전히 흐릿하고 불투명한 지점들이 남겨져 있다고 하지 않을 수 없다. 그래서 이 글에서는 아이즈인들의 적군 전사자 제사를 중심 테마로 설정하여 한층 세밀한 분석을 시도하고, 시대를 관통하는 보편 논리와 각 시대의 특수 논리를 밝혀보고자 한다.

적군 전사자 제사는 대체로 일본인들의 종교적 자비심에서 비롯된 미풍양속이자, 여타 지역에서 발견할 수 없는 일본 사회 고유의 습속이라고 자리매김되어 왔다.[10] 최근 들어 이러한 담론이 〈'문명'=박애 정신=자비〉라는 근대 일본학의

---

8 田中悪, 위의 책, 148~150쪽. Hiraku Shimoda, *Lost and Found: Recovering Regional Identity in Imperial Japan*, Cambridge(Massachusetts) and London, Harvard University Press, 2014, pp. 93~96.

9 다나카의 경우는 아이즈인들의 아이덴티티, 시모다의 경우는 지역주의(regionalism)와 국가/국민주의(nationalism)의 상관관계가 궁극적인 문제관심으로 설정되어 있다.

10 주요 관련 논고로는 다음과 같은 것을 들 수 있다. 黒板勝美, 「高野山朝鮮陣の供養碑」, 史學會編, 『弘安文祿征戰偉績』, 東京, 富山房, 1905; 鷲尾順敬, 「國史と仏教(七)」, 『正法輪』 273, 1910; 橋川正, 「怨親平等の思想」, 『大谷學報』 10(4), 1929; 辻善之助, 『日本人の博愛』, 東京, 金港堂, 1932; 長谷川伸, 『日本捕虜志』(『長谷川伸全集(第9巻)』, 東京, 朝日新聞社, 1971 수록); 中村元, 『日本人の思惟方法』, 東京, 春秋社, 1989(초판 1962); 古田紹欽, 「武士の道德と仏教倫理—怨親平等の思想」, 古川哲史編, 『日本道德教育史』, 東京, 角川書店, 1962; 渡辺勝義, 「怨親平等の鎮魂」, 『神道と日本文化』, 東京, 星雲社, 2006; 山田雄司, 『跋扈する怨靈:

주술에서 비롯되었으며, 전사자 제사를 둘러싼 일본문화론은 이 주술의 자장에서 자각적으로 벗어난 지점으로부터 새롭게 구축되어야 한다는 주장이 제기된 바 있다.[11] 이 글은 기본적으로 이러한 주장을 보강하는 사례연구로서의 의미를 지니고 있다.

2. 국민통합의 조류와 관적(官賊) 논리의 희석화

1) '不祀冤鬼' 합사 청원운동

1917년 아이즈인들의 적군 전사자 제사를 고찰하기 위한 준비 작업으로, 본절에서는 1900년 전후의 아이즈와 일본 사회 전반에서 전사자 제사가 어떤 방식으로 전개되고 논의되었는지 살펴보고, 나아가 국민통합의 관점에서 추진되었던 '不祀冤鬼' 합사 청원운동에 대해 검토하도록 하겠다.

잘 알려진 바와 같이, 무진전쟁 직후의 아이즈 지역에서 전사자 제사는 지극히 차별적으로 이루어졌다. 신정부군 전사자의 유해는 애초에 정중히 수습되었으며,[12] 1874년 이후로는 이른바 관수분묘(官修墳墓)에 관한 내무성달(內務省達)[13]을 근거로 한층 안정적인 제사가 거행되게 되었다. 아이즈 소재의 관수분묘는 총 22개소로, 이곳에 신정부군 전사자 231명이 안장되었다.[14] 이에 반해 아이즈군

崇りと鎮魂の日本史』, 東京, 吉川弘文館, 2007. 또 최근에 출간된 다음 논고도 아울러 참조할 것. 釋會忍, 『中世の中日禪宗交流史』, 東京, 山喜房仏書林, 2015, 203~213쪽.

11 이세연, 앞의 책, 서장; 이세연, 「전사자공양의 일본적 특수성론에 대한 비판적 검토: 전근대 동아시아의 학지 네트워크와 전사자공양」, 『동아시아문화연구』 65, 2016.

12 今井昭彦, 『反政府軍戰沒者の慰靈』, 東京, 御茶の水書房, 2013, 117~120쪽 참조.

13 內務省達乙第十二号(1874.2.15.). 梶原猪之松編, 『官令全書』 內務省御達 乙号之部 明治7年-9年, 東京, 梶原猪之松, 1881-1884에 수록.

14 大塚實, 「戊辰戰沒者官修墳墓の建立」, 大塚實監修, 間島勲·小檜山六郎編, 『図說會津の歷史(下巻)』,

전사자의 유해는 처음에는 매장조차 허락되지 않았다. 예컨대 1868년 8월 말 무렵에는 집단자결사건으로 저명한 백호대(白虎隊) 대원들의 사체 일부가 다키자와(瀧澤)의 촌민에 의해 은밀히 묘코쿠사(妙國寺)에 매장되었다가 신정부군에게 발각되어 재차 유기되기도 했다.[15] 1874년 8월의 태정관달(太政官達)[16]을 계기로 무진전쟁에서 희생된 반정부군 전사자 일반에 대한 제사는 공식화되었지만, 그렇다고 하여 전사자 제사에서의 관적(官賊) 준별의 원칙이 무너졌던 것은 아니다. 살아생전에 적군의 오명을 쓴 자들은 기본적으로 야스쿠니신사에 합사될 수 없었다.

그런데 관적의 준별에 따른 전사자 제사의 차별이 전혀 의문시되지 않았던 것은 아니다. 일찍이 1872년에는 반정부군 전사자들도 도쿄 초혼사(1879년 야스쿠니신사로 개칭)에 합사해야 한다는 취지의 건백서가 제출되었으며,[17] 서남전쟁기에는 피아전사자를 평등하게 제사 지내야 한다는 여론도 존재했다.[18] 또 1907년에는 사담회(史談會)가 무진전쟁에서 희생된 반정부군 전사자 등도 '호국의 지사'라고 주장하며 이들의 야스쿠니신사 합사와 표창을 제국의회에 청원하였다.[19]

이 가운데 1907년의 청원은 이후 몇 년간 이어지는 전사자 제사 관련 청원운동의 촉매가 되었다는 점에서 특히 주목되는데, 그것은 당시 사담회가 추진했던 거대 프로젝트의 일환이었다.

1889년 시마즈, 모리 가문 등 무진전쟁의 승자들이 주축이 되어 조직된 사

松本, 鄕土出版社, 1999.

15 今井昭彦, 「會津少年白虎隊の殉難とその埋葬」, 『常民文化』 24, 1998 참조.

16 JACAR(アジア歴史資料センター) Ref.C07040011300, 明治七年従六月至十二月 · 太政官達 · 坤 · 第七一号第一七八号(防衛省防衛研究所).

17 川原十郎, 「招魂社建白」(『明治建白書集成(第2卷)』, 東京, 筑摩書房, 1990, 62~63쪽).

18 『明教新誌』 556, 1877. 11. 22., 5쪽; 『明教新誌』 705, 1878.10.4., 附錄 참조.

19 『會津日報』, 1907. 3. 20; 『會津日報』, 1907. 5. 30. 참조.

담회는 막말유신사를 편수할 요량으로, 특히 고로(故老)들의 구술 채록에 힘을 기울인 단체였다.[20] 러일전쟁 이후 조직의 외연이 넓어지면서 번벌(藩閥)의 외곽단체로서의 성격은 차츰 엷어졌으며,[21] 이에 연동하여 일종의 국민통합 프로젝트라 할 만한 사업이 추진되게 되었다. 즉 사담회 회원들은 1848~90년 사이에 희생된 지사로 야스쿠니신사에 합사되지 못한 자들의 한('不祀冤鬼ノ恨')을 풀어주고, '성명'(聖明), 즉 천황의 어질고 밝은 지혜 아래 국민통합을 이루어 내고자 했던 것이다.[22] 러일전쟁에서의 승리를 통해 '동양유일의 선진국', '세계 일등국'[23] 으로서의 일본의 위상이 확고해진 만큼 그에 부합하는 국민통합이 절실하다는 판단이 내려졌던 것으로 짐작된다.

사담회의 국민통합 프로젝트는 크게 세 가지 사업으로 구체화되었다. 즉 사담회는 전국 각지로부터 '不祀冤鬼'에 해당하는 지사 약 1만 5000명의 명단을 수집하여, 이를 바탕으로 ① 1906년 6월 23일 '殉國志士英靈吊慰會'를 개최하고, ② 이듬해에 『戰亡殉難志士人名錄』을 출간했으며, ③같은 해에 '不祀冤鬼'의 야스쿠니신사 합사와 표창을 제23회 제국의회에 청원하였다.

당시 '不祀冤鬼'의 야스쿠니신사 합사는 제국의회의 회기 임박이라는 이유에서 불발에 그쳤지만,[24] 관련 청원운동은 계속해서 이어졌다. 그것은 실현 가

---

20 吉原康和, 『靖國神社と幕末維新の祭神たち: 明治國家の「英靈」創出』, 東京, 吉川弘文館, 2014, 168~170쪽.

21 宮地正人, 「政治と歴史學: 明治期の維新史研究を手掛りとして」, 西川正雄·小谷汪之編, 『現代歴史學入門』, 東京, 東京大學出版會, 1987.

22 『戰亡殉難志士人名錄』(史談會編, 東京, 共同出版, 1907)의 모두에 수록된 「跋」, 「緒言」, 「殉國士ノ英靈ヲ弔慰スルノ議」, 「史談會副總裁伯爵正二位東久世通禧君朗讀祭文」을 참조할 것.

23 이들 표현은 각주 22)의 「殉國士ノ英靈ヲ弔慰スルノ議」, 「史談會副總裁伯爵正二位東久世通禧君朗讀祭文」에서 원용한 것임.

24 『會津日報』, 1907. 5. 30. 이하에서 서술하는 합사 청원운동에 대해서는 吉原康和, 앞의 책, 156쪽 이하 외에도 다음 논고들을 참조할 것. 小林榮三, 「靖國神社と會津藩について」, 『歴史春秋』 54, 2001, 141~145쪽; 秦郁彦, 『靖國神社の祭神たち』, 東京, 新潮社, 2010, 71~74쪽.

능한 방식으로 보다 구체화되어 전개되었다. 즉 1908년 12월 25일에 개회된 제25회 제국의회에는 사건 단위로 범위가 좁혀진 '不祀冤鬼'의 야스쿠니신사 합사 청원서가 제출되었다. 구체적으로 말하자면, 1862년의 데라다야(寺田屋) 사건과 1864년의 금문(禁門)의 변에서 비롯된 '不祀冤鬼'의 야스쿠니신사 합사 청원이 이루어졌는데, 이 건은 비교적 수월하게 중의원과 귀족원을 통과했다. 이에 사담회는 1909년 5월의 야스쿠니신사 예제 때 합사가 이루어지기를 희망했다.[25]

그러나 이들 '不祀冤鬼'의 합사는 정부의 미온적인 태도에 부딪혀 좀처럼 실현되지 않았다. 금문의 변에서 희생된 조슈 측 전사자가 야스쿠니신사에 합사되어 있는 상황에서,[26] 그에 맞섰던 자들을 합사하는 것은 사리에 맞지 않는다는 것이 정부 측의 기본 입장이었다. "야스쿠니신사 내에서 재차 하마구리고몬(蛤御門)의 전투가 반복된다"라는 이노우에 가오루(井上馨)의 발언은 당시의 분위기를 대변해 준다.[27]

이에 대해 사담회의 사업에 동조한 중의원 의원 시마다 사부로(島田三郎, 도쿄 출신), 무라마쓰 고이치로(村松恒一郎, 우와지마 출신), 핫타 소키치(八田宗吉, 아이즈 출신) 등은 관적의 논리를 역으로 이용하며 정부를 압박했다. 금문의 변을 예로 들자면, 궁성을 향해 발포한 조슈 측 전사자들은 일찍이 야스쿠니신사에 합사되었는데, 정작 당시 궁성을 수비하고 있던 관군 전사자들이 '不祀冤鬼'인 채로 남아 있는 것은 어불성설이라는 논리가 전개되었던 것이다.[28]

결국 데라다야 사건과 금문의 변에서 발생한 '不祀冤鬼'의 야스쿠니신사

---

25 『會津日報』, 1909.6.8.에 수록된 사담회의 '申述書'를 참조.

26 실제로 조슈 측 전사자는 일찍이 1888년에 합사되었다.

27 吉原康和, 앞의 책, 181~182쪽 참조.

28 예컨대, 1914년 제31회 제국의회에서 전개된 무라마쓰의 발언을 참조(『官報』, 号外, 1914. 2. 4., 衆議院議事速記錄 第7号, 93쪽). 무라마쓰의 발언은 『會津會々報』 4, 1914, 61~63쪽에도 전문 게재되어 있다.

합사는 1915년 4월 27일 천황의 뜻을 받드는 형태로 '특별히' 이루어졌다. 이 특별합사의 배경으로는 다이쇼 천황의 즉위식(1915. 11. 10.)과 더불어 당대의 정치 지형의 변동을 간과할 수 없다. '不祀冤鬼'의 야스쿠니신사 합사에 대한 심의는 1913년의 이른바 다이쇼 정변을 통해 들어선 제1차 야마모토(山本權兵衛) 내각에서 이루어졌으며, 합사 결정은 뒤이은 제2차 오쿠마(大隈重信) 내각에서 이루어졌다.[29] 참고로 덧붙이자면, 심의 당시 내무대신은 이와테 출신의 하라 다카시(原敬), 해군대신은 센다이 출신의 사이토 마코토(齋藤實)였다. 요컨대, 1915년의 특별합사는 다이쇼 데모크라시의 조류 속에서 이루어졌던 것이다.[30]

1915년의 특별합사를 통해 야스쿠니신사의 문턱을 넘어선 구 아이즈번사는 32명이었다. 이들은 1917년 4월 20일 후쿠시마 초혼사에도 합사되는데,[31] 그로부터 4개월 후 아이즈에서는 대대적인 적군 전사자 제사가 거행되었다.

2) 천황의 이름으로

1917년 6월, 구 아이즈번 사족들의 모임인 아이즈회[32]의 기관지 『會津會報』 10호에 '戊辰殉難者伍十年祭典旨意書'가 게재되었다. 이는 같은 해 8월 23일에 거행되는 무진전쟁 50년제의 취지를 알리고, 아울러 '의금'(義金)을 모으

---

29 JACAR(アジア歴史資料センター) Ref.C08020392100, 海軍省公文備考類·大正3年 公文備考 巻9 儀制6(防衛省防衛研究所) 참조.

30 이상, 1915년의 특별합사가 다이쇼 데모크라시의 맥락에서 파악 가능하다는 서술은 고려대학교 아세아문제연구소 이형식 교수의 조언에 따른 것이다. 또 쇼와 천황의 즉위식과 이케가미 시로(池上四郎)의 조선총독부 정무총감 취임에 관한 후술(3장 1절) 역시 이형식 교수의 조언에 따른 것이다. 감사의 뜻을 전한다.

31 今井昭彦, 앞의 책, 204쪽.

32 1912년, "동향인의 우애를 두텁게 하고 단결을 공고히 하는 것을 목적으로" 결성된 조직이다. 사무소는 도쿄의 마쓰다이라가 저택에 두어졌다. 연 2회 총회를 개최했으며, 기관지로 『會津會々報』(1925년 『會津會雜誌』로 명칭 변경, 1950년 본래의 명칭으로 돌아옴)를 발간했다(이상의 개관은 『會津會々報』 1, 1912를 참조). 이후 몇 가지 제도상의 변화를 겪었지만, 현재도 꾸준히 활동을 이어가고 있다. 상세한 내용에 대해서는 홈페이지를 참조할 것(http://www.aizukai.com).

기 위해 작성·게재된 것이었다. 주요 내용은 다음과 같다.

> 우리나라 3천 년 역사에서 가장 정신, 광채가 있는 것은 경응(慶應) 무진 혁신의 대전이라 할 것이다. 이 전쟁은 군의 동서를 불문하고 우국 존왕의 성심에는 감히 큰 차이가 없었다. 단지 동서 각 번이 서로 감정을 달리 하고 의사소통이 부족했던 결과 마침내 크게 충돌한 것에 다름 아니다. 그리하여 아이즈번의 진상에 대해서는 여론이 분분하여 사람에 따라 비방과 찬사가 엇갈리지만, 천황폐하의 어질고 밝은 지혜는 봄과 같이 모든 자를 매한가지로 사랑하며, 넓은 은혜는 죽은 자의 유골에 미친다. 우리들이 이제 또 무엇을 말할 것인가?[33] …… 동서 양군의 장사로 그 사이(전쟁터 — 인용자)를 내달려 죽음을 홍모와 같이 가벼이 여기고 의를 태산과 같이 중히 여겨 목숨을 칼끝과 탄환에 떨군 자가 수천 명에 이른다. 그 충용 의열을 누가 흠앙하지 않겠는가? …… 금년은 실로 50주기에 해당하는 바, 8월 23일에 우리들은 마음속 가득한 성의를 바쳐 동서 양군을 위해 장엄한 사전(祀典)을 거행함으로써 제사(諸士) 영령을 위무하고, 아울러 후진 자제가 충용 보국의 사기를 함양하는 데 일조하고자 한다. (밑줄은 인용자 강조. 이하 동일)

위의 인용문에서 우선 눈에 띄는 것은 관적 논리의 배제이다. 인용문의 작자는 무진전쟁에 참가한 동군, 서군의 장사들이 감정의 대립, 의사소통의 부재로 인해 서로 맞섰을 뿐, 우국과 존왕의 성심에 있어서는 추호의 차이도 없었다고 주장하고 있다.

이러한 주장은 1917년에 이르러 갑작스레 등장한 것이 아니었다. 이미

---

33 참고로, 밑줄 부분의 원문은 다음과 같다. "聖明春の如く一視同仁洪恩枯骨に及ぶ我輩今復何をか言はん."

1870년대부터 '京軍' '東軍' '東兵' 운운의 서술이 보이기 시작하여,[34] 이후 정부의 공식적인 역사 담론과 대립하는 양상을 보였다. 정부 측의 〈근왕=토막 vs. 좌막〉이라는 구도는 부정되었으며, 토막과 좌막은 근왕을 실천하는 각론으로 자리매김되었다.[35]

그런데 이와 같은 구막부군 측의 역사 인식은 적군 전사자 제사를 용인하는 논리 구조를 배태하고 있었다. 토막이든 좌막이든, 무진전쟁의 전사자는 모두 근왕, 즉 천황에게 충성을 바친 순국지사로 자리매김되기 때문이다. 위 인용문의 표현을 빌리자면, 정치적 입장과 상관없이 모든 전사자의 '충용'과 '의열'은 '흠앙' 받아 마땅한 것이었다. 구막부군 측이 자신들에게 힘의 논리로 강요된 조적(朝敵)의 레테르를 떼어내려 하면 할수록, 피아의 경계선은 허물질 수밖에 없었다. 조적의 레테르를 떼어낼 수 있는 유일한 루트는 천황을 향해 뻗어 있었고, 천황은 자신의 적자를 차별 없이 보듬는 존재였다.

1913년 우에노 도쇼궁(上野東照宮)에서 거행된 금문의 변 50년제에서 무진전쟁 당시 창의대(彰義隊) 대장이었던 혼다 스스무(本多晋)는 "나는 원래 일본에 조적은 없다는 의견을 지니고 있는 자로 …… 일찍이 '서풍, 동풍, 바람의 방향은 달라도 모두 해 떠오르는 나라의 꽃으로 지는 벚꽃이런가'라고 읊은 적이 있습니다. 조슈도 그 행위가 물론 역적 폭도의 그것이었다는 점은 분명하지만, 그 마음에 있어서 설마 조정에 반항할 생각은 아니었을 겁니다. 따라서 나중에 이를 합사하는 것에 대해서도 굳이 이의를 제기하지 않을 것입니다"라고 진술했다.[36] 1917년에 적군 전사자 제사를 거행하던 아이즈인들의 마음 한편에도 아마 이런 생각이

---

34 小笠原勝修, 『續國史略後編』, 東京, 柏悅堂, 1875; 中根淑, 『兵要日本地理小誌』, 東京, 陸軍文庫, 1875를 참조. 나카네(中根)의 저작을 둘러싼 에피소드에 대해서는 大野虎雄, 『沼津兵學校と其人材』, 沼津, 私家版, 1939, 74~76쪽; 山口昌男, 『「敗者」の精神史(下)(文庫本)』, 東京, 岩波書店, 2005, 396~397쪽을 참조.

35 田中彰, 『明治維新觀の研究』, 札幌, 北海道大學図書刊行會, 1987, 149~179쪽 참조.

36 『會津會々報』 3, 1913, 61~62쪽.

오갔을 것이다.

여기서 다시 한 번 '戊辰殉難者伍十年祭典旨意書'로 돌아가서 밑줄의 문장에 주목해 보면, 1917년의 적군 전사자 제사가 1915년 '不祀冤鬼'의 야스쿠니신사 합사와 긴밀히 연동되어 있었음을 짐작할 수 있다.[37] 물론 1915년에 천황의 뜻을 받들어 '특별히' 이루어진 합사는 무진전쟁에서 희생된 자들을 대상으로 한 것이 아니었지만, 아이즈인들에게 그것은 부차적인 문제에 불과했다. 자신의 존재 가치를 시종일관 천황에 대한 절대 충성에서 구해 왔던 아이즈인들의 입장에서 중요했던 것은 천황의 '어질고 밝은 지혜'가 아이즈에도 비춰졌다는 사실, 천황의 '넓은 은혜'가 마침내 아이즈의 근왕지사에게도 미쳤다는 사실이었다.

이상에서 살펴본 논리와 담론들은 8월 23일에 거행된 무진전쟁 50년제에 고스란히 반영되었다. 아이즈 전투의 중심이었던 쓰루가 성(鶴ヶ城) 터에 조영된 제단에는 '東西兩軍殉難諸士之靈位'가 모셔졌으며, 참가자들은 입을 모아 천황의 이름으로 하나된 순국지사의 넋을 기렸다.[38] 제전위원장 마쓰모토 도키마사(松本時正, 아이즈와카마쓰 시장)는 "천황폐하의 어질고 밝은 지혜는 봄과 같이 모든 자를 매한가지로 사랑하며, 넓은 은혜는 죽은 자의 유골에 미친다. 제사(諸士) 또한 이에 고이 잠들 것이다"라는 말을 잊지 않았다. 참고로 덧붙이자면, 무진전쟁 50년제에는 조슈 출신으로 당시 유신사료편찬회 상치편찬원이었던 오카베 세이이치(岡部精一)도 참석하여 "(무진전쟁은) 단지 사상의 차이로 인한 정치적 논의의 엇갈림, 그리고 동서 제번 간의 감정적 알력에서 비롯된 것이다. …… 순역(順逆)의 견지에서 다소 차이가 있어 혹은 관군이라 칭하고 혹은 적군이라 불렀지만, 이는 단지 형식에 불과하며, 충성을 황실에 다하고 목숨을 국가에 바친 뜻에서

37 이 점에 대해서는 이미 다나카가 지적한 바 있다. 田中悪, 앞의 책, 148~149쪽 참조.

38 본 단락의 50년제 관련 인용문과 서술은 다음 자료에 근거하고 있다. 『會津會々報』 11, 1917, 66~74쪽. 그 밖에 『會津日報』, 1917. 8. 24; 『東北日報』, 1917. 8. 24. 참조.

는 곧 매한가지이다"라고 발언했다.

1917년 아이즈에서 거행된 적군 전사자 제사는 이처럼 러일전쟁 이후의 국민통합의 조류 속에서 이루어졌다. 근왕을 절대적 가치 기준으로 삼고 있던 아이즈인들에게 1915년의 특별합사는 스스로를 적군 전사자 제사로 나아가게 하는 결정적인 추동력이 되었다. 아이즈인들의 마음을 근본적으로 움직일 수 있었던 것은 그들의 유일무이한 존립 근거였던 천황 이외에 있을 수 없었다.[39]

한편 막말유신기에 대한 아이즈인들의 역사 인식이 적군 전사자 제사를 배태하고 있는 묘한 논리 구조에 대해서는 앞서 언급한 바와 같은데, 이 논리 구조는 후대의 적군 전사자 제사에서도 '집요저음'(basso ostinato)[40] 으로 기능하게 된다.

3. 두 갈래의 복권, 두 갈래의 제사 담론

1) 1928년의 성혼과 백호대의 현창

무진전쟁 50년제에서 70년제에 이르는 20년은 아이즈인들에게 있어서 명예회복의 시간이었다. 우선 천황가와 관련해서는 1920년 정명황후(貞明皇后)가, 1924년에는 당시 섭정이었던 미치노미야(迪宮, 훗날의 쇼와 천황)가 각각 아이즈를 방문했다. 두 사람 모두 오키나지마(翁島)에 위치한 황실 휴양소에 머물다 쓰루가 성

39 아이즈인들의 적군 전사자 제사는 동군 전사자 제사를 총괄하는 아이즈 조령의회(會津弔靈義會)의 설립 인가에 대한 반대급부였다는 설도 있다(今井昭彦, 앞의 책, 199~203쪽 등). 그러나 설령 그런 거래가 있었다고 하더라도 부차적인 문제일 뿐, 이를 침소봉대하는 것은 곤란하다고 생각한다.

40 마루야마 마사오(丸山眞男)의 개념을 원용한 것이다. 丸山眞男, 「政事の構造: 政治意識の執拗低音」, 『丸山眞男集 第12巻』, 東京, 岩波書店, 1996을 참조. 丸山眞男, 「歴史認識の「古層」」, 『丸山眞男集 第10巻』, 東京, 岩波書店, 1996도 아울러 참조할 것.

터, 이모리산(飯盛山)의 백호대 묘역, 고가이쿠니(蚕養國) 신사 등을 둘러보았는데, 이 과정에서 무진전쟁, 아이즈번의 근왕, 백호대의 충성 등이 화제가 되었음은 두말할 나위 없다.[41]

이처럼 황실과 아이즈 간에 교감이 이루어지는 가운데, 1928년에는 실로 획기적인 이벤트가 거행되었다. 이 해 9월, 무진전쟁 당시 아이즈번주였던 마쓰다이라 가타모리(松平容保)의 손녀 세쓰코(節子)가 야스히토(雍仁) 친왕과 혼인했다.[42] 세쓰코는 혼인에 앞서, 황실의 지시에 따라 이세(伊勢)와 아이즈(會津)에서 한 글자씩을 취하여 '세쓰코'(勢津子)로 개명했다. 황실과 마쓰다이라 가문의 융합을 상징하는 개명이었던 것으로 보인다.[43] 참고로 덧붙이자면, 다이쇼 천황 슬하의 네 아들 가운데 세 명은 좌막파 인물의 손녀와 혼인했다. 우연의 일치일 수도 있겠지만, 향후 황실에 의한 국민통합이라는 맥락도 점검해 볼 필요가 있으리라 생각한다.[44] 당시의 시대 흐름과 관련해서는 1927년 아이즈 출신인 이케가미 시로(池上四郎)가 친임관(親任官)인 조선총독부 정무총감에 임명된 점, 쇼와 천황의 즉위식이 1928년 11월에 거행되었다는 사실도 주목할 만하다.

1928년의 혼인을 바라보는 아이즈인들의 시선은 뜨거웠다. 마쓰다이라 가문의 선조들에게 혼인 사실을 고하기 위해 아이즈를 방문한 세쓰코 일행은 대대적인 환영을 받았으며, 특히 동군 전사자 묘역뿐 아니라 서군 전사자 묘역에도 참배하는 광경은 지역민들에게 큰 감동을 안겨 주었다고 전한다.[45] 혼인 당일

---

41 『會津會々報』 17, 1920, 48~53쪽; 『會津會々報』 25, 1924, 1~3쪽. 참고로 덧붙이자면, 미치노미야는 1916년에 이미 백호대 묘역을 방문한 바 있다. 『朝日新聞(東京/朝刊)』, 1916.7.12., 7면 참조.

42 성혼에 이른 경위 등에 대해서는 다음 논고를 참조. 青木淳子, 「朝敵の汚名をすすいだ姫 松平節子妃」, 『歴史讀本』 53(10), 2008.

43 Hiraku Shimoda, *Ibid.*, p. 130 등.

44 이 문제와 관련해서는 본문상에서 후술하는 시라이가 1928년의 성혼에 즈음하여 고준 황후와 쇼와 천황의 성혼을 상기한 점도 참고가 된다(『會津會雜誌』 33, 1928, 2~5쪽).

45 『會津會雜誌』 33, 1928, 35~40쪽.

인 9월 28일자 『夕刊會津日報』는 '낮에는 깃발 밤에는 제등. 환희, 맑게 갠 가을을 가득 채우다'라는 제하에 아이즈의 축제 분위기를 전했으며,[46] 아이즈회 회원 시라이 신타로(白井新太郎)는 "우리 아이즈인의 축하드리는 마음은 특별히 드러나, 기쁨에 넘쳐 울음을 터뜨린 자도 적지 않을 것이다. …… 옛날 조적의 오명을 쓴 우리 아이즈의 옛 번주 마쓰다이라 가문의 영애이시기 때문이다"라며 감격했다.[47] 또 훗날의 회상이기는 하지만, "(1928년의 혼인은) 아이즈 다년의 명예를 회복한 것으로 우리 황실이 공명하심을" 운운의 지역 여론도 확인할 수 있다.[48] 1928년의 혼인은 대체로 마쓰다이라 가문의 영광에 그치지 않고, 아이즈인들의 명예회복을 의미하는 경사로 받아들여졌던 것으로 보인다.

한편 아이즈인들의 명예는 또 다른 길을 통해서도 회복되었다. 즉 아이즈 정신이야말로 절대 충성의 표상이라는 아이즈인들의 오랜 주장이 백호대를 매개로 '공인'받기에 이르렀던 것이다. 백호대 관련 서술이 국정교과서에 꾸준히 등장한 것은 이를 상징한다. 백호대에 관한 서술은 1921년에 발행된 제3기 국정교과서 『尋常小學國史』에 처음으로 등장했으며, 1934년에 발행된 제4기 국정교과서 『尋常小學國史』에서는 백호대의 자결에 대한 표현이 기존의 "서로 찔러 죽었다"에서 "서로 찔러 장렬한 최후를 맞이하였다"로 미묘하게 변화했다.[49]

백호대의 현창에서 또 하나 큰 전기가 된 것은 1928년에 로마 시가 기증한 백호대 기념비였다. 이 비는 당대의 영웅 무솔리니가 일본의 무사도 정신을 인정한 증표로 인식되어,[50] 이후 백호대 관련 서적에서는 거의 예외 없이 언급되었

---

46 會津史談會調査部編, 『新聞資料集成 若松九十年誌』, 會津若松, 會津史談會, 1989, 88쪽에 수록.

47 『會津會雜誌』 35, 1928, 2쪽.

48 『會津日報』, 1934. 6. 26.

49 後藤康二, 「白虎隊テクストについての覺書(1)」, 『會津大學文化研究センター研究年報』 8, 2001, 60~61쪽 참조.

50 이 기념비의 기증은 시모이 하루키치(下位春吉)의 사기극에서 출발하였다. 당시 이탈리아통을 자처

다.[51] 육군대좌 이토 마사노스케(伊藤政之助)는 아이즈 소년들을 대상으로 기념비 증정의 의의를 상세히 진술하고, 세계 속의 백호대 전사자가 잠든 이모리 산을 대본산으로 하는 순례도의 건설이 필요하다고 역설하기도 했다.[52] 서구의 시선을 통한 백호대의 현창은 주일독일대사관 문관에 의한 기념비 증정(1935년),[53] 히틀러 유겐트의 백호대 묘역 방문(1938년)[54]으로 이어진다.

그 밖에 백호대 현창과 직접 관련된 것은 아니지만, 1937년 5월에는 당대의 언론인 도쿠토미 소호(德富蘇峰)가 아이즈를 방문, 아이즈번은 결코 조적이 아니었다고 열변을 토하여 지역민들을 열광케 하기도 했다.[55]

이처럼 근대 일본의 깊게 패인 그림자였던 아이즈는 어느새 일본 사회의 전면에 다시금 화려하게 등장했다. 무진전쟁 50년제로부터 불과 20년, 아이즈인들은 예기치 않은 천황의 '은혜'를 입었으며, 스스로 자부해 마지않던 아이즈 정신은 자타 공인의 것이 되었다. 그리고 이제 아이즈인들은 중일전쟁이 전개되는 가운데, 무진전쟁 70년제를 맞이하게 되었다. 무진전쟁 50년제와 비교했을 때 변

하고 있던 시모이는, 자신이 무솔리니를 만난 바 있으며, 그때 무솔리니는 백호대 기념비를 증정하겠다고 이야기했다고 주장했다. 이는 사실무근으로 확인되었지만, 이미 백호대 기념비는 외교 스캔들로 비화된 상황이었다. 이탈리아 측에서는 불필요한 갈등을 잠재우고 일본과의 동맹을 공고히 한다는 취지에서 예정에 없던 백호대 기념비를 로마 시 명의로 준비하여 기증하게 되었다. 참고로 덧붙이자면, 당초 시모이의 알선 활동은 많은 기대를 모은 듯, 식민지 조선에도 그의 활약상이 알려져 있었다(『每日申報』, 1924.12.20; 『時代日報』, 1924.12.20.).

51 참고로, 기념비에 새겨진 문장은 다음과 같다. "문명의 어머니인 로마는 백호대 용사가 후세에 남긴 위대한 업적에 대해 불후의 경의를 바치기 위해, 고대 로마의 권위를 나타내는 '파시스타' 당의 휘장인 도끼를 장식하고, 영원함과 위대함의 증표인 천 년 전 옛 돌기둥을 증정한다. 로마 시. 무사도의 정화에 바치다." 인용은 다음 자료에 따름. JACAR(アジア歴史資料センター) Ref.B04012322200, 本邦記念物關係雜件 / 白虎隊記念碑關係 第一卷 分割1, 40~41쪽(外務省外交史料館).

52 伊藤政之助, 『憂國の叫び 伊藤大佐大講演集』, 東京, 宮本武林堂, 1928, 299~309쪽.

53 『會津日報』, 1935. 6. 23(小島一男編, 『新聞でみる會津の昭和史』, 會津若松, 歷史春秋出版, 1997, 86쪽 수록).

54 『會津新聞』, 1938. 8. 31., 1~3면; 『會津新聞』 1938. 9. 1; 『會津新聞』, 1938. 9. 2. 참조.

55 早川喜代次, 「德富蘇峰翁の會津訪問」, 『會津會雜誌』 50, 1937 참조. 연설 내용의 전문은 『會津會雜誌』 56, 1940, 76~94쪽에서 확인할 수 있다.

한 것은 무엇이고, 변하지 않은 것은 무엇인가. 다음 절에서는 이 점에 유의하며 1937년 아이즈에서 거행된 적군 전사자 제사를 살펴보고자 한다.

2) '황은'과 무사도

무진전쟁 70년제는 1937년 10월 12일 쓰루가 성터에서 거행되었다. 본 절에서는 주요 참가자들이 남긴 말들을 통해 당대의 논리를 살펴보기로 하겠다. 우선 제전위원장 사세 고(佐瀬剛, 아이즈와카마쓰 시장)의 제문부터 검토하기로 한다.

> 각 번은 각각 특수한 사정에 의해 거취를 달리하는 상태였지만, 그 정신에 있어서는 모두 존황 애국의 충성을 다하여 나라의 기초를 태산과 같이 안정되게 하려는 데 있었다. 피아간에 결코 큰 차이는 없었다. (중략) 동서 몇 천의 순난 동포를 생각하면 점점 뜨거운 눈물이 주루룩 흘러내리는 것을 금할 길 없다. …… 이번에 지나사변이 발발하자 온 나라가 한 마음으로 국난에 대응하여, 우리 충용한 장병들은 바다로 육지로 또 하늘로 화약연기와 비처럼 쏟아지는 탄환을 무릅쓰고 견고한 진지를 빼앗고 대적을 무찔러 국위를 선양하고 있다. …… 이에 무진전쟁 70년에 즈음하여 우리들은 서로 상의하여 순난자 영령을 위해 깨끗한 술과 맛좋은 음식을 차려 제사 지낸다. 바라건대 이를 흠향하소서.[56]

제문의 전반부는 50년제의 그것을 방불케 한다. 순국지사들의 정치적 입장은 부차적인 문제에 불과하고, 중요한 것은 그들 모두가 국가와 천황을 위해 목숨을 바친 사실이라고 강조되고 있다. 사세에게 '순난 동포'는 모두 '뜨거운 눈물'을 받아 마땅한 존재였다. 역사 인식과 적군 전사자 제사가 맞물린 논리 구조를 재

56 『會津會雜誌』 51, 1937, 58~59쪽.

삼 확인할 수 있다.[57]

그런데 그 뒤로 이어지는 '지나사변' 운운의 문장은 전후의 문맥상 지극히 어색하다. 의도적으로 삽입되었다는 인상조차 주는 이 문장은 1937년 7월에 발발한 중일전쟁이 무진전쟁 70년제에 적지 않은 영향을 주었으리라는 점을 미루어 짐작케 한다.

과거(무진전쟁)와 현재(중일전쟁)를 접속시킨다는 의식은 사세만의 것이 아니었다. 예컨대 후쿠시마현 지사 기미지마 세이키치(君島淸吉)도 동일한 구조의 제문을 작성했는데, 기미지마는 양자를 좀 더 매끄럽게 연결시켰다. 즉 기미지마는 "70년 전 당시에 공격하고 방어한 바는 달랐다 하더라도 몸을 던져 힘껏 싸우고 분투한 참된 마음은 모두 사직을 생각하는 마음이었다"라고 진술한 뒤 "열렬한 제사(諸士)의 뜻을 이은 후배가 마음을 합하고 힘을 모아 진충보국의 진정함을 본받은 것을 생각하면 제사 또한 마음 편히 눈감을 것이다"[58] 라며 제문을 마무리하고 있다. 여기서 과거와 현재는 '진충보국'을 통해 긴밀히 접속되고 있다. 기미지마가 말하는 '후배'가 중국 대륙에서 전투를 벌이고 있던 일본군이라는 점은 두말할 나위 없다.

기미지마의 '진충보국'처럼 무진전쟁과 중일전쟁을 접합시킬 만한 요소는 사실 사세의 제문에서도 확인된다. 지극히 거친 방식으로 제시되기는 했지만, 사세는 무진전쟁에서의 '존황' '애국' '충성'이 중일전쟁에서 '충용'으로 재현되고 있다고 생각했던 것은 아닐까? 그렇다면 1868년과 1937년 사이를 관통하는 것은 '충'이라 할 수 있는데, 그 중핵을 이루는 것이 천황이라는 점은 두말할 나위 없

---

57 시모다 역시 50년제의 적군 전사자 제사와 70년제의 적군 전사자 제사에서 공통으로 발견되는 레토릭에 주목했지만, 그것과 아이즈인들의 역사 인식의 연관성에 대해서는 언급하지 않았다. Hiraku Shimoda, *Ibid.*, pp. 94~95.

58 『會津會雜誌』 51, 1937, 59쪽.

다. 50년제와 마찬가지로 70년제를 떠받치는 근간에는 천황이 존재했던 것이다. 이러한 사실은 조금 다른 각도에서도 확인할 수 있다.

무진전쟁 70년제에는 조슈 야마다 가문의 야마다 히데오(山田英夫) 백작도 참석했다. 조슈 측 대표로 참석했다는 인상도 주지만, 사정은 조금 복잡하다. 야마다 히데오의 본명은 마쓰다이라 히데오로, 다름 아닌 마쓰다이라 가타모리의 다섯 번째 아들이었다. 그 자신의 회상에 따르면,[59] 히데오는 어린 시절 '조적의 아들'이라는 놀림을 받으며 성장했고, 자연스레 사쓰마와 조슈에 대해 적개심을 품게 되었다. 육군 장교가 된 이후에도 그런 인식에 변화는 없었는데, 러일전쟁 직후 폐절의 위기에 처한 조슈 야마다 백작 가문에 돌연 입양되게 되었다. 히데오는 "원한 갚기를 덕으로 한다"라는 심정으로 야마다 가문에 들어섰지만, 처음에는 '포로'가 된 기분으로 하루하루를 보낼 따름이었다. 그런 히데오의 삶에 큰 전기가 된 것은 1928년의 성혼이었다. 이 '파격의 은명(恩命)'으로 인해 어린 시절부터 마음 한편에 자리잡고 있던 '먹구름'은 깨끗이 사라졌다. 이에 히데오는 '황은' 아래 하나된 70년제에 감사한 마음으로 참가하게 되었으며, 제전의 이튿날 쓰루가 성터에서 열린 환영회 석상에서 "이번 70년제에 즈음하여 마침 거국일치의 시국인 때에 서로 옛 원한을 버리고 당시의 아군, 적군의 영령을 위무하는 자리에 참석하게 된 기쁨은 이루 형용할 수 없는 바입니다"라는 인사말을 남겼다.

야마다 백작의 회상에서 두드러지는 것은 1928년의 성혼이다. 그것은 아이즈인들의 삶에 근본적인 변화를 초래할 만큼의 임팩트를 지니고 있었던 것이다. 아이즈인들이 자신의 삶을 버티는 힘이기도 했을 터인 '옛 원한'은 '파격의 은명' 앞에 부질없는 감정이 되어 버렸다. 이런 상황에서 아이즈인들은 '황은'을 구심점으로 '진충보국'해야 하는 거국일치의 시국, 그리고 무진전쟁 70주년을 맞이했

---

59 이하의 회상 내용 등은『會津會雜誌』51, 1937, 62~63쪽에 의함.

다. 아이즈인들이 자신의 감정을 표현할 제사 방식은 달리 있을 수 없었다. 말하자면, 아이즈인들은 이미 수 년 전부터 마련되어 있었던 길을 따라 적군 전사자 제사를 거행했던 것이다.

이처럼 1937년의 적군 전사자 제사는 천황을 중심축으로 1917년의 논리를 전면 계승하고, 거국일치의 시국을 충실히 반영한 이벤트였다. 비록 대리인을 통해서이기는 하지만, 시마즈 다다시게(島津忠重) 공작, 오무라 스미타케(大村純毅) 백작이 아이즈의 제전에 다마구시(玉串)를 바친 것도 당시의 분위기를 짐작케 한다.[60] 그런데 당시의 적군 전사자 제사는 또 한 가지 색다른 논리를 지니고 있었다. 다음 제문을 살펴보자.

> 당시 불행하게도 동서로 나뉘어 서로 싸웠지만, 모두 나랏일을 걱정하여 사지에서 활동한 것이다. 그 충혼과 의백을 누가 의심하겠는가? …… 무릇 우리 무사도는 무예의 연마와 더불어 정신의 단련에 각별히 노력하여 스스로를 중히 여기고, 또 곧잘 적을 존중한다. 역사를 살펴보건대, 고래로 원친평등(怨親平等)에 입각하여(적군과 아군을) 아울러 제사 지내고 명복을 빈 사례가 적지 않다. 이것은 실로 우리나라 풍속의 일대 미풍으로 세계에 자랑하는 바이다. 우리 번은 일찍이 생각이 여기에 미쳐, 무진전쟁 동서 순난 제씨(諸氏)의 영혼을 합사한 것이 이미 오래되었다. …… 황군이 일찍이 바다를 제압하고 육지의 성새를 무찔러 개선가를 나날이 올리는 것 또한 제씨 영혼이 우리들 동포로 하여금 감격하여 분발하고 떨쳐 일어서게 한데에서 비롯된 것에 다름 아니다.[61]

위에 인용한 제문은 마쓰다이라 가문의 12대 당주인 마쓰다이라 야스오(松

60 『會津會雜誌』 51, 1937, 60쪽.

61 『會津會雜誌』 51, 1937, 59쪽.

平保男) 자작이 작성한 것이다. 이 인용문은 세 부분으로 구성되어 있다. 인용문의 앞머리에는 예의 피아간에 본질적인 차이는 존재하지 않는다는 담론이 보인다. 또 인용문의 말미에는 순국지사의 영혼이 중일전쟁을 승리로 이끌고 있다는 주장이 보인다. 여기까지는 앞서 살펴본 제문의 내용과 큰 차이를 보이지 않는다. 문제는 밑줄 부분이다.

일본 사회에는 고래로 원친평등 정신에 입각하여 전사자 일반을 제사 지내는 미풍양속이 무사도와 연계된 형태로 존재했으며, 아이즈인들은 이를 일찍부터 실천해 왔다고 마쓰다이라는 주장한다. 말하자면 아이즈인들은 일본의 무사도를 체현해 왔으며, 이번에 거행되고 있는 전사자 제사도 이러한 전통의 발현에 다름 아니라는 이야기이다.

원친평등은 본래 원수와 근친을 평등하게 인식하고 대한다는 의미의 불교 용어이다. 원친평등은 청일·러일 전쟁을 거치면서 적군 전사자 제사와 긴밀히 연계되는데, 이러한 패턴은 중일전쟁을 거치면서 한층 뚜렷해진다.[62] 원(수)과 (근)친에 각각 적군과 아군을 대입시켜 보면, 근대 일본 사회에서 적군 전사자 제사가 원친평등으로 설명된 이유는 자명하다 할 것이다. '역사' '사례' 운운의 구절을 감안하면 마쓰다이라는 메이지 시대 이래로 근대의 불교(사)학자들이 구축한 원친평등 담론[63]을 참조한 것으로도 보이지만 자세한 내막은 알 수 없다. 여하튼 1937년의 적군 전사자 제사는 '아이즈=무사도'라는 자부심 혹은 일종의 사명감 하에서도 실천되었던 것이다. '戊辰役七十年祭記念歌'에 "의용과 지성, 무사도의 정화 …… 아, 아이즈"라고 보이는 것도 우연은 아니다.[64]

마쓰다이라의 담론이 앞서 살펴본 백호대 현창의 흐름과 긴밀히 연결되어

62 이세연, 앞의 책, 제4장 및 제5장 참조.

63 이세연, 위의 책, 18~28쪽 참조.

64 『會津會雜誌』 51, 1937, 60쪽.

있다는 점은 의심의 여지가 없다. 요컨대 백호대 현창을 매개로 고양된 아이즈의 무사도 담론은 원친평등을 매개로 하는 또 하나의 무사도 담론과 접속하여 무진전쟁 70년제에 모습을 드러냈던 것이다.

70년제 이후 수년 간 아이즈인들은 꿈길을 걸었다고 해도 과언이 아니다. 아라키 사다오(荒木貞夫) 문부대신의 "청소년 교육은 백호대 정신을 근본으로 하지 않으면 안 된다"라는 발언을 계기로 전국 각지의 교육시찰단이 아이즈를 빈번하게 방문했으며,[65] 국정교과서에서는 아이즈 전투와 관련하여 '관군' '조적' 운운의 문구가 깨끗이 사라졌다.[66] 아이즈의 적군 전사자 제사도 천황과 무사도를 중심축으로 삼아 한층 정형화될 터였다. 그러나 아이즈인들의 봄날은 그리 오래가지 못했다. 그것은 애초에 천황의 나라와 부침을 함께 할 운명이었다.

4. 조국 재건과 아이즈 정신

1945년 일본의 패전을 기점으로 아이즈를 둘러싼 환경은 일변했다. 아시아태평양전쟁기의 정신주의 풍조 속에서 정점을 찍었던 아이즈 무사도는 이제 금단의 언어가 되었으며, 아이즈인들의 절대적 존립 근거였던 천황은 인간선언을 하고 말았다. 그리고 일본의 주권 회복으로부터 5년, 아이즈인들이 여전히 정신적 공황상태에 빠져 있었을 그때, 무진전쟁 90년제가 거행되었다.

무진전쟁 90년제는 아이즈와카마쓰 시를 관광도시로 만들겠다는 요코야

---

65 『新會津』, 1938.6.15.(小島一男編, 앞의 책, 118쪽에 수록).

66 국정교과서 개정과 관련된 일련의 움직임에 대해서는 다음 자료들을 참조. 『會津會雜誌』 55, 1939, 15~17쪽; 『會津新聞』, 1940.5.8.(會津史談會調査部編, 앞의 책, 104쪽에 수록); 『會津會雜誌』 57, 1940, 45쪽; 『會津會雜誌』 59, 1941, 44~45쪽. 後藤康二, 앞의 글, 61쪽도 아울러 참조할 것.

마 다케시(横山武) 시장의 야심찬 계획 아래 거행되었다. 백호대 행렬 등 관광객 유치를 위한 행사들이 새로이 창출되어 제전의 중심을 이루었다.[67] 이처럼 제전의 성격은 변하고, 근대적 추동력도 이미 소진되었지만, 그럼에도 적군 전사자 제사는 아무 일도 없었다는 듯 또다시 집행된다. 아이즈인들을 새삼스레 적군 전사자 제사로 이끈 동인은 무엇이었을까? 결론을 미리 말하자면, 직접적인 계기가 된 것은 도묘사 서군 전사자 묘역의 정비였다.[68]

앞서 언급한 바와 같이 아이즈에 소재한 서군 전사자 묘역은 관수분묘로서 관리되었다. 그러나 일본의 패전 이후 기존의 관리체제는 무너졌고, 이에 서군 전사자 묘역은 나날이 황폐해졌다. 도묘사의 서군 전사자 묘역도 예외는 아니었다. 1953년 고초사(弘長寺)의 주지 나카무라 마사타카(中村正隆)의 주도로 서군분묘 사적보존회가 결성되었지만, 묘역을 정비하기에는 역부족이었다.

도묘사의 서군 전사자 묘역은 1956년에 이르러 오무라 다케이치(大村武一)의 주도로 정비되기 시작했다. 야마구치현 하기(萩) 시 출신으로 당시 아이즈 도서관장이었던 오무라는 서군 전사자 묘역의 황폐함을 개탄하고 묘역 정비에 동분서주했다. 오무라는 야마구치현에 진정하는 한편, 구하라 후사노스케(久原房之助) 등 동향의 실업가들에게 도움을 요청했다. 자세한 내막은 추적할 수 없지만, 이후 야마구치현의 주도로 묘역 정비가 탄력을 받아가는 가운데, 야마구치현과 후쿠시마현, 아이즈와카마쓰 시 사이에 교감이 이루어져 동서양군 합동위령제의 실시가 결정되기에 이르렀다. 도묘사의 묘역 정비는 1957년 9월 15일에 마무리되었으며, 무진전쟁 90년제는 1주일 뒤인 9월 22일 쓰루가 성터에서 거행되었다.

---

67 田中悪, 앞의 책, 168~170쪽 참조.

68 이하 정비 과정에 대한 서술은 다음 자료에 근거하고 있다. 大村武一, 「西軍墓地の修復について」, 『會津史談會誌』 33, 1957.

서군 전사자 묘역 정비 과정에서 예상되는 바이지만, 무진전쟁 90년제에는 야마구치현 지사 오자와 다로(小澤太郎)가 참석했다. 그 밖에 고치현 지사와 기후현 지사도 참석하여 명실상부한 합동위령제가 연출되었다. 이처럼 화려한 미장센 위에서 순국지사의 넋을 기리는 말들이 오갔다. 우선 제전의 실행위원장이었던 아이즈와카마쓰 시장 요코야마 다케시의 제문을 살펴보도록 하자.

> 무진전쟁에서 선악시비를 넘어선 순수한 정신이 이끄는 바에 따라 마침내 전장에서 쓰러지고 혹은 스스로 존엄한 생명을 끊은 동서 양군 장사의 …… 가슴 아픈 희생을 생각할 때 …… 끝없는 통석과 회한의 염이 가슴 속에 밀려오는 것을 금할 길 없습니다. 이에 제령의 앞에 삼가 애도의 성심을 바치는 바입니다. …… 앞으로 우리들은 제령이 몸소 보여준 위대한 길을 조국의 평화와 민족 번영의 이정표로 계승하고, 조국과 향토의 발전을 위해 한층 노력할 것을 결의합니다. …… 쇼와 20년 패전의 날부터 감수하지 않으면 안 되었던 민족 고난의 날들을 돌아볼 때, 근대국가로서의 일본을 낳고 키우기 위해 두 번에 걸쳐 가시밭길을 감수한 아이즈야말로 새로운 일본의 안내자입니다. 여기에 사는 우리들이야말로 '평화'의 두 글자를 부동의 것으로 삼아 전 일본, 전 세계에 호소할 자격을 지니고 있음을 명기하며, 동시에 또한 그것이야말로 순국 제령에게 응답하는 최상의 방도라고 믿습니다.[69]

위 제문에서 우선 눈에 띄는 것은 무진전쟁 50년제 이래의 논리 구조가 건재하다는 점이다. '선악시비를 넘어선 순수한 정신'에 근거한 '동서 양군 장사'의 죽음은 평등하게 애도되어 마땅한 것으로 자리매김되고 있다. 1917~57년 사이

69 『會津史談會誌』 33, 1957, 67~68쪽.

에 일본 사회, 그리고 아이즈는 많은 변화를 겪었지만, 토막과 좌막의 양립이라는 역사 인식과 적군 전사자 제사가 맞물린 논리 구조는 '집요저음'으로 계속해서 울려 퍼지고 있었던 것이다.

다만 '집요저음'을 관통하는 것으로 보이던 천황이 사라진 점에는 충분히 주의할 필요가 있다. 요코야마는 천황에 대신하여 '선악시비를 넘어선 순수한 정신'이라는 무난하면서도 애매모호한 표현을 선택했는데, 이런 식의 전환은 다른 참가자들의 글에서도 공통적으로 발견된다. 예컨대 "90년 전 제사(諸士)의 지정(至情)에서 발로된 혁혁한 대의",[70] "순난 제령은 그 믿는 바에 따라 신명을 대의에 바친 것으로"[71] 와 같은 문장들이 발견된다. 일본 사회 전반이 '역코스'의 레일 위를 내달리고 있던 상황이었지만, '근대' 용어로서의 천황이 노골적으로 모습을 드러내기는 어려웠던 것이다.

요코야마의 제문에서 또 하나 주목되는 것은 '조국'과 '민족'의 앞날이 불투명하다는 주장, 그리고 순국지사들이 걸어갔던 '위대한 길'이야말로 본보기라는 주장이다. 요코야마는 패전과 미군정을 거쳐 이제 막 주권을 회복한 일본의 상황을 막말유신기 일본의 상황에 오버랩시키고, 현 상황을 타개할 수 있는 실마리로서 순국지사들의 순수한 희생을 떠올렸던 것이다. 더욱 흥미로운 것은 요코야마가 아이즈를 선구자로 강조한 점이다. 즉 '조국'과 '민족'의 앞길은 무진전쟁에서 이미 한차례 패전을 경험하고 재차 일어섰던 아이즈인들에 의해 개척되지 않으면 안 된다고 요코야마는 주장했던 것이다.

이러한 인식은 요코야마만의 것이 아니었다. 그것은 90년제 참가자들 사이에 공유되고 있던 인식이었다. 우선 '조국'과 '민족' 운운의 담론을 예시하자면, "패전 후 12년, 점차 안정을 찾아가고 있다고는 하지만, 여전히 민족의 나아갈 입

70 松平保定, 「追悼の辭」, 『會津史談會誌』 33, 1957, 68쪽.

71 松平勇雄, 「追悼之辭」, 『會津史談會誌』 33, 1957, 70쪽.

국(立國)의 방침은 확정되지 않고, 국제사회의 긴장도 또한 여전히 계속되고 있는 오늘날 …… 우리들도 뜻을 새로이 하여 제령의 뒤를 이어 조국의 번영과 평화를 위해 정진할 것을 다짐하며 추도의 말씀으로 하는 바입니다"라는 발언,[72] 혹은 "지하의 용사는 영계에서 이미 은수를 넘어 화해하고 서로 제휴하여 독립 회복 후의 조국 일본의 장래를 지켜보고 계신 것은 아닐까요?"라는 인사말을 확인할 수 있다.[73]

한편 순국지사의 '위대한 길'을 본보기로 삼아 '조국'과 '민족'의 앞날을 개척하는 데 아이즈가 앞장서야 한다는 주장과 관련해서는 일본박물관협회장 도쿠가와 무네요시(德川宗敬)가 "무진전쟁의 경우, 그 입장은 달라도 조국을 염려하는 마음에는 다를 바 없었다고 믿습니다. 이 불타는 듯한 우국의 지성(至誠)이야말로 90년 후의 오늘날 재건에 심혈을 기울이고 있는 우리나라에 가장 필요한 것입니다. 아이즈의 땅에 남겨진 불멸의 정신이 다시 한 번 동포의 가슴에 되살아나기를 충심으로 기원해 마지않습니다"라는 글을 남겼으며,[74] 중의원 의원 핫타 사다요시(八田貞義)는 "한 세기 동안 두 번의 패전을 경험하고 세계에 그 이름을 구가한 백호대를 낳은 우리 아이즈이기에 더더욱 진정으로 조국 재건의 원동력이 될 것을 맹세하고" 운운의 글을 남겼다.[75] 또 아이즈 출신의 경찰 간부 가시와무라 노부오(柏村信雄)는 대의를 향했던 대정신에 다름 아닌 "아이즈 정신이 점점 고양되어 우리 국민정신의 진수가 되기를 염원"했다.[76]

위에 예시한 문장에서 백호대가 보이는 것은 의외로 여겨질지도 모르겠다.

---

72 松平勇雄, 「追悼之辭」, 『會津史談會誌』 33, 1957, 70쪽.

73 小澤太郎, 「挨拶」, 『會津史談會誌』 33, 1957, 69쪽.

74 會津若松市役所編, 『戊辰戰役九十年祭』, 會津若松, 會津若松市役所, 1957, 43쪽.

75 八田貞義, 「白虎隊を偲ぶ」, 『會津史談會誌』 33, 1957, 70쪽.

76 柏村信雄, 「追悼の言葉」, 『會津史談會誌』 33, 1957, 71~72쪽.

앞서 언급한 바와 같이 90년제에서는 '근대' 용어로서의 천황이 사라졌기 때문이다. 그러나 백호대가 전후에 등장할 여지는 애초에 충분히 남아 있었다. 총력전체제하에서 백호대 정신은 "천황 폐하 만세를 복창하고 전사하는 것"이라고 호도되기도 했지만,[77] 백호대 소년들의 충성심은 어디까지나 아이즈번주를 향한 것이었기 때문이다. 90년제의 제단에 바쳐진 "비장한 최후를 마친 순정 가련한 백호대 소년들은 주군의 은의(恩義)와 번국(藩國)의 난에 목숨을 바친 일본 무사도의 귀감이며"[78] 라는 문장은 독립 회복 직후의 일본 사회에서 백호대가 부활한 맥락을 고스란히 드러내고 있다. 천황의 레테르가 제거된 백호대의 '비할 바 없는 충성과 호학 정신'은 '평화일본'을 건설하는 데 활용되어 마땅한 것이었다.[79] 요컨대 〈백호대=무사도=아이즈 정신〉이라는 근대적 도식은 백호대 정신의 '번안'을 매개로 전후에도 통용될 수 있었다.[80]

이처럼 1957년의 적군 전사자 제사는 근대적 맥락의 연속과 단절이 교차하는 가운데 거행되었다. 막말유신기에 대한 역사 인식과 적군 전사자 제사의 접합에는 변화가 없었지만, 구심점 역할을 했던 천황의 이름은 어디에서도 찾을 수 없었다. 그에 대신하여 조국 재건과 민족 번영이 전면에 등장했으며, '순수한 정신'이 피아의 경계를 무너뜨리는 결정적인 단서가 되었다. 또 1937년의 적군 전사자 제사에서 부각되었던 아이즈 정신은 한층 누그러진 얼굴을 하고 제단에 모습을 드러냈다.

---

77 目黑榮, 『白虎魂の鍊成 鶴城の教育實踐』, 三成社, 1943, 83쪽. 이 자료에 대해서는 고토가 자세히 언급한 바 있다(後藤康二, 「白虎隊テクストについての覺書(2)」, 『會津大學文化研究センター研究年報』 9, 2002, 69쪽).

78 小澤太郎, 「挨拶」, 『會津史談會誌』 33, 1957, 69쪽.

79 會津若松市役所編, 앞의 책, 36쪽.

80 이와 관련해서는 총력전체제하에서 유통되었던 용어와 레토릭이 패전 직후의 일본 사회에서 변형된 형태로 재차 유통되었다는 존 다우어의 지적도 참조할 만하다(존 다우어 지음, 최은석 옮김, 『패배를 껴안고』, 서울, 민음사, 2009, 216~223쪽).

1957년에 재구성된 아이즈의 적군 전사자 제사가 이후 어떤 방식으로 전개되었는지는 앞으로 해명해야 하지만, 이야기의 결말이 요원하다는 점은 분명하다. 자타인식을 둘러싼 아이즈인들의 기억투쟁은 현재 진행형이기 때문이다.

5. 맺음말

이 글에서는 전사자 제사의 정치적 맥락에 대한 관심을 바탕으로, 패자 아이즈의 적군 전사자 제사가 어떤 논리하에서 거행되었는지 규명하고자 했다. 구체적으로는 무진전쟁 50년제(1917년), 70년제(1937년), 90년제(1957년) 때 거행된 적군 전사자 제사에 초점을 맞춰 논의를 전개했다. 그 결과, 다음과 같은 점들이 밝혀졌다.

1917~57년 사이에 거행된 적군 전사자 제사는 기본적으로 무진전쟁에 대한 아이즈인들의 역사 인식과 불가분의 관계에 있었다. 토막과 좌막의 양립이 가능하다는 역사 인식은 무진전쟁에서 희생된 전사자 일반이 순국지사로 자리매김될 수 있는 길을 터주었다. 아이로니컬한 일이지만, 적군 전사자 제사의 기반은 애초에 아이즈인들 스스로 마련했던 셈이다.

1917년에 가시화된 이 '집요저음'으로서의 논리 구조는 1945년을 거뜬히 돌파했지만, 그 전후로 구심점은 변화했다. 1917년과 1937년의 제사에서는 근왕의 구체적인 방도로서의 토막과 좌막이라는 구도하에 천황이 절대적인 위치를 차지했다. 그러나 천황은 1945년의 문턱을 넘어서지 못했다. 그에 대신하여 조국 재건, 민족 번영의 캐치프레이즈가 각광받는 가운데 토막과 좌막은 '순수한 정신' '우국의 지성'하에서 양립 가능한 것으로 규정되었다.

한편 백호대를 매개로 '공인'받은 아이즈인들의 무사도 담론은 1937년의 제사에서 원친평등을 매개로 한 무사도 담론과 결합되어 적군 전사자 제사를 떠받치는 또 하나의 기반으로 규정되었다. 이 시기에 절대 충성의 표상으로 자리매김되었던 백호대는 천황과 더불어 전후 아이즈의 제단에서 퇴장할 것으로 보였지만, 그런 일은 벌어지지 않았다. 백호대는 1945년을 경계로 본래의 모습, 즉 아이즈번주에게 충성을 바쳤던 10대 소년 병대라는 얼굴을 되찾았으며, 이에 〈백호대=무사도=아이즈 정신〉이라는 근대의 담론은 1957년의 제사에서도 통용될 수 있었다.

머리말에서 밝힌 바와 같이, 이 글은 전사자 제사를 둘러싼 일본문화론에 대한 비판에서 비롯되었다. 이 문제의식에 따른다면, 필자의 아이즈 연구는 이 글을 통해 일단락된 셈이다. 그러나 아이즈, 아이즈인이란 도대체 무엇인가라는 근본적인 물음은, 이 글이 하나의 단서에 불과하다는 사실을 적시하고 있다.

아이즈, 아이즈인은 시공을 초월하여 균일하게 존재한 어떤 것이 아니었다. 이미 잘 알려져 있는 몇 가지 사실을 나열해 보아도 이 점은 명확하게 드러난다. 예컨대 1868년 쓰루가 성 함락 직후에는 아이즈 번정에 불만을 품어 왔던 농민들이 대거 봉기했으며,[81] 1916년 쓰루가 성터의 매각 문제가 불거졌을 때는 아이즈에 거주하는 주민의 7할이 이주민, 3할이 토착민이라는 지역 여론이 존재하기도 했다.[82] 또 1957년 무진전쟁 90년제에 즈음하여 쓰루가 성 천수각의 재건 문제가 부각되었을 때에는 아이즈의 지역 여론이 양분되었으며,[83] 동군의 야스쿠니신사 합사를 둘러싸고는 현재도 의견이 갈리고 있는 실정이다.[84]

이 글에서 다룬 내용은 말하자면 다양한 역사 주체의 기억이 교차, 충돌, 타

81 石井孝, 『明治維新と自由民權』, 横浜, 有隣堂, 1993, 第2章 참조.

82 會津史談會調査部編, 앞의 책, 53~58쪽 참조.

83 田中悪, 앞의 책, 170쪽.

84 '비극의 순수성'을 중시하는 의견이 주류이지만, 합사에 찬성하는 의견도 적지 않게 존재한다. 후자에 대해서는 다음을 참조. 飯盛正日, 「[註]忠孝兩全と日本精神」, 『白虎隊精神秘話』, 會津若松, 山主飯盛本店, 1981; 後藤一男, 「靖國神社に祀られない東軍の藩士たち」, 『歴史春秋』 58, 2003.

협한 결과에 다름 아니라고 할 것이다. 후속 연구에서는 기억을 키워드로 삼아 보다 농밀한 역사상을 재구성하고자 한다.

제3부

트랜스내셔널 공동체

:: 8 ::

분단, 전쟁, 그리고 완도군 소안면 사람들

박찬승

1. 서론

완도군은 전라남도 남해안에 위치한 여러 섬들로 이루어진 군이다. 완도군은 북쪽으로 해남, 강진, 장흥군과 맞닿아 있고, 남쪽으로는 멀리 제주도를 바라보고 있는 곳에 위치하고 있다. 완도군은 1950년경에는 완도읍, 군외면, 신지면, 고금면, 약산면, 소안면, 노화읍, 청산면, 금일면 등 1읍 8면으로 구성되어 있었다.

한국전쟁기에 전남 지방의 많은 군들에서 커다란 인명 피해가 있었는데, 완도군의 경우도 한국전쟁기 민간인의 희생이 상당히 많았던 군에 속한다. 2006년부터 시작된 '진실화해를 위한 과거사조사위원회'(이하 '진화위'로 약칭)에는 한국전쟁을 전후한 시기 완도에서의 민간인 희생과 관련하여 조사를 신청한 건수가 상당히 많이 접수되었다. 완도군 가운데에서도 특히 희생자가 많았던 곳은 소안면이었으며, 1945년 이후부터 1951년까지의 희생자는 250여 명에 달하는 것으로 파악되고 있다. 소안면 안에서도 특히 이 글에서 소개하는 A, B 두 마을에서 희생자가 많았다(A마을 55명, B마을 64명).

그렇다면 소안면, 특히 A, B 두 마을에서는 희생자가 왜 그렇게 많이 발생하였는가. 이 글은 그 원인을 추적하는 데 목적이 있다. 이를 해명하기 위해 이 글에서는 먼저 소안도에서의 항일운동, 해방 이후의 완도군의 정세, 그리고 한국전쟁기 완도군의 상황에 대해 살펴보고자 한다. 이어서 해방 이후 한국전쟁기까지 소안면의 A, B 두 마을에서 일어난 일들에 대해 차례로 정리하고, 그러한 일들이 왜 일어나게 되었는지 그 이유에 대해 살펴보고자 한다.

이 글은 2013~15년 사이 여러 차례에 걸친 필자의 현지 방문 시 이루어진 희생자 가족 및 주민들과의 인터뷰, 그리고 2007년부터 2009년 사이 진화위가 발간한 조사보고서 4권에 나누어 실린 완도에서의 각종 사건에 대한 조사 결과에 의존하여 작성되었다. 이 글은 또 해방 직후와 한국전쟁기의 완도 상황을 정리한 『완도군지』 『광복30년』 등의 자료를 참고하였다.

2. 분단과 전쟁에 의한 완도군의 민간인 희생

1) 해방~1946년 완도군의 정치사회적 동향

식민지 시기 완도군은 항일운동이 활발하였던 곳이었다. 특히 1920년대 완도군에서 항일운동이 가장 활발하였던 곳은 소안면이었다. 1920년대 소안면의 청년들은 송내호의 지도 아래 수의위친계, 배달청년회, 살자회, 노농대성회 등을 만들어 활발한 활동을 전개하였다. 송내호는 당시 국내 사회주의 운동의 양대 계파였던 화요회와 서울청년회 가운데 서울청년회 계열에서 활동하였으며, 그 결과 소안도의 청년들도 서울청년회 계열과 연결되었다. 또 송내호는 국외의 독립운동가들과도 연결을 갖고 있었기 때문에 소안도의 청년들을 만주와 중국으로 보내 독립운동에 참여시키기도 하였다. 그리고 또 한 명의 지도자였던 정남국은 일본 오사카에 가서 조선인 노동자들의 노동운동을 지도하였다. 1920년대 후반 송내호는 신간회 본부의 주요 지도자가 되었으나, 소안도 노농대성회 사건으로 투옥되었다. 그리고 감옥에서 결핵에 걸려 투병하다가 곧 세상을 떠났다. 그런 가운데 정남국, 정창남, 위경량 등 소안도 청년들은 서울청년회 계열의 조선공산당 사건(일명 춘경원당 사건)에 연루되어 옥살이를 하였다(박찬승 1993, 117). 1930년대 이후 완도 항일운동의 중심은 고금면과 약산면으로 옮겨가게 되지만, 소안도의 항일운동가들은 다가올 해방의 날을 기다리고 있었다.

1945년 8월 15일 해방의 날이 오자, 완도군에서도 다른 군과 마찬가지로 건국준비위원회가 결성되었다. 완도군 건국준비위원회는 김장렬, 박인선 등 우파 인물을 중심으로 8월 21일 결성되었다. 그리고 김용호 등 우파 청년들은 완도건국청년회를 조직하였다. 또 김민영, 최병식 등이 중심이 되어 치안 확보를 위한 공안대를 조직하고, 6개 면 순항조합을 접수하였으며, 선원단도 장악하였다. 하지만 신광희 등 좌파 인물들은 독자적으로 치안위원회를 조직하였다. 건준을 조직한 김장렬은 일본 대학에 유학한 인물로서, 1920년대에 동아일보 완도 지국장을 맡았었고, 완도청년연합회와 신간회 완도지회 간부를 맡는 등 주로 민족주의 계열의 운동에 참여해 온 인물이다. 박인선은 1920년대 말 전남도평의회 평의원을 지낸 인물이었다(박찬승 2001, 143). 신광희는 1924년 소안도의 노동농민단체 노농대성회 사건으로 구속되어 징역 6월에 집행유예 2년을 선고받았으며, 1927년 완도청년동맹 집행위원장을 지냈고. 1927년 11월 소안도 배달청년회사건으로 구속되어 징역 2년 6개월을 언도받고 복역한 인물이었다(박찬승 1993, 102).

하지만 완도군 건준은 그리 오래가지 못했다. 9월 6일 서울에서 건국준비위원회 좌파가 중심이 되어 인민공화국을 선포하고, 각 지방에서도 건준의 좌파 인물들을 중심으로 인민위원회가 결성되어 갔다. 이에 우파 중심으로 구성된 완도군 건준은 인민위원회로 탈바꿈하는 것을 거부하고 스스로 간판을 내렸다. 그러자 9월 22일 신광희 등 좌파 인물들이 인민위원회를 조직하였다. 인민위원회 위원장은 나봉균이 맡았으며 신광희, 김향남, 최형천 등이 이에 참여하였다(안종철 1991, 157~159). 하지만 우파는 공안대를 해산하지 않고 있었으며, 순항조합도 여전히 장악하고 있었다. 좌파 쪽은 수백 명의 청년들을 동원하여 10월 30일 경찰서를 지키고 있던 공안대를 습격하여 경찰서를 점령하였으며, 순항조합도 습격하였다. 당시 좌파 쪽 청년들을 이끈 위경량은 소안도 출신으로서 보안서장을 맡아 완도의 치안을 장악하였다(완도군지편찬위원회 1977, 273).

그러나 그해 12월 10일 미군이 진주하고 휘트니 소령이 완도군수를 맡음으로써 상황은 다시 바뀌었다. 휘트니 소령은 인민위원회를 불법 단체로 규정하고 인민위원회와 보안서 참여자들을 체포하기 시작하였다(완도군지편찬위원회, 1992, 359). 이에 인민위 지도자들의 일부는 투옥되고, 일부는 지하로 잠복하여 활동하게 되었다(진화위 2009(1), 561),

미군정과 경찰의 탄압을 피해 다니던 좌파 지도자들은 이후 남조선노동당, 조선민주청년동맹 등을 조직하여 활동을 계속하였다. 좌파세력은 1947년 3·1절 기념집회, 5·1메이데이 집회, 8·15기념 집회 등을 개최하였으며, 1948년에 들어서는 단독선거 반대를 위해 집회를 열거나, 삐라 배포, 격문 부착 등의 활동을 계속하였다(진화위 2009(1), 561).

2) 1947~1949년 완도경찰의 좌익 소탕작전

완도군에서 재판 없이, 경찰에 의한 민간인 학살이 시작된 것은 1947년 메이데이 시위 사건 때부터였다. 1947년 완도군에서의 메이데이 집회는 약산도, 신지도, 소안도에서 열렸다. 약산도의 집회에는 약 1천 명이 참여했으며, 강제공출 반대, 토지무상몰수, 무상분배 등을 주장하고, 집회 후 행진을 벌였다. 신지도에서도 5백여 명이 집결하여 시위를 진행하였고, 경찰이 해산을 명령했으나 해산하지 않고 행진을 계속하자 발포하여 사상자가 발생하였다. 소안도에서는 집회 후 행진이 있었으며, 이후 주동자들에 대한 체포가 시작되었다(진화위 2009(1), 576).

그런데 신지도의 메이데이 시위에서 경찰은 시위대에 발포를 하였고, 그 결과 시위대에 참여하였던 2명이 사망하였다. 그 가운데 한 명은 1930년대 전남운동협의회 재건위원회 사건 참여자였다. 또 약산도에서 메이데이 시위를 주도한 2명도 경찰에 의해 체포되어 사살되었다. 이들은 1930년대 전남운동협의회 사건 참여자였다. 당시 경찰 발표에 따르면 전국에서 메이데이 시위와 관련하여 민간인 21명이 사망하고 39명이 부상하였다고 한다.[1] 이들 사상자는 대부분 전라남도, 특히 장흥군, 담양군, 광양군, 완도군에서 발생하였다.

1948년 5·10선거를 전후한 시기에 경찰은 이 선거에 반대하는 활동을 전개하고 있던 좌익세력 소탕에 나섰다. 5월 10일 선거일에 완도군에서 모두 9명이 생일면 유촌리로 끌려가 경찰에 의해 사살되었다(진화위 2009(1), 570). 1948년 10월 여수 순천 지역에서 14연대 반란사건이 일어나자 이후 전남 지역에서는 좌익 소탕작전이 훨씬 더 가혹하게 진행되었다. 이는 완도군에서도 예외가 아니었다. 고금면 1948년 3월 고금지서 습격을 주도했던 이규설이 1949년 2월 고금면 칠인리 뒷산에 숨어 있다가 체포되어 처형되었다(진화위 2009(1), 585). 1949년 4월 소안도의 김장균(비자리 거주)은 완도읍 죽청리 뒷산에 은거 중에 은거지를 습격한 경찰에 사살되었다. 그는 일본에서 중학을 졸업하고 일본 해군 군속으로 중국 광동에 갔으며, 그곳에서 탈출하여 중경으로 가서 광복군에 참여한 적이 있는 인물이었다.[2] 그는 해방 후 귀국하여 완도군 민주애국청년동맹[3] 책임자를 맡고 있었으

---

1 동아일보, 1947년 5월 4일, 「메이데이의 불상사」

2 김장균은 중학을 다니다가 일본군으로 동원되었는데, 탈출하여 토교대에서 훈련을 받고 광복군 제1지대에 참여하였다(한시준, 1993, 189, 228).

3 좌파의 청년단체로서, 원래는 민주청년동맹이었으나 1947년 5월 민주애국청년동맹으로 개칭하였다.

며, 이 일로 경찰에 의해 수배를 받고 있었다(진화위 2009(1), 617).

1949년 7월과 8월에 들어 완도경찰은 강도 높은 좌익 소탕작전을 시작하였다. 약산도에서는 1947년의 메이데이 집회, 1948년의 5·10선거 반대 활동과 관련하여 수배된 좌익세력들이 약산도 동쪽 해동리에 있는 공고지산(해발 336미터)에 숨어 있었다. 경찰은 주민들을 동원하여 산을 둘러싸고 수풀을 제거한 뒤 마치 토끼몰이 하듯이 수색을 하였다. 이때 산에서 3명이 체포되어 경찰에 의해 사살되었다(진화위 2009(1), 570). 같은 시기 금당도에서는 경찰에 수배 당한 이들이 금당면의 산으로 피신하자 이들을 돕기 위해 가학리의 주민들이 보리를 거두었다가 경찰에 적발되었다. 이 일로 인해 가학리 주민 수십 명이 체포되었는데, 보리를 거두는 데 주도적으로 참여한 이들 18명은 금당지서나 완도경찰서에 구금되었다가 재판 없이 8월 17일부터 20일 사이에 금당면과 완도읍에서 모두 처형되었다. 보리를 냈던 다른 주민들은 재판에 회부되었으며, 재판에서 유죄판결을 받은 이들은 목포형무소 등지에 수감되었고, 한국전쟁이 발발하자 모두 처형된 것으로 보인다(진화위 2009(1), 608). 군외면 토도에서는 1949년 9월 27일 황상남과 그를 숨겨준 4명이 경찰에 체포되어 경찰에 의해 사살되었다. 황상남은 광주사범학교 재학 중에 독서회에 참여하였으며, 광주학생운동에 참여하여 징역 1년을 선고받은 적이 있었다. 또 그는 1930년대 전남운동협의회에도 참여하여 징역 1년 6월을 선고받고 복역한 적이 있었다(진화위 2009(1), 567).

이상에서 살펴본 바와 같이 한국전쟁 발발 이전에 이미 완도 지역에서는 좌익세력에 대한 학살이 진행되고 있었으며, 특히 1949년 여름 이후 그러한 사건이 많았다. 좌익혐의자 가운데 상당수는 재판 없이 경찰에 의해 사살되었다. 이와 같은 일들은 완도뿐 아니라 전남의 다른 군에서도 비슷하게 벌어지고 있었으며, 당시 미군정이나 대한민국 정부에 의해 묵인되고 있었던 것으로 보인다.

3) 한국전쟁 발발 이후 완도군에서의 민간인 학살

국민보도연맹 맹원 학살 사건

국민보도연맹(이하 보도연맹)은 1949년 4월 20일 정부가 해방 이후 좌익활동 관련자를 통제하기 위해 만든 조직이다. 하지만 맹원으로 가입한 이들 가운데에는 좌익활동자가 아닌 경우도 있었고, 또 경찰이 임의로 보도연맹에 가입시켜 놓아 당사자는 자신이 가입되어 있는지 모르는 경우도 있었다. 한국전쟁이 발발한 후 국군과 경찰은 후퇴하면서 보도연맹 맹원 수만 명을 강제로 연행하여 처단하였다. 완도군에서도 7월 초순부터 맹원들을 연행하여 각 지서 및 인근 창고 등에 구금하였다가 그중 일부를 완도경찰서로 이송해 놓았다. 그리고 인민군이 점차 남하하자 7월 17일 선박편으로 이들을 목포로 이송하여 해군목포기지사령부에 인계하였다. 당시 인계된 인원은 50~100명 정도였다. 이들은 당일 밤 목포 앞바다로 실려 나가 어딘가에서 수장된 것으로 보인다. 한편 인민군이 7월 23일 광주를 점령하였다는 소식이 전해지자, 완도경찰은 그날 밤 완도의 각 면 지서에 아직 구금되어 있던 이들을 각기 다른 배에 싣고 완도 앞바다로 나가 사살, 수장하였다.

2009년 '진실화해를 위한 과거사 정리위원회'는 완도군의 보도연맹 학살 사건 희생자 가운데 모두 113명의 명단을 확인하였다. 이를 각 면별로 보면, 군외면 3명, 완도읍 11명, 신지면 9명, 고금면 27명, 약산면 18명, 금일면 5명, 소안면 19명, 노화면 9명, 청산면 13명 등이다. 이들을 연령별로 보면, 20대가 61퍼센트, 30대가 20퍼센트로 가장 많았고, 그 밖에 40대가 8.6퍼센트, 10대가 7.6퍼센트, 50대가 2.8퍼센트 등이었다. 직업별로 보면, 농업과 어업이 88.6퍼센트, 면서기·조합직원·교사·학생 등이 11.4퍼센트였다. 그리고 이 가운데에는 광주학생운동에 참여했던 김향남, 문승수 등도 포함되어 있었다. 또 이 가운데 1947년부터 1949년까지 국가보안법이나 포고령 위반으로 구속되어 벌금형 또는 징역

형을 받은 적이 있는 자는 29명으로 26퍼센트 정도에 해당하였다(진화위 2009(2), 436~445). 하지만 명단이 확인되지 않은 이들이 많다는 점을 감안할 때, 희생자는 113명보다 훨씬 많았을 것이다. 또 경찰은 이 시기 보도연맹만이 아니라 잠재적인 좌익세력으로 간주되는 이들도 역시 연행하여 처형한 것으로 보인다. 예를 들어 7월 16일 청산면에서는 10명의 청년들이 경찰지서에 연행되었고, 다음 날 배에 실려 나가 바다에서 수장되었다(진화위 2007, 204).

나주부대의 학살 사건

1950년 6월 25일 한국전쟁 발발 후 북한 인민군 6사단은 7월 13일 예산을 출발하여 장항-군산-이리-전주-광주-목포의 코스로 남하해 왔다. 전남의 군인과 경찰은 이를 막지 못하였고, 인민군은 7월 23일 광주까지 점령하였다. 인민군이 광주를 점령하자 전남 서남부 경찰들은 경찰서별로 후퇴를 서둘렀지만 후퇴의 길은 순탄치 않았다. 화순·영암·광산·나주·무안·강진 경찰은 전남 동부지역으로 후퇴하려 하였으나, 인민군이 이미 7월 25일 광양에 들어왔기 때문에 어렵게 되었다. 이에 전남 서남부 경찰은 보성을 거쳐 장흥에 집결하였다. 이들 경찰은 7월 27일 지휘관 연석회의를 통해 "현 위치에서 사수하다가 섬 지방으로 후퇴한다"는 결정을 내렸다. 인민군은 목포·나주 방면, 그리고 보성 방면을 통해 장흥을 공격해 왔다. 이에 경찰 지휘부는 강진과 장흥을 포기하고 완도로 들어가기로 결정하였다.

8월 1일 완도로 후퇴한 경찰은 완도읍에 경찰부대의 본부를 설치하고, 완도 본도와 노화도, 고금도, 약산도, 청산도 등에 경찰 병력을 나누어 배치하기로 하였다. 그런데 경찰 병력의 후퇴 과정에서 이른바 '나주부대 사건'이 발생하였다. 나주의 경찰과 우익청년단으로 구성된 이른바 '나주부대'는 7월 25일 해남을 거쳐 7월 26일 완도에 들어왔다. 그런데 나주부대가 해남에 들어갈 때 이미 해남은 경찰이 후퇴하여 무정부 상태였으며, 주민들 가운데 일부가 우연히 나주부대를 마주쳐서 인민군으로 오인하여 '인민군 만세'를 부르자 그들을 사살하였다. 또 그들을 인민군으로 알고 도망한 주민들도 끝까지 쫓아가 사살하였다. 또 해남에서 완도로 가면서도 몇몇 마을에서 스스로 인민군을 자처하고 환영을 나오라고 한 뒤, 그들을 인민군으로 오인하여 환영한 주민들을 사살하였다. 나주부대가 해남군에서 살해한 민간인은 55명에 달하였다(진화위 2007, 178~194).

7월 25일 나주부대는 해남군에서 완도로 들어가기 전에 완도경찰서에 전화를 해서 자신들은 인민군이며, 곧 완도로 들어갈 터이니 환영 준비를 하라고 지시하였다. 당시 완도경찰 병력은 24일에 이미 금일면 소랑도로 피신해 있는 상태였다. 나주부대는 7월 26일 오전에 완도읍 제1부두를 거쳐 완도읍 군내리 완도중학교에 들어갔다. 완도중학교 운동장에는 200, 300명의 사람들이 모였는데, 나주경찰은 여기에서 자신들은 인민군이 아니고 나주경찰임을 밝혔다. 이에 놀란 군중들은 학교 담을 넘어 도망쳤고, 미처 도망치지 못한 10명은 붙잡혀 경찰서에 구금되었다(진화위 2007, 194~196).

한편 완도경찰은 일부 병력을 완도에 보내 완도 사정을 알아보게 했는데, 나주부대가 완도에 들어왔다는 보고를 받고 그날 밤 늦게 전 병력이 완도로 돌아왔다. 이후 완도경찰은 나주경찰과 함께 완도중학교 환영대회를 준비한 이들, 그리고 환영대회에 참석한 이들의 색출에 나섰다. 우선 나주부대가 완도읍으로 들어오는 과정에서 인민군으로 알고 환영한 죽청리 주민 8명이 붙잡혀 사살되었다. 환영대회를 준비한 완도중학교 교사 5명도 붙잡혀 사살되었다. 그리고 완도중학교 인근 거주자로서 당일 환영대회에 갔다가 붙잡힌 5명도 사살되었다(진화위 2009(1), 572~573). 이처럼 완도중학교 환영대회 사건으로 희생된 이는 최소한 39명에 달하였다(진화위 2007, 196~203).

이후 완도경찰과 나주경찰은 인민군 위장전술로 좌익세력을 소탕하기로 하고, 7월 27일부터 29일까지 사흘간 청산도, 소안도, 노화도 등지에서 같은 행동을 하게 된다. 그리하여 이들 경찰은 소안도에서 3명, 노화도에서 5명을 사살하였다. 청산도에서는 환영대회에 나온 주민 6명을 현장에서 사살하고, 나머지 주민 가운데 20~30명을 추려 내어 배에 싣고 가다가 사살한 뒤 바다에 수장하였다(진화위 2009(1) 631~632 ; 진화위 2007, 204~205).

이처럼 7월 26일부터 29일까지 나주·완도 경찰의 인민군 위장 등에 의한 완도 주민 학살 사건에 의해 희생된 이들은 모두 60~70명에 달한다.

경찰·인민군 대치기 경찰의 좌익혐의자 학살

8월 1일 이후 전남 서남부의 경찰부대들은 완도로 모두 후퇴하였다. 그리고 완도 본도에는 완도경찰과 우익청년단 3백 명을 비롯하여 나주경찰과 우익청년단 270명, 화순경찰 60명이 배치되었다. 나머지 병력들은 일단 청산도로 이동하였으며, 영암 및 무안에서 온 부대들은 여수를 향하여 떠났다. 8월 3일 강진경찰과 청년단 150명은 고금도를 지키기 위해 이동하였으며, 장흥부대는 청산도에 남았다. 8월 11일 인민군 약 50명은 노화도·보길도·소안도에 상륙하였다. 이 소식을 들은 청산도의 장흥부대는 180명의 병력이 출동하여 인민군 10명을 사살하고 구금되어 있던 330명을 풀어주고 그 가운데 50명은 청산도로 소개시켰으며, 대원 100명을 노화도에 주둔케 하였다. 인민군은 8월 18일에는 평일도에 상륙하였다. 이에 청산도의 장흥부대는 평일도에 출동하여 19일 이를 탈환하였다(완도군지편찬위원회, 1977, 275). 이와 같이 경찰과 인민군은 약 한 달 반 동안 대치 상태를 계속하였다. 그 사이 경찰은 완도의 여러 섬을 돌아다니며 좌익혐의자에 대한 소탕작전을 실시하였다.

8월 12일부터 9월 12일 사이에 신지면에서는 3명이, 고금면에서는 2명이 좌익혐의로 경찰에 사살되었다. 소안면의 외딴섬 당사도에서도 5명이 9월 초순에 완도경찰서로 이송되어 구금되었다가 9월 10일 완도읍 야산에서 경찰에 의해 사살되었다. 노화면의 외딴섬 서넙도에서도 경찰을 보고 산으로 피신한 8명을 하산하라 명령한 뒤 그 자리에서 사살하였다. 청산도에서는 20, 30대 청장년

10명이 좌익혐의로 경찰에 체포되어 청산지서에 구금되어 있다가 이틀 뒤 추자도로 이송되어 대서리 공동묘지에서 사살되었다(진화위 2009(1), 580~634).

인민군의 완도 진주 이후 인민군과 좌익 측의 민간인 학살

경찰 병력과 대치하고 있던 인민군 1천여 명과 지방좌익 4백여 명은 9월 14일 해남군 남창항, 강진군 마량항, 장흥군 회진항에서 일제히 완도 본도, 고금도, 약산도, 신지도를 공격해 왔다. 경찰 병력은 이를 막지 못하고 모두 청산도로 후퇴하였다. 금일도와 금당도에는 이보다 이른 9월 5일에 인민군이 진주하였다. 이로써 완도군 가운데 경찰 병력이 지키고 있던 청산도 외의 주요 섬들은 모두 인민군과 지방좌익의 수중에 들어갔다(완도군지편찬위원회 1977, 276~277).

완도군에 들어온 인민군은 치안조직으로 정치보위부를 중심으로 군에 내무서, 면에 분주소, 리에 자위대를 설치하였다. 또 정치·사회 단체로는 인민위원회, 청년동맹, 농민동맹, 여성동맹 등을 조직하였다. 당시 완도군 인민위원장은 소안도 출신의 위경량이 맡았다. 그는 해방 직후 좌익 측의 보안서장을 맡았던 인물인데, 피신하였다가 이때 나타나 인민위원장을 맡은 것이다. 이들 좌익단체들은 곧바로 이른바 '반동분자' 색출을 시작하였다. 주요 대상자는 지주·경찰·우익청년단원·공무원이었고, 이들에 대한 숙청은 면 단위의 '인민재판'에 의해 주로 이루어졌으나, '즉결처분'된 경우도 많았다. 그러나 인민군의 완도 점령 기간은 2주일에 불과하였다. 9월 15일 인천상륙작전에 이어 9월 28일 서울이 유엔군에 의해 수복되자, 9월 30일 인민군은 완도에서 철수하기 시작했으며, 지방좌익들도 인접한 육지의 강진·장흥·해남 지역으로 철수하였고, 특히 장흥군 유치면으로 입산한 경우가 많았다. 그리고 이 철수 시기에 인민군과 그 산하조직들은 구금 중이던 우익 인사들을 대부분 사살하였다(진화위 2009(2), 237).

그럼 인민군 점령기 동안 희생된 이들은 어떤 이들이었는가. 완도읍 내무서에는 이웃한 고금면, 노화면, 신지면 등지에 거주하던 우익 인사 약 40명이 인민군 및 지방좌익에 의해 끌려와 있었다. 이들 우익인사란 경찰 경력자, 대한청년단원 경력자, 면장과 면사무소 서기, 이장, 교회 장로, 경찰지서 후원회장, 지주 등이었다(진화위 2009(2), 247~267). 이들은 일단 거주지의 분주소로 연행되었다가 완도의 내무서로 이송되었으며, 인민군이 철수하던 9월 30일 학살되었다. 그날 저녁 6시경 내무서에 갇혀 있던 40여 명은 4명씩 전깃줄로 손을 묶였고, 완도읍 군내리 항구로 끌려가 배에 태워졌다. 배는 항구에서 150미터 정도 떨어진 주도 앞바다에 멈춰 섰다. 인민군 및 지방좌익들은 이곳에서 배에 타고 있던 사람들을 4명씩 돌에 묶어 차례로 바다에 빠뜨렸다. 묶인 이들은 그대로 바다에 가라앉았고, 돌이 풀려 수면 위로 떠오른 경우에는 인민군 등이 쏜 총에 맞아 희생당하였다. 하지만 이때 운 좋게도 10명은 생존할 수 있었다고 한다(진화위 2009(2), 244~245).

진실화해를위한과거사정리위원회의 조사보고서에 따르면 인민군 점령기에 인민군과 지방좌익에 의해 희생된 이들의 수는 93명이었다고 한다(진화위 2009(2), 313). 하지만 이에는 뒤에 보는 B도 사건의 희생자가 3명밖에 포함되지 않아 희생자 32명을 모두 포함시키면 122명이 된다.

인민군 철수 이후 경찰의 민간인 학살

인민군과 지방좌익은 9월 30일 완도군에서 전면적으로 철수하였다. 이를 알지 못했던 경찰은 10월 3일에야 완도 본도에 들어왔으며(완도군지편찬위원회 1977, 278), 다른 면들도 10월 5일경에 수복하였다. 인민군은 철수하면서 "유엔군이 완도로 상륙하면 완도는 불바다가 될 것이며, 경찰이 들어오면 인민군 점령기에 피난가지 않은 사람은 죽일 것이다. 그러니 사방 50리 밖으로 피난 나가라"라고 주민들을 선동하였다. 이에 주민들은 가족별·지인별·마을별로 배를 마련하여 강진군 마량면, 장흥군 회진면·대덕면 등 육지로 피난을 나갔다. 주민들은 인민군 점령기의 부역 여부와 관계없이, '완도가 불바다가 될 것'이라는 말을 듣고 피난을 나갔다. 육지에 도착한 주민들은 장흥군 대덕면 등지에서 경찰이 '고향으로 돌아가라'고 선무를 하자 아녀자 등 일부 피난민은 고향으로 돌아가고, 청장년층은 장흥 유치면의 산으로 들어가거나 강진군과 장흥군에서 머슴살이를 하면서 지냈다. 이 가운데 입산한 이들은 대부분 군인과 경찰에 의해 희생되었고, 체포된 이들은 광주포로수용소로 옮겨진 뒤 재판을 거쳐 수감생활을 하거나 석방되었다. 또 고향에 돌아온 피난민들과, 피난을 가지 않은 이들 가운데 부역혐의자들은 10월 중순부터 이듬해 봄까지 경찰지서에 구금되었다. 이들 가운데 부역자로 분류된 이들은 각 면 단위 섬에서 사살·수장되거나 완도경찰서로 이송되어 구금된 뒤 사살되거나 재판에 회부되었다.

당시 완도경찰서에 한 달 가량 수감되었던 신지면의 한 십대 소년은 "수복 후 부역한 사람을 색출하라는 경찰의 명에 따라 마을마다 이장들이 젊은이들을 자수자로 지목하였는데, 1950년 나도 완도경찰서로 연행되었다. 경찰서 유치장에는 방이 2, 3개 있었고, 한 방에 부역자로 끌려온 사람들이 60~70명 정도 구금되어 있었다. 그렇게 갇혀 있는 동안 경찰이 부역혐의자들을 가려서 야산으로 끌고가 총살시켰다"라고 증언하고 있다(진화위 2009, 566).

완도경찰서로 끌려오지 않은 채 거주지에서 곧바로 처형된 경우도 많았다.[4] 고금면에서는 보도연맹과 관련되어 처형된 이들의 가족들 가운데 인민군에 협력한 이들이 있었다. 이들은 경찰 수복 후 육지로 피신하였다가 집에 돌아온 뒤, 경찰에 체포되어 바로 처형되었다. 약산면에서는 경찰과 대한청년단 단원들이 부역혐의자를 연행하여 지서나 청년단 건물에 구금하였다가 야간이나 새벽에 해안가로 끌고 가서 총살시켰으며, 마을에서 지서로 연행하는 도중에 총살하기도 했다고 한다. 금당면에서는 부역자 20~30명이 완도경찰서로 이송되었지만,

---

4 경기도 경찰국에서는 부역자들을 A, B, C급으로 나누어, A급은 즉결처분하고, B급은 조사해서 재판에 넘기고, C급은 조사한 뒤 방면하라고 지시했다고 한다(진화위 2009(1), 697). 전라남도 경찰국에서도 같은 지시를 내렸을 것으로 추정된다.

금당지서에서 직접 사살한 경우도 많았다고 한다. 금당면의 한 주민은 이러한 처형에는 사사로운 감정이 개입된 경우가 많았다고 증언하였다. 금일면의 경우, 경찰 8명이 부역혐의자들을 지서로 잡아다가 조사한 뒤 일부는 풀어주고, 일부는 수장시켜 죽였는데, 주민들은 50명 정도가 수장되었다고 증언하고 있다(진화위 2009(1), 590~616).

3. 소안면 A마을 주민들의 희생

1) A마을의 주요 인물

A마을은 소안면의 북쪽에 자리잡은 바닷가 마을이다. 바닷가 마을이면서 마을 주위에 논이 별로 없기 때문에 주로 밭농사와 고기잡이로 생업을 유지해왔다. 오늘날 마을의 호수는 약 100호이지만, 가장 많았을 때에는 163호까지 있었다고 한다. 이 마을에는 명종대(1546~1567)에 김해 김씨가 장흥에서 처음 건너와 살기 시작했고, 비슷한 때에 동북 오씨도 들어왔다고 한다. 하지만 현재는 동복 오씨는 없고, 김해 김씨가 다수를 차지하면서 소수의 이씨·고씨·정씨가 있다. 그런데 김해 김씨도 한 집안은 아니다. 그 안에는 삼현파와 도총관공파가 있으며, 이들은 각각 윗마을과 아랫마을을 형성하고 있다.[5] 그런데 윗마을 김씨와 아랫마을 김씨는 조선 후기에 소안도가 연령군방의 궁방전으로 지정되어 있었을 때, 농지의 경작권을 놓고 서로 다툼이 있었다고 한다. 즉 아랫마을 김모가 윗마을 김모의 땅의 경작권을 가로채자, 이에 윗마을 김씨들이 합세하여 항의했고, 이를 계기로 두 김씨들은 서로 갈등 관계에 놓이게 되었다는 것이다.[6]

---

5 김진흡(1938년생), 김진종(1933년생), 김옥모(1935년생) 인터뷰(2012. 7. 29.)

6 백병선(87세) 인터뷰(2014. 7. 17.). 여기에서 '경작권'은 실제로는 수조를 담당하는 도장(導掌)의 권리를

식민지 시기에 A마을, 특히 윗마을 김씨가에서는 수많은 민족운동가가 나왔다. 그 가운데 가장 원로로는 김일영(1883~1945)을 들 수 있다.[7] 소안도 사람들은 1909년 궁방전 문제로 고종의 조카인 이기용 자작과 토지소유권을 둘러싼 분쟁을 벌여 1921년 승리하였다. 조선 후기에 소안도 토지는 연령군방이 토지의 소유권이 아니라 수조권만을 갖고 있는 궁방전이었다. 그런데 연령군방에서 이를 이기용에게 팔아넘겼고, 이에 소안도민들은 연령군방은 원래 수조권(세금을 거두어 갈 수 있는 권리)만을 갖고 있었기 때문에 토지의 소유권은 소안도민들에게 있다고 주장하여 승리한 것이다.[8] 이때 소안도민들을 대표하여 소송에 나선 이가 4명 있었는데, 그 가운데 한 사람이 바로 김일영이었다.

소안도 주민들은 이 소송에서의 승리를 기념하여 십시일반으로 모금하여 사립중화학원을 사립소안학교로 확장 개편하기로 의견을 모았다. 김일영은 1913년 중화학원 초대 교장에 이어, 1922년 소안학교의 초대 교장을 맡았다. 이후 소안학교 교사들은 민족주의 의식을 학생들에게 불어넣어 주는 교육을 실시하였다. 그러자 전남도와 경찰 당국은 개교 4년여 만인 1926년 5월 소안학교가 독립군과 사회주의자들을 양성하고 있다는 이유로 폐교 조치를 취하였다. 이에 7월 13일 소안면민 3백여 명은 면민대회를 개최하여 김일영을 면민대표로 선출하였고, 그는 전남 학무국을 방문하여 복교에 관한 교섭을 진행하였으나 실패로 끝났다(박찬승 1993).

식민지 시기 이 마을 출신의 또 한 명의 지도자는 김경일(1888~1938)이었다. 김경일은 김일영과 4촌 간인 김주영의 차남이다. 그는 1913년 중화학원이 설립되

가리키는 것일 수도 있다.

7 3장에서 등장하는 인명은 모두 가명이다.

8 소안도민들은 이미 1896년부터 연령군방에 내는 소작료 납부를 거부하고 있었다(탁지부, 『公文編案』 제31책, 1896. 7. 17.).

자 교사로 임명되어 학생들에게 민족정신과 항일의식을 고취시켰다. 중화학원이 소안학교로 개편된 뒤, 김일영의 뒤를 이어 제2대 교장을 맡았다. 1926년 폐교 시까지 역시 학생들에게 민족의식을 고취하기 위해 노력하였다(박찬승 1993).

김일영의 영향으로 이후 이 집안에서는 교육자들이 다수 배출되었다. 그의 차남 김성곤은 일본에 유학하고 돌아온 뒤 소안국민학교에서 교사 생활을 하였다. 또 김일영과 4촌 간인 김주영의 장남 김희곤 역시 소안사립학교 교사를 했고, 뒤에는 완도군 고금도와 무안군 장산도에서 교사 생활을 하였다. 또 김희곤의 아들 김진성은 일본에서 사범학교를 졸업한 뒤 귀국하여 고금도와 소안도에서 국민학교 교사 생활을 한 뒤, 해방 이후에는 해남군 황산국민학교에서 교사 생활을 하고 있었다.[9] 이처럼 김씨 집안에서 일본에 유학을 하고 돌아온 청년은 모두 9명에 달했다고 한다. 또 이들 외에도 완도중학교를 졸업한 김진호, 김진현, 김진명 등이 있었다. 이 가운데 김진호는 청년들을 모아 놓고 좌익 서적의 학습을 지도하기도 했다고 한다.

2) 전쟁 이전 좌파 청년들의 희생

해방 직후 소안도 출신인 신광희, 위경량, 김장균 등이 완도군 좌파세력의 지도적인 역할을 하고 있었기 때문에 소안도는 그 영향을 크게 받지 않을 수 없었다. 남로당이나 민주청년동맹의 조직이 비교적 강하였고, 1947년에는 메이데이 집회를 소안국민학교에서 개최하는 등 세력을 과시하기도 하였다. 그러나 이 집회 이후 경찰은 주동자들에 대한 검거에 나섰고, 주동자들은 소안도를 떠나거나 소안도의 산으로 은신하지 않을 수 없었다.

김일영의 둘째 아들 김성곤은 소안초등학교 교사로 재직하다가 1947년경

---

9 김옥모(1936년생) 인터뷰(2014.7.18.)

좌익혐의로 쫓겨났으며, 이후 목포로 피신한 것으로 보인다. 김성곤은 1948년 7월 20일 목포 경찰에 붙잡혔다. 그는 목포경찰서에 구금되어 밤새도록 가혹한 고문과 문초를 당하였는데, 결국 김성곤은 다음 날 사망하였다. 또 그와 함께 붙잡힌 김진수도 고문의 후유증으로 정신이상 증세를 보였다. 당시 신문 보도에 따르면, 고문을 가한 경찰 2명은 고문치사혐의로 검찰에 의해 기소되었다.[10]

또 앞서 본 것처럼 1949년 여름 이후 완도에서는 강도 높은 좌익 소탕작전이 진행되었다. 이는 소안도에서도 마찬가지였다. 1949년 7월 A마을의 김진동(1923년생)과 그의 동생 김진현(1925년생)은 좌익혐의로 수배 중에 경찰에 의해 붙잡혀 사살되었다. 김진동은 경찰에 쫓기자 소안도의 산에 피신해 있다가 경찰에 체포되어 소안지서에서 조사를 받던 중 김명희(1920년생, 소안면 구도 거주)와 함께 사살되었다. 김진현은 경찰을 피해 약산면 해동리 공고지산으로 도피하여 숨었다. 그러나 경찰은 이 산을 불태우면서 수색하였고, 결국 경찰에 붙잡힌 그는 형이 숨진 다음 날인 8월 3일 약산면 해동리 해안가에서 사살되었다(진화위 2009(1), 619). 또 같은 마을의 김진세(1925년생)는 국방경비대 소속 군인으로 가 있다가 휴가차 고향에 들렀는데, 1949년 7월 초에 경찰에 체포되었다. 소안지서 경찰은 7월 12일 이 마을 산 밑에서 고명섭(1917년생, 미라리 거주)과 함께 김진세를 사살하였다. 김진세는 이장의 권유로 입대 전에 마을에서 청년단장을 맡은 적이 있었다고 한다.[11] 같은 시기 소안면에서는 그 밖에도 5명의 청년들이 좌익혐의로 경찰에 붙잡혀 사살되었다(진화위 2009, 617~621).

한편 거의 비슷한 시기인 1949년 8월 20일에는 소안면의 지도자급 인물들인 김장수(1905년생, 비자리 거주), 김희곤(1900년생, A마을 거주), 김형곤(1908년생, A마을 거주), 최용기(1899년생, 비자리 거주) 등은 청산도 경찰에 의해 연행되어 청산도에서

---

10 동아일보 1948년 8월 10일, 18일

11 김진종(1934년생) 인터뷰(2014. 7. 19.)

3일간 조사를 받고 신지면 명사십리에서 사살되었다. 이 가운데 김장균의 형인 김장수는 1927년 소안도에서 송내호의 지휘 아래 조직된 비밀결사 일심단의 단원으로 일본에 건너가 활동한 바 있었다. 그는 해방 전에 귀국하여 소안면 면사무소에서 근무하였고, 해방 이후에는 비자리에서 사업을 하고 있었다고 한다.[12] 앞서 본 것처럼 김희곤은 소안도 항일운동의 지도자였던 김주영의 아들이자 김경일의 형으로서 오랫동안 완도군과 무안군에서 교사 생활을 해왔다. 또 김형곤은 김일영의 조카이자 김희곤과 6촌 관계로, 소안사립학교를 다녔으며, 해방 이후 소안면·노화면·청산면의 어업조합 대표를 맡았다고 한다. 당시 김형곤의 장남 김진명은 경찰에 의해 수배 중이었다고 한다. 최용기는 앞서 본 신광희의 처남으로 그의 아들은 신광희의 심복으로 활동하다가 체포되어 서대문형무소에 복역 중이었다. 또 그의 딸도 관련된 활동으로 완도읍 경찰서에 갇혀 있었는데, 최용기는 딸을 면회하고 돌아오던 길에 소안도 출신으로 청산도에서 의경을 하고 있던 정인기에 연행되었다고 한다.[13] 이들 4인은 나이도 이미 40대 중반에서 50세 정도 되는 인물들이었고, 교사나 어업조합 대표 등을 맡고 있었기 때문에 좌익 활동에 깊숙이 관여한 인물은 아니었다. 다만 그들의 아들 혹은 동생이 소안도의 좌파 운동에 개입한 뒤 피신해 있는 상황에서 대신 그들을 사살했던 것이 아닌가 추정된다.

한편 1948년 혹은 1949년에 A마을에서는 'A청년회'라는 이름의 우익청년단이 조직되었다. 이는 이 마을의 김경선이 소안지서의 지시에 따라 조직한 것이었다. 김경선은 이 마을의 이른바 '아랫 김씨'로 초등학교도 나오지 못한 인물이었다고 한다. 이 우익청년단은 주로 아랫 김씨 청년들로 구성되었다. 회장 김경선의 아래에는 감찰이라는 직책의 청년이 두 명 있었는데, 이들은 수시로 좌파 청

---

12 김정령(1940년생) 인터뷰(2015. 7. 29.)

13 최종주(1946년생) 인터뷰(2015. 7. 29.)

년들을 붙잡아다 고문을 했다고 한다. 예를 들어 남로당에 가입한 혐의를 받고 있던 이 마을의 김진열이 피신해 버리자, 우익청년단은 그의 아버지를 붙잡아다 그의 행방을 물으며 혹심한 고문을 가했으며, 집에서 키우던 소까지 끌어가 버렸다고 한다. 결국 그의 아버지와 어머니는 몇 달 동안 해남 등 친척 집으로 피신해야만 했다고 한다.[14]

3) 한국전쟁기 A마을 주민들의 희생

한국전쟁이 발발한 뒤, 완도에 인민군이 들어온 기간은 9월 중순부터 9월 말까지 2주 정도에 지나지 않았다. 9월 14일 인민군의 완도 총공격이 있고, 소안지서의 경찰이 청산도로 후퇴하자 소안도의 좌익세력들은 미라리의 허덤재라는 곳에 모였다. 이들은 이제 인민공화국의 세상이 왔다고 보고 우익 세력을 처단하기로 하였다. 그런데 9월 15일경 완도읍에서 청산도로 후퇴하던 나주부대가 소안도에 들렀다. 나주부대는 비자리, 월항리 등을 돌면서 우익의 주요 인물들을 모아 청산도로 후퇴하였다. 따라서 좌익들의 우익 학살과 같은 상황은 벌어지지 않았다.[15]

그리고 9월 15일에 있었던 인천상륙작전의 소식은 완도에도 곧 전해진 것으로 보인다. 소안도 주민들은 9월 14일경 완도 남쪽 바다에서 수많은 군함이 서쪽으로 가는 것으로 보았다고 한다. 따라서 소안도 사람들은 전쟁의 상황이 매우 유동적이라고 생각하고 있었다. 9월 16일경 인민군이 잠시 소안도에 들르기는 했지만 소안도에 주둔하지는 않고 바로 섬을 떠났다. 그와 같은 상황에서 일부 좌파 청년들이 인민위원회나 민청과 같은 조직을 만들려 하였지만, 제대로 만들어진 것 같지는 않다.

---

14 김진백(1934년생) 인터뷰(2014. 7. 19.)

15 정병호(1937년생) 인터뷰(2015. 7. 20.)

9월 30일 인민군이 완도에서 일제히 퇴각하자 소안도에서 좌파로 지목되던 이들도 모두 육지로 피신하였다. 그리고 청산도로 물러가 있던 경찰이 소안도에 다시 들어왔다. 경찰은 인민군에 협력한 부역자들을 색출하기 시작하였다. 부역혐의자들은 체포되어 처형되거나, 완도경찰서로 이송되거나 훈방되었다. 당시 소안면에서 부역혐의자로 체포되었던 한 주민은 "수복 후 경찰이 소안면에 와서 주민들을 학교 운동장에 모아놓고 부역혐의자들을 체포했다. 이때 나는 형과 함께 체포되어 소안지서를 거쳐 완도경찰서에서 조사를 받았다. 완도경찰서 유치장이 붙잡혀 온 부역혐의자들로 넘쳐서 인근 창고에도 가득 구금되었다. 형은 완도경찰서에 구금 중 어느 날 밤 경찰에 불려나가 완도읍 죽청리 뒷산에서 사살되었다. 나는 목포까지 가서 재판을 통해 언도 없이 석방되었으나, 형은 재판도 받아보지 못하고 사살되었다"라고 말하였다(진화위 2009(1), 627).

앞서 본 것처럼 인민군이 철수하자, 인민군 점령기의 부역 여부와는 관계없이 많은 이들이 완도를 떠나 해남, 강진, 장흥 등 육지로 피난을 나갔다. 그리고 그들 가운데에는 고향에 돌아오지 못한 채 타지에서 세상을 뜨는 경우가 많았다. 예를 들어 앞서 본 김형곤의 가족은 김형곤이 처형된 뒤, 농사철에만 소안에 머무르고 다른 계절에는 완도읍이나 목포의 친척 집들을 전전하였다. 전쟁이 나고 인민군이 완도군에 들어온 뒤에 이들 가족도 소안도로 돌아왔다. 그러나 인민군이 다시 물러간다고 하자 이들 가족 7명(김형곤의 처, 네 아들, 며느리, 손녀)은 강진을 거쳐 장흥 유치면으로 들어갔다. 그리고 1951년 5월 화순 쪽으로 대피하였다가 그곳에서 토벌대에 의해 모두 사살되고 말았다. 다만 아들 중 김진보는 백운산 쪽으로 피신하였다가 토벌대에게 체포되어 검찰에 넘겨진 뒤 국가보안법 위반으로 5년형을 언도받고 복역한 뒤 석방되었다. 또 김유곤의 둘째 아들 김진영은 전쟁 발발전에 목포형무소에 수감되어 있다가 7월 25일경 목포 앞바다에 수장되었다.[16] 이로써 해방부터 전쟁기까지 김형곤 일가에서는 9명이 희생되었다. 김희곤의 아들 김진서도 이때 피신하였다가 결국 돌아오지 못하였다. 월항리의 김명숙(여, 19세)은 그간 소안도 안팎의 좌익들의 연락 역할을 해왔는데, 인민군이 철수하자 배를 타고 해남으로 피신하였다. 김명숙은 이후 영암을 거쳐 지리산에 입산하였다가 그곳에서 희생되었다고 한다.[17]

육지로 피난을 가지 않은 이들도 커다란 시련을 겪어야만 하였다. 김남곤의 아들 김진성(1922년생)은 해방 이후 황산국민학교에서 교사생활을 하고 있었다. 그는 1947년경 좌익교사로 지목되어 피신해 다니다가 1950년 9월 소안도에서 경찰이 후퇴하자 집에 와 숨어 있었다. 그는 그해 12월 22일 집에 숨어 있다가 발각되어 A마을 선착장으로 끌려 나가 마을 사람들이 지켜보는 가운데 사살되었다. 또 그의 사촌인 김진강(1908년생, 일명 김진관)은 12월 23일 현재의 면사무소 삼거리에서, 그의 장남 김인수(1929년생)는 11월 23일 소안면 비자리 해안가에서 각각 사살되었다. 당시 김진강은 농사를 짓는 농민이었고, 김인수는 완도중학교를 졸업한 이였다고 한다(진화위 2009(1), 625). 이들은 인민군 철수 시에 육지로 피난 나갔다가 돌아왔는데, 경찰은 이를 부역혐의와 연결시킨 것으로 보인다.

한편 아랫 김씨들 가운데에서도 세 집에서 희생자가 있었다. 김인모, 김준모 형제는 전쟁 전에 A마을에서는 먹고 살기가 힘들어 해남 현산면 일평리 김해 김씨 마을로 이사해서 살았다. 그런데 타지 사람이라 하여 마을에서 항상 따돌림과 멸시를 당하였고, 이로 인해 마을 사람들과 주먹다짐을 한 일도 있었다. 그런데 전쟁이 일어나고 인민군이 다녀간 뒤, 경찰이 들어와 두 형제와 어머니, 누이동생을 모두 데려다가 처형하였다고 한다. 또 김제운은 전쟁 전에 해남 현산면으

16 한국전쟁 전후 완도군 민간인희생 진상규명위원회 작성 희생자 자료 참고.

17 김동심(1937년생) 인터뷰(2015. 7. 28.)

로 이사해서 살고 있었는데, 전쟁 후에 A마을에서 피난 온 친구 김진천을 숨겨주었다가 발각되어 친구, 그리고 자신의 처와 함께 사살되었다.[18]

이상에서 살펴본 것처럼 A마을의 윗 김씨 청년들 가운데에는 일본 유학을 다녀오거나 완도중학교를 졸업한 지식층이 많았다. 이들 가운데 일부는 해방 이후 완도의 좌익 운동에 참여한 뒤 소안도를 떠나 피신한 것으로 보인다. 그러나 그들은 대부분 전쟁 발발 이전, 혹은 이후에 경찰에 붙잡혀 죽었다. 이들 청년들이 좌익 운동으로 기울어지게 된 것은 소안도에서 식민지기 사회주의 운동에 참여했던 장년층의 영향력, 그리고 일부 사회주의 신진 청년들의 영향력이 컸기 때문으로 보인다.

4. 소안면 B마을 주민들의 희생

1) 전쟁 발발 이전 B마을 두 집안의 갈등

B마을은 소안면 가운데 소안도에서 약 5킬로미터 떨어져 있는 외딴섬이다. 이 섬은 작은 섬은 아니지만 대부분 산지로 이루어져 있고, 평지는 거의 없으며 마을도 B마을 하나밖에 없다. 이 섬에는 오늘날에도 논은 겨우 6헥타아르밖에 없고, 밭은 35헥타아르가 있다. 주민들은 밭농사나 고기잡이를 하며 살았던 것으로 보인다. 오늘날 인구는 69호에 120명인데, 가장 많았을 때에는 126호로 약 600명 정도 되었다고 한다. 밀양 박씨와 창원 황씨가 먼저 입주하였다고 하나 현재는 후손들이 없다. 임진왜란 후 김해 김씨가 입주하여 마을을 형성하였다고 전한다. 현재도 김해 김씨가 주민의 대부분을 차지하고 있고, 타성은 10호 정도 된

---

18 김옥모(1936년생) 인터뷰(2015. 7. 28.)

다. 그런데 이 마을의 김해 김씨는 같은 집안사람들이 아니었다. 그 가운데에는 사군파가 가장 많았고, 그 다음이 축은공파가 많았으며, 경파, 삼현파 등도 일부 있었다.[19]

식민지기에 이 마을 사람들은 식량 자급도 제대로 하지 못하였다. 마을의 가장 큰 부자는 김군실이었는데, 그는 머슴 한두 명을 거느리고 농사를 짓는 자작농에 지나지 않았다. 그만큼 마을 주민들은 전체적으로 가난하였다.[20] 그런 가운데에서도 축은공파의 형편이 사군파보다 조금 나은 편이었다. 축은공파와 사군파는 은연중에 경쟁 관계에 있었는데, 식민지 말기부터 해방 직후 사이에 있었던 여러 사건으로 갈등이 본격화되었다. 식민지 말기에 이장을 하던 사군파의 김종일은 마을 이장을 하면서 징용 대상자로 주로 축은공파 청년들을 뽑아 보냈다. 또 해방 직후 김경인의 숙부 김덕기가 귀국하여 학교 설립을 주도하다가 세상을 떴는데, 김종일이 김덕기의 미망인을 좋아하여 유혹하는 일이 발생하였다. 이 일로 양쪽 집안사람들이 언쟁을 하게 되었고, 결국 두 집안사람들 사이에는 상당한 틈이 생겼다.[21] 그리고 해방 직후 김종일은 완도나 소안도의 정치 상황에 영향을 받아 좌파가 되었고, 그의 집안 청년들도 좌파로 기울어졌다. 그러나 미군정이 시작되면서 완도군에서 우파가 득세하게 되었고, 이에 축은공파의 김경인과 그를 따르는 청년들은 우익의 독청대(독립촉성청년회)를 조직하였으며, 소안도에 가서 훈련을 받았다고 한다.[22]

1946년 이후 미군정의 좌익세력 탄압이 시작되면서 독청대원들은 경찰과 함께 사군파의 좌익 청년들을 붙잡아다 구타를 하는 등 박해가 시작되었다.

---

19 김동연(1932년생) 인터뷰(2012. 7. 29.)

20 김홍옥(1931년생) 인터뷰(2012. 7. 29.)

21 김동련(1940년생) 인터뷰(2014. 7. 18.)

22 김홍옥(1931년생) 인터뷰(2012. 7. 29.)

1948년 여수 순천에서 군인들의 반란이 일어나자 정부는 경비대를 추가로 모집하였고, B마을의 사군파 청년들은 박해를 피해 경비대에 들어갔다. 그런데 경비대에 들어간 김사연의 아들이 여수에 가서 사망하였다. 이 일로 인해 김사연은 한국전쟁 때 좌파가 되어 우파에 대한 보복에 앞장서게 된다.[23]

한국전쟁 발발 이전 B마을에서 4명이 희생되는 사건이 있었다. 당시 이 섬에는 이 섬의 좌익뿐 아니라 인근의 소안도와 노화도 좌익세력들이 피신해 와 있었다. 그것은 이 섬의 산세가 험하고 산에 자연 동굴이 있었으며, 경찰지서도 없었기 때문이다. 그런데 이 마을의 어린 아이들이 이들이 은거하고 있던 동굴을 발견하여 독청대에 신고를 하였다. 이에 독청대에서는 김복홍 등 4명으로 하여금 배를 타고 소안도로 건너가 지서에 신고하도록 하였다. 그런데 이들이 탄 배는 이후에 행방불명되었다. B마을 주민들은 이 지방의 좌익들에 의해 이들이 희생된 것으로 보고 있다.[24]

2) 전쟁 발발 이후 B마을 주민들의 희생

한국전쟁이 발발한 이후 이 섬에서는 8월 14일 B마을 주민 32명이 같은 마을 좌익에 의해 인근 바다에 수장되어 희생되는 사건이 발생하였다. 이는 인민군의 진주와는 관계없이 경찰이 후퇴한 상황에서 이 마을의 김사연이 주도하여 일으킨 일이었다. 이 사건이 일어나기 직전인 8월 11일 인민군 약 50명이 인근의 노화도, 보길도, 소안도에 상륙하였다가 돌아간 일이 있었다. 아직 완도의 경찰과 해남의 인민군이 대치하고 있는 상황이었지만, 인민군이 인근 섬에 나타났다는 사실에 고무된 B마을의 김사연은 청년들을 동원하여 우익 쪽 사람들을 붙잡아

23 위와 같음.

24 위와 같음.

다 학살한 것이다. 아들 사건에 대한 보복이었다.[25] 희생된 이들은 주로 축은공파 사람들이었다. 예를 들어 당시 이장이었던 김철민은 좌익 활동을 하던 아들 김용관을 전향시켰다는 이유로 살해되었다. 김용관은 이미 전쟁 전에 사망하였다. 김용관의 동생 김용재도 이때 좌익들에 의해 구타를 당해 전쟁이 끝난 뒤 결국 병으로 사망하였다. 또 축은공파의 유력자로서 김철민과 가까웠던 김석노도 이때 살해되었다. 당시 좌익들은 우익 쪽 사람들을 B국민학교 창고에 가두고 인민재판을 해서 32명을 선별하여 배로 싣고 나가 바다에 수장하였다고 한다.[26]

인민군이 완도에 진주한 9월 중순 이후 약 보름 동안 이 섬은 좌익들에 의해 완전히 장악되었다. 이때 좌익들은 이미 피신해 버린 우익 독청대의 대장인 김경인의 동생 3명에게 형을 찾아낼 것을 강요하였다. 이에 이들은 형을 찾아다녔는데, 결국 완도에서 좌익들에게 붙들려 인민군이 후퇴하던 9월 말에 수장되고 말았다. 그러나 김경인은 부산으로 피신하여 있다가 수복 후에 고향에 무사히 돌아왔다.[27]

완도에서 인민군이 물러가자 청산도에 진을 치고 있던 경찰이 완도의 섬을 하나씩 수복해 나갔다. B마을이 있는 섬에는 11월 초 즈음 경찰이 들어온 것으로 보인다. 경찰은 주민들을 모두 B국민학교에 모이도록 한 뒤, 우익 가족들이 좌익이라고 지목한 사람들을 잡아서 소안지서를 거쳐 완도경찰서로 이송하였다. 경찰은 이날 바로 좌익들을 처형하지는 않았다. 이날 경찰이 잡아간 이들은 십여 명이었고, 이후에도 계속해서 잡아간 이들이 많았다(진화위 2009, 623). 잡혀간 이들은 고문으로 죽거나, 구금 중 총살되거나, 재판에 넘겨져 옥살이를 하게 되었

---

25 김동춘은 한국전쟁기의 학살을 '작전으로서의 학살' '처형으로서의 학살' '보복으로서의 학살' 등 3종류로 구분하였다(김동춘 2000, 211~241).

26 김동련(1940년생) 인터뷰(2014. 7. 18.)

27 김홍옥(1931년생) 인터뷰(2014. 7. 18.)

다. 예를 들어 8월 14일의 32명 수장 사건의 주역인 김사연과 그의 부인은 완도에서 경찰에 의해 처형되었다. 김천석은 11월 14일 소안지서로 출두하였는데, 지서에 구금되어 있던 중 경찰에 의해 사살되었다. 경찰은 11월 24일 다시 이 섬에 들어와 김병렬과 권영기를 연행하여 마을 뒷산에서 총살하였다. 김명률은 12월에 소안지서에서 완도경찰서로 이송되어 조사를 받았는데, 모진 고문으로 죽을 형편이 되자 경찰이 배로 싣고 오던 도중에 죽었다고 한다. 김가배는 완도경찰서를 거쳐 목포형무소에서 복역하다가 1·4후퇴 당시 희생되었다고 한다. 그 밖에 김주선은 뒤에 경찰에 의해 연행되어 완도경찰서로 갔는데, 이후 완도 죽청리 뒷산에서 총살된 것으로 추정되고 있다. 김동순은 경찰이 수복하기 전 육지로 피신하였는데, 역시 행방을 알 수 없다고 한다(경찰 수복 이후 희생된 이들은 모두 20여 명으로 추산된다). 김영옥과 김민오는 목포형무소로 옮겨져 재판을 받고 3개월 동안 복역한 뒤 출소하였다고 한다.[28]

결국 B마을에서의 다수의 민간인 희생이 빚어진 것은 두 김씨 집안의 갈등이 해방 이후 좌우익의 갈등으로 이어진 데 근본 원인이 있었다. 이러한 갈등은 한 아버지의 아들의 죽음에 대한 보복의 학살로 확대되어 버렸던 것이다.[29]

4. 맺음말

이상에서 1945년부터 1950년까지 완도군과 완도군 소안면의 두 마을에서 일어난 민간인 희생에 대해 정리해 보았다.

---

28 김동련(1940년생), 김홍옥(1931년생), 김준남(1932년생) 인터뷰(2014. 7. 18.)

29 한국전쟁기 한 마을 집안 간의 갈등으로 인한 보복 학살의 사례는 여러 사례연구(윤택림 2003; 박찬승 2010)에서 확인된다.

진실화해를위한과거사정리위원회는 보고서에서 완도군에서 한국전쟁 전후에 경찰이나 우익청년단에 의해 희생된 이들이 최소 506명으로 확인된다고 기록하고 있다. 한편 인민군과 지방좌익에 의해 희생된 이들은 약 122명으로 파악되고 있다. 이를 합한다면 628명이 된다. 하지만 이에는 국민보도연맹 사건(희생자 200여 명), 피난한 완도군 주민들의 희생사건, 기타 사건 등을 합한다면 이보다 훨씬 늘어나 거의 1000명 안팎이 될 것으로 보인다.

완도군에서 이와 같이 많은 희생자가 나게 된 이유는 ① 완도군에서는 식민지 시기 사회주의운동이 활발하였다는 것, ② 해방 직후부터 완도군에서는 좌우익의 대립과 갈등이 극심하였다는 것, ③ 한국전쟁기에 경찰과 인민군이 한 달 반 정도 완도군에서 대치하면서 지방좌익혐의자들에 대한 소탕이 진행되었다는 것, ④ 인민군 점령기와 철수기에 인민군과 좌익들이 우익 관련자들을 대거 처형하였다는 것, ⑤ 수복 후 경찰이 부역자들에 대해 엄격하게 조사하고 또 상당수를 재판 없이 처형하였다는 것 등을 들 수 있다.

완도군 가운데에서도 희생자가 가장 많았던 면은 소안면이었다. 유족들이 조사한 바에 따르면, 소안면에서는 모두 250명이 희생되었으며, 특히 이 글에서 다룬 A마을에서 55명, B마을에서 64명이 희생되어 가장 큰 피해가 났다고 한다.

A마을은 식민지기에도 소안학교를 세우는 데 주도적인 역할을 한 이들이 있었고, 또 그 이후에도 일본 유학을 통해 가장 많은 교사를 배출하는 등 지식층이 많은 마을이었다. 해방 직후 완도군에 인민위원회가 만들어졌을 때, 이를 주도한 이들은 식민지기 사회주의의 입장에서 항일운동을 하던 소안도 사람들이었다. 그 영향으로 인해 소안도 청년들이 다수 좌파 쪽으로 기울었는데, A마을 윗김씨의 지식청년들도 마찬가지였던 것으로 보인다. 그러나 1945년 말 미군정이 들어오면서 인민위원회나 좌파 단체에 참여했던 이들은 경찰에 쫓기게 되고, 그 결과 A마을의 청년들 가운데에서도 경찰에 체포되거나 피신하는 이들이 다수 나오게 되었다. 결국 이들은 경찰에 체포되어 처형되거나 감옥에 가게 되었으며,

그들의 가족들까지 처형되는 경우도 있었다. 한국전쟁이 발발하고 인민군이 완도에 들어왔을 때, 소안도 출신이 다시 완도 인민위원장을 맡았다. 인민군이 완도에 머무른 것은 보름 정도에 불과했지만, 소안도에서 이미 좌파 가족으로 지목된 이들은 섬을 떠나 육지로 피신해야만 하였다. 그리고 그들의 다수는 다시 고향에 돌아오지 못하였다. 한편 이 마을의 아랫 김씨 청년들은 1946년경 경찰의 지시로 우익청년단을 조직하여 윗 김씨들과 갈등을 빚었다. 비록 아랫 김씨 청년들이 윗 김씨들을 직접 살해하는 일은 없었지만, 좌익으로 지목된 이들의 가족에 대해서는 온갖 린치와 약탈이 자행되었다.

B마을에서는 두 김씨 집안의 사소한 갈등이 해방 이후 좌우 갈등으로 이어졌고, 좌파 청년 하나가 여순 사건 과정에서 사망한 사건이 우익에 대한 보복학살로 이어졌고, 이것이 다시 경찰 수복 이후 부역자 처벌로 이어지는 비극으로 나타났다. B마을에서는 아직도 두 집안이 같이 살고 있다. 따라서 그들은 전쟁기에 있었던 일들에 대해 가능한 한 말을 하지 않으려 한다.

A, B 두 마을 주민들의 희생은 한반도가 분단과 전쟁으로 인해 빚어진 일이었다. 분단과 남북 대결은 아직도 계속되고 있고, 두 마을 주민들이 받은 마음의 상처는 아직도 아물지 않았다. 다행히 지난 2013년 소안도 항일운동기념관 옆에 소안면희생자추모비가 세워졌고, 여기에는 좌우를 막론하고 이 시기 희생된 이들의 이름이 함께 실렸다. 이 추모비가 희생된 이들과 그들의 가족을 조금이나마 위로할 수 있을 것으로 보인다.

- 이 글은 Civilian Victims in Wando-gun from the Liberation until the Korean War (1945–1950), *Korea Journal*, vol. 56, no. 4 (winter 2016)를 수정 보완한 것임.

참고문헌

기광서 외, 2014, 『한국전쟁기 남 · 북한의 점령정책과 전쟁의 유산』, 선인.
김동춘, 2000, 『전쟁과 사회』, 돌베개.
김석학 · 임종명, 1975, 『광복30년』 3, 전남일보사.
박찬승, 1993, 「일제하 소안도의 항일민족운동」 『도서문화』11, 목포대 도서문화연구소.
———, 2001, 「일제하 완도(체도)의 항일민족운동」 『지방사와 지방문화』 4권 1호, 역사문화학회.
———, 2010, 『마을로 간 한국전쟁』, 돌베개.
안종철, 1991, 『광주 · 전남지방현대사연구 –건준 및 인민위원회를 중심으로–』, 한울아카데미.
완도군지편찬위원회, 1977, 『완도군지』.
———, 1992, 『완도군지』.
윤택림, 2003, 『인류학자의 과거여행: 한 빨갱이 마을을 찾아서』, 역사비평사.
정근식 외, 2003, 『구림연구–마을공동체의 구조와 변동』, 경인문화사.
진실 · 화해를위한과거사정리위원회(Truth and Reconciliation Commission), 2009(1), 『2009년 상반기 조사보고서』 3권.
———, 2009(2), 『2009년 하반기 조사보고서』 4권.
———, 2007, 『2007년 하반기 조사보고서』.
최호림, 2008, 「한 마을에서의 전쟁폭력의 경험과 기억」 『전쟁과 재현』, 한울아카데미.
한시준, 1993, 『한국광복군연구』, 일조각.

:: 9 ::

재난 이후의 세계에 관한 문학적 상상

심정명

1. 들어가며

"3·11이 발생해 전쟁의 여름은 끝났습니다. …… **전쟁을 대신할 일대 이벤트가 드디어 발생한 것입니다.**"(第伍講 Section 6 para.6)[1]

매해 8월이 되면 돌아오는 패전의 기억을 대신할 새로운 사건이 발생했음을, 소설가 사토 유야(佐藤友哉)는 이렇게 선언한다. 다소 조심성이 없어 보이기도 하는 이 말에는 3·11, 즉 2011년 3월 11일 일본 도호쿠(東北) 지방을 중심으로 일어난 대지진과 쓰나미, 이어서 발생한 후쿠시마 제일원자력발전소 사고라는 일련의 복합 재해를 대하는 문학자들의 태도에 대한 비판이 담겨 있다. 쓰나미의 충

---

1 ebook에서 인용한 경우 괄호 안에 쪽수 대신 장, 절, 단락을 표시하였다.

격적인 영상과 직후에 터진 원전 사고는 많은 이에게 언어의 무력함을 느끼게 하였고, 적지 않은 일본의 문학자들이 언어와 세계의 관계가 이전과는 달라졌다는 데 주목하기도 하였다.[2] 하지만 많은 이가 느꼈을 말의 무력함에 대해 "당신의 글이 세계를 바꾸는 그런 일은 한 번도 없었을 텐데"(第四講 Section 2 para.61)라고 일갈하는 사토 유야는, "또 '무엇을 쓰면 좋을지 알 수 없다'고 주저할 건가? 그도 아니면 정색하고 '힘내자 일본'인가?"(第伍講 Section7 para.48)라는 말로 3월 11일 직후 일본의 언설 공간을 단적으로 요약한다. 확실히 3월 11일을 둘러싼 조심스러운 침묵 곁에는 '힘내자 일본'을 연호하며 쓰나미와 원전 사고로 인해 흔들리기 시작한 '일본'이라는 공동성을 복구하려는 움직임이 일찍부터 고개를 들고 있었다.

그런데 일어난 사태에 대한 약간의 고양감도 느낄 수 있는 사토 유야의 이 말에서 '3·11'은 "전쟁을 대신"하는 사건으로 그려진다. "전쟁의 시대는 3·11을 경계로 끝났다"(第伍講 Section 8 para.6)는 것이다. 사실 2011년 3월 11일을 1945년 8월 15일 패전 이후의 역사적인 전환점으로 파악하는 관점은 다양한 언설에서 발견할 수 있다. 예컨대 평론가 가라타니 고진(柄谷行人)은 폐허가 된 피해지의 모습에서 전후의 불탄 자리와 히로시마, 나가사키를 상기하면서 전후(戰後) 복구의 역사가 되풀이되는 것에 대한 경계를 표하였고, 전후의 일본을 대미 종속이라는 관점에서 분석하는 정치학자 시라이 사토시(白井聡)는 3월 11일이 다름 아닌 '평화와 번영'의 시대의 종언을 의미한다고 보기도 하였다. 또한 3월 11일은 전후라

---

2 가령 2012년 문예지 『와세다문학』은 해당 홈페이지에 2011년 3월부터 9월까지 15명의 소설가들이 기간 한정으로 공개한 작품들을 수록한 증간호에 「진재(震災)와 '픽션'(말·일상·이야기…)의 '거리'」라는 대담을 꾸몄다. 여기서 소설가 가와카미 미에코(川上未映子)는 "말이 풀어져 버리는 듯한 느낌"(202)이라는 문제를 제기했는데, 이때의 논의 주제는 말 그대로 "말은 살아남을 것인가?"였다. 소설가 다카하시 겐이치로(高橋源一郎) 또한 『비상시의 말』에서 지진과 쓰나미, 원전 사고라는 유례없이 큰 재해가 많은 언설을 낳고 있음에도 불구하고 많은 사람들이 "말을 잃었다"라고 느끼고 있다는 점을 지적하며, 현실과 언어 사이의 괴리에 대해 고찰하였다.

는 시간 전체를 되묻거나[3] 전후를 소급적으로 바꾸는 계기로 이해되었으며,[4] 전쟁 이전부터 줄곧 이어져 오고 있는 일본 사회의 구조적 문제인 이른바 '무책임의 체계'(酒井 32-33)를 극복하고 다른 공동성을 모색해야 함을 일깨우는 사건이기도 하였다.

확실히 쓰나미가 휩쓸고 간 도호쿠의 풍경은 전쟁의 폐허를 방불케 했을 뿐 아니라, 수많은 사람들의 죽음과 실종은(내각부에 따르면 사망자 1만 5859명, 행방불명자 3021명) 전쟁의 참상에도 빗댈 만한 것이었다. 소설가 이케자와 나쓰키(池澤夏樹)는 2011년 4월 5일자 〈아사히신문〉의 칼럼에서 "숙모는 지금이 전후와 같은 분위기라고 말한다(전쟁 중과 같다는 것이 아니다. 우리는 죽이는 일 없이 그저 죽임을 당했고, 파괴하는 일 없이 그저 파괴되었다). 십 년에 걸친 부흥(復興)의 날들이 시작될 것이다"(128)라고 썼는데, 이는 결코 예외적인 감상이 아니었을 터이다. 하지만 '전후'라는 시간이 문제되는 이유는 단순히 쓰나미가 가져온 파괴와 죽음 때문만은 아니다. 전후의 복구와 부흥이 갖는 다양한 문제들이 특히 원자력발전소 사고를 통해 똑똑히 드러났다는 인식이 여기서 분명히 나타나고 있었다.[5] 따라서 경제 성장이나 안보 같은 공동체의 이익을 위해 소수를 희생시키는 시스템이 비판되는가 하면(高橋), 거꾸로 전전과 전후를 관통하는 경제 성장의 역사 속에서 적극적이고 자발적으

---

3 도미야마 이치로는 멜트 다운에서부터 시작되어 '지금도 진행 중'인 긴 비상사태를 계엄 상황과 관련하여 읽어 내며, "원자력을 묻는 것은 전후라는 시간 전체를 묻는 일이다. 거칠게 말해 이 나라는 제국의 붕괴를 받아 안은 적 없이 '전후'라는 시간을 새겨나갔고, 굳이 말하자면 전후를 걷는 데에 실패했다"(冨山 5)라고 하면서 3월 11일이 "이 나라의 전후 전체를 다시 한 번 되물을 계기"이기도 했음을 다시 한 번 상기시킨다.

4 "〈3·11〉 이것은 우리에게 '전후'를 들이민다. 우리의 〈3·11〉은 바로 다름 아닌 전후라는 자격으로서 1945년 이후의 '전후'를 소급적으로 바꾸는 계기여야만 한다. 우리는 종전이라고 말하는 데 익숙해진 패전과는 전혀 다른 또 하나의 패전, 전후 직후(1945~55년)의 두 번째 그리고 진정한 의미에서의 패전을 지금 되풀이해야만 한다."(長原 66)

5 물론 고모리 요이치가 지적하듯 3월 11일은 인식하는 것이 불가능한 천재(天災), 인재(人災), 핵재(核災)가 복합된 형태로서 나타나고 있기 때문에 히로시마, 나가사키, 오키나와, 대공습 등의 과거를 참조 틀로 삼을 수밖에 없었던 측면도 분명히 있을 것이다.

로 원자력을 끌어안은 지방의 자발적인 식민화가 문제시되기도 하였다(開沼). 이때 두 차례에 걸친 원폭 투하의 기억이 종종 소환되곤 했는데, 주지하다시피 일본의 원자력발전소 건설은 기실 제2차 세계대전이 공식적으로 종결되기 이전부터 형성되기 시작한 국제 질서와 핵을 둘러싼 지정학 속에서 이루어졌다.[6] 이상과 같은 의미에서 3월 11일을 '제2의 패전'이나 전후의 복기로 규정하는 일은 단지 전후라는 과거를 비판적으로 상기할 뿐 아니라 그러한 과거와 연속하는 지금 현재를 비판하며 그와는 다른 새로운 미래를 구상해 내는 작업을 요구하는 것이었다.

그렇다면 이러한 끝 혹은 새로운 시작으로서의 3월 11일 이후 일본은 어떻게 변화했는가. 원전 사고의 경우, 2011년 12월 16일에 당시의 노다(野田佳彦) 총리가 원자로가 냉각 정지 상태에 도달함으로써 사고 자체가 수습되었다고 선언한 것을 현 아베(安倍晋三) 총리가 2013년에 철회한 바 있다. 2020년 도쿄 올림픽 개최가 결정된 지금 후쿠시마현 일부 지역의 피난 지시를 해제하거나 해제할 준비를 시작하는 등 공식적으로는 사고 자체가 거의 수습 단계에 들어간 것처럼 간주되고 있다고 보아도 무방할 것이다. 한편 원전과 방사능을 둘러싼 논란이 계속되는 가운데 2011년 4월 10일 "원자력 발전을 멈춰라 시위!"를 시작으로 거의 매회 1만 5000명에서 2만여 명에 이르는 참가자를 모은 반/탈원전 집회의 연속은 시위를 통해 일본 사회를 변화시킬 수 있으리라는 기대를 불러 일으켰다.[7] 하지만

6 널리 알려진 바, 일본의 원전은 핵무기와 관련한 기술 억지(抑止) 정책과 연동하고 있다. '플루써멀'(plutonium thermal) 계획, 즉 핵연료 사이클 계획에 따라 몬주(もんじゅ)의 고속 증식로를 가동함으로써 얻을 수 있는 다량의 플루토늄239는 핵무기의 원료가 된다(小出裕章 121-124).

7 예를 들어 가라타니 고진은 이러한 반/탈원전 운동을 적극적으로 평가하고 직접 참가하기도 하면서 향후 일본을 "시위를 하는 사회"로 바꾸어 나갈 수 있으리라고 전망하였다(「反原発デモが日本を変える」). 또한 『민주와 애국』, 『1968』 등의 저작을 통해 전후 일본의 사회운동을 고찰하는 작업을 한 바 있는 오구마 에이지(小熊英二)는 『사회를 바꾸려면』에서 시위와 같은 직접 민주주의를 통해 사회를 실제로 바꿀 수 있다는 가능성에 주목하기도 하였다.

시간이 경과함에 따라 반/탈원전 집회의 참가자 수는 수십, 수백 명 수준으로 줄어들었고,[8] 시민사회의 논제는 SEALDs(Students Emergency Action for Liberal Democracy)를 중심으로 한 안보법안 반대에 집중되어 갔다는 인상을 받는다. 2015년 8월부터 규슈(九州)전력의 센다이(川内) 원전 1호가 재가동을 시작하면서 2년 동안의 원전 제로 상태가 끝난 것은, 사고 이후 4년이 지나는 사이에 일어났거나 일어나려고 했던 변화들이 어떻게 무화되었는지를 상징적으로 드러낸다. 원전의 재가동뿐 아니라 영토나 역사 문제를 둘러싼 러시아 혹은 아시아 각국과의 계속되는 갈등, 안보법안의 강행, 오키나와의 후텐마(普天間) 기지 이설을 둘러싼 대립, TPP 체결 등 이후 일본 국가의 움직임을 좇다 보면 단어 그대로의 '복구'(復旧)가 진행되고 있다는 인상을 지우기가 어려울 것이다.

이 글에서는 이상과 같은 기본적인 문제의식을 바탕에 놓고, 3월 11일 이후 문학의 언어는 어떠한 미래를 상상했는지를 구체적으로 살펴보면서 지금을 비추어보기 위한 단서를 모색하고자 한다. 특히 재야 인문학 연구자, 언론인, 사회학자, 건축가, 미술가, 기업가 등으로 이루어진 연구회가 재해 복구 계획을 구상하여 출판한 『후쿠시마 제일원전 관광지화 계획』을 3월 11일 이후의 미래를 향한 하나의 제안인 동시에 상상이라는 점에 주목해 재해 이후를 그린 다른 소설 작품과 함께 비판적으로 검토하면서, 3월 11일 이후 일본의 공동성이 어떠한 방식으로 재구성되거나 해체되는지를 확인할 것이다. 관광지화 '계획'이든 소설이

---

8 반/탈원전 운동을 분노의 정치라는 관점에서 분석하는 이영진은 운동이 쇠퇴하는 원인을 분노의 힘을 스스로 거세하는 일본 사회의 집회 문화에서 찾고 있다. 이와 더불어, 특히 탈원전을 주장하는 운동이 가지고 있는 무정치성을 문제 삼는 관점 또한 존재한다. 한편 이러한 반/탈원전 운동에는 2011년의 또 다른 시민운동인 반(反)한류 시위와 겹쳐지는 부분이 있다는 점 또한 주목할 필요가 있을 것이다. '재일 특권을 허용하지 않는 시민 모임'(재특회)을 밀착 취재하여 르포를 쓴 야스다 고이치(安田浩一)는 약 6000여 명이 모인 '8·21 후지 텔레비전 항의 시위'의 모습을 전하는데, 이 또한 데이트 중인 젊은이들, 유모차를 끌고 나온 어머니들, 아이들을 데리고 나온 부부들 같이 '평범한 사람'들이 정치에 참가하면서 느끼는 고양된 분위기를 잘 보여준다.

든 언어로 이루어진 픽션임에는 분명하지만, 픽션이란 단지 다양한 차원에서 현실을 반영하고 있을 뿐 아니라 가능한 현실을 구성해 나가는 영위 자체이기도 하기 때문이다. 이는 필수적으로 문학의 역할에 대한 물음을 동반하는 작업이기도 하다.

2. 후쿠시마 관광지화 계획이 그리는 미래

'후쿠시마 제일원전 관광지화 계획'이란 겐론(ゲンロン) 출판사를 중심으로 대학 바깥에서 다양한 인문학적인 활동을 펼치고 있는 아즈마 히로키(東浩紀)의 제안으로 2012년에 시작된, 후쿠시마 원자력발전소 부근을 부흥(復興)하려는 민간의 기획이다. 계획의 중심에는 아즈마 히로키를 비롯해 쓰다 다이스케(津田大介), 가이누마 히로시(開沼博), 우메자와 가즈키(梅沢和木), 하야미즈 겐로(速水健朗), 후지무라 류지(藤村龍至), 이데 아키라(井出明), 시미즈 료(清水亮)로 이루어진 연구회가 있다. 2012년 9월에 상표를 출원하기도 한 이 계획은 2013년 11월에 『후쿠시마 제일원전 관광지화 계획』으로 출판되었다. 하지만 이는 무엇보다 "진재 이후 문학자는 무엇을 할 수 있는가?"라는 물음에 대한 답을 모색하는 가운데 3월 11일 이후의 미래를 상상하고 그로부터 현실을 바꿀 수 있는 계기를 포착하는 것을 문학의 역할로 제시하려고 하였다는 점에서, 아즈마가 히로키 자신이 밝히듯 '문학적'인 기획이었다.

> '여기에는 없는 것'을 상상하는 것, 그런 것은 평화로운 시대의 심심풀이일 뿐 의미가 없다고 딱 잘라 버리면 마음은 편해진다. 하지만 나는 그러고 싶지 않았다. '여기에 없는 것'을 상상하는 것은 현실의 인생을 위해, 즉 '여기에 있는 것'을 움직이고 바꾸기 위해서 결코 빠뜨릴 수 없다는 사실을 어떻게든 실제 예로 보여주고 싶

었다. …… 그래서 이 계획에는 …… 현실과 허구, 분석과 몽상이 혼재해 있다. 후쿠시마 제일원전 관광지화 계획은 보통의 계획이 아니다. 관료들은 결코 이러한 계획을 생각하지 않는다(東 185).

그렇다면 이 계획에서는 어떠한 미래가 상상되고 있을까? 이하에서는 그 내용을 비판적으로 읽음으로써, 계획이 무엇을 현실로 규정하고 그 위에서 어떠한 공동성을 상상하고 있는지를 짚어 보겠다.

이 계획의 목적은 한마디로 원전 사고 발생지와 그 주변을 세계적인 관광지로 만드는 것이다. 히로시마와 나가사키, 아우슈비츠 등 이른바 역사적인 비극이 일어났던 장소에 관광객들이 찾아가는 경우는 결코 드물지 않은데, 이 계획에서는 이러한 곳들을 전거로 삼아 '다크 투어리즘'(dark tourism)이라는 관광학의 개념을 도입한다.[9] 실제로 체르노빌을 관광한 뒤 『체르노빌 다크 투어리즘 가이드』라는 책을 펴내기도 하는 등, 여기서 체르노빌의 현재는 후쿠시마의 중요한 참조 대상이다. 계획의 거점이 되는 곳은 1997년부터 축구 트레이닝 시설로 기능하다 임시 피난소를 거쳐 2013년 6월까지 원전 사고 대응 거점으로 쓰인 J빌리지로, 계획은 이곳을 "원전 사고와 그 뒤의 부흥을 상징하는 …… 새로운 공간"(13)으로 자리매김하고자 한다. 단계적으로는 사고 9년 후이자 도쿄 올림픽이 열리는 2020년에 J빌리지에서 재해 부흥 박람회를 열고, 사고 25년 후인 2036년에는

---

9 이와 관련해서 비극적인 기억의 장소를 '관광지'로 만들겠다는 착안 자체에 대한 비판도 물론 가능할 것이다. 아즈마는 이 계획이 처음 공개된 이래 재해 피해지를 '멋있는' 곳으로 만들겠다는 데 대한 의문들이 제기되곤 했음을 밝히면서, 그러나 자신은 '관광객의 경박함'을 부정하지 않는다는 입장을 표명한다. 과연, 가령 부어스틴(Daniel Boorstin)처럼 여행과는 구별되는 관광을 '가짜 사건'으로 놓고 별개의 진정한 사건을 상정하는 관점은 진실에 관한 하나의 척도를 가지고 개별적인 경험들을 재고 분류한다는 문제를 지닌다. 오히려 여기서는 본문에서 제시하다시피 이 계획에서의 관광이 '복잡한 현실'을 복잡한 그대로 제시하겠다는 표면적인 의도와는 달리 일관되게 하나의 이야기 즉 국민/국가적인 대외 이미지 쇄신과 부흥의 서사를 주축으로 전개되고 있다는 점에 초점을 맞추어야 할 것이다.

이곳에 후쿠시마 게이트 빌리지라는 복합 시설을 짓는다는 구상이다. 3·11이 일어난 2011년은 체르노빌 원전 사고가 있었던 1986년의 25년 후인데, 지금 체르노빌 주변의 방사선 양을 보아도 알 수 있듯 2036년에는 관광객이 드나드는 데에 지장이 없을 정도로 방사선 양이 감소했으리라는 예상이 이러한 계획의 전제가 된다. 물론 2036년에 실제 상황이 어떻게 변화해 있을지는 알 수 없지만, 부분적으로나마 이 제안이 실현된다면 후쿠시마 제일원전과 그 주변은 "사고의 비극을 넘어 강력하게 부활한 '새로운 일본'을 상징하는 공간"(14)으로 세계의 주목을 받으리라는 것이다.

이 같은 관광지화 계획의 전체 윤곽에서 알 수 있듯, 후쿠시마를 관광지로서 복구한다는 발상은 무엇보다도 재난 이후의 '일본'의 이미지와 관련되어 출발한다. 아즈마 또한 서문에서 분명히 밝히고 있듯, 계속되는 사고와 오염수 누출 등의 문제에서 볼 수 있는 것처럼 2013년 현재에도 사실상 사고는 수습되지 않고 있으며 저선량 피폭이나 내부 피폭이 건강에 끼치는 영향에 대해서도 뚜렷한 결론이 내려지지는 않았지만, 그럼에도 10년, 20년 후를 내다보고자 하는 이 같은 장기적인 계획의 '중핵'은 바로 "사고를 둘러싼 이미지의 갱신"(17)이다. 후쿠시마현 후타바 군(双葉郡) 나미에마치(浪江町)에서 외지인을 대상으로 한 투어를 기획하고 있는 한 청년의 "후쿠시마의 부흥이 세계에서 본 일본국의 신뢰 회복과 국민의 긍지로 이어진다"(38)라는 말은 바로 이러한 계획의 목표에 잘 부합한다. 그리고 이는 2020년까지를 구상한 중기 계획에서 등장하는, 올림픽 개최지인 도쿄를 '(아시아) 재해 문명권의 중심'으로 자리매김하고 후쿠시마를 '재해 교육의 성지'로 만들자는 제안과도 일맥상통한다. 이 외에도, '세계의 눈에 비친 일본의 이미지'라는 관점은 계획에서 종종 중요하게 등장함을 확인할 수 있다.[10]

---

10 이와 관련해서는 도쿄 올림픽 개최에 대한 시라이 사토시의 비판이 정확히 들어맞는다. 시라이는 도쿄 올림픽 개최를 전전부터 이어져 진재 이후에도 계속되고 있는 부인(否認)의 심리와 연결하는데, 그에 따르면

후쿠시마의 관광지화를 지탱하는 '다크 투어리즘' 개념에 대한 이데 아키라의 이론적인 접근은, 재해 이후의 일본을 이렇듯 세계에 대(対)하여 상상하는 방식의 근원에 어떠한 과거 인식이 존재하는지를 엿볼 수 있게 해준다. 이에 따르면, 일본의 제2차 세계대전과 관련한 다크 투어리즘을 연구하는 것은 유럽과는 다른 일본의 전쟁의 복잡함을 '외국'에 전달하는 일을 가능하게 한다. 일본의 전쟁은 어째서 복잡한가. 이데는 그 이유가 제2차 세계대전은 중국에 대한 침략이기는 했지만 남방에 대해서는 '해방 전쟁'이라는 성격도 가지고 있었으며, 일본의 경우 히로시마와 나가사키라는 피폭 지역 또한 끌어안고 있기에 전쟁의 피해자라는 측면이 분명히 존재하기 때문이라고 본다.

여기에서는 놀랍게도 히로시마와 나가사키의 피폭이 곧장 일본의 피해와 등치되고 있는데, 주지하다시피 원폭 피해자가 곧 일본인은 아닐뿐더러 국가로서의 일본은 피폭한 자국민에 대해서도 오랫동안 제대로 된 보상조차 하지 않았다. 그럼에도 히로시마의 예와 같이 '다크'한 관광의 대상이 되는 특정한 기억의 장소는 곧장 국민적인 역사 속에 회수된다. 이는 원전에 대한 자신들의 입장을 굳이 표명하지 않는 동시에 후쿠시마의 원전 건설과 사고 이후 처리를 둘러싼 국가나 사회의 구조적인 문제를 비판하는 일은 그냥 건너뛰고 미래 지향적인 관광지 개발을 구상하는 영위 자체에 무엇이 결여되어 있는가라는 문제와도 무관하지 않다. 즉 후쿠시마의 관광지화는 이미 진행되고 있는 기억의 풍화(風化)를 막고 3월 11일을 줄곧 기억하기 위한 것임이 시종일관 표명되고, 부흥 박물관을 비롯한 기념 시설물들은 재해와 관련한 기억들을 아카이브하고 전시하는 것이 주

아직도 후쿠시마에 돌아가지 못하는 피난민이 있는 가운데 "후쿠시마에서 이백오십 킬로미터 떨어진 안전한 도쿄"에서 열릴 이 '축제'는 "그 사고는 전혀 별것이 아니었다. 아니, 애당초 사고란 일어나지도 않았다"라는 것을 믿으려 하는 것이다(白井『墓碑銘』252). 일본의 내셔널한 이미지를 제고하기 위한 후쿠시마 관광지화 계획이란 결국 해결되지 않은 문제들을 모른 척한 채 이 같이 사고란 결국 별것 아니었고 사고 이후는 완벽히 통제되고 있음을 대내외적으로 발신하려는 것에 다름 아니기 때문이다.

된 목적 중 하나로 제시되지만, 여기에는 이러한 재해의 무엇을 어떠한 것으로서 기억할 것인가라는 가장 근본적인 물음이 빠져 있는 것이다.

이에 대한 구체적인 대답을 찾기 위해서는 이 계획에 참여한 멤버들이 각자 덧붙여 나아간 2036년 후쿠시마 게이트 빌리지의 구상을 살펴보는 수밖에 없을 것이다. 건축가인 후지무라 류지는 히로시마의 평화공원이나 1970년에 열린 오사카 만국박람회의 중심 시설인 축제 광장(お祭り広場) 등을 설계한 단게 겐조(丹下健三)의 작업을 주된 모델로 삼고, 이러한 각각의 시설들을 어떻게 배치해 나갈지를 구상한다. 후쿠시마 게이트 빌리지란 그야말로 미래와 세계로 열린 '문의 마을'인데, 그 중심축에는 방사능에 오염된 쓰나미의 잔해들을 모아서 만든 쓰나미의 탑이 위치한다. 게이트 빌리지에는 지방자치 과제해결센터, 인공 해변인 '리커버리 비치 돔', 신(新) 축제 광장, IT특구 등과 함께 호텔과 쇼핑몰이 들어설 예정이며, 이러한 시설물들의 중심에 쓰나미의 탑이 놓일 것이다. 원전 사고 발생 지점을 의미하는 '사이트 제로'는 히로시마의 원폭 돔에서 비롯된 아이디어로서, 단게 겐조가 설계한 평화공원과 마찬가지로 아치형 입구와 쓰나미의 탑, 사이트 제로는 직선 축으로 이어진다.

이 쓰나미의 탑을 구체적으로 살펴보자. 먼저 탑 내부에서는 전후 일본의 풍요로움을 상징하는 가전제품을 전시하는 방식으로 전후 일본의 역사를 이야기한다. 전후의 역사는 전쟁을 하고 졌다는 사실에서부터 시작하는데, 탑 내부의 전시는 그 패배로부터 일어나 풍요를 향해 걸어온 일본의 역사에 초점을 맞추고, 시대 순으로 전시된 가전제품을 차례차례 관람하면서 전후의 폐허에서 성공적으로 부흥한 일본 자본주의의 측면을 더듬어 올라가게끔 되어 있다. 그러다 보면 직선 축 위에 있는 원전 사고 발생지를 전망할 수 있는 지점에 도달하는데, 이는 곧 전후 경제 성장의 결말로서의 3월 11일을 전시한다. 즉 "쓰나미의 탑은 진재로 인해 일어난 그 사고를 반성하고 잃어버린 사자(死者)와 자본에 기도하는 장소이자, 이 기도와 반성에 입각해 다가올 미래의 풍요를 상상하는 장소"(99)인 것이다.

여기서는 원전이 분명히 인재이기도 하다는 사실은 소거되어 있으며, 쓰나미로 인한 죽음들과 경제적 손실은 동일한 선상에 놓인다. 그런데 사고가 지진 재해로 인한 것이라면, 3월 11일의 사건이 전후 경제 성장의 결말이라는 말이 의미하는 바는 정확히 무엇인가. 그것이 사고 혹은 그 이전의 원전의 존재 자체를 둘러싼 역사적·사회적 조건을 고려하고 있지 않은 이상, 진재로 인한 인명과 자본의 피해는 그저 불운일 뿐이다. 그렇기에 잠깐 과거를 향해 기도하던 사람들의 마음은 그 이후로도 당연히 이어질 경제 성장을 별다른 무리 없이 상상할 수 있을 것으로 기대된다. 책에서 직접 언급되듯, 기실 인공 지반이나 옥외 에스컬레이터, 대형 지붕 등으로 이루어진 게이트 빌리지 자체는 오사카 만국 박람회의 미래 도시 이미지인 동시에 대도시에 지어지는 대형 쇼핑몰과도 궤를 같이 하는데, 대형 건축물을 바탕으로 돈과 사람을 끌어들인다는 발상 자체는 기본적으로 과거의 경제 개발 논리에 그대로 기대고 있다. 따라서 여기서 '반성'이 무엇을 향하고 있는지는 매우 불분명하다.

이는 게이트 빌리지의 구상이 기본적으로 단게 겐조의 건축을 참조하고 있다는 사실과도 무관하지 않을 것이다. 1942년에 단게는 대동아건설영조계획 공모전에서 1등을 수상한 바 있는데, 대동아공영권을 기념하는 이 건축물의 구상은 패전 후에 히로시마 평화공원 설계로 이행된다(권혁태). 입구와 중앙의 기념비, 원폭 돔을 잇는 축은 예전의 설계에서는 참배의 축이었다. 요네야마 리사(Lisa Yoneyama)에 따르면, 두 건축물의 구조적 연속성과 위령비 옆에 게양된 일장기는 전전의 일본과 '피폭 내셔널리즘'의 연속성을 드러낼 뿐 아니라, 일본의 주류 사회에 일본 제국의 기억이 부재함으로써 빚어지는 옛 식민지와의 관계에 대한 망각과도 관련된다. 그녀는 이를 기억상실증적 생략(amnestic elision)이라고 부르는데, 과거의 기억에 대한 이러한 생략은 평화공원을 하나의 모델로 삼고 있는 후쿠시마 제일원전 관광지화 계획 곳곳에서도 나타난다. 가령 후쿠시마 게이트 빌리지의 소비 공간을 통해 사람들을 동원하고자 하는 것에 대해 후지무라는 "후쿠시마 제일원전 관광지화 계획은 사고 재해라는 서사를 바탕으로 사람을 동원할 수 있는가 없는가, 이를 통해 새로운 커뮤니케이션을 낳고 일본을 재생할 수 있는가 없는가를 시험하는 계획”(129)이라고 밝힌다. 이는 쓰나미의 탑 내부 전시뿐 아니라 이 계획 자체가, 패전과 동시에 영토적으로 구획된 일본이라는 국가의 재생으로 이야기되는 전후 역사를 3월 11일 이후의 역사로서 다시금 되풀이하려는 관점에서 상상되고 있음을 잘 보여준다.

3. 현실에 개입하는 상상

그 실현 가능성 여부를 따지는 것이 아니라 문학적인 상상으로서 이 계획을 읽을 때, 지금까지 살펴봤듯 그것이 그려내는 일본의 미래가 어떠한 것인지는 분명해 보인다. 앞의 인용에서 보았듯, 아즈마는 철학과 문학을 ‘여기에는 없는 것’ 즉 현실이 아니라 “현실을 넘어서고자” 하는 꿈이나 이상, 허구 등을 다루는 말이라고 정의한다. 그리고 ‘여기에 있는’ 현실과 관련한 말들이 주를 이루는 3월 11일 이후의 상황에서 문학과 철학이 무엇을 할 수 있는지를 줄곧 질문해 온 끝에 나온 후쿠시마 제일원전 관광지화 계획은 후쿠시마의 부흥에 대한 제안인 동시에 문학과 철학의 부흥에 대한 제안이기도 하다는 결론을 내린다. 그것은 만일 이 계획이 국내외 사람들의 후쿠시마에 대한 생각을 바꾼다면 ‘여기에는 없는 것’을 상상하는 말들이 ‘여기에 있는 것’에도 도움이 되리라는, 다소 소박한 결론이다.

하지만 여기서 문제시되는 ‘현실’이란 바로 ‘여기에 있는 것’과 ‘여기에 없는 것’을 나누는 그 경계 자체와 관계되지 않을까. 절대적으로 올바른 말을 거부하는 입장을 강하게 표방하고 있음에도 불구하고, 실제로는 어떠한 현상을 자명한 것으로서 전제하는 순간 아즈마 등의 계획은 특정한 현상들을 바꿀 수 없는 현실로서 추인하고 만다. 아즈마가 말하듯 정말로 ‘현실’ 자체를 넘어서고자 한다면, 문학이 물어야 할 것은 먼저, 무언가가 여기에 있는 것으로서 나타남과 동시에 무엇이 여기에는 '없는 것'으로서 현실 바깥으로 밀려나 버리는가라는 물음일 것이다. 픽션이 현실의 경계에 관여한다는 것은 바로 이러한 의미에서다.

계획의 서두에서 아즈마는 "**우리 일본인**(인용자 강조)은 후쿠시마 제일원전사고의 진실과 이후의 부흥에 대한 정보를 세계에 발신[할] …… 책무를 지고 있다"(12)라고 쓰는데, 이는 위에서 살펴본 관광지화 계획의 내용과도 상응한다. 그런데 여기 당연한 주어로서 자리하는 '우리 일본인'이 누구인지를 먼저 묻지 않고, 어떻게 그러한 현실을 넘어서는 픽션으로써 그 현실 자체를 바꾸어 나갈 수 있을 것인가.[11] 지식이 없거나 편견에 빠져 있는 '관광객'을 일견 긍정하는 것처럼 보이는 논의 속에서 등장하는, 관광지화가 일반 관광객들(특히 외국의 관광객들)을 대상으로 계몽과 공감을 확대할 수 있는 기회를 제공하리라는 식의 언급은, 아즈마가 문제 삼고자 하는 절대적인 진실과 넘어서고자 하는 현실이 이미 어떠한 정해진 방식의 계몽과 공감을 전제하고 있음을 뜻하지 않게 드러낸다.

앞에서 본 사토 유야는 3월 11일에 관한 문학자들의 침묵을 일갈하였지만,

---

11 아즈마는 "'재해를 당한 사람(被災者)에게 다가선다'라는 말은, 우선은 정부와 전력회사의 책임이라는 말은, 무엇보다 먼저 원전 제로다라는 말은, 모두 현실에서 눈을 돌리기 위한 '염상'(炎上, 인터넷상의 게시물에 비판적인 코멘트 등이 몰려드는 현상을 일컫는 용어 — 인용자)일 뿐이지 않았나"라며 계획에 대한 주된 비판을 가볍게 일축한다(「福島第一原発観光地化計画展に寄せて」). 이렇게 '현실'을 자의적인 방식으로 규정하고, 존재하는 그러한 '현실'에 대한 비판들을 비현실적인 것으로 치부하는 방식 자체에 폭력성이 내재하고 있음을 지적할 수도 있을 것이다. 하지만 무엇보다 아즈마가 말하는 이 '우리 일본인' 속에는 피난을 둘러싼 분단 또한 존재한다. 피난 대상 지역인 도미오카초(富岡町)의 타운 미팅을 바탕으로 현재의 부흥정책이 갖는 문제를 분석한 『원전 피난자의 목소리를 듣는다』에 따르면, 이 관광지화 계획의 중장기 구상이 근거로 삼고 있기도 한 재편된 피난구역은 노다 총리의 '수습 선언'을 바탕으로 나온 것으로, 이는 원칙적으로 피난민들이 원래 살던 지역으로 돌아가는 것을 목적으로 하는 귀환정책의 전제가 된다(귀환 곤란 지역을 제외한 피난지시 해제준비구역, 거주제한구역). 하지만 배상을 둘러싼 피난민들 사이 혹은 피난민들과 다른 사람들 사이의 갈등, 남아 있는 사람과 피난한 사람들 사이의 갈등, 저선량 피폭 등 방사능의 영향에 대한 인식 차이, 제염 폐기물의 중간저장소 설치를 둘러싼 지방자치단체 간 혹은 사람들 사이의 앙금 등 피난이라는 경험과 관련해서는 '후쿠시마'라는 지리적인 경계에 한정되지 않는 다층적인 갈등이 존재한다. '우리 일본인'과 동원을 이야기하는 언설은 이러한 경험들을 소거함으로써 성립한다.

실제로 어떤 문학자들은 바로 이와 같은 현실의 경계를 되묻는 작품을 내놓기도 하였다. 3월 11일 이후 이 재난과 관련하여 가장 먼저 발표된 소설 중 하나가 『군조』 2011년 6월호에 처음으로 실린 가와카미 히로미(川上弘美)의 「신2011」이다. 1993년에 쓴 「신」을 2011년 3월 11일의 미래로서 다시 쓴 이 소설은 문학이 현실을 어떻게 다시 구성하는지를 보여준다. 주인공인 '나'가 이웃에 사는 곰과 함께 산책을 하는 내용인 「신」과 마찬가지로, 「신2011」에서도 '나'가 곰과 함께 강가로 산책을 가서 보내는 하루가 담담히 그려진다.

> 강가로 가는 길은 무논을 따라 나 있다. 포장된 길이라 이따금 차가 지나간다. 모든 차가 우리 바로 앞에서 속도를 늦추고 서행하면서 크게 피해 간다. 지나가는 사람은 없다. 무척 덥다. 논에서 일하는 사람도 보이지 않는다. 곰 발이 아스팔트를 밟는, 희미한 자박자박 소리만 규칙 바르게 울린다.
>
> 덥지 않아? 하고 물었더니 곰은 "덥지는 않지만 아스팔트 길을 오래 걸으면 조금 지칩니다"라고 대답했다.
>
> "강가까지는 그리 멀지 않으니까 괜찮아요. 걱정해 주셔서 고맙습니다."
>
> 이어서 말한다. 그러고는 "혹 당신이 덥다면 국도로 나가서 휴게소에라도 들어갈까요" 하면서 세심하게 신경을 써준다. 나는 모자를 쓰기도 했고 더위에는 강한 편이라서 거절했지만, 어쩌면 곰 자신이 한숨 돌리고 싶었는지 모른다. 잠시 말없이 걸었다(川上 56).

> 강가로 가는 길은 원래 무논이었던 지대를 따라 나 있다. 토양 오염 때문에 무논을 거의 대부분 파 뒤집어 놓아서 번들번들한 흙이 부풀어 올라 있다. 작업을 하는 사람들은 이렇게 더운데 방호복에 방진 마스크, 허리까지 올라오는 긴 장화로 무장하고 있다. '그 일' 이후에는 아예 출입할 수 없어 지진으로 갈라진 땅이 언제까지나 남아 있던 무논 옆길이지만, 얼마 전에 완전히 포장을 했다. '그 일'의 제로 지

점과 꽤나 가까운 이 부근에도 차는 제법 다니고 있다. 모든 차가 우리 바로 앞에서 속도를 늦추고 서행하면서 크게 피해 간다. 지나가는 사람은 없다.

"방호복을 안 입고 있어서 피해 가는 걸까?"라고 말하자 곰은 애매하게 고개를 끄덕였다.

"하지만 올해 상반기 피폭량은 열심히 아껴뒀으니까 누적 피폭량 저금도 잔고가 있고, 게다가 오늘 SPEEDI 예상으로는 이 부근에 바람도 없을 텐데."

변명처럼 말하자 곰은 또 애매하게 고개를 끄덕였다.

곰 발이 아스팔트를 밟는, 희미한 자박자박 소리만 규칙 바르게 울린다.

덥지 않아? 하고 물었더니 곰은 "덥지는 않지만 아스팔트 길을 오래 걸으면 조금 지칩니다"라고 대답했다.

"강가까지는 그리 멀지 않으니까 괜찮아요. 걱정해 주셔서 고맙습니다."

이어서 말한다. 그러고는 "혹 당신이 덥다면, 물론 저는 인간에 비해 용적이 크니까 당신보다 피폭 허용량의 상한도 높을 테고, 맨발로 비산먼지 퇴적치가 높은 흙길을 걸을 수도 있습니다. 그렇지, 역시 흙길이 아스팔트 길보다는 시원하지요. 그쪽으로 갈까요" 하면서 세심하게 신경을 써준다. 나는 모자를 쓰기도 했고 더위에는 강한 편이라서 거절했지만, 어쩌면 곰 자신이 흙길을 걷고 싶었는지 모른다. 잠시 말없이 걸었다(66-67).

「신」과 「신2011」의 차이는 이렇듯 정확히 명시되지는 않는 '그 일'을 계기로 생겨난 것이다. 곰과 강가로 산책을 간다는 동화적인 일상은 변함없지만, 똑같은 서술 사이사이에 '그 일'이 가져온 변화가 조금씩 고개를 내민다. '나'와 곰은 피폭량과 비산먼지에 아무렇지 않게 신경을 쓰며 사람들은 당연한 듯이 방호복을 입고 일상을 영위하는 가운데, 이제 더 이상 어린아이의 모습이 보이지 않는 강가에서 만난 남자는 "곰은 스트론튬에도, 그리고 플루토늄에도 강하다면서"(67)라고 부러운 듯 말한다. 가와무라 미나토(川村湊)가 쓰듯 쓰나미로 수만 명이 목숨을 잃고 원자력발전소의 노심 용융과 수소 폭발이라는 사건이 일어났음에도 불구하고 현실에서는 '묵시록적인 종말'이 일어나는 일 없이 일상이 영위되고 있다고 한다면, 이 두 소설은 바로 그 변함없는 일상 속에 눈에 보이지 않는 결정적인 변화가 잠재적으로 존재하고 있음을 보여준다.[12] 가와무라는 이를 "회복시킬 수도, 원래로 돌아갈 수도 없는"(41) 세계의 변화로서 읽어 내는데, 2011년에도 일상이 묵묵히 존재하고 있다는 사실 혹은 쓰나미나 원전 사고가 완전히 수습되는 날이 올지도 모른다는 가능성이 이러한 변화들을 없애주지는 않는다. 이 소설이 그려낸 아직 정확히 이대로 도래하지는 않은 현실이 2011년 이후의 미래를 얼마나 정확하게 예견했느냐가 중요한 것이 아니다. 오히려 그것은 플루토늄이나 베크렐 같은 말을 그 어느 때보다 자주 듣게 된, 그럼에도 많은 사람들이 표면적으로는 과거와 다름없이 영위한다고 생각하는 이 일상이 어떠한 사건 '이후'의 미래로 존재하는지를 다시 한 번 확인시켜 준다.

그리고 이러한 관점은 다와다 요코(多和田葉子)의 「불사의 섬」으로도 이어진다. 이 단편소설에서 2011년 후쿠시마의 사건을 거친 일본은 2015년에 정부가 민영화되면서부터 세계와 교류가 끊긴다. 일본에 착륙하면 기체에도 방사성 물질이 부착된다는 연구 결과가 나오면서 비행기도 일본에는 가지 않게 되고, 이윽고 2017년에 일어난 태평양대지진으로 도쿄까지 쓰나미에 휩쓸리고 난 6년 후, 주인공인 '나'는 일본 여권을 만지려고 하지 않는 입국 심사관에게 '그 뒤'로 한 번도 일본에 간 적이 없다고 강변한다. 일본에 밀항한 한 포르투갈인이 전해주는 소식에 따르면, 2011년에 후쿠시마에서 그리고 이후 핫스폿이 된 간토(關東) 지

12 다카하시 겐이치로는 이 두 소설을 말 그대로 겹쳐놓으면서, ( )와 〔 〕로 '그 일' 이후에 무엇이 나타났고 무엇이 사라졌는지를 부각시키기도 한다. "('그 일'이 있기 전에 강가에는 언제나) 많은 사람들이 헤엄을 치거나 낚시를 하고 있었(고 가족들도 많았다. 이제 이 지역에 어린아이는 한 명도 없)〔다〕."(『原発』 205). 이때 1993년의 어린아이는 2011년에는 삭제되어 〔 〕속에서만 존재하고, 다카하시는 이를 미래에 죽은 어린아이들의 유령으로서 읽어 낸다.

방 22개소에서 피폭됐을 당시 백 살이 넘던 노인들은 지금도 건재하지만, 2011년에 어린아이였던 사람들은 병에 걸려 보살핌을 필요로 한다. "젊다는 형용사에 젊음이 있던 시대는 끝나고 젊다고 하면 설 수 없다, 걸을 수 없다, 눈이 보이지 않는다, 음식을 못 먹는다, 말을 못한다 같은 의미가 돼 버린"(19) 미래, 이러한 미래의 일본을 다와다 요코는 『헌등사(献灯使)』에서 다시 한 번 그린다. 주인공인 요시로(義郎)는 증손자인 무메이(無名)와 단둘이 살아가면서 치아도 약하고 의자에 앉아 있기도 어려운 그를 돌본다. 민영화된 정부가 쇄국정책을 취하고 있는 일본에서는 이미 외래어가 사라졌고, 영어 학습은 금지되어 있다. 번역물을 출판할 수 없을 뿐 아니라 공공장소에서 외국어 노래를 40초 이상 부르는 것도 금지되어 있다. 오래 거주하면 신체에 복합적인 위험을 가져오는 도쿄를 떠나 사람들은 도시 바깥으로 이주했으며, 생명보험 또한 금지되었다.

차별적 용어라는 이유로 돌연변이가 '환경 동화'로 대체되고 '산보'가 사어가 되어 버리는 등 다른 세대 간에 의미의 공유가 이루어지지 않는 이 세계는 공동체의 문제를 제기하는데,[13] 한편으로 이러한 미래는 재해를 중심으로 나뉜 일본 국민으로서의 우리와 외국인으로서의 그들이라는 대립을 끝까지 밀고 나가서 상상해 본 결과이기도 할 것이다. 이는 동시에 쇄국, 즉 완전히 닫힌 나라로서의 일본의 경계를 확정하는 것이 가능하는가라는 물음을 제기하기도 한다. 가령 외래어가 금지된 일본에서 'made in 시코쿠(四国)'가 '시코쿠까지(마데 まで)'가 되고 이제는 사용하지 않게 된 공항의 터미널이 '民なる'(타미나루, 일본어 터미널과 발음이 유사하다)라는 이름으로 바뀔 때, 외래어의 묘한 흔적이 알게 모르게 남아 있는 이

13 가령 남상욱은 여기에서 원전 사고에 의한 방사능 유출이 신체적인 차원을 넘어 공동체의 근거가 되는 언어를 파괴하는 사건으로 인식되고 있음을 짚으며, 이 작품이 3·11 이후를 상상한 다른 문학 작품들과 마찬가지로 언어를 통해 비가시적인 것을 가시화하고 있는 동시에 다가오지 않은 미래를 '언어의 재앙'으로 예감하고 있다는 점을 보여준다.

단어들은 쇄국정책이 의도한 바대로 순수한 일본어라고 할 수 있는가. "옛날에는 프랑스빵, 영국빵이라는 말이 있었죠. 이렇게 부르니 되레 일본적이어서 그립군요"라고 요시로가 회상하듯, 실은 무엇이 바깥에서 유래한 것이며 무엇이 순전히 닫힌 국민 공동체 내부의 것인지를 완벽히 분류하는 일 자체가 불가능하다는 점을 이 소설은 보여준다. 외국어와 일본어가 어느 시점에서부터 구별되는지를 정확히 확인할 수 없듯, 재난을 경험하고 그 미래를 상상하는 '우리'의 경계 또한 마찬가지이다. '헌등사' 즉 쇄국을 비집고 외국에 나갈 어린 사자(使者)라는 역할은 바로 이렇게 닫힌 공간으로 설정된 미래 자체의 틈을 오가는 존재인 셈이다.[14]

실제로 관광지화 계획뿐 아니라 3월 11일 이후에 나온 많은 언설에서 변화된 현재와 미래를 이야기하는 것은 바로 이 '우리'의 경계를 묻는 일이기도 하였다. 가령 사카이 나오키는 '국민의 단결'을 장려하는 언설을 비판하며 "필요하다면 일본인을 쪼개야만 한다"(32)라고 단언하기도 하였는데, 여기에는 국민의 결집이 국민에 속하지 않는 사람의 배제로 이어질 가능성과 함께 간토대지진 당시 몇천 명의 '이등국민'들이 살해되었던 기억이 겹쳐진다. 그리고 이는 3월 11일 이후 인터넷을 중심으로 특히 피난의 문제에서 외국인과 자국민을 대립시키는 언설들이 팽배하였던 것과도 무관하지 않다. 이때 일부에서는 피해지도 아닌 도쿄나 그 주위에 살면서 외국이나 다른 지방으로 달아나는 사람들을 '비국민'이라 지칭하였는데, 그렇다면 국민과 비국민을 가르는 것은 바로 이 피난이자 몸의 이동이었다고 볼 수 있다. 여기에는 '우리' 일본과 그에 속하는 후쿠시마가 보여주는

---

14 물론 『헌당사』가 이러한 가상의 미래를 오로지 부정적으로만 그리고 있지는 않다는 점에도 주목할 필요가 있을 것이다. 「신2011」에서와 마찬가지로 여기서도 바뀐 일상은 일상으로 영위되지만, 그것은 「신2011」과는 달리 그전과는 전혀 다른 방식으로 세계를 살아가는 방식을 모색하는 작업과도 이어져 있다. 예를 들어 "어린이는 헝겊이나 끈이 아니니까 세로로 똑바로 늘려서 길이를 재는 것은 비인간적이라고 하는 교원이 있었는데, 요나타니도 그 말을 듣고 그렇구나 싶었다. 아이들은 각자 마음대로 구불텅구불텅하고 있으면 된다. 자유롭게 장난을 치면서 자기에게 필요한 체력만 갖추면 된다."

부정적이거나 긍정적인 이미지를 바라보는 세계라는 타자를 자명한 현실로 놓고 시작하는 것과는 정반대되는 미래를 상상할 가능성 또한 숨어 있다.

가령 방사능을 이야기할 때 그것이 인체에 미치는 영향을 이래저래 계산한 시버트가 아니라 방사성 물질이 방사선을 방출하는 능력 자체를 수치화한 베크렐이라는 단위를 쓸 것을 주장하는 야부 시로(矢部史郎)는 도쿄에서 나고야로 피난한 뒤 일종의 민간 방사능 측정 운동을 펼치고 있다. 그는 피난을 둘러싼 비난 섞인 시선을 거꾸로 뒤집어, '프로 국민'이 아니라 기꺼이 비국민, 외국인이 되라고 권한다. 그에 따르면 후쿠시마 원전 사고는 일본인과 외국인의 경계를 재정의하였고, 이 재난을 대하는 태도 속에는 '일본 문화'나 '일본인다움' '일본 사회의 관행'이 근본적으로 흔들리며 "우리가 일본인이 아닌 사람이 될"(『3.12』 54) 가능성이 존재한다.[15] 도쿄 도심에서 안보법안 반대 시위를 하는 학생들이 땅바닥에 주저앉았다 방사능에 오염될 가능성까지 염려하는 그의 눈에 비치는 현실 또한 어떠한 의미에서는 비과학적인 '망상'에 가까운 것인지도 모른다. 하지만 그가 주창하는 '제로 베크렐 파(派)'에서는 재난 이후의 공동성을 기왕에 존재하는 일본 국민과는 전혀 다른 방식으로 구성하고 있다는 점에 주목해야 할 것이다. 후쿠시마의 대외 이미지를 쇄신하고 전후의 재판(再版)에 다름 아닐 새로운 부흥과 복구의 기점을 마련하는 것이 아니라, 200만여 명에 이르는 피난민들에게서 '국내 난민'

---

15 야부 시로가 지진과 쓰나미가 일어난 3월 11일과 원전 사고가 일어난 3월 12일을 구분하는 것도 이 때문이다. 그는 3·11이라는 '미증유의 자연 재해'라는 구도 속에 원전 사고와 방사능 확산을 같이 뭉쳐 넣어 버려서는 안 된다고 지적하면서, 자연 재해와는 완전히 다른 차원의 사건을 가리키는 '3·12'라는 명칭을 제시한다. 이러한 관점은 가령 『헌당사』에서 헌당사로 보내기 적합한 어린이를 찾는 일을 하는 교사가 무메이를 비롯한 어린 학생들에게 "일본이 이렇게 돼버린 것은 지진이나 쓰나미 때문이 아니야. 자연 재해뿐이라면 벌써 한참 전에 극복했을 테니까. 자연 재해가 아니란다"라고 가르치고 있는 것과도 통한다. 다만 이 글에서는 쓰나미의 피해가 원전 사고 및 이를 낳은 전후의 경제 체제와도 완전히 분리될 수는 없을 뿐 아니라 자연 재해로 인한 사자들을 사고하는 것 또한 국민적인 경계 안에서만 이루어질 수는 없다는 이유에서 지진, 쓰나미와 후쿠시마 원전 사고를 구태여 변별하는 관점을 취하지 않았다. '힘내라 일본'은 무엇보다 쓰나미로 인한 죽음과 상처 또한 '일본의' 것으로서 전유하는 말이었던 것이다.

의 가능성을 읽어 내는 상상 또한 여기에는 존재하고 있다. 야부가 히로시마를 거론하면서 기념물과 기념식전이라는 용기(用器)에 히로시마를 회수할 수는 없다고 단언하는 것은 그가 히로시마 나가사키 이후의 일본과는 다른 현실, 일본이라는 공동성을 당연히 전제할 수는 없는 미래를 상상하고 있음을 분명히 보여준다.

4. 맺으며

2016년 4월 현재, 구마모토(熊本)에서는 1995년에 일어난 한신아와지(阪神淡路) 대지진과 유사한 규모의 큰 지진에 이어 심각한 여진이 잇따랐다. 다시금 많은 사람들이 피난 생활에 내몰린 가운데, 전술한 센다이 원자력발전소의 운행 정지를 둘러싸고 찬반 논의가 뜨거웠다. 시간이 흘러 지진 자체가 어느 정도 진정되고 나면 또다시 전후, 혹은 고베나 후쿠시마를 잇는 복구가 논의될 것이다. 이러한 일련의 상황은 3·11 이후가 재난의 이후가 아니라 기실 또 다른 재난의 이전에 다름 아니었음을 분명히 보여준다. 이러한 의미에서 재난을 사고한다는 것은 그 이후 어떠한 미래를 상상할 것인지, 어떠한 상상을 현실로 만들 것인지와 결코 무관하지 않다. 현재 또한 다가올 미래의 이전인 것이다.

3월 11일 이후 현실이 어떻게 변화했는지에 대해 가와카미 미에코는 이렇게 표현한다. "신칸센에서 오사카로 돌아갈 때 풍경을 보잖아요? 그러면 '지금 달리고 있는 이곳을 파도가 삼켰다'라는 상상이 가까워진다고 할까요. 아마 지진 이후에 신칸센에서 풍경을 바라본 사람들 거의 대부분이 느꼈을 거라고 생각해요. '라면, 다면'이 아닌, 하지만 지금 현실에서 일어나고 있는 것도 아닌, 지금까지 느껴본 적 없는 거리감으로 세상이 보였던 거예요."(222) 「신2011」이 '그 일'을 전후로 쓰인 두 개의 똑같은 소설을 나란히 놓으면서 보여주었던 것은 바로 이러한 거리감이었을 것이다. 살아남은 사람들의 상상 속에서 '그 일' 이후는 결코 그 이전과 같을 수가 없고, 상상은 현실에 조금 더 가까워진다.

그러면 이 상상을 떠안는 것은 누구인가. 본문에서 살펴보았듯, 동일본대지진과 쓰나미, 후쿠시마 원전 사고는 현실을 변화시킬 계기로 인식되었을 뿐 아니라 일본이라는 국가의 내부와 외부, 일본인과 외국인의 문제를 복합적으로 제기하였다. 피난을 둘러싼 갈등은 국민과 비국민이라는 논리를 다시금 만들어 냈으며, 복구의 상상력은 '힘내라 일본'이라는 구호 아래 국민적 정체성을 다시금 강화시키기도 하였다. 하지만 주지하다시피 방사성 물질은 국가와 국민의 경계를 얼마든지 넘을 수 있고, 원자력발전의 미래를 상상하는 것은 일본뿐 아니라 세계의 일이기도 하였다. 자연 재해로서의 지진이나 쓰나미 또한 누군가에게는 결코 남의 일이 아니었을 것이다. 그러한 누군가들을 만들어 내는 힘은 결코 국민적 정체성에서만 비롯되지는 않는다.

후쿠시마 관광지화 계획이 아니더라도 그와 유사한 구상들은 아마도 현실화될 수 있을 것이다. 그리고 그러한 복구가 실제 사람들이 살아가는 삶을 지탱해주는 측면도 분명히 있다. 하지만 이 계획을 미래에 대한 상상이자 현실에 균열을 일으키는 픽션으로 읽는다면, 거기에는 앞에서 살펴본 현실과 관련한 물음들이 삭제되어 있다고 해야 할 것이다. 많은 논자들이 3월 11일 이후와 전후를 겹쳐 놓으면서 지적했듯 후쿠시마가 전후의 귀결점이었다면, 전후와 똑같은 고도 경제 성장의 논리로 후쿠시마를 재건하는 것은 과거를 되풀이하는 일에 지나지 않는다. 또한 야부 시로가 지적하듯, 간토대지진에서의 부흥이 재일조선인 학살, 사회주의자 탄압, 익찬체제 구축과 병행한 것처럼 '빛나는 부흥'으로 향하는 과정에 무엇이 숨어 있을지는 아무도 모른다. 무엇보다 재난을 일본의 것으로서 사고하고 복구를 통해 일본의 "균열을 메우"(45)[16] 려고 하는 상상에, 당연해 보이는

16 "지진을 계기로 지금까지 이미 따로따로 흩어져 있던 일본에 꽤나 커다란 균열이 생겼습니다. 여기서 균열을 메우는 것은 말밖에 없다고 나는 생각해요. 우리는 더 이상 공통된 전통적 의식이나 공통의 국민이라

현실과는 다른 현실에 대한 상상이 개입할 여지는 없다. 3월 11일 이후의 문학을 이야기할 수 있다면, 오히려 그것은 재난 이후에도 아무렇지 않게 영위되는 현실의 틈을 드러내고 자명한 공동성에 균열을 내는 상상으로서일 것이다. 그렇다면 앞서 인용한 아즈마 히로키의 말을 거꾸로 뒤집어야 할지도 모르겠다. 그러한 문학적 상상들은 오히려 '여기에 있는 것'으로 '여기에 없는 것'을 현전화하고 있다고.

는 긍지는 가지고 있지 않습니다. 그러면 무엇이 있느냐면, 운 좋게도 일본어 화자와 일본인은 거의 일치합니다. 다양한 정치적 입장이나 배경을 가진 인간이 있어도 일본어로 커뮤니케이션을 할 수밖에 없어요. 그것이 바로 이 국가 최대의 강점이고, 이 원리로 돌아갈 때 실은 문학의 역할은 무척 커집니다."(「震災から文学へ」 45) 'Literature Beyond 3/11'이라는 영어 부제 아래 진재 이후의 문학에 대해 이야기한 이 좌담에서 아즈마 히로키는 언어와 문학을 국민의 공동성에 대한 근거로 제시한다. 하지만 다른 현실에 대한 상상으로서의 문학은 일본어 화자와 일본어 사이의 간격을 '거의'라는 말로 뭉뚱그리지 않을 것이고, 무엇보다 매끈한 하나의 언어로서 존재하는 것처럼 보이는 '일본어'에 얼마나 많은 균열과 불화가 존재하고 있는지를 보여줄 것이다.

:: 10 ::

일본의 해석개헌, 평화헌법, 동아시아

윤해동

1. 문제 제기

2014년 10월 초 세계의 여러 언론매체들은 노르웨이 '오슬로 국제평화연구소'(PRIO) 소장의 발언을 인용하여, '일본 헌법 9조'가 가장 유력한 노벨평화상 수상 후보로 꼽히고 있음을 전하였다. 크리스티안 하르프비켄 PRIO 소장은 일본 헌법 9조가 일본의 한국전쟁 개입을 막았고 동아시아 평화유지에 중요한 역할을 해왔음을 인정하고, 일본의 평화헌법이 노벨평화상을 받는다면 일본과 중국의 영토 분쟁 등 동아시아 안보에 대한 관심을 높이고 군비 증강을 막는 데 도움이 될 것이라는 기대도 내보였다.[1]

실제로 노벨평화상 후보로 오른 것은 '일본 헌법 9조'가 아니라 '헌법 9조를

1 「엄마들이 수호 앞장선 일 헌법 9조」, 『조선일보』 2014년 10월 7일.

지키는 일본 국민'이었는데, 개인 또는 단체만이 노벨평화상을 수상할 자격을 갖고 있기 때문이었다. 2012년 12월 개헌을 공약으로 내건 아베 신조 정권이 들어서자, 2013년부터 '헌법 9조에 노벨상을, 실행위원회'라는 단체가 결성되어 활동을 시작하였다고 한다. 이 단체를 만든 이들은 가나가와(神奈川)현에 거주하는 평범한 시민들이었으며, 일본 헌법 9조가 노벨평화상 후보로 거론되면 평화헌법의 가치가 새롭게 조명되고 아베 정권의 개헌을 저지할 수 있는 힘이 생기게 될 것을 기대하였다고 한다.[2]

'일본 헌법 9조'가 2014년 노벨평화상의 유력한 후보로 거론된 것만으로도, 다음 몇 가지 차원에서 평화헌법의 위상이 재평가되는 데에 크게 기여한 것으로 보아도 좋을 것이다. 첫째 세계 평화에서 평화헌법이 차지하는 위치 및 그 중요성을 인정한 점, 둘째 동아시아의 평화유지에서 평화헌법이 중요한 역할을 수행하고 있으며 앞으로 그 역할을 더욱 증진할 수 있을 것이라는 점, 셋째 일본 우파정권의 개헌 움직임에 대해 국제사회가 상당한 위기의식을 갖고 있다는 것이다.

위안부 등의 과거 인식 문제로 인해 드러나고 있는 일본 아베 정권의 소란스러운 우경화 행보 가운데 주변국으로부터 가장 현실적인 우려를 사고 있는 문제는 해석개헌을 필두로 한 개헌의 움직임이 아닌가 싶다. 그러나 지금까지처럼 일본의 우경화 문제를 단지 일본 내부의 일국적인 문제로 묶어두고 외부의 시각으로 비판하는 것은 전혀 실효성이 없는 것처럼 보인다. 문제의 본질을 잘못 짚은 까닭이다. 해석개헌으로 출발하는 일본의 개헌 문제는 일국적인 현상으로 그 모습을 드러내고 있으나, 전혀 한 국가의 담장 안에 가두어 두고 이해할 일은 아닌 것이다. 주변국에서 일본 정부의 움직임을 경계하고 있는 것도 이런 이유 때문이다.

---

2 「일본 헌법 9조 노벨평화상 땐, 아베더러 받아오라 할 것」, 『경향신문』 2014년 10월 10일; 「"전쟁국가 일본 안 된다" 거리로 나선 풀뿌리들」, 『경향신문』 2014년 10월 18일.

일본의 평화헌법은 일국적 차원의 법제이지만, 지역적인(regional) 차원의 매개를 거쳐 전 지구적인 인류의 미래와도 깊은 관련을 맺고 있는 것이다. 평화헌법은 헌법적 차원에서 평화를 강제한다는 점에서 출발부터 일국적이지 않았다. 그리고 한 국가의 능력을 규정하는 헌법이 국가주권의 배타적인 절대성에 상당한 제약을 가한다는 점에서, 근대 '국가간 체제'(inter-state system)의 성격에 심각한 의문을 제기하고 있기도 한 것이다.

이 글에서는 이른바 '해석개헌'으로 시작된 일본에서의 개헌의 움직임과 그 성격을 살펴보고(2장), 이어서 일본의 평화헌법이 갖는 세계사 속에서의 위상을 검토하며(3장), 이를 통해 역으로 평화헌법을 지키는 것이 어떤 의미를 갖고 있는지를 따져보려 한다(4장).

2. 일본의 해석개헌

일본의 한 언론인은 2014년 7월 1일이 "일본 입헌주의 역사상 가장 불명예스러운 날로 남을 것"이라고 주장하였다.[3] 이날은 아베 신조 정권의 임시 국무회의에서 "타국이 공격을 받았을 때 자위대가 반격할 수 있는 집단적 자위권 행사를 용인하기 위해" 헌법 해석을 변경하는 결정을 내린 날이다. '집단적 자위권' 행사를 용인하기 위해 이른바 '해석개헌'이라는 것이 각의결정으로 내려진 날이 7월 1일인 것이다.[4] 그런데 해석개헌이란 무엇인가. 법률에 정해진 절차에 따라 개헌을 하는 것이 아니라, 헌법의 해석을 변경함으로써 '개헌의 효과'를 얻는 것이 바로 '해석개헌'이라는 기묘한 용법의 의미일 것이다.

3 미우라 도시아키, 「'강병으로의 길, 용납할 수 없다」, Asahi Asia Antenna, 2014년 7월 2일.

4 엔만 료타, 「해석개헌 각의결정, 해외에서 무력행사 용인」, Asahi Asia Antenna, 2014년 7월 2일.

1946년 일본 평화헌법이 제정된 이래, 헌법 9조를 둘러싸고 제기되는 여러 문제를 해결하기 위해 주로 활용되어 온 것이 '해석개헌'이라는 방식이었다. 잘 알려져 있다시피, 일본 헌법 9조는 제1항에서 '전쟁 포기'를 그리고 제2항에서 '전력(戰力) 보유 금지'와 '교전권 부인'을 규정하고 있다.[5] 그러나 중국 대륙의 공산화와 한국전쟁의 발발 등으로 인하여 동아시아 냉전이 격화하면서, 미국을 중심으로 한 반공 진영의 입장에서는 일본 재무장의 필요성이 증대되었다. 이런 상황에서 일본 정부는 1951년 미일안보조약을 체결하여 '보안대'를 설치하고, 1954년 미일상호방위원조협정(MSA협정)에 의거하여 방위청을 설치하고 '자위대'를 창설하였다.

방위청 설치와 자위대 창설을 둘러싸고 위헌 논란이 제기되자, 일본 정부는 헌법 9조에서 '자위를 위한 전력의 보유'까지 금지한 것은 아니므로, 그 정도를 초과하지 않는 자위대는 위헌이 아니라는 '해석'을 채택하여 유지해 왔다. 그러나 자위대의 설치는 일본의 '전수방위'(專守防衛)를 위한 개별적 자위권만을 인정하는 것으로 해석되어 왔고, '집단적 자위권' 행사는 부인되어 왔다. 1954년 자위대 설치 이후 전수방위에 입각한 개별적 자위권을 인정하는 일본 정부의 이런 헌법 해석은 여러 번의 위기에도 불구하고 유지되어 왔다.

그러나 1992년 '유엔평화유지활동협력법'이 제정되면서 자위대가 유엔 평화유지군으로 활동할 수 있게 되었으며, 1999년에는 '주변사태법'의 제정으로 일본 주변 해상에서 자위대가 미군의 후방 지원 및 수색 구조 활동에 참여하는 것이 가능하게 되었다. 이처럼 자위대의 활동 영역이 점차 확대되면서, 집단적 자위

5　일본 헌법 9조는 다음과 같다. 9조 ① 일본 국민은 정의와 질서를 기조로 하는 국제평화를 성실히 희구하고, 국권의 발동에 의한 전쟁과 무력에 의한 위협 또는 무력의 행사는 국제분쟁을 해결하는 수단으로서는 영구히 이를 포기한다. ② 전항의 목적을 달성하기 위하여 육해공군과 기타의 전력(戰力)은 보유하지 않는다. 국가의 교전권을 인정하지 않는다. 이상은 田中伸尙, 『憲法九條の前後史』, 岩波書店, 2005.

권을 인정하기 위한 우파의 개헌 노력 역시 확장되었다.[6] '집단적 자위권'(the right of collective self-defence)이란 유엔헌장에서 개별적 자위권과 함께 인정하고 있는 권리로서, "외국으로부터 직접 공격을 받지 않은 국가라도 동맹국이 침공을 받으면 공동으로 방위를 위한 실력행사를 할 수 있는 권리"를 말한다. 요컨대 집단적 자위권을 인정한다는 것은 전수방위에 기반을 둔 헌법 9조를 넘어선다는 것을 의미하는 것이다.

자민당은 아베 신조 정권이 들어서기 이전인 2012년 4월 '일본국 헌법 개정 초안'을 제출하였다고 한다. 개정 초안 9조에는 "우리나라의 평화와 독립 그리고 국가와 국민의 안전을 확보하기 위해 국방군을 보유한다"라는 내용이 들어 있다. 또 군이 국제사회의 평화와 안전을 확보하기 위한 활동에도 참여할 수 있음을 명기하고 있다. 요컨대 자민당 아베 정권이 헌법을 개정하려는 이유는 "군대 보유를 바탕으로 전쟁을 할 수 있는 '보통 국가'"를 만들기 위한 것임을 알 수 있다.[7]

제2차 아베 정권은 개헌을 위한 절차 조항인 일본 헌법 제96조의 개정을 우선적으로 시도하였으나 실패하였다. 2013년 7월 참의원 선거에서 집권 여당이 3분의 2 이상의 개헌 의석을 확보하지 못함으로써 96조 개정 시도가 무산되었던 것이다. 아베 정권은 2016년 참의원 선거에서 개헌 의석을 확보하기 위해 총력을 기울일 것이다. 하지만 개헌을 찬성하는 일반 국민의 여론도 과반수를 넘지 못하고 있으므로, 개헌 가능성이 아직은 그다지 높다고 할 수는 없을 것이다.[8]

이런 상황에서 나온 것이 7월의 '해석개헌'이다. 그러나 해석개헌은 다음의 몇 가지 차원에서 심각한 문제를 안고 있는 것처럼 보인다. 첫째, 의회에 기반을 둔 입헌주의를 침해하고 있다는 점이다. 지금까지의 '집단적 자위권'을 둘러싼 헌

6 田中伸尙, 『憲法九條の前後史』, 岩波書店, 2005.

7 「"전쟁국가 일본 안 된다" 거리로 나선 풀뿌리들」, 『경향신문』 2014년 10월 18일.

8 손형섭, 「일본 평화헌법 개정 논의의 현황과 쟁점」, 『의정연구』 제20권 제1호, 2014.

법 해석은 국회에서 오랜 논의를 통해 정착한 정부와 국민 간의 일종의 '합의'인데, 이를 총리의 판단만으로 수정한다는 것은 민주주의 토대인 입헌주의를 붕괴시키는 것과 다름없다는 지적이다.[9] 둘째, 헌법을 개정하지 않아도 되는 것과 개정해야 하는 것 사이의 구분이 달라져 버린다는 점이다.[10] 이런 해석의 변경을 통하여 헌법의 해석 변경이 용이해지고 헌법의 권위는 점차 하락하게 될 것이다. 셋째, 일본 헌법이 기반을 두고 있는 평화주의의 근간을 소수의 정치인이 힘으로 바꾸어 버리는 것은 일본 정치에 위험한 전례로 남게 될 것이라는 점이다. 이처럼 극단적인 해석의 변경이 용인된다면 기본적인 인권마저도 유명무실해질 수 있다는 것이다.[11] 요컨대 이번 '해석개헌'은 단지 헌법 9조의 변경에 머무는 것이 아니라, 일본 헌법의 권위 전체에 대한 도전이라고 해도 좋을 것이다. 게다가 주변 국가들과의 갈등을 초래함으로써 지역 정치 나아가 세계 정치를 위기로 몰고 갈 위험성도 배제할 수 없다.

아베 정권이 이처럼 개헌을 적극적으로 주장하는 표면적인 근거는 다음의 두 가지이다. 하나는 평화헌법이 미국의 점령 아래서 미국의 요구에 의해 만들어진 것이라는 점이다. 아베는 심지어 "현행 헌법의 전문은 패전국이 승전국에 바친 반성문"이라는 극단적인 표현을 써서 비난하고 있다. 요컨대 점령국의 영향 아래서 원안이 작성되었으므로, '자주헌법'을 만들어야 한다는 것이다.[12] 다른 하나의 주요 이유는 일본인의 긍지를 회복하고 일본을 '정상적인 국가'로 바로 세우

---

9 '社說', 『朝日新聞』 2014년 3월 3일. 일본의 헌법학자로 구성된 '입헌민주주의모임'에서도 "입헌주의를 근본부터 부정하고 국민주권과 민주주의에 대한 근본적인 도전"이라는 항의성명을 발표하였다. 김영일, 김유정, 「일본 헌법 제9조 해석 변경의 배경과 시사점」, 『이슈와 논점』 886호, 2014년 7월 21일, 국회입법조사처.

10 '집단적 자위권 해석개헌 모순 드러나', Asahi Asia Antenna, 2014년 7월 16일.

11 '사설', Asahi Asia Antenna, 2014년 7월 2일.

12 조홍민, 「힘내라! 일본 평화헌법」, 『경향신문』 2014년 10월 20일; 「아베 일총리, 개헌의지 밝혀」, 『조선일보』 2014년 10월 19일.

기 위해 개헌이 필요하다는 것이다. 말하자면 '정상 국가' 혹은 '보통 국가'를 만들기 위한 필요 절차가 바로 개헌이다.[13]

다시 말하면 ① 아베 정권에게 '자주헌법'으로 헌법을 고치는 것(개헌)은, ② 이를 바탕으로 '정상 국가'(혹은 보통 국가)를 만들기 위해 필수적인 절차인 셈이다. 그렇다면 이런 주장은 어느 정도로 역사적인 타당성을 가지고 있는 것인가. 아래 두 개의 장에서는 각각의 이유를 살펴볼 것이다.

3. 평화헌법

앞서 본 바, 점령국의 영향 아래서 원안이 작성되었으므로 '자주헌법'을 만들어야 한다는 아베 신조의 주장은 어느 정도로 역사적 타당성을 가지고 있는 것인가. 지금까지 일본 헌법 제정의 경위와 성격을 둘러싼 수많은 논의와 논쟁이 있었지만, 대개 논의의 핵심은 제정의 주체를 둘러싼 것으로 수렴되어 온 것으로 보인다. 큰 흐름에서 볼 때, 맥아더 사령부에 포진하고 있던 미국의 뉴딜주의자들이 마련한 초안에 대하여, 일본 내 천황제를 유지하고자 하는 세력이 이를 수용한 것이라는 주장이 타당성을 가진 듯하다.[14]

당시 천황의 운명은 풍전등화와 같은 상황에 놓여 있었다. 미국 갤럽의 여론조사에서는 천황 처벌을 찬성하는 비율이 30퍼센트를 넘고 있었고, 미국 상원에서는 천황을 전범 재판에 회부하는 합동결의를 채택하였으며, 소련과 오스트레일리아도 천황전범론을 강력하게 주장하고 있었다.[15] 요컨대 평화헌법이란 '맥아

---

13 조홍민, 앞의 글.

14 이토 나리히코, 강동완 옮김, 『일본 헌법 제9조 또 하나의 일본』, 2005, 행복한 책읽기.

15 타케마에 에이지(竹前榮治), 송병권 옮김, 『GHQ 연합국 최고사령관 총사령부』, 평사리, 2011,

더 3원칙'에 기초한 GHQ 원안을 일본 측이 '일본화'하였던 것으로 볼 수 있을 것이다.[16] 따라서 '점령국의 영향 아래서 원안이 작성'되었다고 하더라도 일방적으로 미국 혹은 연합국의 영향력이 관철되었으며, 그러므로 자주헌법이 아니라고 할 수는 없는 것이다.[17] 이런 점에 비추어 보더라도 아베 신조의 주장은 사실과 다르다.

한편 일본의 평화헌법은 칸트의 영구평화론 이후 이어져 온 자유주의 평화 기획을 담은 평화를 향한 권리장전이다. 두 번의 세계전쟁 전간기에 이어진 국제적 평화운동(전쟁위법화운동)은 부전조약의 체결로 결실을 맺었지만, 파멸적인 전쟁을 막지는 못하였다. 한편 미국은 윌슨의 구상을 루스벨트가 계승하는 방식으로 새로운 세계 전략을 구상하였던바, 일본의 평화헌법에는 일본을 군국주의 전쟁국가로 만들지 않으려는 미국의 의도가 작용하고 있었다.[18] 그러나 그것만으로 일본의 평화헌법 제정을 설명할 수는 없다. 이 헌법에는 식민 지배와 침략을 받은 동아시아인들의 평화를 향한 희구가 반영되어 있는 것이다.

일본 헌법이 가진 이런 측면은 연합국 극동위원회를 통해 살펴볼 수 있다. 워싱턴에 설치되었던 일본 점령의 최고 정책 결정 기구인 연합국 극동위원회(Far Eastern Commission, FEC)는 일본 헌법의 성격을 결정하는 최종적인 권한을 가지고 있었던바, 극동위원회에 참여하고 있던 중국, 인도, 필리핀, 호주, 뉴질랜드 등 일본의 침략으로 피해를 입은 아시아 태평양 여러 국가의 평화를 향한 염원이 일본 헌법에 반영되었다고 보아야 할 것이다.

예를 들어 1946년 9월 극동위원회 회의에서는 중화민국 대표 탄에 의해 다

201~202쪽.

16 코세키 쇼오이찌(古關彰), 김창록 옮김, 『일본국 헌법의 탄생』, 뿌리와 이파리, 2010.

17 아메미야 쇼이치(雨宮昭一), 유지아 옮김, 『점령과 개혁』, 어문학사, 2012, 101~102쪽.

18 이토 나리히코, 앞의 책, 52~107쪽 참조.

음과 같은 의견이 제시되었다. "…… 우리는 어떤 정부든 경찰력을 가지는 것은 필요한 일이라고 인정합니다만, 일반적으로 경찰력은 군대라고 부르지 않습니다. 만일 일본이 여기에서 선언하고 있는 것 이외의 군대를 보유하는 것이 허용된다면 위험하며, 그것은 일본이 무언가 구실을 내세워, 예를 들면 자위라는 명목 아래 군대를 가질 가능성이 있다는 것을 의미합니다."[19] 일본 정부가 문민에 의해 지배되어야 한다는 맥락에서 나온 말이지만, 일본 헌법에서 전력 보유를 인정할 수 없도록 차단해야 한다는 점을 강조하고 있는 것이다.

맥아더 역시 전쟁 포기와 전력 불보유 조항에 대해 다음과 같은 인식을 갖고 있었다. 첫째, 일본의 재군비는 '엄숙한 국제적 부탁' 즉 연합국에 의한 대일 점령 정책에 위반되며, 재군비로 인하여 "극동의 여러 나라와 불화하게 될 것이다. 이들 국가 모두는 여전히 다시금 군사화된 일본을 매우 두려워하고 있다"는 생각을 갖고 있었다. 둘째, 일본인들 역시 재군비를 지지하지 않을 것이라고 말하고 있다. "일본인들은 성실하게 무조건적으로 정치의 수단으로서의 전쟁을 거부하고 있다. …… 그들은 만일 우리가 강제하지 않으면, 스스로의 군대를 가지는 것을 바라지 않을 것이다. 우리는 강제해서는 안 된다."

이처럼 맥아더는 일본 헌법 9조가 동아시아 국가들과 일본 국민들의 바람을 담고 있다는 점을 알고 있었다. 맥아더는 필리핀에서 전쟁을 치르면서, 많은 미군 병사가 생명을 잃었을 뿐 아니라 필리핀 국민들이 받은 전쟁 피해와 일본군에 대한 증오를 지켜보아 알고 있었던 것이다.[20] 따라서 일본의 평화헌법은 동아시아 나아가 세계의 평화를 희구하는 동아시아 민중의 염원이 반영되어 있는, 평화를 위한 권리장전이라고 할 수 있을 것이다.

물론 아시아 지역의 제2차 세계대전은 아시아-태평양 지역을 전장으로 일

---

19 코세키 쇼오이찌, 위의 책, 282~286쪽.

20 코세키 쇼오이찌, 위의 책, 291~295쪽.

본과 연합국이 싸웠다. 그리고 전쟁이 끝난 후 전쟁 재판을 진행한 것은 연합국에 가담한 국가였고, 독립 투쟁의 한 가운데에 놓여 있었던 아시아 지역의 '국가'들은 필리핀과 중국을 제외하고는 전쟁 재판에 참여할 수 없었다. 그리고 잘 알다시피 아시아인들의 전쟁 피해도 충분히 언급되거나 보상받지 못하였다.[21] 그럼에도 아시아인들의 전쟁에 대한 반대와 평화 희구는 일본 헌법 제정 과정에서 완전히 무시되었던 것은 아니었다. 요컨대 "무기를 버린다. 전쟁을 하지 않겠다"라는 헌법에 규정된 두 가지 약속은 일본이 아시아인과 전 세계인들에게 맹세했던 사실이라는 점을 강조해 둘 필요가 있을 터이다.[22]

야마무로 신이치는 일본 헌법이 담고 있는 평화주의의 기축을 5가지로 설명한다. 제1의 기축은 전쟁포기와 군비철폐, 제2는 국제협조, 제3은 국민주권, 제4는 평화적 생존권, 제5는 반전이다. 야마무로는 이처럼 평화주의를 구성하는 5가지의 기축을 설정하고, 그 수맥(水脈)을 막말·메이지 시기로 소급하여 적극적으로 탐색한다. 그 오랜 수원은 청일전쟁과 러일전쟁을 거치면서 역설적으로 반전론의 격류를 형성하게 되며, 이것은 부상하고 있던 국제평화운동과 합류하여 헌법 9조에 이르러 용출하게 되었다고 평가한다.[23]

야마무로 신이치가 평화헌법에 이르는 일본의 수맥을 탐색한 것은 일본 헌법이 가진 평화주의 정신을 이해하고 계승하기 위해 진정 중요한 일이다. 이토 나리히코 역시 평화헌법의 수맥을 국내외적으로 추적 검토하고 있다.[24] 일본의 평화헌법에 평화를 희구하는 동아시아 민중들의 염원이 반영되어 있다고 한다면,

---

21 우쓰미 아이코(内海愛子), 이호경 옮김, 『조선인 BC급 전범, 해방되지 못한 영혼』, 동아시아, 2007; 우쓰미 아이코, 「동남아시아에서 생각하는 전쟁 재판과 배상」, 『4·3과 역사』 제7호, 2007 참조.

22 井上ひさし, 「전쟁과 헌법」, 『일본비평』 창간호, 2009.

23 야마무로 신이치(山室信一), 박동성 옮김, 『헌법 9조의 사상수맥』, 2010, 동북아역사재단.

24 이토 나리히코, 앞의 책, 82~196쪽 참조.

거기에 이르는 한국의 수맥을 탐색하는 것 역시 긴요한 일이 될 것이다. 여기서는 우선 무장투쟁 혹은 '의열투쟁'(義烈鬪爭, 폭력을 동반한 투쟁)을 주장한 것으로 알려진 안중근과 김구를 거론해 보기로 한다.

잘 알다시피 1909년 근대 일본의 '원훈'(元勳) 이토 히로부미를 암살한 안중근은, 그 이유를 이토가 '동아시아의 평화를 파괴한 죄'를 저질렀기 때문이라고 주장하고, 자신은 한국의 독립과 동아시아의 평화를 유지하기 위해 '전쟁'을 한다고 밝히고 있다. 안중근은 '동아시아의 평화를 위한 전쟁을 수행하는 과정'에서 이토를 '처단'한다고 하였던 것이다. 이처럼 안중근의 사상체계에서 동양평화는 한국의 독립과 함께 두 개의 기축을 이루고 있었다. 물론 안중근의 동양평화론은 한편으로는 아시아주의적 인종주의의 편견을 담고 있었지만, 그것을 넘어서려는 강렬한 보편주의 지향도 아울러 갖고 있었음에 주목할 필요가 있다.[25]

1910년 이른바 '대역사건'(大逆事件)으로 사형에 처해졌던 일본의 평화사상가 고토쿠 슈스이(幸德秋水)는 한시를 지어 안중근이 이토를 암살한 행위를 '의롭다'고 보고 이를 '살신성인'(殺身成仁)의 행위로 높이 평가하였다.

목숨을 버려 의로움을 취하고 (舍生取義)
자신을 죽여 인을 이루었네 (殺身成仁)
안중근의 일거로 (安君一擧)
온 천지가 들썩인다네 (天地皆振)[26]

---

25 안중근의 동양평화론에 대해서는 대표적으로 김경일, 「동아시아의 맥락에서 본 안중근과 동양평화론」, 『정신문화연구』 제32권 제4호, 2009.

26 이 한시는 고토쿠 슈스이가 안중근의 사진 위에다 쓴 것으로, 샌프란시스코의 평민사(平民社)에서는 이를 사진엽서로 만들어 배포하였으며 다시 한국인이 발간하던 신문인 『新韓民報』가 게재하였다. 고토쿠 슈스이가 체포될 때 그의 가방 속에서도 이 엽서가 발견되었다고 한다. 도진순, 「안중근 의사는 이토를 죽여 의롭게 되었지만 스스로의 죽음으로 거룩하게 되었다」, 『조선일보』 2014년 10월 23일.

1910년을 전후한 시기에 이미 안중근과 고토쿠 슈스이를 통하여 한일 간에는 트랜스내셔널한 평화 연대가 구축되어 있었다고 해도 좋을 것이다. 안중근의 평화사상은 일국적 차원에 갇혀 있지 않았다.[27]

한편 김구는 '문화국가'를 자신의 이상국가로 설정하고 활동하였다. 문화국가란 문화가 중심이 되는 국가를 말하는 것으로, '주변국들로부터 존경받는 아름다운 국가'를 지향하는 것이었다. 또 항상 세계의 평화를 지향하고, 그것을 위해 일정한 역할을 수행하는 국가로 설정되었다. 김구는 "내가 남의 침략에 가슴 아팠으니 내 나라가 남을 침략하는 것을 원치 아니한다"라고 하여 침략주의를 반대하고 평화주의를 강조하고 있었다. 또는 김구의 평화주의는 세계를 향해 열린 것이었다.[28]

이처럼 안중근과 김구의 경우에 현저하게 드러나는 것처럼, 근대 한국의 사상에서 평화주의의 수맥을 확인하는 것은 그리 어려운 일이 아니다. 대한민국(남한)의 헌법에 평화에 관한 많은 규정을 두고 있는 점도 이런 차원에서 이해할 수 있을 것이다. 예를 들어 한국 헌법의 전문(前文)에는 '평화적 통일'을 이룰 것과 아울러 이를 바탕으로 '항구적인 세계 평화'에 이바지할 것을 국가의 사명으로 규정하고 있으며, 이어 5조에는 '침략적 전쟁'을 부인할 것을 명기하고 있는 것이다. 요컨대 현 한국 헌법은 이른바 '제3세대 헌법'으로서 '평화주의 헌법'을 추상적 규범으로 구현하고 있는바, 헌법학계에서는 근대 입헌주의 헌법을 '제1세대 헌법', 사회적 시장경제와 사회국가 모델에 입각한 복지국가적 헌법을 '제2세대 헌법'이라고 하고, 미래 세대의 헌법이 될 평화주의 헌법을 '제3세대 헌법'이라고 지칭하고 있다.[29] 이를 근대 한국의 평화주의 전통의 맥락 속에서 이해해도 큰 무리

---

27 도진순, 같은 글.

28 정경환, 「백범 김구의 이상국가론」, 『한국정치외교사논총』 제27집 2호, 2006 등 참조.

29 정극원, 「헌법상 평화조항에 관한 일고찰」, 『世界憲法研究』 제19권 3호, 2012.

는 없을 것이다. 그렇다면 동아시아의 사상으로 더 확장하여 세계 평화의 수맥을 탐색하는 것도 불가능한 일은 아닐 것이다.

일본 헌법학계의 논의에서도 평화헌법이 구현하고 있는 평화주의 원리를 '제한적·처벌적' 측면과 '적극적·선구적' 측면의 두 가지로 구분하여 이해하는 논의를 찾을 수 있다.[30] 제한적·처벌적 측면이란, 일본이 침략전쟁을 반성하고 이를 바탕으로 다시는 침략전쟁을 하지 않겠다는 아시아의 국가와 국민에 대한 서약이라는 의미를 갖는 것이다. 이런 측면에서 보면 평화헌법은 처음부터 일본의 안전보장을 위한 것이 아니라 일본으로부터 아시아의 안전을 보장하기 위한 것이었다는 것을 확인할 수 있다. 다음으로 적극적·선구적 측면이란, 무장평화 혹은 군사력에 의한 평화와 이에 기반을 둔 국가의 자위권이라는 관념을 부정하고 국민의 '평화적 생존권' 이념을 선구적으로 확립해 나갈 결의를 표명한 것을 의미한다.[31]

모든 국가가 평등한 주권을 갖는다는 '국제법적 원칙'과 개별 국가의 주권보다 상위에 있는 새로운 규범적 가치를 국가에 적용하려는 '자유주의적 평화 기획'은 근대 이래 계속하여 갈등과 충돌을 거듭해 왔다.[32] 일본의 평화헌법은 국제법적 원칙과 자유주의적 평화 기획이 갈등하는 가운데 만들어진 새로운 차원의 '평화를 위한 권리장전'이라고 해석할 수 있다. 개별 국가의 주권을 넘어선 초국가적 차원에서 만들어진 유엔이라는 제도는 자유주의적 평화 기획의 가장 중요한 성과 가운데 하나였다.

하지만 일본의 평화헌법은 유엔의 제도적 평화 기획을 넘어서는 새로운 측면을 담고 있었다. 그것이 바로 평화헌법이 드러내는 평화주의의 두 측면이었다.

---

30 日高六郎, 「平和意識と平和政策」, 『思想』 1994年 2月号.

31 日高六廊, 위의 글; 이상봉, 「전후 일본의 보수정치와 평화헌법」, 『국제정치연구』 제9집 1호, 2006.

32 김학재, 『판문점체제의 기원』, 후마니타스, 2015, 19~180쪽 참조.

외부로부터 강제된 평화의 제한적·처벌적 측면을 일본인들은 국가 내부의 평화적 생존권으로 변화시켜 나갔던 것이다. 이런 차원에서 평화헌법은 평화라는 가치를 일본 국가 내부에 적용하려는 하강적 움직임을, 일본인들 스스로 이를 수용하여 보편주의적 평화주의로 상승시킨 특별한 경험적 사례라고 해도 좋을 것이다.

아베 정권이 취하는 우경화 조치의 핵심에 '역사 지우기'가 자리하고 있는 것은 우연이 아니다. 위안부 동원의 강제성을 부정하면서 '역사전쟁'을 주도하고 있는 아베 정권의 의도에는 평화헌법을 폐기하는 것과 아울러 평화헌법을 추동하였던 모든 과거도 아울러 무시해 버리고 싶은 욕구가 감춰져 있을지도 모른다. 아마 일본 우익 역시 침략전쟁으로 고통을 겪은 아시아 민중의 평화에 대한 희구가 평화헌법에 녹아들어 있다는 것을 잘 알고 있을 것이다.

그런 점에서 일본의 천황과 황태자가 일본이 평화국가로서 근린 국가와 함께 평화를 유지하는 데에 힘쓸 필요가 있고 또 과거의 역사를 겸허하게 되돌아볼 필요가 있다는 점을 되풀이 강조하면서 아베 정권의 우경화를 견제하고 있는 것은, 일종의 역사적 아이러니처럼 보이기도 한다.[33] 전쟁 직후 천황제를 유지하는 데에 크게 기여했던 평화헌법 9조의 정신을 지키기 위해 이제 거꾸로 천황이 전면에 나서고 있는 것이다. 이것이 이른바 '상징 천황제'가 가진 역사적 가치인 것인가.

33 「일왕, "평화국가로서 이웃나라와 함께 가야"」, 『동아일보』 2014년 12월 24일; 「일 왕세자, "일 겸허히 역사 돌아봐야"」, 『경향신문』 2015년 2월 24일.

4. 동아시아

이제 아베 신조가 주장하는 것처럼, 과연 개헌은 '정상 국가'를 만들기 위해 필수적인 절차인가를 검토할 차례이다. 정상 국가 혹은 보통 국가란 무엇인가. 개헌을 주장하는 일본 우익들에게 정상 국가란 '전쟁을 할 수 있는 국가'를 의미하는 것이다. 그러나 이미 시대는 변하고 있는 중이다. 냉전 이후 정상 국가는 전쟁을 할 수 있는 국가가 아니라, '전쟁을 하지 않는 국가'로 바뀌고 있는 중이다. 이제 영토 분쟁이나 정규군 간의 전투로 구성되는 그런 전쟁은 더 이상 일어나지 않고 있다. 오히려 '군사적 폭력의 탈국가화' 현상이 두드러지게 진행되고 있는 중이다. 그리고 이를 두고 '새로운 전쟁'이라는 규정이 내려지고 있는 것이다.[34]

주지하다시피 역사적으로 모든 자유민주주의 국가는 더 이상 전쟁을 하지 않는다는 논의를 '자유주의 평화론'(liberal peace) 혹은 '민주주의 평화론'(democratic peace)이라고 한다.[35] 이를 두고 많은 논란이 전개되었지만, 서구의 자유민주주의 국가 사이에서 전쟁이 더 이상 일어나지 않고 있다는 사실은 경험적으로 입증 가능한 사실이라고 해도 좋을 것이다. 요컨대 서구를 중심으로 한 핵심적 '평화 지대'는 더욱 풍요롭고 전쟁이 없는 평화 상태가 유지되고 있지만, 그 바깥에 있는 '전쟁 지대'의 다수 인구는 빈곤과 갈등 상태에 머물러 있는 것이다. 이를 두고 전 지구가 3개의 지대로 나뉘어 있다고 진단하기도 하는데, 평화로운 포스트모던 지대, 전근대적 혼란 지대, 근대적 민족국가 지대가 바로 그것이다.[36] 따라서 국가 간의 폭력적 갈등 곧 근대적 형태의 전쟁을 염두에 둔 정상 국

34 헤어프리트 뮌클러, 공진성 옮김, 『새로운 전쟁』, 책세상, 2012; 메리 캘도어, 유강은 옮김, 『새로운 전쟁과 낡은 전쟁』, 그린비, 2010 참조.

35 Michael W. Doyle, "Kant, Liberal legacies and Foreign affairs," *Philosophy and Public affairs* Vol. 12. No 3-4, 1983; 김학재, 앞의 책, 47~64쪽.

36 김학재, 앞의 책, 47~64쪽.

가 혹은 보통 국가라는 관념은 시대에 뒤떨어진 개념으로 변해 가고 있는 것처럼 보인다.

이제 서구의 보통 국가 곧 자유민주주의 국가는 전쟁을 하지 않는 국가가 되어 가고 있는 중이다. 이런 점에서 평화헌법을 가진 일본 국가는 어떤 의미에서 탈근대적 혹은 근대를 넘어선 국가를 선취하고 있었다고 할 수 있다. 국내의 합법적인 일체의 폭력을 전유한 상태에서, 외부로는 배타적인 주권을 소유하는 근대 국민국가는 폭력의 상징체이다. 따라서 국가의 대외적 폭력 사용을 금지하는 헌법은 근대 국민국가의 권능을 부정하는 것으로서, 일본의 평화헌법은 '근대를 넘어선 헌법'이라고 할 수 있는 것이다.

그런 점에서 평화헌법은 일국적 차원을 넘어선 헌법이다. 일국적 차원을 넘어선다는 것은 평화헌법의 제정에 이미 평화를 향한 동아시아인들 나아가 세계인들의 염원이 담겨 있다는 것만을 의미하는 것은 아니다. 오히려 다음 두 가지 차원에서 새로운 문제를 제기하는 것처럼 보인다. 첫째, 평화헌법이 평화를 위한 국가 간의 계약이라고 할 때, 일본 평화헌법의 제정에 참가한 국가들도 이미 평화를 향한 과정에 들어섰다고 볼 수 있다는 점이다. 일본의 평화헌법은 동아시아의 다른 국가들로 하여금 자신들이 평화를 추구해야 할 의무를 지고 있다는 점을 환기하는 강력한 제도적 장치이기도 한 것이다. 둘째, 동아시아를 포함한 외부인들이 일본의 헌법을 유지하는 데에 개입할 수 있는 권리 역시 평화헌법이 일국적 차원을 넘어선 헌법이라는 점에서 주어진다. 하지만 그 권리는 오로지 자신에 대한 성찰을 통해서만 가능하게 된다. 자신이 생활하고 있는 사회와 국가를 평화로운 사회와 국가로 만들려는 노력이 없는 개입의 권리는 허구이기 때문이다.

냉전 시기에 일본의 군사적 역할은 주변의 동아시아 군사정권이 대신 부담해 왔다. 다시 말하면 평화헌법은 냉전의 와중에서 주변 국가에 의해 지지되어 왔다고 할 수 있는 것이다. 제정 과정에서만이 아니라 그것이 유지되는 과정에서도 평화헌법은 국제적 성격을 가지고 있었다. 이런 점에서 평화헌법은 이미 동아시아 민중의 공유재산이라고 해야 할 것이다.[37] 가령 "일본에 평화헌법이 없었다면 한국전쟁과 베트남전쟁에 일본이 참전하지 않을 수 있었을까"라는 역사적 가정을 해보면 어떠한가. 한국전쟁에 일본의 해상보안대가 부분적으로 참여하고 있었고 한국전쟁과 베트남전쟁에 오키나와의 미군기지가 활용되고 있었던 사실을 상기한다면, 평화헌법이 이미 동아시아의 평화에 적극적인 기능을 행사하고 있었다고 해도 좋을 것이다.

이처럼 일본의 평화헌법은 그 자체로 일국을 넘어서 평화를 추구하는 활동의 상징이 되었다. 평화헌법의 제정과 유지의 차원에서, 이미 외부의 다른 국가 혹은 민중들도 스스로 평화를 유지하는 과정에 적극적으로 참여해야 할 의무가 주어지게 된 것이다.

이제 일본의 평화헌법에서 말하는 평화란 무엇인가를 확인해 둘 때가 되었다. 일본 헌법의 전문(前文) 일부를 살펴보자. "…… 우리는(일본 국민은) 평화를 유지하고, 전제와 예종, 압박과 편협함을 지상으로부터 영원히 제거하고자 노력하고 있는 국제사회에서, 명예로운 지위를 차지하고자 한다. 우리는 전 세계의 국민이 균등하게 공포와 결핍으로부터 벗어나 평화 속에서 생존할 권리를 가지고 있음을 확인한다. ……"[38] 일본 헌법 전문에서 평화와 대를 이루고 있는 것은 전쟁의 폭력이 아니라 공포와 결핍이라는 구조적 폭력이다. 평화헌법은 전쟁을 극복하기 위해서 공포와 결핍이라는 구조적 폭력으로부터 벗어날 필요가 있음을 밝히고 있는 것이다.

'평화'라는 개념은 '전쟁의 시대'인 근대의 발명품이라는 의견이 지배적이다. 하지만 평화헌법에서 밝히고 있는 평화란, 단순히 전쟁이 없는 상태를 지칭하는 소극적 의미에서가 아니라 일체의 구조적 폭력이 부재하는 적극적 의미에서의

---

37 田中伸尙, 『憲法九條の前後史』, 岩波書店, 2005, 233~244쪽.

38 위의 같음.

평화를 가리키는 것이다.[39] 적극적 의미에서의 평화는 폭력에 의해 만들어질 수 없다. 평화란 평화적 방법에 의해 추구해야 할 적극적이고 궁극적인 가치인 것이다. 그런 점에서 평화란 인권, 생명, 생태 등의 가치와 등질의 것으로 상호보완적인 가치를 구성하게 된다.

신자유주의적 시장 논리 앞에 내팽개쳐진 사회적 약자들의 권리를 옹호하고, 급속하게 변화하고 있는 다문화 사회를 통합할 수 있는 내부적 힘을 가지지 못할 때, 한 사회의 평화는 도래하지 않는다. 자기 사회 내부의 평화를 추구하지 못하는 평화운동이 타국의 평화에 대해 운운할 자격을 가질 수는 없을 것이다.

또한 평화헌법 지키기 운동(이른바 '9조회운동')이 일본'만'을 대상으로 한 운동일 수는 없다. 평화헌법 지키기 운동은 자신의 국내문제로부터 출발해서 평화로운 사회와 평화국가를 건설하며, 평화를 근본적 가치로 삼는 동아시아 시민사회의 형성을 통해 '평화의 동아시아 공동체'를 구상하는 동아시아 연대운동으로 상승할 수 있어야 한다. 평화를 통한 동아시아 통합을 상상함으로써, 새로 도래할 동아시아 공동체는 평화가 통합의 근본을 이루는 가치로 자리 잡게 만들어야 할 것이다.

5. 평화헌법을 '세계문화유산'으로 만들자

아베 신조 정권이 취하고 있는 전반적 우경화 조치 가운데 이른바 '해석개헌'은, 일본의 헌정민주주의에 미치는 여러 차원의 악영향에서만이 아니라 재무장과 관련하여 주변국의 심각한 우려를 사고 있는 중이다. 이와 관련하여 일본의

39 요한 갈퉁, 이재봉 외 옮김, 『평화적 수단에 의한 평화』, 2000, 들녘.

해석개헌이 한국의 안보체계에 미치는 영향력을 둘러싸고 현실적 권력정치의 차원에 국한하여 그 영향력을 논의하는 것은 그저 하나의 단견에 지나지 않을 것이다. 현재 한국 학계에서는 일본에서 해석개헌이 있은 후에 집단적 자위권이 용인된다면, 일본에게 군사대국화를 허용할 수 있어 위험하다는 주장과 다른 한편으로 한미일 군사 협력을 위해서는 불가피한 선택일 수 있다는 '현실론'의 두 가지 논의가 서로 갈등하고 있다.[40] 하지만 가령 미일 동맹에 기반을 두고 일본의 집단적 자위권 행사가 가능하게 된다고 하더라도, 그것이 한국의 안보에 미치는 영향이 긍정·부정의 이원론적 판단의 대상이 되지는 않을 것이다.

한편 집단적 자위권을 인정하려는 일본 정부의 움직임에는 미국의 지지가 크게 작용하고 있는 것처럼 보이기도 한다. 하지만 아베 정권이 과거사 인식에서 극단적인 우편향을 보이고 게다가 평화헌법을 개정하려는 움직임을 보이는 데에까지, 미국이 찬성하는 것은 아니다.[41] 미국은 중국을 경계하는 한편으로 중국과 일본의 충돌을 매우 우려하고 있기 때문이다. 미국은 중국과 일본이 충돌할 경우, 일본과 군사동맹을 맺고 있으므로 일본의 입장에 서지 않을 수 없게 되는 것이다.[42]

오히려 집단적 자위권에 대한 아베 정권의 '집착'에는 일본 국내 정치의 역학관계가 작용하고 있다는 지적에 더 설득력이 있다. 중국의 부상이나 미국의 태도 변화와 같은 국제정치의 변화가 아니라, 개헌 세력이 의회 내에서 힘을 갖게 된

---

40 남창희, 「일본의 해석개헌, 위협인가 자산인가?」, 『국제정치논총』 제54집 1호, 2014; 최운도, 「일본의 집단적 자위권: 개념, 해석 그리고 헌법 개정」, 『국방연구』 제56권 4호, 2013; 이상수, 「일본의 평화헌법 개정과 보통 국가론 그리고 한반도」, 『평화연구』 제14권 2호, 2006. 동북아 안보문제를 논의하는 한국의 정치학자들은 대개 향후 일본이 '보통 국가'가 된다는 것을 전제로 대일정책을 수립할 필요가 있다는 점을 강조한다. 문은석, 「아베 정권의 우경화와 동북아 안보 향배」, 『일본문화연구』 50집, 2014 참조.

41 문은석, 위의 글 참조.

42 후지와라 기이치(藤原歸一), 「역사 외교의 갈등 넘어 인식공유로」, 정구종, 『한일교류 2천 년』, 나남, 2015, 448~474쪽.

역관계의 변화를 반영하고 있다는 것이다.[43] 최근 아베 총리는 2016년 여름 참의원 선거 이후에 평화헌법 개정을 위한 개헌안을 발의할 것이고, 안전보장 법제를 정비하여 집단적 자위권 행사를 가능하게 하겠다고 의욕을 보이고 있다.[44] 게다가 미국의 헤게모니가 계속 쇠퇴하고 있는 현 세계체제의 변화 양상을 고려하면, 평화헌법의 개정에 대한 미국의 견제가 계속해서 이어질 수 있을지에 대해서는 속단할 수 없다. 미국이 일본의 개헌을 용인하기 전에, '동아시아의 문제는 동아시아로' 되돌릴 필요가 절실하다.

하지만 지금이야말로 제정 당시로 소급하여 평화헌법의 정신을 되돌아볼 필요가 있다. 평화헌법에는 일본을 전쟁국가로 만들지 않으려는 미국의 의도가 크게 작용하고 있었으나, 전쟁을 반대하는 일본의 민중과 함께 일본의 파멸적인 침략전쟁으로 인하여 큰 피해를 입었던 동아시아 민중들의 평화에 대한 희구도 반영되어 있었다. 이런 평화헌법의 정신은, 한국의 안중근과 김구의 사례에서 잘 드러나듯이, 거기에 이르는 평화의 수맥을 조금만 탐색하더라도 명백하게 확인할 수 있는 것이다.

전쟁을 할 수 있는 국가 곧 정상 국가를 만들기 위해 평화헌법을 '개헌'하려는 의도는 그다지 현실적이지도 않을 뿐 아니라 어떤 면에서는 시대착오적이다. 게다가 일본의 평화헌법은 시대를 선취한 탈근대적 헌법으로서, 구조적 평화의 도래를 의도하는 적극적 평화 개념을 담고 있다. 평화헌법 지키기 운동이 평화의 동아시아를 지향하는 좋은 토대가 될 수 있는 것은 이런 이유 때문이다. 2004년부터 시작된 '9조회운동'으로 일본 내에서만 7천 개가 넘는 '9조회'가 결성되었는데, 이 운동은 평범한 시민들이 주도하는 풀뿌리 '호헌운동'의 양상으로 이어지

43 후지와라 기이치(藤原歸一), 같은 글.

44 「아베, 내년 개헌 발의 위해 헌법 개정 위한 국민적 논의 심화시킬 것」, 『동아일보』 2015년 2월 12일.

고 있다.[45] 앞서 살펴본 '헌법 9조에 노벨상을, 실행위원회'가 중심이 된 호헌운동도 넓게는 9조회운동의 영향 아래서 전개되었던 것이다. 여기에 한국을 포함한 외국에서도 다양한 방식으로 9조회운동이 확대되고 있는바, 이 운동은 이미 세계 평화의 실현에도 기여하고 있다고 할 것이다.[46]

중국을 필두로 동아시아 경제가 빠르게 성장하고 있으며, 지역 내의 경제적 융합도 신속하게 진행되고 있다. 동아시아 전체가 세계경제 속에서 급속하게 부상함에 따라, 이런 현상이 세계체제의 거대한 구조적 전환으로 이어지게 될 것인지 주목받고 있는 중이다. 이런 구조적 전환이 세계체제의 헤게모니 체계의 쇄신과 이어질 것인지는 또 다른 문제이지만, 이 과정에서 일본의 평화헌법이 수행할 수 있는 역할은 자못 크다고 할 수 있을 것이다.

동아시아 역내의 국가들이 구조적 평화 혹은 적극적 평화에 입각한 평화로운 사회와 국가를 건설하고 여기에 바탕을 둔 동아시아 시민사회를 형성하게 될 때, 평화의 동아시아 공동체가 모습을 드러내게 될 것이다. 또한 이런 평화의 동아시아는 세계체제의 헤게모니 전환에서도 적극적인 역할을 수행할 수 있게 될 것이다.

평화헌법을 세계유산으로 만들자는 논의가 제기되기도 한다.[47] 평화헌법이 노벨상 후보로 거론되거나 세계문화유산의 대상으로 논의되는 것은, 평화헌법이 세계 평화를 위해 기여할 수 있는 가능성을 높이 평가하기 때문일 것이다. 다만 그런 시도가 평화헌법의 정신을 박제화하는 방식으로 기능하는 것은 경계해야 한다. 평화는 인류가 함께 만들어 나가야 하는 것이지 주어져 있는 대상은 아

---

45 정현숙, 「일본의 호헌운동」, 『일본학연구』 23집, 2008.

46 이부영, 「내일의 일본을 생각한다」, 『경향신문』 2015년 1월 15일. 평화헌법 9조 노벨평화상 추천 한국위원회는 9조회와 다카스 나오미를 2015년 노벨평화상 후보로 추천하였다고 한다.

47 太田光, 中澤新一, 『憲法九條を世界遺産に』, 集英社, 2006. 이 책은 일본의 코미디언 두 사람이 진행한 대담집이다.

니기 때문이다.

평화헌법을 고정된 대상으로 두고 이를 방어하는 데 골몰하는 방식으로는 적극적인 평화에 입각한 세계 평화의 도래를 기약할 수 없다. 일본의 평화헌법을 지켜나갈 뿐 아니라 이를 바탕으로 각국의 헌법을 더욱 적극적인 평화주의 헌법으로 바꾸어 나갈 의무를, 모든 인류는 지고 있을 것이다. 일본의 평화헌법을 세계문화유산으로 만드는 것은, 세계 평화운동의 모델이자 장전으로 만들어 나가는 하나의 방법이 될 수 있을 것이다.

여기에서 우리는 니시카와 나가오(西川長夫)가 말하는 진정한 '전후'를 회복하는 길을 발견하게 될 것이다. 니시카와는 지금까지 일본의 '전후'를 '전쟁을 하는 전전(戰前)으로 회귀'하고 있는 상태라고 진단하고, '전쟁이 없는 전후'를 다시 한 번 고집함으로써 '착각 상태의 전후'를 벗어나 진정으로 '전쟁을 하지 않는 전후'를 새로 만들어 가는 길을 찾아가야 한다고 주장한 바 있다.[48] '전쟁이 없는 전후'는 상호의존적인 연대를 강화함으로써 얻게 될 동아시아의 평화, 다시 말해 자유주의적이고 제도적인 평화를 넘어서 더욱 적극적인 평화를 향해 동아시아가 함께 나아갈 때 주어지게 될 것이다.

---

48 西川長夫, 『植民地主義の時代を生きて』, 平凡社, 2013, 87~88쪽.

:: 11 ::

냉전기의 적과 동지, 그리고 벌거벗은 생명의 파톨로지
: 전후 동유럽의 독일인과 유럽공동체 문제를 중심으로

이창남

1. 일상화된 적과 동지

베를린 장벽이 붕괴되고, 소련 연방이 해체되는 등 소위 탈냉전이 시작된 1990년 무렵부터 독일에서 새로이 동서 유럽의 문화 교류의 가능성으로 부상하는 집단은 동유럽의 독일인 잔류민과 피난민들이다. 이들이 동유럽 지역에 산포된 역사는 멀리는 중세까지 가깝게는 합스부르크 제국과 프로이센 제국의 흥망과, 제1차 및 제2차 세계대전을 거치면서 독일의 영토적 경계가 변화해 온 것과 관련된다. 사실 오랜 역사를 고려하면 어디까지가 독일이고, 누가 독일인인지 말하기 쉽지 않다. 또 근대적 국민국가의 정치적 경계들은 오랜 전통과 역사 속에 형성된 문화적 경계와 불일치하면서 여러 현대적 모순을 배태하고 있다. 특히 제1, 2차 세계대전을 통해 체코, 폴란드를 비롯한 독일 인접국들의 국민국가적 경계들이 새로이 그어지면서 그 안에 자신을 동화시킬 수 없는 여러 민족 간의 갈등의 도화선이 되기도 하였다.

또한 냉전은 그러한 국민국가적 경계 위에 이데올로기적 경계를 중첩시킴으로써 제2차 세계대전 후 독일의 오더-나이세 경계 안으로 피난한 독일인이나 경계 밖에 잔류한 잔류민 모두 자신의 문화적·지역적 정체성을 탈색하도록 강요받았다. 이는 전후 지속된 또 다른 전쟁의 불가피한 대가였다.

"전쟁은 연합국이 이겼지만, 그 주요 멤버들은 이미 서로 전쟁 상태에 있었다."(개디스 21)

냉전 전후 상황을 요약하고 있는 이 말은 사실상 전쟁은 암묵적으로 계속되고 있었음을 시사한다.[1] 유럽에서 파시즘이라는 명백한 적이 사라짐과 동시에 혹은 그 전후로 이미 연합군 진영의 미·영·소 사이에 서로 간의 불신과 불안이 증폭되면서 새로운 적대적 관계로 전이되었다. 소련의 경우 평화와 미국·영국의 경제원조 그리고 외교적 묵인이 필요하였고, 미국과 영국은 독일을 패망시키기 위해 소련의 지원을 필요(개디스 27)로 하였던 일시적 동맹이었던 것이다. 다만 1945년 이후 일시적인 평화는 "누구도 옛적을 정복하고 그렇게 빨리 새로운 적을 만들려 하지 않았"(개디스 35)기 때문일 따름이다. 그러나 미국의 유럽 원조계획인 마셜 플랜이 가동되면서 스탈린의 봉쇄정책이 이루어지고, 유럽에서 동서 간의 이동은 점점 차폐되어 가고 냉전은 본격적으로 강화되기 시작하며 동서 유럽 간의 정치적·경제적 간극도 깊어진다. 이는 19세기 유럽까지 거슬러 올라가는 "아시아적 러시아"와 "서구적" 문명 사이 동서 갈등의 새로운 국면이었다. 스퇴버는 전통적 동서 갈등과 구분되는 이 시기의 새로운 측면을 특히 "항상적이고 실재 수행되는 비평화"(ein permanenter und aktiv betriebener Nicht-Frieden)(Stoever 8)에서 보고 있는데, 이는 그동안 군사적 대결에서만 나타나는 것이 일상에서 현실적으

---

1 스퇴버(Stoever)에 따르면 냉전은 소위 "새로운 종류의 전쟁"이었고, 핵전쟁으로 가지 않더라도 "이기고자 하는 그야말로 전쟁"이었다(Stoever 11).

로 상존하고 수행되는 상태를 의미한다.

이러한 측면에서 제1, 2차 세계대전 그리고 냉전을 거치면서 정치적 적과 동지의 관계는 일상화되고 전면화되었다고 할 수 있다. 영토를 둘러싼 정치적 갈등과 전쟁은 정치적·군사적 충돌만이 아니라 민간인들 사이에서도 심대한 갈등을 유발하였다. 이미 전쟁 중에 상당수의 무고한 희생자들이 일상화된 전쟁의 피해를 보았고, 이어지는 새로운 냉전 구도는 제2차 세계대전 종전 무렵 학살과 박해를 피해 고향을 떠난 약 1200만 명[2]의 동유럽 출신 독일인들에게는 상시적이고 영구한 실향을 의미하는 것이었다. 동유럽 독일인의 희생과 실향에 관한 문제는 전후 사실상 유대인과 나치 점령 지역의 문제들에 가려져 왔다. 또 냉전과 더불어 거론되기도 쉽지 않았다. 그러나 탈냉전의 과정 속에 새로운 유럽의 공동체를 모색하는 순간 이는 피해갈 수 없는 과거이기도 하다. 물론 동프로이센(폴란드, 러시아), 수데텐(체코, 폴란드, 독일), 실레지아(폴란드, 독일) 등을 중심으로 동유럽의 다양한 지역에 산포된 독일인들의 운명은 지역적으로 다소간의 편차가 있다. 그러나 제2차 세계대전을 전후로 유럽에서 소수민족의 독립과 국민국가의 정립 과정에서 가장 첨예한 문제가 노정된 지역들인 것만큼은 부인할 수 없다.

이 글에서 제2차 세계대전을 전후하여 이러한 동유럽, 특히 실레지아와 수데텐 지역에 거주하던 독일인 피난민과 잔류민을 일종의 법적 지위와 인권보호로부터 완전히 배제된 소위 "벌거벗은 생명"으로 전락하게 만든 정치사회적 정황을 고찰하고, 냉전기를 지나면서 이들이 경험한 고통과 해법 속에서 국가를 중심으로 하는 근대적 국민공동체와는 다른 의미의 새로운 공동체적 형상의 가능성을 모색해 보고자 한다.

---

2 동서 유럽을 모두 포괄하면 당시 독일인 피난민 수는 1400만 명에 달하는 것으로 알려져 있다. 동유럽 지역의 피난민은 독일 측이 약 1200만 명에 해당된다고 추산한다면, 체코와 폴란드 측은 300만 명 정도로 추산하고 있다.

2. 국경의 안과 밖

'말을 타고 조금만 달리면 새로운 국경'이라는 18세기 독일의 대문호 쉴러의 탄식은 소위 독일과 독일인의 정체성을 논하는 것이 이미 과거부터 상당히 복잡한 일이라는 사실을 웅변적으로 시사하고 있다. 18세기 지금의 독일 지역은 여러 소공국으로 분할되어 있었다. 이러한 중소공국들이 이합집산 하면서 독일이라는 연방적 형태의 결속을 유지하다가 1871년 비스마르크의 독일통일 이후 독일은 지금의 체코, 폴란드와 러시아 일부를 포함한 제국을 형성하였다. 말하자면 독일어를 사용하는 동유럽의 지역은 독일연방 가운데 가장 강력하였고 이후 통일을 주도한 과거 프로이센의 영토와 관련된다. 동유럽 지역의 독일인들은 따라서 합법적 독일인들이자, 해당 지역의 실질적인 향토민었지만, 제1, 2차 세계대전을 통한 영토 변화와 함께 어느날 갑자기 고향은 외국이 되고 독일인으로 남기 위해 새로운 영토적 경계선 안으로 피신하거나, 아니면 자신의 정체성을 버려야 하는 상황에 놓이게 되었다. 이 문제는 물론 국민국가적 정체성을 기저로 하는 시민권과 국가주의적 애국주의가 강화되던 시대에 문제적이 된다. 그러한 경계의 문제는 여러 법적·정치적·인권적 갈등을 동반하고 있고, 복수적 인종의 국가 경계가 제국과 독립국가들의 부침 속에서 변화해 온 유럽에서는 언제나 갈등의 도화선으로 남아 있다.

□ **그림 11.1** Pötzel, 160

특히 전후 연합국에 의해 임의로 확정된 독일의 동쪽 국경인 오더-나이

세 경계(Oder-Neisse Border)는 과거 프로이센의 동쪽 영토의 많은 부분을 포기하는 것으로 상당한 수의 피난민과 잔류민을 남기는 결과를 낳았다. 이후 이 경계는 1970년대 빌리 브란트 수상이 재확인하였고, 통일 시점에 "2+4 협정"(Der Zwei-Plus-Vier-Vertrag, 1990. 9. 12.)을 통해서 재확정된다. 폴란드는 이 경계를 환영하면서 그것을 "평화와 우정의 경계"(Friedens-und Freundschaftsgrenze)(Klussmann 250)로 명명한다. 그러나 그 경계의 이면에는 복합적인 역사적 거래가 존재하고 있다. 사실상 이 경계는 독일제국의 구영토를 많은 부분 폴란드로 이관하고, 폴란드 동부 지역을 소련으로 넘기는 과정에서 확정된다. 히틀러와의 비밀조약으로 우크라이나인과 백러시아인들이 많이 사는 폴란드 동부(현재 우크라이나, 리투아니아 지역)를 할양받기로 한 스탈린의 야심은 히틀러 패망 후에도 포기되지 않았으며, 독일의 서쪽 영토를 폴란드에 넘기면서 폴란드 동부를 확보하고자 하였던 것이다. 이러한 과정에서 독일로 피난한 구독일제국 영토의 사람들에게 폴란드 특히 슐레지엔 지방은 잃어버린 고향이다. 그러나 나치 독일의 대독일 정책의 혐의로 인해 실향민들은 자신의 조상이 살아온 그 지역에 대한 권리를 말하기가 쉽지 않았을 뿐더러 심지어 그 지역에 잔류한 독일인들도 독일인으로서의 정체성을 숨기면서 지낼 수밖에 없는 상황에 처하게 된다.

왜냐하면 동부 유럽에서 피난한 독일인들이 그 지역에 대한 전통적 권리를 요구하는 것은 유럽에 산포된 독일인을 독일 문화와 정치에 귀속시키려는 "제국으로의 귀환"(heim ins Reich)을 모토로 했던 제3제국의 대독일 정책을 옹호하는 것과 같은 혐의를 받는 문제이기 때문이다. 이는 설사 유럽 내 독일인들의 유대를 순수하게 원하는 경우라 하더라도 조심스러운 문제였던 것이다. 전후 사회주의 체제는 반파시즘 노선을 견지하면서 동시에 국가주의적이고 애국주의적인 경향을 강하게 띠었고, 폴란드 거주 독일인들에 대한 "폴란드화"(Polonisieren)(Phul 280)를 강력하게 추진하였기 때문이다.

폴란드와 함께 체코와의 국경 문제도 민감한 정치적 사안이다. 이 지역은 독일 내부로 체코 영토가 확장된 것은 아니지만 전통적으로 상당수의 독일인이 거주하는 수데텐 지역의 독일인들이 독일인, 체코인, 슬라브인 등 다민족으로 이루어진 체코의 독립보다는 구합스브르크 제국으로 병합되거나, 독일로 병합되기를 희망하면서 독립적 국민국가를 염원하였던 체코 민족주의자들과 심각한 갈등에 봉착하기 때문이다. 전후 수데텐 지역은 체코의 경계 안으로 편입되었지만 그 지역 독일인의 상당수가 독일로 쫓겨가는 결과를 빚는다. 그리고 역시 사회주의 국가체제하에서 잔류한 독일인들은 자신의 독일적 정체성을 벗어나지 않으면 존재하기 어려운 정황에 처한다.

폴란드는 백러시아인과 우크라이나인들이 많이 거주하는 동부 지역 영토를 소련에 넘기고 독일의 프로이센 지역과 서부 슐레지엔 지방을 확보함으로써 오히려 인종적 단일성을 확보하고, 경제적으로도 실리를 취하게 된다. 반면 체코는 수데텐 지방의 독일인들이 대거 독일로 피신함으로써 상당한 경제적 손실을 동반하는 결과를 갖게 된다. 이러한 국가적 득실을 넘어서 영토 재분배와 그에 이어지는 냉전의 과정에서 지역성의 탈색은 동서 유럽을 막론하고 나타나는 전형적 양상이다. 이러한 문제는 제2차 세계대전의 종전과 함께 마무리되었다기보다는 새롭게 시작되고 있었던 것이다.

제2차 세계대전 후 슐레지엔과 같은 지역에서는 오더-나이스에서 가까운 지역의 영토 경계 확정의 문제를 실향민들은 열린 문제로 간주하였고, 여러 불편한 협의에도 불구하고 그에 대해 재고할 것을 요청해 왔다. 1970년대 빌리 브란트 수상이 이끄는 서독 정부는 다시금 오더-나이세 경계를 확인하였고, 피난민들도 세대 교체와 함께 서서히 과거 경계를 망각해 가는 경향을 보인다. 소위 재편된 정치적 경계들과 전통적 문화적 경계들 사이의 상충이 냉전과 개별 국가들의 이해관계의 장막 속에 더욱 심화되지만, 더 이상 거론되기도 쉽지 않은 국면에 접어들게 되었던 것이다.

3. 기억되지 않는 인권

국민과 국가라는 법적·정치적 경계와 테두리의 문제와 더불어 나타나는 중요한 문제는 과거와의 화해의 문제이다. 특히 동유럽의 독일인들 중 많은 이가 제2차 세계대전 당시 동유럽 지역을 재탈환하는 작전을 수행한 소련의 침공 과정에서 독일로 피난하였고, 일부는 동유럽 지역에 계속 잔류하였지만, 나치의 피해에 보복하고자 하는 지역 주민들로부터 집단살해를 당하는 등 심각한 고통을 겪기도 하였다.

동유럽 내에서 벌어진 독일인 잔류자와 피난민에 대한 학살의 사례는 근래에 들어서 새롭게 조명되고 있다. 체코의 도브로닌(Dobronin)에서 있었던 15명의 독일인에 대한 보복 살해는 하나의 상징적인 사건일 따름이다. 300만 명에 육박하는 체코 거주 독일인이 당시에 쫓겨났고, 그 가운데 3만 명은 기근과 추위 그리고 고문 등으로 사망했기 때문이다(Darnstädt 271). 말하자면 그러한 보복과 연합군의 재점령지에서 독일인의 인종 정리는 당시 또 하나의 심각한 인권유린의 상황이었다.

물론 소위 수데텐 지역(Sudetenland) 독일인들과 체코 민족주의 사이에는 여러 가지 불편한 정황이 존재하였다. 오스트리아의 합스부르크 체제가 와해되면서 제1차 세계대전 후 체코 단일국가를 세우는 과정에서 수데텐 지역 독일인들은 그에 반대하였다. 체코 독립 이후에도 끊임없는 분리주의의 움직임이 있었고, 이들은 독일에 병합되기를 희망하였다. 그것은 물론 많은 독일인이 독립 과정에서 해고되고 다수파인 체코인으로부터 차별 당한 데 대한 대응이기도 했지만, 체코 민족주의자들과 수데텐 독일인들 사이의 갈등은 점점 심화되었다. 특히 연합국의 묵인하에 수데텐 지역이 독일에 병합될 때, 일부 사민당 계열의 수데텐 독일인들은 반대했지만(Pötzel, 161), 수데텐 독일인 정당은 "제국에의 병합"(Einverleibung ins Reich)(Pötzel, 159)를 지지하였다. 물론 이들의 입장이 체코를 완전히 붕괴시키려는 히틀러의 음모와 같지는 않았지만, 여러 이해관계가 얽히는 가운데 일부는 정치적으로 나치와 공조하는 측면도 없지 않았다.

히틀러는 아이로니컬하게도 윌슨의 민족자결주의 원칙에 근거하여 독일인들이 다수 거주하였던 체코와 폴란드 지역 병합을 정당화한다. 동유럽 독일인들이 제3제국 확장주의의 빌미가 된 것이다. 특히 체코 민족주의자들에게 수데텐 독일인들은 전반적으로 '반역적'인 것으로 인식되었다. 그럼에도 보복학살과 300만 명에 이르는 독일인의 추방은 오랜 앙금으로 남았다. 추방 당시의 모습을 기록하고 있는 코제르트에 따르면 "가축이송용 열차에 탄 독일인들은 체코-독일 국경을 넘을 때 독일인임을 표시하는 하얀 완장을 기차 밖으로 던졌다."(Kossert 35)

폴란드 지역에서도 사정은 마찬가지였다. 슐레지엔 지방에서만 300만 명에 이르는 독일인들이 소련군의 진주 이전에 피난길에 올랐다. 1945년 1월 소련군은 급속하게 동유럽 지역을 제3제국으로부터 탈환한다(Klussmann 186f.). 그리고 동유럽 지역에 잔류하거나 피난하는 독일인들에 대한 보복도 동시에 이루어진 것이다. 두 달여 만에 일사천리로 회복된 동부 지역에서는 갑작스럽게 독일인들은 거의 몸을 가릴 곳이 없는 보복의 희생양으로 전락한다. 전후 독일과 폴란드의 공동 기념지가 된 람비노비체(Rambinowice)에서는 여자들은 사살되고, 아이들은 병과 굶주림으로 죽었으며, 1945년 10월 4일 단 한 채에 난 가건물에 일어난 방화만으로 48명이 사망하기도 한다(Phul 280). 1945년 발효된 폴란드 정부의 독일인 추방 명령서는 당시 긴박하였던 상황을 웅변적으로 말해주고 있다.

독일인 추방은 물론 전후 연합국의 포츠담 회담의 결정에 따른 폴란드 정부의 후속 조치였다고는 하지만 "합법적"[3] 이라고 말하기는 어렵다는 점을 민간인

3 김용덕, 2006, 55.

□ **그림 11.2** Polnischer Ausweisungsbefehl aus der schlesischen Stadt Gatz, Juni 1945

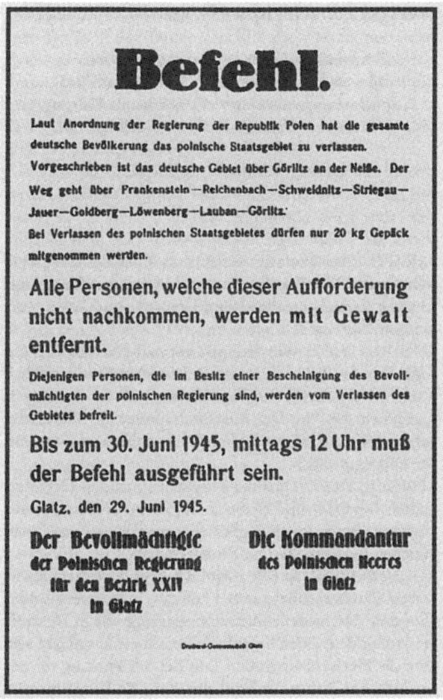

Befehl.

Laut Anordnung der Regierung der Republik Polen hat die gesamte deutsche Bevölkerung das polnische Staatsgebiet zu verlassen.
Vorgeschrieben ist das deutsche Gebiet über Görlitz an der Neiße. Der Weg geht über Frankenstein—Reichenbach—Schweidnitz—Striegau—Jauer—Goldberg—Löwenberg—Lauban—Görlitz.
Bei Verlassen des polnischen Staatsgebietes dürfen nur 20 kg Gepäck mitgenommen werden.

Alle Personen, welche dieser Aufforderung nicht nachkommen, werden mit Gewalt entfernt.

Diejenigen Personen, die im Besitz einer Bescheinigung des Bevollmächtigten der polnischen Regierung sind, werden vom Verlassen des Gebietes befreit.

Bis zum 30. Juni 1945, mittags 12 Uhr muß der Befehl ausgeführt sein.

Glatz, den 29. Juni 1945.

Der Bevollmächtigte der Polnischen Regierung für den Bezirk XXIV in Glatz

Die Kommandantur des Polnischen Heeres in Glatz

(Klussmann, 226)

명령

폴란드 정부의 지령에 따라 폴란드 영토 내 모든 독일인들은 폴란드를 떠나야만 한다.

(……)

폴란드 영토를 떠날 때 단지 20킬로그램의 짐만 휴대할 수 있다.

이 명령을 어기는 자는 누구든 폭력으로 제거될 것이다.

단 폴란드 정부의 증명서를 소지한 자는 잔류를 허용한다.

1945년 6월 30일 12시까지 이 명령대로 행해져야만 한다.

(……)

을 적군과 거의 동일시하는 위 명령서 내용만으로도 확인할 수 있다. 1945년 붉은 군대의 진주를 전후해서 피해의 사례는 현재 독일의 경계 외부 지역에 그치지 않는다. "스탈린의 오르간"(Lange 135)이라고 불리던 포격을 앞세우고 독일로 침공한 소련군에 의한 약탈과 방화는 일상이었고, 융성기 프로이센의 영토를 아우르는 메멜 강에서 엘베 강 사이 광대한 지역에 걸쳐 강간은 200만 건에 이른다고 한다.[4]

또한 당시 약탈은 공공연히 권장되기도 하였다. 한 소련군 명령서에 따르면 당시 소련군들은 보낼 수 있는 소포량(킬로그램)을 계급별로 "일반병사 5킬로그

---

4 당시 베를린에서의 강간 피해는 익명의 피해자가 출간한 『베를린의 한 여인 - 1945년 4월 20일에서 6월 22일까지의 기록들』(*Eine Frau in Berlin - Aufzeichnungen vom 20. April bis 22. Juni 1945*)에 생생하게 기록되고 있다. 이 책은 1950년대에 처음 발간되었으나 주목받지 못하다가 2000년대에 재출간되었다.

램, 장교 10킬로그램 장군 16킬로그램"(Klussmann 192) 할당받기도 하였는데, 이 소련군 명령은 약탈을 권장한 측면이 없지 않다. 이러한 비인륜적 범죄는 독일의 침공에 대한 보복이라는 성격이 강하였고, 독일의 공격으로 동료들의 죽음을 경험한 소련군들의 분노는 일탈적 만행으로 이어졌다. 또한 동유럽 지역에 잔류하던 독일인들은 독일로 쫓겨가거나 소련 지역으로 강제 노역을 위해서 이송되기도 하였다. 그에 앞서 독소 불가침 비밀조약을 깨뜨리고 소련을 침공하였던 히틀러의 결정에 스탈린은 우선 볼가 지역 독일인 100만 명을 중앙아시아를 비롯한 소련 내 지역으로 강제 노역을 위해 이송하는 것으로 대응했던 사실은 잘 알려진 일화이다. 루마니아 독일계 작가 헤르타 뮐러의 『숨그네』(*Athemschaukel*)라는 소설에서 "뼈와 가죽의 시간"으로 주제화되는 러시아 수용소의 강제 노역은 전시에 동유럽에서 소수민족 독일인들의 증언에서 자주 확인된다.[5] 그러한 과정에서 상당수의 독일인이 사망하거나 러시아와 동유럽 지역에 잔류하게 된다.

쌍방 간에 공격과 보복의 연쇄적 과정에서 민간인을 희생시킨 민간인 추방과 강제 이주 문제는 사실상 뉘른베르크와 같은 국제 법정에서 검토된 바가 없다. 그 법정은 여전히 정치적 적에 대한 정치적 해법이 문제였기 때문이다. 그러나 헤이그에서 열린 유고슬라비아의 종족 간 테러에 대한 법정은 유엔의 위탁에 따라 전후 독일의 뉘른베르크 법정을 모델로 열렸지만, 인권을 모토로 보다 포괄적인 문제를 다루고 있다. 이러한 점은 칼 슈미트가 진단한 바 있듯이 여러 가지 측면에서 국제질서가 전통적인 정치적 문제, 즉 적과 동지의 문제가 아닌 도덕적·윤리적 차원으로 전환해 가고 있는 것을 시사한다. 말하자면 정치적 대결이

---

5 가령 동유럽 출신 독일인들 가운데 헤르만(Herrmann)은 1945년 3월 카자흐스탄 노동자 수용소로 끌려간 아버지의 죽음에 대해 증언하고 있으며(Herrmann, One who was not allowed home again, p. 11), 타크쉬(Tschacksch)는 무르만스크 지역의 탄광으로 강제 노역에 동원된 아버지의 죽음에 대해 보고하고 있다(Tschacksch, The Fate of an Expelled Woman, p. 135).

근래에는 완전히 인권정치의 문제로 전환되고 있는 것이다.

정치적 문제가 윤리적으로 확대되는 문제를 진일보한 것으로 평가할 수 있을지, 아니면 주권국가들의 정치적 충돌이 도덕화되고, 전면화되면서 더 심화된 위기를 드러내게 되는 징후로 파악할지에 대한 문제는 여전히 남는다. 다만 슈미트의 예견대로 정치적 주권을 기준으로 한 적과 동지의 구분이 일상으로 확대되고, 민간인들에 심대한 폐해로 이어지는 일종의 전쟁의 일상화와 전면화는 제1, 2차 세계대전과 그 이후의 국제적 전쟁들을 통해서 여실히 확인되고 있다. 동유럽의 독일인들도 그러한 과정의 희생양들 가운데 하나이다. 그것도 아직 제대로 평가되지 못한 사례들에 속하는 것이다. 당시 동유럽에 잔류하거나 피난한 사람들은 인권적 차원에서 그리고 전쟁이라는 특수한 상황에서 거의 아무런 법적 인륜적 보호의 범주 바깥에 놓이는 특수한 상황에 놓이게 되었다. 이는 어떻게 보면 유대인들이 제3제국에 의해서 희생된 것과 유사한 다른 한편의 상황이 연출된 것이라고 할 수 있다.

전쟁이 끝난 이후의 전쟁, 즉 일상화된 냉전의 상황 속에서 동유럽 출신 독일인들은 실향민으로, 잔류한 독일인들은 그들의 독일적 정체성을 억지로 탈색시켜야하는 새로운 국면의 난관에 봉착하게 된다. 전후 자유주의와 사회주의 이데올로기 대립과 동서 국가들의 국가주의적 애국주의는 소위 전쟁 중 "면책특권을 갖고 공격할 수 있었던"(Almond, xi) 벌거벗은 생명들이 또 다른 암묵적 전쟁의 희생양이 되지 않기 위해서 새로운 옷으로 갈아입어야 하는 불편한 역사를 강요받게 되는 계기가 되었던 것이다.

4. 망각 혹은 침묵으로서의 통합

전후 동유럽 사회주의 국가들에 남은 독일인 잔류민과 서독에 들어온 피난민의 통합 과정은 한편 침묵을 다른 한편 망각을 요구하는 것이었다. 우선 독일의 경우 1945년부터 1950년대까지 독일 내지로 들어온 피난민은 서독 790만 명, 동독 410만 명으로 약 1200만 명에 달하였다. 이들이 동유럽 지역에서 핍박받은 것만은 아니다. 전후 독일인들이 가장 싫어하던 것은 "야생 멧돼지, 감자 속의 딱정벌레, 피난민"(Pötzel 236)이었다. 독일 내지인들은 피난 이주민들을 폴라켄(Polacken 폴란드인, 바보), 노이코레아(Neukorea 신한국), 볼셰비키엔(Bolschwikien 공산주의자) 등의 별칭으로 부르며 차별하였다(Pötzel 235f). 이들은 어떤 의미에서 "히틀러의 마지막 희생자"(Pötzel 235f)들이기도 했던 것이다. 동족이라고 할지라도 독일의 실패를 단적으로 드러내는 동유럽으로부터의 피난민들이 환대받을 가능성은 없었다. 더욱이 전후 경제적 어려움에 처한 독일의 입장에서 방대한 숫자에 이르는 피난민을 수용할 만한 여력이 부족하였다.

그러나 1948년 통화 개편 이후 서독의 기적적인 경제성장은 독일 내에서 비교적 미개발 지역으로 편입된 동유럽 피난민들에게도 독일 사회로 통합되는 데에 도움이 되었다고 할 수 있다. 전후 독일 정부도 1953년 연방추방자법(Bundesvertriebenengesetz: BVFG)을 제정하여[6] 독일 국민으로서 추방자들의 법적 지위를 마련하는 노력을 하였다. 다른 한편 추방자들은 전후 향우회를 조직하고, 심지어 정치적 정당까지 조직하여 피난민들의 이해관계를 정치적으로 관철시키고자 하였다. 이는 사실상 유럽 내부에서 다시금 영토 경계와 관련된 비극과 혼란을 초래할 수 있는 것이기도 하였다. 이러한 문제는 상당수의 동유럽 피난민이 독일

6 이규영, 30.

내로 이주해 들어올 때부터 예견된 것이기도 하였다. 1950년 미국 역사가 노이만이 "독일의 새로운 인구는 중부 유럽의 안정성을 위협할 것"(Demsuk 6)이라고 예견했던 것은 우연이 아니다.

피난민들의 정당은 5퍼센트에 달하는 지지율을 확보하였다. 사실상 1200만 명에 달하는 실향민의 수를 생각하면 그 정도의 정치적 배분을 확보하는 것은 당연해 보이기도 한다. 그리고 이들의 향수와 고향 회복의 의지는 중부 유럽을 새로운 혼란으로 이끌 것이라는 우려도 그 수를 생각하면 현실성이 없는 것은 아니었다. 물론 그러한 우려는 기우에 그쳤다. 경제적인 통합이 점점 가속화되면서 그들의 고향에 대한 향수와 동유럽 지역민으로서의 정체성들은 동유럽 잔류민들이 독일인으로서의 정체성을 탈색하듯이, 피난민들은 경제통합과 세대교체의 과정에서 그들 고향과 관련된 정체성과 기억들을 상실해 갔다. 소위 과거의 기억을 대가로한 경제성장이 이루어진 것이다. 특히 1970년대 이후에는 전쟁 당시 동유럽 '독일인의 고통을 말하는 것은 터부시되었고'(Demsuk 264), 전후 젊은 세대는 교과서에 '독일인의 죄와 아우슈비츠의 나라 폴란드'(Demsuk 266)로 양식화된 불편한 기억만을 생각하면서, 동유럽의 독일인의 역사는 그다지 더 알고 싶지 않은 과거로 치부하게 되었다. 독일 외부에는 더욱이 독일인 강제 이송에 관해서는 잘 알려지지 않았고, 그에 대해 "20세기 유럽의 어떤 표준적 교과서도 언급하지 않았다"(Almond, xiii)는 지적은 과장이 아닐 것이다.

게다가 낙후된 동유럽, 진보된 서유럽이라는 체재 우월적 의식은 냉전기 전반을 걸쳐서 작동하고 있었고, 젊은 세대에게는 굳이 불편한 기억을 떠올려 가며 동유럽 독일인의 과거를 상기할 이유가 없었던 것이다. 영토 재고에 대한 실향민들의 요구는 그들의 정당인 BHE(Bund der Heimatvertriebenen und Entrenchteten)를 통해서 1950년대까지도 지속적으로 요구되었으나, 1960년대로 넘어가는 무렵에 이미 영토 재고 문제는 점점 주변부로 밀려난다. 그리고 실향민들의 제한된 관심을 반영하던 BHE의 지지는 급격히 퇴조하면서, 지지층은 CDU와 SPD로 흡

수된다(Demsuk 8f.). 이는 한편 서독의 경제적 부흥과 통합이 가속화되면서 나타나는 결과이며, 다른 한편 독일과 폴란드의 정치적 협약과 국가적 선전을 피난민 정당이 뒤집을 수 없었기 때문이기도 하다. 경제 발전과 냉전 기류에 따라 이들의 이슈들은 주변적인 것이었을 따름이다. 이들의 문제가 새삼 조명되기 시작하는 것은 동독의 붕괴와 함께 나타나는 냉전의 종식이다.

『차가운 고향』(*Kalte Heimat*, 2009)의 저자인 코제르트에 따르면 소위 동유럽 독일인들의 "침묵의 장벽"(die Mauer des Schweigens)(Kossert 13)이 간헐적으로나마 걷히기 시작한 것은 1980년대부터이다. 또한 탈냉전과 동서 냉전 블록의 해체 속에 동유럽 독일인 문제는 본격적으로 수면 위로 부상하고 있다. 1989년 1월 폴란드와 독일 수상은 폴란드 내 독일인 소수자들의 문화적 정체성을 보호할 것을 천명함으로써 과거와는 다른 정책적 변화를 시사하고 있다. 또 현재까지 지속되고 있는 1990년 양국 간의 양해각서는 1970년에 이어 오더-나이세 경계를 다시 한 번 인정하였다(Wolff, 299). 그리고 1997년 1월 체코-독일 선언에서는 나치 독일의 체코 탄압과 체코 민족주의자들에 의한 수데텐 지역 독일인들의 추방에 대해 상호 간의 사과와 양해가 이루어졌으며, 체코 공화국 내 소수 민족인 독일인들을 지원하는 목적으로 독일-체코 미래기금이 조성되기도 하였다(Wolff, 298). 이는 물론 이데올로기적 해빙과 더불어 동유럽 잔류민들이 다시금 대거 현재 독일로 유입될 것을 우려하는 정책이기도 하다. 또한 독일 내 동유럽 출신들의 요구가 새로운 정치적 기류를 타고 부정적 방식으로 분출할 가능성을 차단하는 정책이기도 하다. 그러나 동서 유럽의 관계가 새로운 국면으로 접어들었고, 새로운 유럽공동체에서 동유럽 잔류민과 피난민의 역할에 대한 변화된 인식을 고지하는 것이기도 하다.

1990년을 전후로 한 독일의 대동유럽 문화 및 경제정책은 독일어 교사의 수에서 우선 확연히 나타난다. 1989년 폴란드에 파견된 독일어 교사가 1명이었던데 반해 1994년에는 이미 111명으로 증원되었고, 독일 문화원 및 독일 학술교류

처등도 활발하게 동유럽 지역에서의 활동을 확대하고 있다. 특히 폴란드와 체코 등 동유럽 지역에 잔류한 독일인의 문화적 정체성 회복과 경제적 여건 개선 등을 위해 재외 거주 독일인 및 이들의 조직들에 대한 지원을 점차 확대하고 있다. 여기서도 1990년을 전후한 지원액의 증가만으로도 확연한 차이를 확인할 수 있는데, 1991년 70만 마르크가 폴란드 내 독일인들에게 지원되었던 데 반해, 1994년에는 이미 870만 마르크로 확대되었으며, 1996년에는 1400만 마르크로 증액되었다(Wolff 300).

이러한 기류는 새로운 동서 관계의 재구성 가능성을 보여주는 것이다. 하지만 그렇다고 해서 기존의 동유럽 잔류민과 피난민 문제가 완전히 해결된 것은 아니다. 볼프가 지적하듯이 두 가지 큰 문제가 여전히 남아 있다. 하나는 독일로 피난한 피난민들의 동유럽 지역 재산 회복 혹은 보상 문제이며, 다른 하나는 그들의 고향으로의 귀환 가능성의 문제이다(Wolff, 302). 독일 내 추방자 조직인 베데파우 BdV(Bund der Vertriebenen 추방자연합)를 비롯한 피난민 조직들은 재산권 보상 문제를 체코와 폴란드의 유럽연합 회원국 가입 문제와 연동시키면서 거론하고 있기도 하다. 말하자면 유럽연합 회원국이 되는 자격의 우선적 조건으로 추방자 재산권 보상을 내세우고 있는 것이다.

전후 폴란드 정부는 독일인 피난민들의 재산을 대거 몰수하여 국유화하였다. "비에루트"[7] 법령으로 알려진 이 조치의 논거는 적국 국민의 재산은 국유화한다는 것이었다. 피난민들은 그에 대한 보상을 요구하고, 이를 유럽연합 공동체 가입 자격과 연관시키고 있다. 이러한 문제가 제기되던 1999년 무렵 SPD와 녹색당 연합정부는 이를 수용하지 않았고, 지금도 독일 의회의 다수는 이러한 요구에 반대하고 있다. 하지만 2002년 수데텐 지역 출신 독일인들에 대해 "반역자"(traitor),

---

7 1945년과 1946년에 폴란드 당서기장 볼레스와프 비에루트(Boleslaw Bierut)가 내린 전후 독일인 재산 몰수 법령이며, 1985년에 그 일부가 폐지, 무효화되었다(김용덕, 2005, 425, 각주 6).

"히틀러 오중대"(Hitler's fifth column)라는 체코 수상 제만의 폄훼적 발언은 다시금 동유럽 피난민들의 재산과 권리에 대한 논란에 불을 붙이기도 했다(Wolff 304f.). 이후 폴란드는 유럽연합과 나토에 가입했으나, 유럽연합이라는 새로운 유럽의 블록 질서를 구축하는 데에도 동유럽 피난민과 잔류민의 과거 청산 문제는 넘어야 할 주요한 정서적 정치적 과제라는 사실을 시사한다.

여러 가지 어려움에도 불구하고 독일과 동유럽 국가들 간의 이해관계가 서로 상응하고 있는 것도 사실이다. 독일로서는 동유럽 잔류 독일인들이 이데올로기적·국가주의적 경계의 와해와 함께 독일로 다시금 대거 이주하는 것을 완화하기 위해서라도 동유럽 독일인들에 대한 지원을 할 필요를 느끼고 실행하고 있다. 다른 한편 구공산권 국가들은 유럽연합과 나토에 진입하기 위해서는 필수적으로 독일과의 관계 개선이 필요하고, 이는 곧바로 인도주의적 차원에서 과거 추방한 독일인들과의 관계를 회복하고, 자국 내 독일인들의 문화적 정체성을 인정하는 것과 직결된다. 하지만 이러한 이해관계에 따른 처방들이 근본적인 해법이 될 수는 없을 것이다. 왜냐하면 문제의 근원은 국민국가 공동체의 경직성에 있기 때문이다. 탈냉전기 유럽의 고질적인 소수 민족 문제에 대한 발본적 해결을 위해서는 전통적 국민국가의 이념을 보완하거나 대체할 수 있는 새로운 공동체 형상을 필요로 한다고 하겠다.

유럽국가들이 동유럽 독일인들과 관련하여 이러한 이해관계에 따라 각자 계산기를 두드리고 있을 때, 정작 새로운 유럽공동체를 위한 교류는 로컬 단위의 지역적 조직들을 통해서 이루어지고 있다. 현재 체코와 폴란드 내 독일인 지역과 독일 내 동유럽 피난민 조직들 사이에 긴밀한 연계와 상호 지원이 이루어지고 있기 때문이다. 이러한 지역들의 초국가적 연대는 피난민 재정착이나 경계 재고 등과 같은 문제들을 거론하는 것과 무관하게 국가주의적이고 민족주의적 경계들에 의해 심화된 긴장을 풀어놓고 있는 것이다. 다른 한편 유럽연합은 "현대의 많은 문제들은 민족을 뛰어넘는 외연과 관련성을 갖고" "민족국가의 차원에서는 마련되지 못하는 커뮤니케이션과 결정구조가 요청"(코카 215)되는 시점에 그러한 요구에 일정하게 권역적 차원에서 부응하고 있다.

5. "귀환"이 아닌 "가교"로서의 역능

이제는 동유럽 독일인들의 향토적 정체성을 탈색시키는 것은 독일의 측면에서 상실일 뿐 아니라 국제적 차원에서도 역시 상실이다. 그럴 것이 21세기적 트랜스내셔널한 유럽공동체의 비전에서 본다면 동유럽 독일인들이 언어와 문화 등으로 대변되는 독일적 정체성을 숨기거나 스스로 혹은 반강제적으로 탈색시킴으로써 결과적으로는 상호 교류의 가능성과 잠재력을 스스로 차폐시키는 결과를 낳기 때문이다. 오히려 근래에는 독일인이면서 비독일 지역에 거주하거나 독일에 거주하면서 비독일적 정체성을 지닌 독일인들은 상당한 잠재력을 가진 것으로 나타난다. 그것은 나치의 확장주의적 면모와는 완전히 다른 차원의 가능성이다.

그러한 점에서 우리는 두 가지 왜곡된 방향 즉 "제국으로의 귀환"이라는 대독일 정책이 갖는 파시즘적 확장주의 한편과 다른 한편 그에 반하는 국가주의적 사회주의가 동시에 전후 그리고 냉전기에 트랜스내셔널한 새로운 공동체 의식의 형성에 장애가 되었다는 사실을 확인할 수 있다. 또한 철의 장막으로 분리된 동서 간의 이데올로기적 긴장과 국민국가적 애국주의는 독일뿐 아니라 동유럽의 여러 국가의 상호 간의 교류와 미래지향적인 관계 형성에 상당한 장애가 되어 왔다고 할 수 있다.

그렇다고 해서 서유럽 모델에 따른 경제적 통합의 과정의 교두보로 동유럽의 독일인들이 그 역할을 한다는 것도 사실상 균형 있는 지향은 아닐 것이다. 그럴 것이 신자유주의적 경제 패러다임의 폐혜는 바로 그 서구 패러다임에 대한 반성을 동시에 동반할 필요성이 곳곳에서 제기되고 있기 때문이다. 따라서 낙후된 동유럽, 진보된 서유럽의 도식 속에서 서구식 자본주의 민주주의와 시장경제의 활성화라는 차원에서 동유럽에 접근하는 것은 냉전기 서구적 경제통합을 통해 피난민들의 정체성을 탈색시켰던 한계를 다시금 노정하게 될 것이다. 이러한 점에서 서독으로 동독의 흡수 통합을 반대하고, 연방을 주장하였던 동유럽 독일인 가운데 하나인 귄터 그라스의 입장[8]은 통일 문제를 넘어서, 통독 이후 동유럽에 대한 정책적 접근에서도 시사적이다. 문화적·경제적 차원에서 여전히 잔존하는 유럽의 동서 문제를 경제 우위의 '서'로부터의 통합으로 이행하는 것은 그가 또한 『무당개구리의 울음』에서 주제화되듯이 "전쟁으로 잃은 것을 경제력으로 다시 찾는"(김용민 20) 것일 따름이다.[9]

그런 점에서 동유럽의 독일인과 그들이 겪은 역사적·사회적 고통은 현시점에서 동서 어느 한 방향으로 편향되지 않는 새로운 유럽의 사회공동체를 모색하기 위한 시금석일 수 있다. 폴란드 슐레지엔에 거주하는 라쉬(Rasch)라는 독일인은 "우리가 관심을 갖는 정체성은 독일공화국의 정체성이 아니다. 우리의 정체성은 지역적이다. 즉 슐레지엔적인 것이다"(Wir pflegen keine bundesrepublikanische Identität, unsere Identität ist regional, ist schlesisch)(Phul 282)라고 말한다. 그의 부모와 다른 많은 독일인들은 기술자라는 이유로 혹은 폴란드인과 결혼하였다는 이유로 전후 학살과 추방을 모면하였다. 그러나 이들은 냉전 기간 동안 더 이상 독일어를 써서도 안 되었고, 독일인임을 드러내서도 안 되었다. 그것은 곧 폴란드 공산정부의 경직된 시각에서는 슐레지엔이 독일연방의 식민지가 되는 일에 복무하는 것이기 때문이었다(Phul 284). 그러나 이제 사정은 달라졌고, 폴란드 독일인

---

8 김용민 10 참조

9 그라스는 동시에 『게걸음으로 가다』(*Im Krebsgang*)에서 동유럽의 독일인 역사를 망각하지 않아야 함을 강조하고 있다. 이것은 망각을 통해서 동유럽 독일인들의 역사를 방기함으로써 그에 대한 왜곡된 인식이 확산되어 악용되는 것을 막아야 함을 시사하고 있다.

은 "제국으로의 귀환"이 아니라, "독일인과 폴란드인 사이의 가교"(Brücke zwischen Deutschen und Polen)(Phul 281)를 놓는 일에 복무하기를 희망하는 것이다.

라쉬를 비롯한 폴란드, 체코, 그리고 동유럽 지역 독일인들의 다중적 정체성은 유럽연합이 새롭게 부상하는 가운데 독일인을 넘어서서 유럽인 일반과 유럽의 미래 공동체와 관련된 구상에서도 상당히 많은 암시를 던진다. 왜냐하면 수데텐(체코/독일), 슐레지엔(독일/체코/폴란드), 동프로이센(폴란드/러시아) 등 냉전을 전후로 가장 첨예한 갈등을 빚었던 지역은 최소 2~3개 국민국가가 중첩되는 다인종 지역이며, 국민국가를 넘는 새로운 유럽의 공동체를 모색하는 데에 이들 동유럽 독일인들의 역사적 경험은 주요한 시금석이 될 것이기 때문이다. 그러한 점에서도 더욱 동유럽 독일인들의 과거를 망각이나 탈색이 아닌 방식으로 풀어가는 것은 주요한 정치사회적 과제가 될 것이다.

6. 동유럽 독일인과 미래 유럽공동체의 형상

아직도 여전히 국가적·민족적·인종적 정체성이 유럽 내 오랜 정치 문화적 관계 속에서 뿌리 깊게 자리하고 있는 것이 현실이다. "2006년 설문에서 유럽보다는 자신들의 국가에 더 강한 유대감을 느끼고 있는 이들이 92퍼센트에 달하고, 유럽 의회 선거 참여율도 1979년 63퍼센트, 1994년 56퍼센트, 2004년 45.6퍼센트, 2009년 43퍼센트로 줄어들고 있는 현상"(김용민 7)은 이러한 상황을 통계적으로 확인시켜 준다. 현재 수준의 유럽연합이 인종과 국가의 복합 갈등 구조를 풀 수 있는 현실적 대안이 될 수 있을지는 사실 의문의 여지가 많다. 그것은 경제적 통합체이기는 하지만 정치적 결속력은 전통적 국민국가만큼 강력하지 않으며, 그러한 정치적 결속력을 확보하는 '유럽합중국'이라는 구상에 대해서는 지식인들 사이에도 여전히 찬반이 엇갈리기 때문이다. 이와 관련하여 코카는 유럽의 통합적 공동체의 모습을 "유럽합중국이 아니라 전래의 헌법 개념에 들어맞지 않는, 국가연합과 연방국가 사이의 중간적인 어떤 새로운 종류의 복잡한 체제일 것이다"(코카 221)라고 예상하고 있다.

유럽연합이 정치적으로 강한 결속력을 지니는 것이 반드시 바람직한 것도 아니며, 그렇게 되어 갈 가능성도 현재로서는 미미하다. 그럼에도 유럽연합를 매개로 탈냉전기 유럽인들의 공동체 의식은 조금씩 과거의 강고한 인종과 국민국가적 정체성의 구속으로부터 '상대적'으로 자유로운 방향으로 나아가고 있다. 또한 법, 환경, 이주, 인권 등의 영역에서 국민국가의 조정 능력을 넘는 많은 문제의 해결에 유럽연합이 기여할 것이라는 점에는 의심의 여지가 없다. 동유럽 독일인들의 문제도 그러한 이슈들 가운데 하나이다. 전후에는 추방이 문제였으나, 1990년대 이후에는 동구 공산 권역의 해체와 함께 새롭게 발흥하는 동유럽과 중앙아시아의 민족주의로 인한 소수자 독일인들의 급증하는 이민이 문제가 된다.[10] 이 '추방자'와 '이민자' 문제는 서로 상이해 보이지만, 그 근원에서는 유럽의 인종과 국가 공동체 사이의 모순에서 비롯된 공통의 문제가 내재한다.

앞서 본 바와 같이 냉전기 서유럽의 경제적 우월주의나 동유럽의 국가주도적 사회주의는 모두 동유럽 출신 독일인들에게 망각 또는 침묵을 강요한 왜곡된 통합의 과정이었다. 이러한 과거 모델이 반복될 경우 이제는 상대적으로 소수자가 된 동유럽 독일인들은 다시 한 번 독일의 경제적 우산 아래 들어가기 위해 고향을 등지거나, 동유럽에 잔류하더라도 지역의 타인종 및 정치체제와 갈등하게 될 것이다. 따라서 동유럽 독일인의 문제에 대한 균형 있는 해법을 모색하는 것은 동시에 새로운 미래 유럽공동체의 형상을 모색하는 것과 궤를 같이한다고 할 수 있다.

---

10 구소련의 중앙아시아 지역으로 강제 이주당하였던 독일인들의 독일 내 이주 신청이 1990년대 이후 해당 지역에서 아시아 민족주의가 강화되면서 급증하고 있다(이규영 44 참조).

가깝게는 이들이 자신들의 경험과 동일시하기도 하는[11] 발칸의 과거 유고 지역 내 인종 분쟁에서도 유사한 사례가 반복되었고, 최근 우크라이나에서도 유럽연합과 러시아를 축으로 하는 동서 문제와 복합 인종의 국가 귀속성 문제에 따른 유럽의 오래된 복합 갈등이 다시금 불거져 나오고 있다. 이는 결코 국민국가 단위의 공동체 의식을 통해서는 해결될 수 없는 것이다. 이러한 문제들을 안고 있는 유럽이 어떠한 모습으로 진화해 갈지는 아직 예단하기 어렵다. 현재 유럽연합은 냉전기 철의 장막과 같은 '견고한 경계'와 다른 '부드러운 경계'[12]의 혼종적 "경계지"(borderland)(발리바)로 구축되고 있다. 또한 그것은 동유럽으로 확장되면서 서유럽 국가 중심의 형상에서 점점 문명적으로 오랜 기간 변별적이었던 중부와 동부 유럽의 국가들을 포함하고 있으며, 터키까지 가입한다면 일부 아시아 문화권까지 아우르는 초국적 단위의 체계로 거듭날 것이다. 이를 통해서 한편 내부적으로 이질성이 높아지고, 다른 한편 과거 카롤링거 왕조에 소속된 국가들 중심의 서유럽적 형상에서 벗어나 "탈서구적 형식"(post-Western Form)(Delanty, 2009, 227)의 초국적 공동체로 변모해 갈 여지도 없지 않다. 이로써 세계시민주의를 표방하는 델런티는 유럽은 동서의 상호 문화적 교류 지대이자, 정치·경제적 복합체로 형성되어 갈 것으로 전망한다. 하지만 현실은 이러한 비전과 다소 차이가 있어 보인다. 왜냐하면 유럽연합의 동으로의 확장이 우선은 서유럽의 경제 우위에 기초한 동유럽의 포섭 과정으로 보이며 글로벌한 차원에서는 이중적인 면도[13] 없지 않기 때문이다. 또한 그 확장 과정에서 구소련 권역의 통합을 시도하는 러시

---

11 동유럽 출신 피난자 일부는 발칸의 인종 청소를 자신들의 피해와 동일시하는 견해를 보이기도 한다. 그에 따르면 "20세기 유럽은 인종청소가 존재한 가장 어두운 시기였다."(Almond, ix).

12 Delanty, 229.

13 유럽연합은 유럽 전체를 지키는 국경 경찰 수비대를 창설하여 유럽연합 내 영토를 차단하여 안전을 보장하고 이민자의 유입을 막자는 결정을 통과시킨다. 지젝에 따르면 이는 "불길한 결정"(지젝 149)이다.

아[14] 와 일정한 긴장 관계에 들어서게 될 것이기 때문이다.

최근 우크라이나를 중심으로 신냉전과 같은 기류가 형성되는 것은 그러한 전조로 볼 수 있다. 현실적 정황을 고려할 때 유럽연합의 세계시민주의적 전망은 낙관하기 어렵다. 그리고 냉전 블록을 대체하고 있는 권역적 정치·경제 체제들이 구질서의 갈등 요인들로부터 자유롭지도 못하다. 그럼에도 어떤 형태로든 전통적인 동서의 문화적 갈등을 줄이고 국민국가 단위에서 해결 불가능하였던 초국적 문제의 조정 능력을 갖추는 유럽공동체의 모델이 필요한 것이 현실이다. 동유럽의 독일인 잔류민과 피난민의 인권과 재산권 문제는 냉전 질서와 국민국가 체제하에서는 해결 가능성이 희박하였고, 쌍방에게 새로운 문제를 야기하기도 한다. 하지만 전쟁 책임에 근거해서 이들의 요구를 고려할 가치가 없는 것으로 치부할 수는 없다. 왜냐하면 유럽에서 유사한 사례가 반복되듯, 문제의 근원은 '전쟁을 누가 시작했는가'에 있는 것이 아니라 쌍방에게 동시에 배타적이고 파괴적이기 조차했던 국민국가 중심의 공동체 의식에 있기 때문이다. 그렇다고 해서 이들의 요구를 액면 그대로 수용하는 것도 현실적으로 어려운 것이 사실이다. 동유럽 독일인 재산권 소송은 폴란드 법정을 통과해야만 하고, 인권 소송은 피해와 가해의 공방으로부터 자유로울 수 있는 어떤 초월적 심급의 판결기관을 요한다.

"소송하지 않는 곳에는 판결자도 없다."[15] 피해에 대한 탄핵과 재산권 회복 그리고 실향민 기념관 건립 요구 등을 통해서 통독 이후 이들의 파토스는 오랜 침묵을 깨고 분출되고 있지만, 이를 해결할 현실의 법정이 존재하지 않는 것도 사실이다. 다만 이들의 문제는 미래 유럽공동체를 모색하는 과정에서 한동안 망

---

14 러시아는 현재 일부 동유럽과 중앙아시아 국가들을 묶는 관세 동맹을 축으로 유라시아 경제공동체(EEU)를 출범시키려고 시도하고 있다.

15 『베를린의 한 여인』에 대한 폴크마 바이스(Volkmar Weiss)의 독자서평에서(Amazon.de "Kundenrezensionen")

각되어 왔던, 그러나 참조해야만 할 과거사의 한 전형으로 자리매김하는 것이 과제이다.

김용덕, 폴란드, 체코, 슬로바키아 민족문제 연구 - 19세기 말부터 현재까지 인구통계학적 관점에서, 『EU연구』18호, 39~66쪽, 2006.

———, 2차 대전후 강제 추방된 독일인의 재산 반환 요구에 대한 폴란드의 입장 연구, 『동유럽발칸학』 7권 2호, 2005, 421~448쪽.

김용민, 새로운 유럽공동체를 위한 제안 - 귄터 그라스의 『무당개구리 울음』, 『유럽사회문화』 5호, 2010, 5~31쪽.

슬라보예 지젝, 『폭력이란 무엇인가』, 이현우, 김희진, 정일권 옮김, 난장이: 서울 2008.

위르겐 코카, 『독일의 통일과 위기』, 김학이 옮김, 아르케: 서울 1999.

이규영, 독일의 동유럽- 소련 재외동포정책, 『한-독 사회과학 논총』, 제10권 2호 2000, 29~64쪽.

헤르타 뮐러, 『숨그네』, 박경희 옮김, 문학동네: 서울 2010.

Almond, Mark, Foreword, in: Usula Lange (Ed.), *East Germany: What happened to the silesians in 1945 ?*, Translated from German into English by Marc Smeed and Deirdre Wright, The Book Guild Ltd.: Sussex, England, 2000, pp. ix-xv.

Anomyma, *Eine Frau in Berlin - Tagebuch-Aufzeichnungen vom 20. April bis 22. Juni 1945*, Eichborn: Frankfurt am Main 2003.

Beer, Mathias, *Flucht und Vertreibung der Deutschen - Voraussetzungen, Verlauf, Folgen*, C.H.Beck: Muenchen 2011.

Boenisch, Georg, Nach Ostland wollen Wir reiten, in: Grossbongardt, Annette, Klussmann, Uwe und Poetzl, Norbert F. (Hg.), *Die Deutschen im Osten Europas - Eroberer, Siedler, Vertriebene*, Deutsche Verlags-Anstalt: Muenchen 2011, pp. 29~42.

Delanty, Gerard, *The Cosmopolitan Imagination - The Renewal of Critical Social Theory*, Cambridge University Press: Cambridge, 2009.

———, *Inventing Europe - Idea, Identity, Reality*, Macmillan Press: Houndmills, 1995.

Demsuk, Andrew, *The Lost German East: Forced Migration and the Politics of Memory 1945-1970*, Cambridge University Press 2012.

Gukel, Christoph, Der Hunger der Monarchen, in: Grossbongardt, Annette, Klussmann, Uwe und Poetzl, Norbert F. (Hg.), *Die Deutschen im Osten Europas - Eroberer, Siedler, Vertriebene*, Deutsche Verlags-Anstalt: Muenchen 2011, pp. 59~68.

Herrmann, Ulrich, One Who Was Not Allowed Home Again, in: Usula Lange, *East Germany: What happened to the silesians in 1945 ?*, Translated from German into English by Marc Smeed and Deirdre Wright, The Book Guild Ltd.: Sussex, England, 2000, pp. 10~13.

Kossert, Andreas, *Kalte Heimat - Die Geschichte der deutschen Vertriebenen nach 1945*, Pantheon: Muenchen 2009.

Klussmann, Uwe, Taifun des Voelkerdramas, in: Grossbongardt, Annette, Klussmann, Uwe und Poetzl, Norbert F. (Hg.), *Die Deutschen im Osten Europas - Eroberer, Siedler, Vertriebene*, Deutsche Verlags-Anstalt: Muenchen 2011, pp. 186~195.

———, Das Deutschen ist nicht mehr fremd hier, in: Grossbongardt, Annette, Klussmann, Uwe und Poetzl, Norbert F. (Hg.), *Die Deutschen im Osten Europas - Eroberer, Siedler, Vertriebene*, Deutsche Verlags-Anstalt: Muenchen 2011, pp. 225~232.

———, Annaeherung in Amnesie, in: Grossbongardt, Annette, Klussmann, Uwe und Poetzl, Norbert F. (Hg.), *Die Deutschen im Osten Europas - Eroberer, Siedler, Vertriebene*, Deutsche Verlags-Anstalt: Muenchen 2011, pp. 250~253.

Lange, Usula, Introduction, in: *East Germany: What happened to the silesians in 1945 ?*, Translated from German into English by Marc Smeed and Deirdre Wright, The Book Guild Ltd.: Sussex, England, 2000, pp.xvi-xxvi.

Puhl, Jan, Ein Loch in der Geschichte, in: Grossbongardt, Annette, Klussmann, Uwe und Poetzl, Norbert F. (Hg.), *Die Deutschen im Osten Europas - Eroberer, Siedler, Vertriebene*, Deutsche Verlags-Anstalt: Muenchen 2011, pp. 280~290.

Poetzl, Norbert F., Hitlers letzte Opfer, in: Grossbongardt, Annette, Klussmann, Uwe und Poetzl, Norbert F. (Hg.), *Die Deutschen im Osten Europas - Eroberer, Siedler, Vertriebene*, Deutsche Verlags-Anstalt: Muenchen 2011, pp. 235~247.

Scholz, Franz, *Kollektivschuld und Vertreibung - Kritische Bemerkungen eines Zeitzeuge*, Knecht: Frankfurt am Main 1995.

Stoeber, Bernd, Der Kalte Krieg, C.H.Beck:München 2008.

Tschacksch, Margot, The Fate of an Expelled Woman, in: Usula Lange, *East Germany: What happened to the silesians in 1945 ?*, Translated from German into English by Marc Smeed and Deirdre Wright, The Book Guild Ltd.: Sussex, England, 2000, pp. 133~140.

초출 일람

1부 트랜스내셔널 자아

1장. 오경환, 「로컬, 글로벌, 트랜스내셔널: 로컬의 트랜스내셔널한 구축을 위하여」, 『로컬리티인문학』 16호, 2016.

2장. 김현숙, 「문명담론과 독립협회의 정치체제, 그리고 러젠드르의 전제론」, 『한국사학보』 66호, 2017.

3장. 이형섭, "In Between History and Historiography: Hybrid Identity and the Discourse of the Nation in Brian Friel's Making History", 『현대영미드라마』 제23권 2호, 2010.

2부 트랜스내셔널 윤리

4장. 육영수, 「'식민지 계몽주의'에 관한 트랜스내셔널 시각과 비평: 근대의 자원병 혹은 징집병」, 『서양역사와 문화연구』 41, 2016.

5장. 홍양희, 「식민지 초기 교육 담론과 '동화주의': 차별교육과 '차이'의 정치학」, 『한일관계사연구』 50집, 2015.

6장. 김선호, 「조선인민군 군인의 형성과 근대적 규율」, 『역사문제연구』 34호, 2015.

7장. 이세연, 「패자 아이즈의 적군 전사자 제사와 그 정치적 맥락들」, 『사림』 57, 2016.

3부 트랜스내셔널 공동체

8장. 박찬승 "Civilian Victims in Wando-gun from Liberation until the Korean War (1945-1950)", *Korea Journal*, Vol 56. no. 4 (winter 2016).

9장. 심정명, 「3월 11일 이후의 일본과 세계를 어떻게 상상할 것인가」, 『Trans-Humanities』, 이화여대 인문과학원, 2016.

10장. 윤해동, 「日本の解釋改憲, 平和憲法, 東アジア」, 『思想』 2015年 6月號, 岩波書店.

11장. 이창남, 「냉전기의 적과 동지, 그리고 벌거벗은 생명의 파톨로지 - 전후 동유럽 독일인과 유럽공동체 문제를 중심으로」, 『뷔히너와 현대문학』 4호, 2014.

찾아보기

【ㄱ】

【ㅊ】

【ㅋ】

【ㅌ】

【ㅍ】

【ㅎ】

【123】

기획 한양대학교 비교역사문화연구소
편집 윤해동
—

오경환 미국 해밀턴칼리지(Hamilton College)를 졸업하고 시카고대학교(University of Chicago)에서 근대 유럽사로 석사와 박사학위를 취득했다. 전공 분야는 유럽 사상사와 트랜스내셔널 역사 이론이며 현재 성신여자대학교 사학과 교수로 재직 중이다.

김현숙 이화여자대학교 사학과와 동 대학원에서 박사학위를 취득했다. 전공분야는 한국근대 대외관계 및 지역연구이다. 현재 건양대학교 기초교양교육대 교수로 재직 중이다.

이형섭 한양대학교 비교역사문화연구소 교수이며 전공 분야는 근현대 아일랜드문학이다.

육영수 현재 중앙대학교 역사학과·대학원 협동과정 문화연구학과·독일유럽학과 교수로 재직 중이다. 미국 워싱턴대학교(University of Washington, 시애틀)에서 유럽근현대 지성사 전공으로 박사학위를 취득했다. 한국과 서구가 뒤엉킨 사상·문화적 '근대성'을 비교사와 트랜스내셔널 관점에서 재조명하는 작업이 최근 관심사이다.

홍양희 한양대학교 사학과를 졸업했고, 동 대학원에서 박사학위를 취득했다. 전공은 가족사와 젠더사/여성사이다. 현재 한양대학교 비교역사문화연구소 연구교수로 재직 중이다.

김선호 경희대학교 사학과와 동 대학원을 졸업했고, 『조선인민군연구』(경희대, 2016)로 박사학위를 취득했다. 전공 분야는 북한사와 한국전쟁사이다. 현재 한양대학교 비교역사문화연구소 HK연구교수로 재직 중이다.

이세연 한양대학교 사학과, 고려대학교 대학원을 거쳐 도쿄대학 총합문화연구과에서 박사학위를 취득했다. 전공분야는 종교문화사이다. 현재 한양대학교 비교역사문화연구소 연구교수로 재직 중이다.

박찬승 서울대학교 국사학과를 졸업하고 동 대학원에서 문학박사를 취득했다. 현재 한양대학교 사학과 교수로 재직 중이며, 전공분야는 한국근대 사상사와 독립운동사이다.

심정명 서울대학교 서양사학과를 졸업하고, 동 대학원 비교문학 협동과정에서 석사를, 일본 오사카대학교 문학연구과에서 박사학위를 취득했다. 일본 현대소설과 오키나와, 재난과 전쟁의 기억 등을 주로 연구하고 있다.

윤해동 근래 동아시아사와 환경사 등에 관심을 기울이고 있다. 서울대학교에서 박사학위를 취득했고, 현재 한양대학교 비교역사문화연구소 교수로 재직 중이다.

이창남 연세대학교 독어독문학과와 동 대학원을 졸업했고, 베를린 자유대학교 비교문학과에서 박사학위를 취득했다. 전공 분야는 독일비평이론과 도시문화론이다. 현재 한양대학교 비교역사문화연구소 교수로 재직 중이다.

트랜스내셔널 지구공동체를 향하여

펴낸날 2018년 1월 30일 초판 1쇄
지은이 오경환 · 김현숙 · 이형섭 · 육영수 · 홍양희 · 김선호 · 이세연 · 박찬승 · 심정명 · 윤해동 · 이창남
펴낸이 이영무 ● **펴낸곳** 한양대학교출판부 ● **출판등록** 제4-7호(1972.2.29)
주소 서울 성동구 왕십리로 222 ● **전화** 02.2220.1432-4 ● **팩스** 02.2220.1435
홈페이지 press.hanyang.ac.kr ● **이메일** presshy@hanyang.ac.kr

ISBN 978.89.7218.562.8 (93900)

이 저서는 2008년 정부(교육과학기술부)의 재원으로 한국연구재단의 지원을 받아 수행된 연구임.
(NRF-2008-361-A00005)

This work was supported by National Research Foundation of Korea Grant funded by the Korean Government. (NRF-2008-361-A00005)